亲历
QINLI
XIBU DAKAIFA
西部大开发 | 内蒙古卷
NEIMENGGUJUAN

全国政协文史和学习委员会 编

人民出版社

穿行在内蒙古大兴安岭内的货运列车

达拉特旗发电厂

风沙防治

国家电网公司风力
发电实景

几名解放军官兵正
在内蒙古浑善达克沙地
种树

库布其国家沙漠公
园七星湖景区

横跨内蒙古的省际
大通道乌兰浩特市到突
泉县路段

蒙草公司抗旱育苗基地

内蒙古达拉特旗
展旦召苏木农场发展草
产业

内蒙古大唐国际托
克托发电有限责任公司
的"西电东送"发电工程

尼尔基水利枢纽
——国家实施"西部大开
发战略"标志性工程之一

沙产业、草产业成为
内蒙古西部地区生态经
济跳跃式发展的突破口

西部大开发促进粮
食生产发展,使内蒙古成
为全国五大粮食调出省
区之一

羊群在内蒙古克什
克腾旗达尔罕苏木境内
的风电场外吃草

亿利库布其模式被
联合国认定为"全球沙漠
生态经济示范区"

内蒙古大兴安岭莫尔道嘎林区的白桦林

治沙造林

《亲历西部大开发》总编委会

主　　任：王太华

副 主 任：卞晋平　　龙新民　　方　立　　陈惠丰

　　　　　郑福田　　黄格胜　　何事忠　　罗布江村

　　　　　蔡志君　　罗黎辉　　杨嘉武　　参木群

　　　　　李晓东　　黄选平　　李选生　　洪　洋

　　　　　古丽夏提·阿不都卡德尔

编　　委：刘晓冰　　张燕妮　　张立伟　　王重道

　　　　　姚云峰　　黎　丽　　黄　健　　杨恩芳

　　　　　张邦凯　　钟　钢　　吴达德　　吴应伟

　　　　　刘　晓　　杜玉银　　单增卓扎　周　敏

　　　　　樊东虎　　惠爱宁　　韩胜利　　谢光德

特邀编审：姜东平　　屠筱武　　曾　骅

本卷编委会

前　　言

　　1999 年 9 月，中共十五届四中全会决定实施西部大开发战略。2000 年 1 月，国务院西部地区开发领导小组召开会议，研究加快西部地区发展的基本思路和战略任务，部署实施西部大开发的重点工作。同年 9 月，中共十五届五中全会通过《中共中央关于制定国民经济和社会发展第十个五年计划的建议》，把实施西部大开发、促进地区协调发展作为一项长远的战略部署。西部大开发的序幕由此拉开。

　　西部大开发战略的实施，把西部 3 亿多人民与全国人民同步迈入小康社会的步伐协调到了一起，把西部地区的发展与全国的现代化大格局统筹在了一起。没有西部的小康，就没有全国的小康；没有西部的现代化，就没有全国的现代化。这是一段艰难却充满勇气的探索，这是一路峥嵘而蕴含希望的征程。

　　筚路蓝缕，以启山林。15 年来，在党中央、国务院的领导和支持下，内蒙古、广西、重庆、四川、贵州、云南、西藏、陕西、甘肃、青海、宁夏、新疆 12 个省、自治区、直辖市紧抓机遇、开拓创新，综合经济实力大幅提升，基础设施建设更加完善，生态环境持续改善，特色优势产业蓬勃发展，社会事业长足进步，人民生活水平显著提高，城乡面貌发生历史性变化。西部地区从中国经济的"配角"崛起为改革开放的"前锋"，驶入全面发展的"快车道"。

　　西部地区的崛起，不仅有强劲的"西部实力"，还有奋发的"西部精神"，更有独具特色的"西部经验"。在西部大开发加速发展阶段（2010—2030）的发力时期，通过征集整理西部大开发决策者、建设者们的所作所为、所见所闻，系统地回顾和梳理西部大开发历程中发生的重大事件和历史巨变，既能留下生动鲜活的第一手史料，又能向读者展示出我国在西部地区经济社会建设中的探索实践、丰硕成果和宝贵经验，从而不断坚定全面建成小康社会的信心和决心，为实现中华民族伟大复兴的中国梦而努力奋斗。

半个多世纪以来，人民政协组织推动各级政协委员、各党派团体、各族各界人士撰写了大量关于重要历史事件和历史人物的"亲历、亲见、亲闻"史料，为历史研究和爱国主义教育积累了丰富的资料，为国家经济发展、文化繁荣和社会进步提供了历史借鉴，发挥了文史资料"存史、资政、团结、育人"的重要作用。

十二届全国政协文史和学习委员会根据全国暨地方政协文史工作研讨会研究确定的《本届政协文史资料选题协作规划》，充分发挥人民政协的人才优势和组织优势，由全国政协文史和学习委员会组织协调，四川省政协文史资料和学习委员会牵头召集，西部 12 省（区、市）政协文史委员会共同完成了西部大开发史料的征编工作。

《亲历西部大开发》专题图书以省（区、市）为单位，独立成卷。各卷以"综述"开篇，力求较为全面地体现中央决策和实施西部大开发战略的发展历程以及各地区取得的巨大成就。文末附"大事记"，收录了各地在西部大开发进程中发生的重大事件，作为对正文的补充。全书内容丰富，史料翔实，文风朴实，相信能够为进一步推进西部地区深化改革、扩大开放、加快发展提供借鉴和参考。

《亲历西部大开发》是全国政协与地方政协文史工作部门大协作的成果。图书的顺利出版，离不开西部 12 省（区、市）各级领导的大力支持，离不开各界人士特别是亲历者的积极参与，离不开四川省政协和各省（区、市）政协领导以及全体文史工作者的辛勤努力和通力合作。在此，谨向所有给予帮助的单位及有关同志表示诚挚的感谢！

全国政协文史和学习委员会

2016 年 5 月

目　录

人 物 特 写

成 果 荟 萃

扶 贫 开 发

西部的呼唤

黎 丽 [*]

2015 年，是国家西部大开发战略实施 15 周年。

日前，李克强总理参观国家博物馆人居科学研究展时，看到中国地图上的"胡焕庸线"，他给现场的专家学者提出一个重大课题："我国 94% 的人口居住在东部 43% 的土地上，但中西部一样也需要城镇化。我们是多民族、广疆域的国家，我们要研究如何打破这个规律，统筹规划、协调发展，让中西部老百姓在家门口也能分享现代化。"

"胡焕庸线"是胡焕庸先生（1901 — 1998，我国著名地理学家）于 1934 年发现的中国人口分布密度特征曲线。这条线从黑龙江省瑷珲（1956 年改为爱珲，1983 年改为黑河市）到云南的腾冲，大致为倾斜 45 度基本直线。一般认为："胡焕庸线"与中国年降雨量 400 毫米的等值线重合，是中国半干旱区与半湿润区的分界线。在"胡焕庸线"两侧，自然生态条件、农业生产能力表现出明显差异，这似乎锁定了中国农业经济的基本格局。由于城镇化发展进程对水资源和农作物特别是粮食的依赖，所以在中国未来的经济发展中，"胡焕庸线"很可能继续锁定中国发展的空间格局。这个格局不打破，西部地区就难以在经济和社会发展中取得与东部相对平衡的成就，西部老百姓就很难在家门口分享现代化。

"胡焕庸线"反映的是历史的真实。在内蒙古入围西部大开发范围之

---

* 作者系内蒙古自治区政协文史资料委员会主任。

前，内蒙古的专家学者特别是政协的许多有识之士，就"西部"的地理概念与国务院有关部门商榷，认为"西部"范围应以自然环境、经济发展水平、社会历史条件和民族地区特征等来划分，并引用了"胡焕庸线"作为论证依据，使内蒙古成功入围西部大开发战略格局。西部大开发战略实施15年间，内蒙古进入了经济增速快、经济结构调整力度大、财政收入增长明显、群众受益实惠多的历史最好时期，内蒙古取得的成就举世瞩目。

"胡焕庸线"不应该成为西部发展的羁绊。有研究表明：突破"胡焕庸线"有两个关键：第一，发展以信息化经济为龙头的中国新型产业；第二，突破以中心—腹地结构为基础的中国经济独立布局，发展枢纽—网络型的空间组织。这两个"关键"已经为内蒙古未来的发展作了准确定位。内蒙古需要从西部大开发的历史进程中进行深度总结、思考，需要对突破"胡焕庸线"作出战略性的准备和选择，需要再次抓住机遇，创造西部崛起之神奇。

今天，我们总结西部大开发取得的成绩，为的是总结经验、吸取教训、激励斗志、树立信心。内蒙古将在实现中华民族伟大复兴中国梦的实践中继续创造辉煌。

综　述

亲历西部大开发进程中的内蒙古大扶贫

白长江[*]

进入 21 世纪以来，内蒙古自治区以科学发展观为指导，始终坚持发展第一要务不动摇，紧紧抓住国家实施西部大开发战略以及一系列强农惠农政策的有利时机，围绕《中国农村扶贫开发纲要（2001—2010 年）》确定的目标任务，统筹城乡区域发展，构建大扶贫工作格局，扶贫开发取得显著成效，农村牧区群众生存和温饱问题基本解决。在这一历史进程中，本人亲身经历了内蒙古的扶贫事业，亲眼目睹了贫困地区和贫困群众生产生活的巨大变化。

回顾这段历史，我发现，这段时间国家在扶贫方面投入巨大，效果显著。2001—2010 年的十年间，中央和自治区用于扶贫开发的投入 150 多亿元，其中财政扶贫资金 70.5 亿元，农村牧区绝对贫困人口从 113 万减少到 45 万，年均减少近 7 万人。贫困农牧民收入水平显著提高，60 个国家和自治区扶贫工作重点县农牧民人均纯收入由 1543 元增加到 4142 元，人均地区生产总值由 5240 元增至 12725.8 元，人均地方财政一般预算收入由 646 元增至 1840.8 元。基础设施和生态建设成效明显，重点县通公路、通电、通广播电视和通电话的行政嘎查村分别达到 94.7%、93.2%、97.9% 和 98.8%，退耕还林 86.8 万亩，退耕还草 4530 万亩。

十年间，我们力主推进扶贫开发重点项目。现在盘点，共完成了 5000

---

* 作者时任内蒙古自治区政协委员，内蒙古自治区人大常委会农牧业委员会主任，内蒙古自治区扶贫办副主任。

个重点贫困嘎查村的整村推进工作;重点支持了3000多个贫困地区农牧业产业化基地建设项目和300多个扶贫龙头企业扶贫贴息贷款项目;"雨露计划"培训贫困农牧民42万人次,转移就业率达到80%;对17550户、7.02万贫困人口实施了移民扶贫搬迁;区直机关、单位帮扶兴安盟累计到位资金(物资)10亿元,帮扶呼伦贝尔市较少民族到位资金超过3亿元;22个中央、国家机关单位定点帮扶和京蒙对口扶贫协作进一步向集中连片特殊困难地区倾斜。

在我个人经验范围之内,2001—2010年的十年,是内蒙古自治区扶贫开发历史上投入最多、成效最显著、贫困户得到实惠最多的时期之一。扶贫开发不仅提高了贫困地区和贫困人口的自我发展能力,促进了经济社会的全面发展,而且在维护政治稳定、树立党和政府形象、增进民族团结、巩固边疆安全、推动区域协调发展、促进社会和谐等方面发挥了重要作用。多年的扶贫开发实践再次证明,"政府主导、社会参与、自力更生、开发扶贫、科学发展"是行之有效的扶贫开发模式,是中国特色社会主义扶贫开发道路的精髓。

十年间,我感受到了扶贫理念的变化,由"兴区富民"转换为"富民兴区",更加突出了以人为本的理念。坚持富民优先,始终把扶贫开发列入重要民生工程。自治区党委、政府从推进富民强区,全面建设小康社会的战略高度,把农牧业和农村牧区作为全区工作的"重中之重"来抓,连续五年将扶贫开发列入自治区十大民生工程。在自治区扶贫历史上首次实施盟市间对口支援扶贫战略,确定经济发展较快的鄂尔多斯市对口支援兴安盟。协调北京市集中支援赤峰市和乌兰察布市。各级党委、政府进一步加强对扶贫工作的领导,坚持把扶贫开发纳入本地区本部门经济社会发展总体规划和重要议事日程,并作为落实以人为本、执政为民理念的重要平台。

十年间,我感受到了自治区实力的提升,扶贫投入有了财力保障。坚持成果共享,大幅度增加扶贫投入。随着全区经济快速发展和地方财力的逐步增强,为使相对落后地区和弱势群体分享到经济社会发展成果,自治区及盟市旗县在扶贫开发等民生领域的投入大幅度增加。2008年自治区本级财政扶贫配套资金由过去的 3200 万元增加到 7000 万元，扭转了本级扶贫投入十几年不增加的局面。2010 年自治区财政安排预算 1.2 亿元，自治区本级财政扶贫投入基本达到国家配套要求的 30%，自治区本级财政扶贫投入稳定增长机制初步建立。全区各级党委、政府也都结合地区财力状况，努力增加扶贫投入，全区经济的快速发展为扶贫开发奠定了必要的物质基础。

十年间，我感受到了工作机制的完善，扶贫方式日渐成熟。坚持统筹发展，把扶贫开发与地区发展战略相衔接。全区各地紧紧围绕新农村新牧区建设，坚持把扶贫开发与地区经济社会发展战略、部门发展规划相衔接，走出了一条"因地制宜、科学规划、整合资源、集中发展"的扶贫开发新路子。在扶贫资金使用和扶贫项目安排上，"整合使用、各负其责、各记其功"，将扶贫资金与其他各类发展资金捆绑，集中力量扶持，使被扶持地区的生产生活条件、生态环境明显改善，扶贫开发收到良好效果。

十年间，我感受到了工作任务的细分，扶贫手段更为科学。坚持分类扶持，突出扶贫开发的地域性和民族性特点。内蒙古地域辽阔、东西狭长，而且又是边疆少数民族地区，不同区域和不同群体间致贫因素和贫困状况各具差异，为使各项扶贫措施更具针对性和有效性，全区各地按照分类扶持的原则，在优势开发区实施了整村推进、产业化扶贫和连片开发等项目，进一步夯实了发展基础；在生态保护和禁牧休牧区，开展了劳动力转移培训和移民扶贫；在干旱缺水地区，扶持了抗旱节水避灾农牧业项目；围绕农牧业扶贫龙头企业，在延伸优势产业链条上下功夫，推动贫困户向二三产业转移。自治区每年新增财政扶贫资金的 60% 以上用于牧区、对革命老区进行专项扶持、确定帮扶人口较少民族旗、县等一系列体现地区特点的政策措施，成为促进贫困地区发展、推动扶贫开发的重要抓手。

十年间，我感受到了扶贫领域的创新，扶贫工作日益走上了制度化的轨道。坚持改革创新，完善扶贫开发工作机制。全区各级干部群众深入实际，勇于创新，积极探索提高扶贫效益的运行机制。确立了扶贫开发党政一把手工作责任制、财政扶贫资金逐年增长与其他支农资金整合捆绑使用机制、专项扶贫资金项目管理机制、扶贫开发与低保有效衔接机制、扶贫标准动态调整机制、多因素量化考核机制等。工作机制的不断创新，为推进全区扶贫开发深入向前提供了有力保障。

回顾西部大开发前一个十年，本人感觉，内蒙古扶贫开发所取得的进展和成就，是中国特色社会主义伟大实践的结果，是党的民族政策伟大实践的结果，是科学发展观伟大实践的结果。作为一名扶贫工作者，这十年也是本人倍觉珍惜、深感自豪的一段人生记忆。同时个人也认为，经过十年的艰苦奋斗和努力，目前内蒙古扶贫开发的基础和条件要比过去好很多。但是由于自然的和历史的原因，内蒙古的扶贫开发工作仍然面临许多困难。主要表现为欠发达的区情和生态脆弱的局面仍没有根本改变，扶贫开发任务依然十分艰巨和繁重。由于地理位置、民族构成和分布、经济和社会发展的不平衡，加之立地条件、资源禀赋、自然环境等多种因素的共同影响，制约贫困地区和贫困农牧民发展的深层次矛盾依然存在：农牧业靠天吃饭的局面没有扭转，农牧民温饱基础极不稳定，一遇自然灾害或病患很容易返贫；贫困农牧民产业结构单一，增收渠道窄，增收能力弱；农牧民维持温饱费用高，扶贫开发成本高、投入大；少数民族聚居区、革命老区、牧区、边境地区、人口较少民族地区等特殊困难地区贫困问题突出；全区贫困人口在 150 万人以上，数量多、贫困面大等。此外，改变城乡、区域发展不平衡，经济社会发展不协调，社会事业发展相对滞后的局面任务艰巨；生态环境脆弱，极端天气时间增多，自然灾害频发重发趋势更加明显；扶贫投入不足、扶贫效益不高等体制机制方面的问题也都不同程度的存在，需要下大力气逐步加以解决。

当前我国的扶贫开发已经从解决温饱为主要任务的阶段转入巩固温饱成果、提高发展能力、加快脱贫致富、缩小发展差距的新阶段。内蒙古扶贫开发面临良好发展机遇：中央和自治区连续八年制定出台支持农牧业发展，促进农牧民增收的 1 号文件；新一轮西部大开发和振兴东北等老工业基地战略的实施；即将出台的支持内蒙古经济社会发展的意见和草原生态保护补助奖励机制的启动；社会各界关心关注扶贫开发、部分富裕起来的人群富而思源、施惠于民、回馈社会的良好氛围；多年扶贫开发工作实践打下的良好发展基础、积累的成功经验和有效工作机制等，成为扶贫开发的重要推动力。本人认为，内蒙古的扶贫工作前景光明；本人相信，借西部大开发的春风，我们一定能够彻底扫除贫困，达到全面小康，实现共同富裕。

战 略 决 策

新世纪内蒙古加快发展的重大历史机遇

——自治区列入国家西部大开发战略实施范围过程的回顾

任亚平[*]

21 世纪以来，内蒙古列入国家西部大开发战略实施范围，经济社会发展进入"快车道"，发展势头引人瞩目。

这一阶段是自治区地区经济增长最快的时期。GDP 在 20 世纪 50 年代年均增长 14%，60 年代年均增长 0.5%，70 年代年均增长 5.4%，80 年代年均增长 10.6%，90 年代年均增长 10.7%，2001—2013 年年均增长 16%。

这一阶段是自治区经济实力增强最多的时期。GDP 连八超九过万亿（2002—2009 年连续八年增速全国第一，连续赶超九个省区，总量超过 1 万亿元），2010 年达到 11655 亿元，2011 年达到 14246 亿元，2013 年达到 16832 亿元。自治区成立以来累计创造地区生产总值 11.4 万亿元，近 13 年创造其中的 10.1 万亿元，占 89%。

这一阶段是自治区投资强度最大的时期。自治区自成立以来固定资产投资累计完成 7.96 万亿元，其中 2001—2011 年投入 4.8 万亿元，占 96%，2011 年投资过万亿元，达到 1.09 万亿元，2013 年达到 1.55 万亿元。

这一阶段是自治区经济社会结构变动最显著的时期。工业经济占 GDP 的比重由 31.5%升至 47.2%，在产业构成上实现了由农牧业主导向工业主导的转变。全区城镇化率由 42.2%上升到 58.7%，在人口分布上实现了由

* 作者时任内蒙古自治区党委常委、秘书长，内蒙古自治区常务副主席，内蒙古自治区党委副书记，现任内蒙古自治区政协主席、党组书记。

农村牧区为主向城镇为主的转变。2013 年度招商引资规模达到 4396 亿元，大企业大项目不断进驻，建设资金、技术装备、科技和管理人才明显由流出转为流入，在资源配置上实现了由要素流出区向流入区的转变。

这一阶段是自治区财政实力壮大最明显的时期。自治区成立以来累计实现地方财政总收入 9818 亿元，近 11 年实现其中的 8901 亿元，占 91%。地方财政总规模从百亿元扩大到两千亿元（2000 年 110.7 亿元，2011 年 2261.8 亿元），101 个旗县（市、区）中财政收入超 10 亿元的达到 45 个。

这一阶段是自治区群众实惠增长最多的时期。城镇居民人均可支配收入 20 世纪 80 年代年均增长 6.1%，90 年代年均增长 6.2%，2001 年以来年均增长 10.5%；农牧民人均纯收入 20 世纪 80 年代年均增长 4.3%，90 年代年均增长 7.4%，2001 年以来年均增长 8.7%。

之所以能有这样的发展变化，主要归因于全区干部群众在深入认识区情基础上，不断完善发展思路，强化发展举措，有效地把面临的发展机遇转化成发展动力、体现为发展实力。新世纪以来，自治区把握了多重叠加的发展机遇，如，国家进入重化工业化发展阶段，加强和改善宏观调控，缓解煤电油运紧张，推进向北开放，扶持少数民族地区发展，实施振兴东北等老工业基地战略等，都成为有利于自治区发展的现实机遇。所有机遇中影响至深、关联至广、效应最为持久、推动最为有力的，当属国家实施西部大开发战略这一千载难逢的有利机遇。自治区及时争取并最终列入西部大开发实施范围，从根本上为发挥优势、挖掘潜力、激活内力、借助外力创造了条件，为自治区保持长期较快发展铺平了道路。

审时度势，高瞻远瞩，党中央在世纪之交作出了西部大开发的战略决策

江泽民同志在 1989 年 6 月党的十三届四中全会上当选为中共中央总书记不久，就根据邓小平同志"两个大局"的战略构想，提出了在建立社会主义市场经济体制的新形势下，要正确处理东部地区与中西部地区的关系。

1995 年他在考察陕西、甘肃两省时，既追述了西部地区悠久的历史文化，又探讨了西部地区越来越陷入荒凉和贫困的演变过程，初步形成了加快西部开发的设想，指出，要下决心通过几十年乃至整个 21 世纪的艰苦努力，建设一个经济繁荣、社会进步、生活安定、民族团结、山川秀美的西部地区。1997 年 9 月，江泽民同志在党的十五大报告中，提出了促进地区经济合理布局、协调发展和逐步缩小地区发展差距的战略。此后，他到基层考察和在其他不同场合，多次谈到加快中西部地区和少数民族地区的发展问题。

1999 年 1 月 28 日至 2 月 1 日，江泽民总书记继 1989 年 9 月之后再次来内蒙古，深入到呼和浩特、包头的企业、农村牧区、科研单位、高校考察，走访慰问了困难职工和贫困农牧民家庭。我参与了接待陪同的全过程。江泽民同志 2 月 1 日听取自治区工作汇报后的讲话中强调："加快民族地区的经济发展，是关系各民族共同发展、共同繁荣的大事，也是关系我国现代化事业全局的大事。党中央、国务院历来高度重视民族地区的发展，中西部地区特别是少数民族地区，面临着进一步发展的良好机遇。"江泽民同志殷切希望我区，加快把资源优势转化为经济优势，力争使内蒙古成为我国 21 世纪经济增长点重要支点；进一步扩大对外开放，使内蒙古成为我国向北开发的前沿阵地；切实搞好生态环境的保护和改善，使内蒙古成为我国北方的一道生态屏障；不断加强民族团结，确保边疆社会政治稳定。可以说，江泽民同志对内蒙古的这次考察，进一步加深了他对民族地区经济发展情况的了解，促进了他对西部大开发大政方针的进一步完善。

经过几年的酝酿，1999 年 3 月江泽民总书记在九届全国人大二次会议上，正式阐述了西部大开发的战略思想。当年 9 月召开的党的十四届五中全会上，实施西部大开发战略写入了全会通过的《中共中央关于国有企业改革和发展若干重大问题的决定》。2000 年 1 月 13 日，中共中央、国务院批转了国家计委《关于实施西部大开发战略初步设想的汇报》（中发〔2000〕2 号），明确了实施西部大开发战略的指导思想、奋斗目标、主要任务及保障措施，拉开了西部大开发的序幕。紧接着国务院 1 月 16 日成立西部地区开发领导小组，组长由朱镕基总理兼任（后由温家宝总理兼任），副组长由温家宝副总理兼任（后由曾培炎副总理、李克强副总理先后兼任），领导小组办公室（简称"西开办"）设在国家计委。1月19日至22日召开西部地区开发工作会议，各省区市和国家部委主要负责同志参加。

自治区党委、政府对贯彻落实这一会议精神高度重视，行动迅速。2000年3月20日，全区实施西部大开发战略工作会议在呼和浩特召开，自治区党委常委、政府常务副主席周德海传达了国务院西部地区开发工作会议精神，自治区党委刘明祖书记、政府云布龙主席作重要讲话。会议提出我区在实施西部大开发战略中，突出抓好"一线""三区"，全面实施"十大工程"，努力实现"三大目标"的总体思路。"一线"是，把内蒙古建设成为我国北方最重要的生态防线；"三区"是，把内蒙古建设成为我国重要的农畜产品和绿色农业开发区、能源和原材料重型装备产业开发区、稀土科研和生产开发区；"十大工程"是，生态建设、交通网络、水资源开发利用、城市基础设施建设、教育文化基础建设、结构调整和产业升级改造、生物高新技术、草原文化旅游、农村牧区小康建设、口岸建设工程；"三大目标"是，山川秀美、边疆稳定、富民兴区。

统筹全局，综合考虑，内蒙古被正式列入
西部大开发战略实施范围

自2000年2月以来，新华通讯社、中央电视台等中央媒体的报道，都宣传西部大开发的范围只有西南5省市和西北5省区。特别是当年的《瞭望》杂志，在封面的西部大开发范围示意图上，也仅标注这10个省区市。这些报道不仅在内蒙古干部群众中造成了混乱，使大家对国家支持少数民族地区发展的政策产生疑惑，而且大大影响了内蒙古的对外宣传和招商引资。自治区党政领导心急如焚，各族人民热切期盼。

实事求是地讲，当时媒体的报道并非毫无根据。新中国成立之初，全国在地理上笼统地划分为沿海、内地和边疆地区。习惯上说的东、中、西部地区，是1986年六届全国人大四次会议批准的"七五"计划中确定的。东部

1999 年，三期《瞭望》杂志封面刊载我国东部、中部、
西部的划分，内蒙古自治区放在中部地区

地区包括京津沪等沿海的 11 个省区市（1988 年海南设省增加为 12 个），西部
地区包括 9 个省区市（1987 年重庆成为直辖市后增加为 10 个），包括内蒙古
自治区在内的其他 9 个省区则为中部地区。由于当时国家重点发展沿海地区，
并且对边疆少数民族地区积极帮助扶持，这种划分并没有引起太多的争议。
内蒙古地处祖国北部边疆，地域辽阔，横跨"三北"（东北、华北、西北），
有时又被泛称为中西部地区。实施西部大开发战略之初，除了习惯上的西部
10 省区市之外，是否还包括其他范围，包括范围有多大，尚未形成一致意见。

　　中央关于实施西部大开发的战略一提出，就在内蒙古引起强烈反响。
1999 年下半年，自治区党委多次召开常委（扩大）会，认真学习有关会议
文件和江泽民总书记视察内蒙古重要讲话精神，联系内蒙古实际进行讨论。
大家认为，西部大开发既是一个地理概念，更是一个经济概念和政治概念，
应该涵盖那些自然条件差、经济发展落后的地区，特别是边疆少数民族地
区。正如江泽民总书记 1999 年 9 月在中央民族工作会议所指出的："实施西
部大开发是我国下一个世纪发展的一项重大战略任务，也是民族地区加快发
展的重要历史机遇。"当年 11 月 8 日，刘明祖书记和云布龙主席联名向国家
计委并曾培炎主任致信，陈述了内蒙古应列入国家西部大开发战略规划的理
由。信中写道：

　　从地理位置和区域协作看，内蒙古的自然条件与西部其他省区极为相似，而且一直参与西北经济区规划。从 1979 年始国家计委等主编的《中国西部开发年鉴》就始终把内蒙古作为西北六省区之一列入。

　　从经济角度看，内蒙古与西部其他省区处于同一层次。1998 年，国内生产总值居全国 24 位，地方财政一般预算收入居 23 位，城镇居民人均可支配收入为全国平均水平的 80%，部分指标还低于西部其他省区。

刘明祖书记和云布龙主席联名
向国家计委并曾培炎主任致信

国家发展计划委员会并曾培炎主任：

　　首先，我们谨代表内蒙古自治区 2300 多万各族人民向您及国家计委多年来给予内蒙古的支持和帮助，表示诚挚的谢意！

　　国家实施西部大开发这一具有重大经济、政治和社会意义的战略举措，我们深受鼓舞。11 月 2 日，自治区党委专门召开包括各大班子及各有关单位列席的常委会，认真学习了江总书记今年初视察内蒙古时的重要讲话及西部大开发的一系列重要批示、朱总理视察甘肃、青海、宁夏时关于西部大开发的讲话和您在"十五"规划西部地区座谈会上的讲话，通过学习，我们感到国家实施西部大开发所采取的一系列战略，完全符合内蒙古的实际，特此致信，陈述我们对内蒙古列入西部大开发战略规划的几点想法，请审正。

　　我们认为，西部大开发既是一个地理概念，更是一个经济概念，是泛指那些自然条件差、经济发展落后的地区，特别是边疆少数民族地区，正如朱镕基总理指出的那样："实施西部大开发战略，也就是要加快少数民族和民族地区的发展。"

　　从地理位置和区域协作角度看，内蒙古的自然条件与西部其它省区极为相似，其中部分地区曾隶属甘肃、宁夏管辖，而且一直参与西北经济区规划，从 1979 年始国家计委等主编的《中国西部开发年鉴》就始终把内蒙古作为西北 6 省区之一列入，1998 年《全国生态环境建设规划》也把内蒙古与陕西、甘肃、宁夏、青海等省区列入同一区域进行治理。

　　从经济角度看，内蒙古与西部其它省区处于同一层次。1998 年，国内生产总值居全国 24 位，地方财政一般预算收入居 23 位，城镇居民人均可支配收入为全国平均的 80%，部分指标还低于西部其他省区。

　　从发展基础看，内蒙古与西部省区也存在着诸多差距，铁路和公路密度、城市用水和煤气普及率、城镇居民人均居住面积等指标不仅远比全国平均值低，而且远低于西部其他省区。生态环境更为恶劣，荒漠化土地占 60%，正如江总书记所指出的："这里的生态环境如何，不仅关系内蒙古各族群众的生存和发展，也关系华北、东北、西北生态环境的保护和改善。"

　　从政治角度看，内蒙古与俄罗斯、蒙古接壤，拥有 4200 多公里的国境线，曾作为"反修防修"的前沿阵地，为维护国家安全做出了巨大贡献。改革开放以来，在国家进行现代化、建设的"第一个大局"的进程中，内蒙古

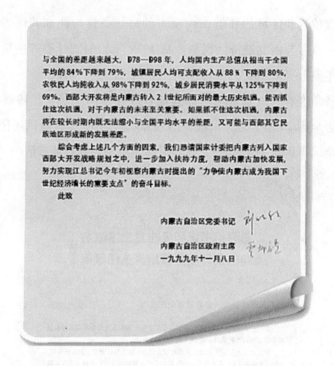

与全国的差距越来越大。1978—1998年，人均国内生产总值从相当于全国平均的84%下降到79%，城镇居民人均可支配收入从88％下降到80%，农牧民人均纯收入从98%下降到92%，城乡居民消费水平从125%下降到69%。西部大开发将是内蒙古转入21世纪所面对的最大历史机遇，能否抓住这次机遇，对于内蒙古的未来至关重要。如果抓不住这次机遇，内蒙古将在较长时期内既无法缩小与全国平均水平的差距，又可能与西部其它民族地区形成新的发展差距。

综合考虑上述几个方面的因素，我们恳请国家计委把内蒙古列入国家西部大开发战略规划之中，进一步加大扶持力度，帮助内蒙古加快发展，努力实现江总书记今年初视察内蒙古时提出的"力争使内蒙古成为我国下世纪经济增长的重要支点"的奋斗目标。

此致

内蒙古自治区党委书记
内蒙古自治区政府主席
一九九九年十一月八日

刘明祖书记和云布龙主席联名向国家计委并曾培炎主任致信

从发展基础看，内蒙古与西部省区也存在诸多差距。铁路和公路密度、城市用水和煤球普及率、城镇居民人均居住面积等指标，不仅远比全国平均值低，而且远低于西部其他省区。

从政治角度看，内蒙古与俄罗斯、蒙古接壤，拥有4200多公里的国境线，为维护国家安全作出了巨大贡献。

当时对西部范围划分还有一种主张，就是在西部10省区市的基础上，增加内蒙古和广西两个自治区的西部地区。针对这一意见，自治区政府2000年1月19日专门向国务院报送了《关于将我区整体列入国家西部大开发战略实施区域的请示》，其中特别指出：

就自治区内部而言，作为主体民族的蒙古族人口，东中部地区占90.5%；东部地区还有莫力达瓦达斡尔、鄂伦春、鄂温克三个自治旗，其中有的民族刚刚放下猎枪，结束了传统的生产方式，急需国家的特殊扶持。

我们恳请国家将内蒙古自治区作为一个整体正式列入西部大开发战略的实施区域之中，以使内蒙古自治区能够不断地缩小同先进地区的差距，能够同其他少数民族地区共同发展，共同进步。

内部传真电报

等级 平急　　　　　　　签批盖章　云布龙

厅局号　内政传发〔2000〕3 号　　　内蒙机号

内蒙古自治区人民政府
关于将我区列入国家西部大开发
战略实施区域的请示

国务院：

党中央在世纪之交作出西部地区大开发的重大决策，这对内蒙古各族人民是一个极大的鼓舞。在前不久召开的全国经济工作会议上，朱镕基总理明确提出了向西部地区倾斜的三个条件。内蒙古既是少数民族地区、边疆地区，又是贫困地区，完全符合进入西部大开发范围的条件要求。

（共 6 页）

《内蒙古自治区人民政府关于将我区列入
国家西部大开发战略实施区域的请示》

由于当时一些中央媒体对西部范围的宣传没有包括内蒙古，自治区不少干部群众和专家学者，也采取不同的方式反映意见、向上呼吁。例如自治区政协经济委员会、民族和宗教委员会以及一些民主党派人士，认真查阅包括经济学、地理学、历史学、区域学、民族学、人口学等相关内容和成果，向熟悉的国家有关部门和社科、高校等单位咨询请教，形成了《西部大开发不能没有内蒙古——与新华社等媒体和国务院有关部委就"西部"概念及几个冠名问题的商榷》的提案。提案首先指出，"西部"范围应以自然环境、经济发展水平、社会历史条件和民族地区特征等来划分。提案认为，我国许多著名科学家依据人口和民族分布状况、年降雨量 400 毫米等高线和自然生态条件、生产力发达程度等，划出的从黑龙江爱辉（今黑河）—云南腾冲线，是我国东西部的科学分界线，内蒙古绝大部分在该线以西。提案还引用了中央领导同志有关西部概念是指少数民族地区、边疆地区和贫困地区的论述，认为内蒙古应该属于西部大开发战略的实施范围。这一提案上报全国政协后，引起了重视。全国政协民族和宗教委员会对这份提案研究后予以肯定，并专门与国务院"西开办"交换意见。《人民政协报》4 月 1 日头版"今日时评"专栏，以《西部大开发不能没有内蒙古》为题，摘发了提案的主要观点。《内蒙古日报》4 月 24 日对这一刊稿全文转载。

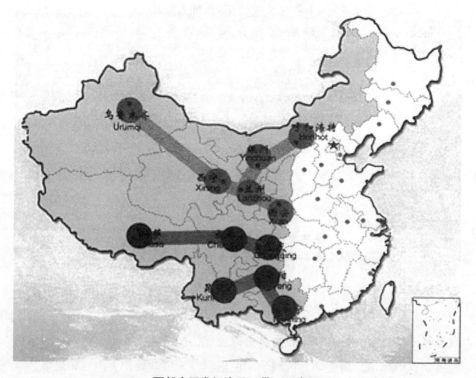

西部大开发经济区（带）示意图

自治区党委书记刘明祖也在多种场合讲了两段他所亲历的史实：

1999 年底，在中央经济工作会议上，我曾当场问过朱镕基总理：西部大开发是什么范围，内蒙古应该不应该列入西部大开发范围，内蒙古究竟包不包括在西部范围内？朱镕基总理回答，西部应该是边疆地区、少数民族地区、贫困地区，内蒙古应该包括在内。

在今年（2000 年）3 月召开的九届全国人大三次会议上，李岚清副总理参加我区代表团审议《政府工作报告》时指出，西部开发不是一个地理概念，它是经济、地理、社会等方面的综合概念。内蒙古是属于这个范围的。这对内蒙古是一个大好的机遇。

曾任国家计委主任兼西开办主任，中共中央政治局委员、国务院副总理

国务院文件

国发〔2000〕33 号

国务院关于实施西部大开发
若干政策措施的通知

各省、自治区、直辖市人民政府，国务院各部委、各直属机构：

　　实施西部大开发战略，加快中西部地区发展，是我国现代化战略的重要组成部分，是党中央高瞻远瞩、总揽全局、面向新世纪作出的重大决策，具有十分重大的经济和政治意义。为体现国家对西部地区的重点支持，国务院制定了实施西部大开发的若干政策措施。现将有关问题通知如下：

— 1 —

《国务院关于实施西部大开发若干政策措施的通知》

兼西部开发领导小组副组长的曾培炎同志，在《西部大开发决策回顾》（中共党史出版社 2010 年 3 月）一书中，披露了当时中央对西部范围划分统一意见和决策的过程。

至此，关于西部大开发范围的争论尘埃落定。不久，"10+2"又明确写入了 10 月 26 日《国务院关于西部大开发若干政策措施的通知》（国办发〔2000〕33 号）。包括 5 个少数民族自治区在内的西部 12 个省区市，土地面积 687 万平方公里，占全国土地面积的 71.6%；人口总数为 3.7 亿人，占全国人口总数的 28%。

内蒙古正式被列入西部大开发范围，充分体现了党中央、国务院对内蒙古各族人民的关心，为内蒙古在新世纪的大开发、大发展提供了极其宝贵、极其难得的历史机遇。

"西部"范围的界定过程

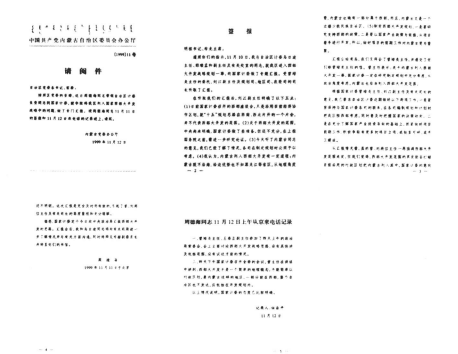

内蒙古党委办公厅 1999 年 11 月 12 日印发的有关请阅件

深入考察，广泛调研，中央领导给予有力指导

2000 年 4 月中央已对西部大开发范围基本上形成了"10+2"的共识。当年 4 月到年末，就有朱镕基、胡锦涛、尉健行三位中央政治局常委，钱其琛、黄菊两位中央政治局委员来内蒙古调研考察，在内蒙古实施西部大开发战略开局时就给予有力指导。我参与接待和陪同了这几次考察，中央领导同志同内蒙古各族群众心连心的动人场面，他们对内蒙古的亲切关怀难以忘怀。

2000 年 4 月 13 日至 18 日，中共中央政治局常委、书记处书记、国家副主席、中央军委副主席胡锦涛先后来我区赤峰市、兴安盟、呼伦贝尔盟考察工作，深入到农村牧区、企业、学校、边境口岸和部队，向各族干部群众了解生产生活情况，看望了遭受雪灾的牧区群众，多次召开基层座谈会，共商发展大计。胡锦涛同志听取自治区的工作汇报后强调，要以实施西部大开发战略为契机，努力提高内蒙古经济的整体素质。一是要解放思想，转变观念。把社会主义能够集中力量办大事的优越性同市场机制有机结合起来，走出一条新的开发路子。二是要科学规划，突出重点。加快交通、通信、水利等基础设施建设，解决好这一制约内蒙古经济发展的"瓶颈"，高度重视和着力抓好生态环境保护和建设。三是要把开发利用自然资源与开发利用智力资源结合起来。一方面要优先发展教育，抓紧培养各级各类急需人才，另一方面改革用人机制。四是要以开放促开发。充分发挥区位优势，在外引内联、扩大边境贸易方面迈出新的步伐。五是要坚持两手抓，两手都要硬，促进两个文明建设协调发展。

5月12日至13日，中共中央政治局常委、国务院总理朱镕基，专程来地处首都正北方的锡林郭勒盟，考察了多伦县飞播造林种草封育区、浑善达克沙地南缘、太仆寺旗治沙造林工程、万亩草库伦示范区，观看了卫星遥感监测土地沙化有关录像。朱镕基总理明确指出，治沙止漠刻不容缓，绿色屏障势在必建，加强草原生态环境建设已经迫在眉睫，必须采取切实措施加强草原的保护和建设。特别要加紧落实草场家庭承包责任制，对承包草场限定最高载畜量，严禁超载放牧，推行牲畜舍饲圈养和禁牧休牧、划区轮牧。加强对草原的养护，大力防治草原病虫鼠害。朱总理此次视察锡盟后，国家在包括内蒙古的5省区市75个县（旗），开始实施京津风沙源治理工程。

7月5日至8日，中共中央政治局委员、上海市委书记黄菊，率上海市党政代表团来呼和浩特、包头参观考察。黄菊书记称赞，内蒙古自治区抓住西部大开发的历史机遇，再造新优势，实现新飞跃，充满了生机和活力。在同自治区党政领导座谈时，黄菊书记与大家共同探讨两地面向新世纪加强合作的新路子，提出上海市今后参与建设的力度要加强，智力支持的力度要加强，提供服务的力度要加强。两区市还签订了经济技术合作项目协议。此后，上海市发挥经济中心城市综合功能的优势，对内蒙古的各项建设给予了更加有力的支持和帮助。

7月26日至29日，中共中央政治局委员、国务院副总理钱其琛，先后

中共内蒙古自治区委员会文件

内党发〔2001〕13 号

内蒙古党委、政府关于印发
〈内蒙古自治区实施西部大开发
战略规划纲要〉的通知

各盟市委，盟行政公署、市人民政府，自治区各部、委、
办、厅、局和各人民团体：
〈内蒙古自治区实施西部大开发战略规划纲要〉已经
自治区党委、政府批准，现印发给你们，请结合本地区、
本部门实际情况，认真贯彻执行。

— 1 —

《内蒙古党委、政府关于印发
〈内蒙古自治区实施西部大开发战略规划纲要〉的通知》

对伊克昭盟、包头市、呼和浩特市的企业、农村牧区、旅游设施等进行考察，并向自治区直属机关领导干部作了外交和国际形势的报告。这是他第一次到内蒙古。钱副总理强调，西部大开发也是西部大开放，没有开放，各国的资金、技术、人才就不会来。应该积极吸收台港澳地区的资金、海外的资金，搞好了真正的大集团也可能来。他还指出，内蒙古的自然景观和文化遗产资源十分丰富，旅游市场的前景十分广阔，要抓紧把旅游业培养成支柱产业和新的经济增长点。

9月3日至9日，中共中央政治局常委、书记处书记、中央纪委书记、全国总工会主席尉健行，来呼和浩特市、包头市、伊克昭盟和乌兰察布盟考察工作。他分别与国有企业、工会、纪检监察干部职工座谈，并听取自治区

党委、纪委工作汇报。尉健行指出，现在中央确定了西部大开发战略，自治区党委已经做了大量的准备工作，编制了规划，明确了思路，提出了切合内蒙古实际的工作目标，有些工作已经着手进行。内蒙古在党中央的领导下，沿着正确的路子扎扎实实干下去，就一定能够实现江总书记提出的把内蒙古建设成为"我国下个世纪经济增长的重要支点"。

中央领导同志的重要指示，使内蒙古进一步明确和完善了实施西部大开发战略的目标、思路、重点和措施，极大地振奋了全区各族干部群众的信心和斗志。

团结拼搏，开拓创新，内蒙古实施西部大开发 战略十年取得辉煌成就

内蒙古从 2000 年初实施西部大开发战略，到 2010 年十年来，自治区历届党委、政府都毫不懈松地抓好西部大开发各项任务的落实和目标的实现。储波同志 2001 年 8 月担任自治区党委书记后，在 11 月召开的自治区第七次党代会上的报告中强调："国家实施西部大开发战略，逐步加大对西部地区的支持力度，必将为我区今后的发展提供强大的动力。""按照先进生产力的发展要求，以实施西部大开发战略为契机，集中力量，突出重点，加速发展，进一步加快资源优势向经济优势的转换，努力在关系经济发展全局的重点领域取得突破，推动全区国民经济持续快速健康发展。"胡春华同志 2009年 11 月担任自治区党委书记后，多次要求，抓住难得的历史机遇，以高度的责任感和紧迫感，把西部大开发的政策措施转化为推动内蒙古发展的强大动力，确保西部大开发战略在我区扎实推进，把自治区的改革开放和社会主义现代化建设提高到新水平。

十年来，在党中央、国务院的亲切关怀和坚强领导下，在邓小平理论、"三个代表"重要思想和科学发展观的指引下，在全国人民的大力支持和热情帮助下，全区各族人民团结拼搏，开拓创新，取得了令人瞩目的辉煌成就。胡春华同志 2011 年 11 月在自治区第九次党代会上的报告总结道：

"内蒙古的跨越式发展，是从进入新世纪开始的。这些年来，我们紧紧抓住国家实施西部大开发、振兴东北地区等老工业基地战略的历史机遇，坚持不懈地推进工业化、城镇化和农牧业产业化，实现了边疆民族地区的跨越式发展。……在经济快速发展的同时，各项社会事业全面进步，人民生活不断改善，始终保持了民族团结、社会和谐、边疆安宁的良好局面。"

国家发改委西部开发司 2010 年 1 月所编《西部大开发十年》一书，在"地区篇"中对内蒙古这样评价：

"实施西部大开发战略以来，内蒙古自治区牢牢把握重大历史机遇，全面落实党中央、国务院的各项政策部署，聚精会神搞建设，一心一意谋发展，呈现出经济增长较快、民生状况改善、薄弱环节加强、社会和谐稳定的良好发展局面。实施西部大开发战略这十年，是自治区经济社会发展最快、发展势头最好、城乡面貌变化最大、人民群众得到实惠最多的时期。可以说是内蒙古经济发展史上的'黄金时期'。"

2010 年 7 月 5 日至 6 日，中共中央国务院在北京召开了西部大开发工作会议。我作为自治区党委副书记、副主席和自治区党委书记胡春华、发改委主任梁铁城参加了会议。

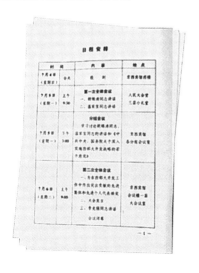 

西部大开发工作会议材料与出席证

　　这次会议是在西部大开发向纵深发展关键时期召开的一次重要会议。党中央、国务院对深入实施西部大开发战略提出了一系列新要求、新任务、新举措。会议指出，深入实施西部大开发战略是实现全面建设小康社会宏伟目标的重要任务，事关各族群众福祉，事关我国改革开放和社会主义现代化建设全局，事关国家长治久安，事关中华民族伟大复兴。今后十年是全面建设小康社会的关键时期，也是深入推进西部大开发承前启后的关键时期。全党全国一定要从大局出发，深刻认识深入实施西部大开发战略的重要性和紧迫性，奋力将西部大开发推向深入，努力建设经济繁荣、社会进步、生活安定、民族团结、山川秀美的西部地区，为实现全面建设小康社会奋斗目标、实现中华民族伟大复兴作出新的更大的贡献。与会人员还认真讨论了《中共中央国务院关于深入实施西部大开发战略的若干意见》，会后以中发〔2010〕11 号文件印发，用于指导今后西部大开发工作的深入开展。

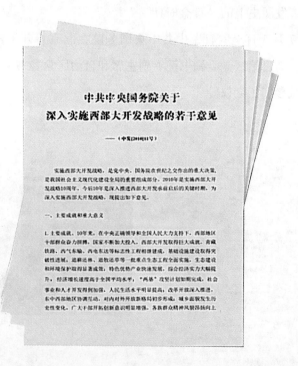

《中共中央国务院关于深入实施西部大开发战略的若干意见》

　　内蒙古的发展成就充分证明，党中央、国务院实施西部大开发的战略决策是完全正确的，对于加快西部省区市特别是民族地区发展步伐、统筹现代化建设全局发挥了重要作用。

民族文化大区建设回眸

陈光林[*]

内蒙古自治区成立 60 周年庆典刚刚落下帷幕，人们还沉浸在欢庆的气氛之中，自治区成立 60 年来经济社会发展的辉煌成就备受瞩目。特别是随着近年来全区经济快速发展，我区的文化建设也取得令人欣喜的业绩，民族文化大区战略深入人心，文化事业和文化产业繁荣发展的局面喜人。今年是建设民族文化大区战略提出的第六个年头，回眸这段历程，充满着感动。

我是 2001 年 11 月调任内蒙古自治区党委副书记一职的，也是我第一次踏上内蒙古这片土地。记得早年前，我对内蒙古印象最深的是蒙古族歌曲和舞蹈。虽然了解不是很多，但内蒙古许多脍炙人口、流传甚广的优秀民族歌曲和舞蹈吸引着我，也感染着我。也可以说，我最初对内蒙古的印象和认识，是从《草原上升起不落的太阳》《敖包相会》等歌曲开始的。来到内蒙古工作后，在分管宣传文化工作中，广泛接触宣传界、文艺界、社科界的同志，以及深入基层时对群众文化的接触，使我对内蒙古民族文化逐步有了较为真切、全面、深入的了解，深深感受到内蒙古"歌海舞乡"的无穷魅力。内蒙古深厚、独特、丰富的历史文化资源深深地震撼着我，对民族文化也从直观的认识逐步上升到理性的高度。作为分管宣传文化的党委负责人，如何在新形势下繁荣和发展内蒙古民族优秀文化，我深感责任重大。如何利用好丰厚的民族文化资源，将传统文化与现代文明更好地结合起来，促进内蒙古

---

* 作者系政协内蒙古自治区第九届委员会党组书记、副主席、主席。

民族优秀文化走向全国，推向世界，成为我工作中重点调研、思考和探索的问题。

草原文化研究的确立和深化

2001年12月26日，我和时任自治区党委常委、宣传部长张国民同志来到自治区社科院调研。自治区社科院承担着为全区经济社会发展提供重要理论研究支撑的职能，拥有一批社会科学研究人才，积累了许多文化建设的研究成果。在社科院，我向专家学者们提出了如何从战略的高度研究草原文化在中华文化发展中的地位和作用问题，得到大家的热烈响应。这也是第一次将草原文化作为专门研究课题正式提出来。围绕这个课题，时任内蒙古社科院院长吴团英等同志组织我区社会科学界、教育界的专家学者们开始了深入细致的探索和研究，草原文化资料整理、研究和各种研讨活动逐步成为内蒙古文艺界和社科界的热点。从2004年开始，我们每年举办一次"中国·内蒙古草原文化研讨会"。2005年7月举办了"草原文化高层论坛"，全国哲学社会科学规划办公室主任张国祚、中国社会科学院副院长朱佳木等出席会议并讲话，国内各地的专家学者百余人参加研讨。2005年8月18日—23日召开的首届"中国蒙古学国际学术讨论会"上专设了"草原文化讨论分会"，逐步把草原文化研究推向了国际学术论坛。《光明日报》专门开辟了"草原文化论坛"专栏，发表了一系列比较有影响的论文，其中一些重要观点和文章被《新华文摘》、香港《大公报》等多家媒体转载。草原文化研究的推进，引起并得到了中宣部、中国社科院的高度关注和重视。2004年，"草原文化研究工程"被列为国家社会科学基金特别委托项目；2005年，又被列为国家社会科学基金重大委托项目。自治区60周年大庆前夕，作为草原文化研究工程重要成果之一的《草原文化研究丛书》（9卷本，约500万字）正式出版，标志着草原文化的学术研究取得了突破性和开创性进展。草原文化与黄河文化、长江文化一样是中华文明三大源流之一的观点得到广泛的认同和肯定，草原文化作为内蒙古最具特色、最具影响力的品牌文化得到确立和巩固，为建设民族文化大区战略提供了重要科学依据和理论支撑。

建设民族文化大区战略的提出

民族文化大区战略构想的第一次提出是在 2002 年。2002 年 2 月 3 日，全区宣传思想工作会议召开，我在这次会议的讲话中提出，国内许多省（区、市）提出建设文化大省（区、市）的目标，掀起了"文化热"。我区人文资源丰厚，文化工作基础较好，优势和特色明显，在全国有较大的影响和吸引力，市场潜力很大。因此，要充分发挥全区人文历史资源优势，进一步加快文化建设步伐，向着建设民族文化大区的目标迈进。强调指出，弘扬先进文化，建设民族文化大区，是贯彻落实江泽民总书记"三个代表"重要思想的载体和工作目标，也是自治区在新世纪初加快发展、全面发展的需要。同时提出，在充分准备的基础上，适当时候召开一个全区文化工作会议，明确"十五"期间全区文化建设的目标任务，制定文化发展规划和相应的文化政策，把"代表先进文化前进方向"的任务进一步落到实处。民族文化大区的战略构想提出以后，全区宣传文化界反响热烈，展开了深入讨论和探索。起初，有些同志有这样那样的疑惑也是正常的，但是，大家最终认为，我区有着悠久的历史和灿烂的文化，有着独特的优秀民族艺术和丰富多彩的人文资源，拥有建设民族文化大区的丰厚资源，文化发展的基础好，完全有条件在文化建设上先行一步，走在全国前面。经过一段时间的讨论、研究和工作推进，民族文化大区战略被文化界、学术界所赞同和响应，为社会各界认同，并成为宣传文化工作的重大任务，成为指导我区文化发展的重要战略。

民族文化大区建设的实施和推进

自治区党委、政府对民族文化大区建设高度重视、大力支持。2003 年，民族文化大区建设迎来第一次高潮。在自治区党委、政府的领导下，在有关

部门的积极推动和支持下，2003 年 4 月，《内蒙古自治区民族文化大区建设
纲要（试行）》（内政发〔2003〕93 号）经自治区政府第六次常务委员会审
议通过，对民族文化大区建设的目标、任务、保障措施等作出具体规划和明
确要求。同时下发了《内蒙古自治区人民政府关于支持文化事业和文化产
业发展若干政策的通知》（内政发〔2003〕62 号）的配套文件。2003 年 11
月，自治区党委、政府出台了《关于进一步加快文化发展的决定》（内党发
〔2003〕20 号），正式将民族文化大区建设列为文化发展重要战略。自治区
政协也把建设民族文化大区作为参政议政的重点课题，组织动员各级政协组
织和政协委员开展了广泛深入的调查研究，先后组成 6 个调研组，深入到全
区 9 个盟市、40 多个旗县和区直部分单位，召开了千人参加的 49 次座谈
会、研讨会，形成了 30 多篇有情况、有分析、有对策的调研报告。2003 年
9 月，自治区政协九届三次常委会形成了《关于深化文化体制改革，加快文
化产业发展的建议案》，推动了民族文化大区建设的实施步伐。2003 年 11
月 11 日，自治区历史上规模最大、层次最高的全区文化工作会议在首府呼
和浩特隆重召开，自治区党委书记储波同志出席会议，自治区党委副书记、
自治区主席杨晶同志发表重要讲话，强调了建设民族文化大区的重要意义，
对加快文化建设提出明确要求。我在讲话中就实现建设民族文化大区总体目
标提出 10 项主要任务。会议期间，各盟市主要负责同志、几代宣传文化工
作者欢聚一堂，共商内蒙古文化发展大计。许多老艺术家激动地说，自治区
党委、政府的决策来得太及时了，这是我们多年的期盼啊，内蒙古的文化事
业新的春天就要来到了！全区文化工作会议的胜利召开，标志着建设民族文
化大区战略开始步入深入推进和实施阶段。

为了加快民族文化大区建设的步伐，2004 年初自治区党委成立了由我
担任组长，张国民、莫建成（后增补）、乌兰同志担任副组长及自治区有关
部门负责同志组成的民族文化大区领导小组。在领导小组的第一次会议上明
确提出，建设民族文化大区不是一朝一夕的事情，也不是三年五年的事情，
是一个较长时期的奋斗目标。但长远目标必须与近期目标、当前工作相结
合，需要通过扎扎实实的努力来实现。特别是抓好迎接自治区成立 60 周年

的近 3 年的工作更加重要。每年要做几件什么事，必须十分明确，认真组织力量去抓，步步向前推进。2007 年是自治区成立 60 周年，是推动民族文化大区建设的一次难得机遇，有关部门要制订好从现在到 2007 年的文化建设规划，并一项一项地加以落实，为 60 周年大庆献礼。鉴于自治区的财力和文化工作基础，会议决定 2004 年重点抓好歌曲创作和国际草原文化节。因为歌曲创作的群众性强、普及率高、社会影响大、投入较少，以此为突破，逐步推动文艺创作的全面繁荣发展；内蒙古的文化基础和人才队伍，已具备举办自治区一级大型文化活动的条件和优势。通过举办这样的活动，可以宣传内蒙古、展示内蒙古的形象，扩大内蒙古在海内外的影响，有利于推动经济社会发展。经过短短几个月的紧张筹备，2004 年 8 月 6 日，"中国·蒙古首届国际草原文化节暨呼和浩特第五届昭君文化节"在呼和浩特开幕。开幕式上举办了规模宏大、民族特色鲜明、艺术性、观赏性较高的大型文艺晚会《天堂草原》，受到群众的广泛好评。这次文化节之后，2005 年包头成功举办了第二届，2006 年鄂尔多斯市举办了第三届，2007 年自治区 60 周年庆典之际，呼和浩特市举办了第四届。经过连续几年的成功举办，国际草原文化节也成为内蒙古的重要文化品牌，并带动了各盟市文化节庆活动的蓬勃开展，特别是文化活动与旅游相结合，对经济社会发展起到了积极促进作用。年底，歌曲创作活动取得丰硕成果。自从征歌消息发出以后，区内外乃至国外文化人士踊跃参加，共收到全国 20 多个省、市、自治区和美国、澳大利亚、蒙古等国家的词曲作品共 5440 首，从中评选出 51 首获奖歌曲，扩大了内蒙古文化工作在国内外的影响。更可喜的是，通过这次活动，激发了广大文艺工作者的创作热情，推动文艺创作走向新的繁荣。在歌曲创作和节庆活动成功实践后，又陆续组织开展了多项大型文化活动，比如全区乌兰牧骑艺术节、全国第三届少数民族文艺会演、春节晚会、大型交响合唱《草原颂》以及一批反映民族题材的优秀影视作品创作，都取得了很好的效果。尤其是，大型歌舞《天堂草原》在第三届全国少数民族文艺汇演中获得大奖，2006 年代表国家在世界最高音乐殿堂维也纳金色大厅成功举办了"中国·维也纳新春音乐会"，标志着内蒙古文化艺术在走向全国、推向世界方面取得耀眼成果。

回顾这段历史，令人感慨振奋。建设民族文化大区战略的成功实施，离不开自治区党委、政府的高度重视，离不开自治区宣传文化战线的各级领导和广大文艺工作者的艰辛努力，离不开能歌善舞的各族群众。每当大家谈起这些往事，我都由衷地感谢内蒙古这片丰厚深情的土地和勤劳智慧的各族人民。相信在胡锦涛总书记在党的十七大报告中提出的"文化大发展大繁荣"的重要思想指引下，草原文化将更加绚丽多彩，内蒙古民族文化大区建设必将取得新的更大发展和繁荣。内蒙古的明天，一定会更加灿烂辉煌！

不辱使命　奉献西部

夏　日[*]

　　内蒙古是我国荒漠化治理的主战场之一，也是国家西部大开发战略实施的受惠者。近年来，内蒙古沙产业、草产业发展势头很旺，内蒙古沙产业、草产业协会为推动全区荒漠化治理，形成整体遏制、局部好转的良好态势发挥了极为重要的推动作用。

　　20多年来，我将大部分的精力倾注在了关注、研究和推动西部沙区生态建设，防沙治沙和沙产业、草产业发展事业上。从率先提出"推行草原畜牧业经营管理方式变革，推动牧区及农村第二次改革"，到全身心地投入宣传践行钱学森沙产业、草产业思想理论；从经过深入调查研究后得出发展沙产业、草产业应该遵循的十大原则，到归纳总结出沙产业的十大功能；从提出科学的"新沙漠观"概念和防沙、治沙、科学用沙、管沙的新理念，到沙产业、草产业要坚持市场化运作、企业化管理、产业化经营的操作规程；从创立内蒙古沙产业草产业协会和防沙治沙协会，到主编《沙产业、草产业、林产业理论实践丛书》……毫不夸张地说，一天之内，每有闲暇我总在思考和琢磨西部地区的生态、西部地区人民的生产生活、西部沙区的后续主导产业和新的经济增长点……我自己撰写的有关这方面的论文不下几十篇，撰写出版的《走出内陆》和《走进西部》两本文论集，约有三分之一的篇幅在讲有关"沙"的内容。沙漠在我心目中是鲜活的、可爱的、苍

---

　　* 作者是第十届全国政协常委、民族和宗教委员会副主席，政协内蒙古自治区第七届、第八届委员会副主席。

茫有生气的，"沙"与我结下了不解之缘。

西部大开发——内蒙古实现大跨越大繁荣的关键

西部大开发的重大意义不亚于改革开放。改革开放是一个全国性的大的转折，西部大开发是改革开放以后，国家总体建设当中对薄弱但不可缺少环节的补齐和推进。我们内蒙古属于少数民族地区、边疆地区、贫困地区，而当时中央不太了解我们的区情，一开始没有把内蒙古列入西部大开发战略的范围。这就需要我们通过各种渠道来反映我们内蒙古的区情，说明西部大开发与内蒙古的利害关系和西部大开发对于内蒙古的必要性，西部大开发若不包括内蒙古，对于国家西部地区的建设是不完整的。因此，西部大开发，不能没有内蒙古。2000 年，内蒙古自治区被国务院正式批准纳入西部大开发范围以来，通过一系列优惠政策的相继实施，在内蒙古各族人民的艰苦奋斗下，经济社会发展实现了巨大跨越，呈现出边疆稳定、民族团结、经济发展、人民安居乐业的喜人变化。但是由于当时中央在我们的生态建设方面投资力度不够，我们自治区生态建设与其他地区相比起来还是有一定差距的。例如，从建国初期到 1998 年前后，中央政府对鄂尔多斯地区每亩地只投资5 分钱。鄂尔多斯地区当时属于生态建设上的重灾区，70% 的土地沙漠化严重。经过我们的不懈努力，到 20 世纪 90 年代中期，植被覆盖度已达到了60%。而 1998 年开始的 4 年大旱，植被覆盖度又下降到了 30%。

总结西部大开发战略在我们自治区实施过程中所取得的成就，我认为总体有三点。一是经济实现了跨越式发展。GDP 及在全国各省区市的位次连续跃过几个重大台阶，经济增速自 2008 年以来已连续八年居全国第一，不仅超过了西部，也超过了国家的经济增长速度。二是生态建设取得了显著成果。荒漠化的速度、荒漠化的扩展有所遏制，局部治理区域趋于好转。以鄂尔多斯地区为例，由最开始的 30% 的植被覆盖度，达到现在的 75% 以上的植被覆盖度。还有科尔沁沙地、乌珠穆沁沙地、呼伦贝尔沙地等，都得到了很好的治理。因此，我区的生态建设是走在全国前列的。我们主要宣传沙产业、草产业理论，用发展产业的方式来治理沙漠，这样更符合沙漠治理的规律，也有利于群众生活水平的不断提高。而过去采取纯粹治理的方式，老百姓生活的主要收入来源是依靠放牧、耕种，生活水平提高很慢。沙漠治理产业化的发展既解决了老百姓的生产生活问题，也带动了防沙治沙。正如党的十七大提出的"生产发展、生活改善、生态良好"，由过去的恶性循环变成了现在的良性循环。因此有些世界知名治沙专家公认：世界上治理荒漠化最好的地区是中国；也有中国的专家公认：治理荒漠化最好的地区是内蒙古。三是基础设施建设逐步完善。我们内蒙古自治区是中国面积第三大的省份，这么大的省区人口才有2400多万，搞起基础设施建设是比较困难的。从道路方面来看，现在的内蒙古，遍地都是高速公路，通往各个盟市都有航空线，交通非常发达；从城市建设方面来看，街道两侧高楼林立，绿树成荫，还建设了许多规模化的广场，城市建设更带动了其他经济发展；从通讯设施方面来看，农村牧区村村通广播电视通讯，几乎人人都拥有手机，老百姓通过各种通讯设施获取的信息多了，知识也丰富了，人民素质也随之提升了。

西部大开发战略的实施，让老百姓真正得到了实惠。我认为真正的幸福就是老百姓的生活环境稳定，人民安居乐业，没有安定的生活环境，何谈幸福。

钱学森——把沙产业推向全世界

我对钱老是非常崇拜的。钱老先生是举世闻名的科学泰斗。不但是功勋卓著的中国著名的战略科学家，而且是亿万人民敬仰的伟大的爱国主义者。既是中国航天事业的奠基人，也是"中国沙产业草产业之父"。他一生的追求是八个字：志在强国，心在富民。他为祖国强大、民族振兴、人民幸福，革命一生、奋斗一生、奉献一生。他的理想、信念、品德、学风、气节、人格魅力和精神境界，永远是我们学习的榜样。

钱学森老先生从20世纪60年代起，就与内蒙古结下了不解之缘。他利用国防科研的业余时间，调查并思考了沙漠资源的科学开发与合理利用问题。1984 年 6 月，他在世界上第一次提出了知识密集型沙产业、草产业理论。这是钱老先生首倡的面向未来、造福人类的第六次产业革命理论的核心内容。在钱老先生提出这一理论之前，我们对沙漠的认识便是"死亡之海""地球癌症"，谈沙色变。但现在，人们逐渐改变了对沙漠的看法，逐渐认识到沙漠不完全是死亡之海，也不完全是不毛之地，在沙漠当中是有很多珍贵的动植物存在的，具有很高的利用价值。可见，我们的沙漠既可以治理，也可以利用。钱学森沙产业、草产业理论，为我国乃至全人类更加科学地认识沙漠、沙地和更加有效地防治沙漠，如何认识、保护、建设、利用草原，如何解决"人口、资源、环境"三大危机，解决荒漠化、贫困化、气候变化三大难题指出了方向、道路和方法。可以说钱学森沙产业、草产业理论就是解决全球"三大危机""三大难题"的理论。如果说钱老先生的"两弹一星"是对中国科学发展的贡献，那么沙产业理论就是对沙漠认识、治理方面的巨大贡献。2004 年，钱老先生在他的家中亲切会见了我们，当时他提出——要把沙产业推向全世界。钱老的丰功伟绩，不仅惠及当代，还将长期造福子孙。

人民政协——给我前行的力量

我认为在政协工作中，除了没有决策权以外，没有不可以做的工作，也没有做不到的事情。尽管政协本身的职能是政治协商、参政议政、民主监督，但是在社会经济、文化等方面的工作，是没有限制的，有许许多多的工作是需要我们政协委员去做的，这是我们的职责。比如，在政协工作期间，我曾经组建纳税人协会，希望能通过协会的建立来提升纳税人的地位和权力，这实际上也是提升和体现了公民的权利。公民有了权利感就会增加义务感。现在的老百姓多数都感受不到自己为国家所作的贡献，拥有何种职权，从而对权利和义务的意识很淡薄。这个协会搞得很成功，获得了较好的成效。2002 年自治区成立沙产业、草产业协会以来，我便把主要精力投入到这项工作当中。

　　有人问过我，是什么样的信念让我如此坚定地专注于这项事业。作为一名共产党员和政协委员，这种执着的信念来自于责任感，是这种强烈的责任感在推动着我。从事防沙治沙这项工作，是政协给了我这样的机会。而且我从小的生长环境就是沙漠，我对沙漠的感情很深，也对沙漠了解很深。工作以后一直在参与治沙，成为一名领导干部之后也一直在领导治沙。既然我选择了做这件事，就要把它做好。若自己都不去践行，道义上讲不过去，思想感情上也讲不过去。我凭借自己清晰的是非观念，认定这是一件好事，便大胆地去做。沙产业、草产业完全是由群众团体建立起来的，这不仅仅是政府的事情，领导的事情，也是我们每一位公民的事情。个人的事情上我从不愿意求人，但是为了把这项工作做好，不仅需求人办事，有时甚至会遭遇到别人的冷漠置之，但是我遇到的热情的人还是比较多的，大多数人都对我的工作给予了帮助和支持，这让我很感激。总之，沙产业是适宜内蒙古发展的优势产业，在多年的实践过程中，内蒙古取得了一定的沙产业建设成就。加强沙产业建设力度，就是为全区人民建设全面小康社会、建设沙区新农村新牧区、实现人与自然和谐共处、构建资源节约型和环境友好型社会作出贡献，我们要众志成城、排除万难，为沙产业建设高潮的早日到来而努力奋斗。

内蒙古实施西部大开发战略概况

雷·额尔德尼[*]

实施西部大开发战略是党中央、国务院在世纪之交作出的重大战略决策，为包括内蒙古在内的广大西部地区的发展提供了重要战略机遇。2000年初正值国家启动实施西部大开发战略的关键时期，我被调动担任自治区计委主任的职务，参与了从争取进入国家西部大开发战略范围到研究制定和组织实施自治区西部大开发战略规划等重要环节的工作。2003—2008年在担任自治区副主席期间，分管农牧业和生态领域的工作，亲历了自治区争取和实施国家生态建设重点工程的全部过程。作为西部大开发战略的见证人和亲历者，我谈一些自治区西部大开发的有关情况。

上下联动，全力抓住西部大开发战略机遇

1999年6月17日，时任中共中央总书记江泽民在陕西省西安市主持召开西北五省国有企业改革和发展座谈会，指出：现在我们正处在世纪之交，应该向全党和全国人民明确提出，必须不失时机地加快中西部地区的发展，特别是抓紧研究西部地区大开发。9月29日，江泽民同志在中央民族工作会议暨国务院第三次全国民族团结进步表彰大会上的讲话中指出，加快中西部地区的发展特别是实施西部大开发战略，条件已经基本具备。实施西部大

* 作者时任内蒙古自治区发展计划委员会主任，内蒙古自治区人民政府副主席、政府党组成员，内蒙古自治区人大常委会副主任、党组成员。

开发是我国 21 世纪发展的一项重大战略任务，也是民族地区加快发展的重要历史机遇。1999 年 10 月 9—12 日，时任国家计委主任曾培炎在西宁主持召开"十五"计划思路西部地区座谈会，主题是"集思广益、共谋西部发展大计"，重点讨论如何加快西部大开发的思路、目标、重点任务和政策措施，曾培炎同志在会上作了题为"加快西部地区开发，促进地区经济协调发展"的讲话。西北五省（陕西、甘肃、宁夏、青海、新疆）和西南五省（四川、重庆、云南、贵州、西藏）的副省级领导和计委主任参加了会议，这次会议没有请内蒙古和广西两个少数民族自治区。内蒙古计划委员会得知这一消息后，向自治区党委、政府作了汇报，经自治区党委、政府批准，自治区计划委员会于 1999 年 10 月 21 日向国家计划委员会上报了《关于将内蒙古自治区列入西部大开发战略规划的请示》。《请示》提出，将内蒙古列入国家西部大开发战略实施范围三个方面的四个重要理由：

1. 国家关于西部地区的概念内涵，不仅是从地理角度讲，更重要的是从经济发展水平角度讲，西部地区实质上指不发达地区，我区和西南、西北省区处于同一层次。1998 年内蒙古国内生产总值为 1192 亿元，在全国各省区中列 24 位，低于四川、云南、陕西等省区，同新疆相差无几。地方财政一般预算收入为 77.7 亿元，在全国各省区中列 23 位，也低于四川、云南、陕西等省区。人均国内生产总值同四川、青海、宁夏、广西等相差无几，低于新疆。职工工资在全国各省区中列第 27 位，大大低于西藏、新疆、四川、宁夏、青海等省区，农牧民人均纯收入列第 17 位，也处于较低水平。

2. 西部地区不仅是不发达省区，也是少数民族聚居区。内蒙古是我国第一个成立的少数民族自治区，虽然自治区成立五十多年来发生了翻天覆地的变化，但在五个少数民族自治区中处于较为落后地位。如人均国内生产总值低于新疆，相当于新疆的 80%，国内生产总值低于广西，相当于广西的一半，财政一般预算收入也低于广西，相当于广西的三分之二，职工工资比西藏低 5195 元，比新疆低 1329 元，比宁夏低 1030 元，比广西低 416 元。

3. 从地理角度看，内蒙古的大部分在西部地区。西部八个盟市占全区总人口一半，自治区首府呼和浩特、最大的工业城市包头均在内蒙古西部。

包头市同西安、呼和浩特市和榆林地区基本上在同一经度上。我区西部一些地方曾隶属甘肃、宁夏管辖，呼和浩特市、包头市、伊克昭盟、巴彦淖尔盟、乌海市、阿拉善盟的居民同陕西、宁夏、甘肃等省区在血缘上有较为紧密的关系，风俗习惯也大体相似。

4. 内蒙古资源十分丰富，极具开发潜力。森林蓄积量是全国的 11.6%，可利用草场面积占全国的 1/4，人均耕地面积是全国的 4 倍，世界已查明的 140 多种矿产中我区已发现 128 种，有 42 种矿产储量居全国前 10 位，22 种列前 3 位，7 种居全国之首，特别是稀土远景储量 1.3 亿吨，占全世界的 48%。内蒙古矿产储量潜在价值（不含石油、天然气）达 13 万亿元，具有巨大的开发价值。

11 月 8 日，时任内蒙古自治区党委书记刘明祖、内蒙古自治区主席云布龙给国家计划委员会主任曾培炎同志去信，要求将内蒙古列入国家西部大开发战略规划当中。当时，国家层面对西部范围的划分看法不尽一致，主要有几种意见：一是仍按"十五"计划以来界定的西部地区十省区市的范围考虑。二是在西南五省和西北五省的基础上，增加内蒙古的西部地区（包括包头市、乌海市、伊克昭盟、巴彦淖尔盟和阿拉善盟），以及广西的百色地区和河池地区。三是西部十省区市加上内蒙古和广西两省区。四是西部省区市加上内蒙古、广西两省区以及湖南湘西、湖北恩施等少数民族自治州。所以，社会上关注的重点就以内蒙古能否进入国家西部大开发战略实施范围转变为内蒙古能否整体进入国家西部大开发战略实施范围。为此，自治区党委、政府责成时任自治区副主席周德海同志、自治区计委副主任那顺孟和同志和我赴北京向国家计委作了专题汇报，时任国家计委副主任王春正同志受曾培炎同志委托在听取我们汇报后表示，从民族团结的角度看，你们的意见是值得考虑的，并表示要将内蒙古的情况向国务院汇报。2000 年 1 月 19 日自治区政府正式向国务院上报关于将我区列入国家西部大开发战略实施区域的请示。

《请示》提出：党中央在世纪之交作出西部地区大开发的重大决策，这对内蒙古各族人民是一个极大的鼓舞。在前不久召开的全国经济工作会议上，朱镕基总理明确提出了向西部地区倾斜的三个条件。内蒙古既是少数民族地区、边疆地区，又是贫困地区，完全符合进入西部大开发范围的条件要求。我区党委、政府在认真学习了党中央、国务院关于西部大开发的重要指示精神后，一致认为内蒙古应该在西部大开发战略中占据相应的位置，也一定能够在西部大开发实施过程中做出积极的贡献。

我们认为，西部大开发既是一个地理概念，更是一个经济概念和政治概念，应该涵盖那些自然条件差、经济发展落后的地区，特别是边疆少数民族地区。正如朱总理在中央民族工作会议上指出的：我国少数民族地区主要集中在西部地区，实施西部大开发战略，也就是要加快少数民族和民族地区的发展。

从地理位置和区域协作角度看，内蒙古西起东经 97 度 10 分，比渝、川、云、贵、陕、宁的最西端还要靠西，与藏、青、甘的区位处于同一经度，其中部分地区曾隶属甘、宁管辖，而且一直在参与西部经济区域协作。《中国西部地区开发年鉴》（国家计委 1979 年主编）一直把内蒙古列在西部范围，《全国生态环境建设规划》（1998 年版）也将内蒙古西部与陕、甘、宁、青等省区列入同一区域进行治理。

从经济发展现状和自然条件看，内蒙古不仅与全国平均水平差距甚远，即便在西部省区中也没有什么优势可言。1998 年国内生产总值居全国第 24 位，地方财政一般预算收入居全国第 23 位，人均国内生产总值仅为全国平均水平的 79%，公路密度仅为全国平均水平的 37%，铁路密度仅为全国平均水平的 63%。1978—1998 年，与全国平均水平相比，全区人均国内生产总值从相当于全国的 84% 下降到 79%，城镇居民人均可支配收入从 88% 下降到 80%，农牧民人均纯收入从 98% 下降到 92%，城乡居民消费水平从 125% 下降到 69%。总体来看，与全国发展的相对速度出现了下降。内蒙古的生态环境比西部其他地区更为恶劣，全区荒漠化土地占土地总面积的 60%，并且每年仍以 1000 平方公里的速度推进。黄河流域内蒙古段每年涌入泥沙 1.8 亿吨；锡林郭勒盟的浑善达克沙地和处于赤峰市、通辽市、兴安盟的科尔沁沙地，距北京直线距离最近处仅 250 公里；以京北锡林郭勒草原为代表的草场严重沙化、退化、碱化，占可利用草场面积的 54%；东部大兴安岭山地涵养水源的功能迅速衰退，成为嫩江流域发生洪涝灾害的根源。正如江总书记所说：这里的生态环境如何，不仅关系内蒙古各族群众的生存和发展，也关系华北、东北、西北生态环境的保护和改善，意义和责任十分重大，一定要搞好。

从政治角度考虑，内蒙古属我国五个少数民族自治区之一，与俄罗斯、蒙古接壤，拥有 4200 多公里的国境线。新中国成立后，内蒙古作为"反修防修"的前沿阵地，曾为维护国家安全做出过巨大贡献。改革开放 20 年来，内蒙古各族人民顾全国家现代化建设大局，全力支持东部沿海地区率先发展起来，但与此同时，与内地的差距也越来越大。全区目前有 31 个国贫旗县、19 个区贫旗县和 195 万贫困人口，脱贫致富达小康的任务十分艰巨。内蒙古自治区 1947 年成立于东部的乌兰浩特，1979 年国务院将"文革"中划出的东三盟和西三旗重新划归，恢复了完整的自治区域。就自治区内部而言，作为主体民族的蒙古族人口，东中部地区占 90.5%；东部还有莫力达瓦达斡尔、鄂伦春和鄂温克三个自治旗，其中有的民族刚刚放下猎枪，结束了传统的生产方式，急需国家的特殊扶持。当前，加快发展已成为全区2300 多万各族人民的强烈愿望，如果抓不住西部大开发的历史机遇，内蒙古在较长时期内将无法缩小与全国平均水平的差距，不但如此，还可能与西部其他少数民族地区形成新的发展差距，对加快经济发展，促进民族团结，巩固边疆安全，维护社会稳定将带来不利影响。

综合上述几个方面的因素，我区认为，内蒙古符合进入西部大开发的条件，并为此做了一系列相关的准备工作。我们恳请国家将内蒙古自治区作为一个整体正式列入西部大开发战略的实施区域之中，以使内蒙古自治区能够不断地缩小同先进地区的差距，能够同其他少数民族自治区共同发展，共同进步。

2000 年 10 月 26 日国务院下发《关于实施西部大开发若干政策措施的通知》（国发〔2000〕33 号），同意内蒙古列入西部大开发实施范围。国家西部大开发战略的范围包括重庆市、四川省、贵州省、云南省、西藏自治区、陕西省、甘肃省、宁夏回族自治区、青海省、新疆维吾尔自治区和内蒙古自治区、广西壮族自治区 12 个省市区以及新疆生产建设兵团、湖南湘西自治州、湖北恩施自治州、吉林延边自治州 4 个地区。

缜密谋划，系统实施西部大开发战略规划

（一）健全组织机构

为了推动西部大开发战略在我区的贯彻落实，根据《国务院关于成立国务院西部地区开发领导小组的决定》（国发〔2000〕3 号）精神，自治区政府决定成立自治区实施西部大开发战略领导小组。原自治区主席云布龙任组长，常务副主席周德海任副组长，组成成员包括自治区计委、经贸委、教委、科委、民委、财政厅、土地管理局、地矿厅、交通厅、邮电管理局、水利厅、农业厅、畜牧厅、林业厅、外办、外经贸厅、商务厅、文化厅、广电厅、扶贫办、呼铁局、人民银行呼市支行、工商银行内蒙古分行、农业银行内蒙古分行、中国银行内蒙古分行、建设银行内蒙古分行、农业发展银行内蒙古分行、国家开发银行呼市分行等 29 个部门的主要负责人。领导小组的主要任务是：贯彻落实国家关于西部地区开发的方针政策，审定自治区实施西部大开发的战略构想、发展规划和政策措施，协调自治区实施西部大开发过程中的重大问题。

领导小组下设办公室，在自治区计委内部设立专门机构，办公室主任由自治区计委主任雷·额尔德尼兼任，副主任由自治区计委副主任那顺孟和担任。领导小组办公室的主要任务是，研究提出自治区实施西部大开发战略的发展规划，研究提出自治区实施西部大开发过程中农村经济发展、重点基础设施建设、生态建设和环境保护、结构调整、资源开发等方面的重大项目布局建议，研究提出自治区实施西部大开发过程中深化改革、扩大开放和引进国内外资金、技术、人才的政策建议，组织落实国家西部大开发重点项目的实施工作，承担领导小组的其他日常工作。

历任自治区西部大开发办公室主任：

雷·额尔德尼，2000.1—2001.9

陈朋山，2001.9—2001.12

那顺孟和，2002.4—2003.3

王素毅，2003.3—2003.12

乔木，2004.3—2011.4

2010年自治区政府机构改革将西部开发办公室改设为自治区发展和改革委员会内部的一个处室。

（二）西部大开发规划

实施西部大开发战略，必须有一个好的规划指导，当时，这项任务就历史性地落实到了自治区计委。经过半年左右的调研、起草和反复论证，2001年5月21日自治区党委、政府印发了《内蒙古自治区实施西部大开发战略规划纲要》。《规划纲要》明确了内蒙古在西部大开发战略中的重要地位，即内蒙古是我国北方最重要的生态防线，是我国重要的资源富集区，是我国向北开放的前沿阵地，是我国保卫北疆安全的门户。

《规划纲要》提出内蒙古实施西部大开发战略的基本思路是：以"三个代表"重要思想为指导，按照国家确定的西部大开发的五个重点和自治区党委提出的"五大战略"，突出抓好"一线""三区"，全面实施"十大工程"，努力实现"三大目标"，再造新优势，实现新飞跃，力争使内蒙古成为21世纪我国经济增长的重要支点。"一线"是把内蒙古建设成为我国北方最重要的生态防线。"三区"是把内蒙古建设成为我国重要的农畜产品和绿色产业开发区、能源和原材料产业开发区、稀土科研和生产出口开发区。"十大工程"是生态建设工程、交通建设工程、信息网络工程、水资源开发和节水灌溉工程、城市和口岸基础设施建设工程、教育文化基础建设工程、结构调整和产业升级工程、生物高技术工程、草原文化旅游工程、农村牧区小康村建设工程。

《规划纲要》指出，西部开发是一项长期的战略任务，要坚持把发展作为主题，把结构调整作为主线，把改革开放和科技进步作为动力，把提高人民生活作为根本出发点。在实施西部大开发战略过程中，要着重抓好五个事关全局的重大问题：一是以生态环境保护和建设为切入点，促进畜牧业健康发展；二是以节水为中心，大力改善农牧业发展的基础条件；三是以交通建设为重点，加快基础设施建设步伐；四是以结构调整为主线，促进资源优势向经济优势转化；五是以人才开发为核心，全面实施科教兴区战略。实施西部大开发，不能沿用过去旧体制和传统增长方式下的老办法，必须有新思路、新方法、新机制。当前，要特别注意抓好以下几个主要环节，一是解放思想，转变观念，确保思想认识率先到位。二是深化改革，扩大开放，加快传统体制和运作机制的根本转变。三是加快实施科教兴区战略，奠定西部大开发的人才和知识基础。四是研究政策，用好政策，为西部大开发营造良好的政策环境。五是加大前期工作力度，积极争取项目投资。

（三）西部大开发重点项目

2000年5月自治区实施西部大开发战略领导小组办公室提出内蒙古自治区西部大开发近期（2000—2001年）重点项目，共53个。重点续建项目13项。包括大江大河治理工程（黄河治理工程、嫩江治理工程、辽河治理工程、内蒙古国际界河治理工程）、内蒙古人畜饮水工程、节水示范改造项目（大型灌区节水改造项目、节水灌溉示范项目）、病险水库除险加固工程、生态治理工程（国家重点生态县建设、退耕还林还草项目、天然林保护工程、防护林工程）、生态移民工程、种畜工程、农网改造项目、呼和浩特市引黄供水工程、西辽河污水处理工程（赤峰污水处理工程、元宝山污水处理工程、通辽污水处理工程）、中央直属储备粮库、村村通广播电视工程、防氟防砷改水项目。

重点前期项目40项。包括河套灌区节水改造一期工程、京津周边内蒙古沙源治理工程、绰勒水利枢纽、尼尔基水利枢纽、晓奇水利枢纽、大型灌区节水改造项目、治沙工程、小康住房建设、出区下海铁路通道建设（赤峰—大板、伊敏—伊尔施）、东西铁路大通道（集宁—张家口、包头枢纽扩能改造、集宁枢纽扩能改造、京—包线提速改造、集通线电气化改造）、国道110线老爷庙—呼和浩特—包头—乌海、呼和浩特—海拉尔公路、亚行贷款水毁公路工程（国道111线乌兰浩特—新林北、国道111线新林北—扎兰屯、国道111线那吉屯—尼尔基、国道304线舍伯吐—霍林郭勒、国道101

线阿拉善—霍林郭勒）、国道 209 线和林—偏关公路、国道 306 线赤峰北段改造、绕城公路（呼市绕城公路、通辽绕城公路）、阿左旗、阿右旗—额济纳旗公路、乌海—山丹公路、部分旗县联网公路和通乡路黑色化工程、支线旅游机场建设（锡林浩特机场扩建工程、乌海机场新建工程、通辽机场、满洲里机场及其他机场）、行政村通话工程、西电东送项目（托克托电厂一期工程、托克托电厂二期工程、准格尔电厂二期工程、达旗电厂三期工程、500 千伏主网架）、呼和浩特热电厂扩建工程、解决农牧区通电项目、天然气输气管道及城市配气工程、产业结构调整与升级（包钢无缝厂 180 精整线和热处理作业线改造、包钢平炉改转炉、二○二厂重水堆核电站燃料元件国产化、包铝电解铝环保节能降耗改造、仕奇集团功能性整理精纺面料项目、内蒙古奈伦集团马铃薯淀粉与变性淀粉产业化、赤峰制药厂技改项目）、内蒙古乌海氯碱工程、高新技术产业化项目（稀土高科镍氢动力电池、伊盟金驼药业公司利用有毒灌草资源生产植物农药、集宁制药厂国家级新药复方鳖甲片产业化示范工程、内蒙古蒙西高新材料股份有限公司 3 万吨/年纳米级超细碳酸钙产业化示范工程、内蒙古仕奇集团功能性低聚糖—水苏糖产业化示范工程、内蒙古神农甘草公司甘草资源综合利用产业化示范工程、包头市经纬稀土冶金机械公司改性 MC 尼龙产业化工程、内蒙古宇航人高技术公司西部沙棘综合开发利用高技术产业化示范工程、包头市东宝乐凯明胶有限公司彩色感光材料用照相明胶产业化工程、内蒙古新能源产业化及推广、北方草原退化生态系统的恢复与农牧复合系统重建研究）、自治区口岸基础设施建设项目、呼包二市城市基础设施亚行贷款项目、西辽河水污染治理项目（宁城等旗县"三河三湖"水污染治理项目、开鲁等旗县"三河三湖"水污染治理项目）、中央直属储备粮库、自治区教育工程项目（普及九年义务教育、高校扩大招生规模工程、高中阶段扩招工程、远程教育工程、民族教育工程）、自治区卫生预防保健项目、蒙汉广播电视节目生产设备数字化改造项目、广播电视专用传输网络建设工程、内蒙古生态旅游设施建设工程、自治区文物保护及基础文化设施建设工程、旗县计划生育服务站及流动站建设、内蒙古草原文化旅游工程。

全面推进，西部大开发战略取得显著成效

实施西部大开发战略 15 年来，内蒙古自治区认真贯彻落实党中央、国务院实施西部大开发战略的各项部署，切实加强生态和基础设施建设，大力发展特色优势产业，努力保障和改善民生，全区经济社会发展取得了长足的进步。

一是综合实力显著增强。实施西部大开发战略以来，在国家政策引导和各项建设资金支持下，经济社会发展实现了重大跨越。2000—2014 年，全区生产总值从 1539 亿元增加 17769.5 亿元，从全国第 24 位上升到第 15 位；一般预算收入从 95 亿元增加到 1843.2 亿元；固定资产投资从 430.4 亿元增加到 11920 亿元；城镇居民人均可支配收入从 5129 元增加到 28350 元，农牧民人均可支配收入从 2038 元增加到 9976 元。

二是生态建设取得初步成效。从 1998 年开始，在国家的支持下，相继实施了天然林资源保护、京津风沙源治理、退耕还林、退牧还草等一批生态建设重点工程，到 2014 年年底国家累计安排我区生态建设资金 919 亿元，取得了整体恶化加速趋缓，工程建设区域的生态状况明显好转的成绩，全区森林覆盖率由 2000 年的 14.8% 提高到 21%。

三是基础设施条件不断改善。在铁路方面，铁路建设得到了较快发展，运营总里程达到 1.2 万公里，相继建成了集宁至张家口、包头至西安、集宁至包头第二双线、临河至策克等一大批铁路项目，完成了滨州复线、通辽至霍林河复线、大包铁路电气化等扩能改造工程，初步形成了以京包线、临策线、集通线、京通线、滨洲线、东乌线等为主要横线，以集二线、包兰线、包西线、嘉策线、通霍线等为主要纵线的铁路网络主骨架。在公路方面，自治区规划建设的 30 条高速、一级公路出区通道全部建成，全区公路通车里程 17 万公里，建成了连接东西部的高等级公路运输通道，京藏高速内蒙古段建成通车，省际大通道公路干线全线贯通。在机场方面，建成乌海、鄂尔多斯、巴彦淖尔、通辽机场，民用机场达到 18 个，其中运输机场 13 个、通勤机场 3 个、通用机场 2 个，开工建设霍林郭勒、乌兰察布运输机场和新巴

尔虎右旗、莫旗、阿荣旗、满归、乌拉特中旗、杭锦旗通用机场。在电网油气管道方面，开工建设锡盟—山东特高压电力外送通道、陕京四线输气管道工程，建成银川—乌海—临河成品油管道和长庆气田—呼和浩特、克什克腾旗—北京输气管网。在水利方面，建成了尼尔基、海勃湾水利枢纽工程和黄河内蒙古段防洪工程等水利工程，对河套灌区等进行了节水改造，实施了乌拉盖等大中型水库除险加固工程，防洪灌溉能力进一步增强。在信息方面，建成呼和浩特—北京干线光缆，建成光缆总里程 4490 公里。

四是特色优势产业较快增长。粮食总产量由 315 亿斤增加到 550.6 亿斤，牲畜存栏达到 1.29 亿头（只），牛奶产量由 79.2 万吨增加到 788 万吨。乳品行业快速发展，伊利、蒙牛两家龙头企业稳居国内同行业的前两位。能源重化工基地建设加快，煤炭产量由 7247 万吨增加到 9.84 亿吨；电力装机容量由 900 万千瓦增加到 9205 万千瓦（其中火电装机 6703 万千瓦、风电装机 2070 万千瓦、光伏发电装机 303 万千瓦），发电量达到 3858 亿千瓦时，外送电量达到 1460 亿千瓦时。煤制天然气、煤制烯烃、煤制乙二醇项目等项目相继开工投产，大唐克旗煤制气第一条生产线实现向北京送气。钢铁有色基地建设得到加强，粗钢产量从 423.6 万吨增加到 1661.5 万吨，铝产量从 14.6 万吨增加到 235.9 万吨。以载货汽车、矿山机械和风机制造为主的装备制造业发展势头强劲。光伏、玉米深加工、蒙药、生物制药、煤电灰铝、PVC 深加工等战略性新兴产业不断发展壮大。

五是各项社会事业全面进步。"两基"达标全面完成，普及九年制义务教育人口覆盖率达到 100%，"两免一补"覆盖全部义务教育阶段学生；高中阶段已全面实现"两免"教育，毛入学率达到 96.6%；中等职业学校达到 264 所，在校生 24.5 万人。加强医院标准化建设，实现了每个旗县至少有 1 所基本达到二甲水平医院、每个旗县有 1 所达标的中心苏木乡镇卫生院、每个街道有 1 所标准化社区卫生服务机构。社会保障体系不断完善，全区三项基本医保参加人数达到 2278.8 万人，参保率 98.5%；新农合参合人数 1289 万人，参合率 97%；城乡居民最低生活保障得到加强，城乡低保保障标准分别达到月人均 472 元和年人均 3229 元。

两本书凝集的"西部大开发"之初

郝益东[*]

在世纪之交的几年内,民建区委(中国民主建国会内蒙古自治区委员会,下同)在自治区党委和民建中央的领导下,把内蒙古参与和实施国家西部大开发战略作为参政议政的重大任务,与有关部门和单位共同开展了一系列活动。在1999年11月研讨会基础上出版的《内蒙古——西部大开发的重要支点》、在2000年8月民建中央组织国内知名专家学者专题调研论证基础上出版的《内蒙古实施西部大开发战略评说》两本书,反映了当时全区上下齐心努力,争取"西部大开发"的工作状态和部分成果。

自治区最早的专题研讨会

1999年10月,我代表民建区委参加了在西安召开的"民建西部11省区市协作会议"。民建内部的这一组织开展协作研讨活动此前已历时数年,那一年例会的特别之处是正值党中央、国务院作出西部大开发战略的决策之年。当时社会和媒体流行的"西部"概念是"西南五省+西北五省"。内蒙古被排除在西部大开发范围之外似乎要成为主流看法。

民建区委在传达和贯彻"民建西部11省区协作会议"精神时,决定展开形式多样、内容丰富、持续深入的研讨、调研、建言活动。首先是要宣传

---

* 作者时任内蒙古自治区人民政府副主席、人大常委会副主任,是第十一届全国人大常委会委员。

西部大开发战略的精神实质和时代意义，营造各方面、各部门、各层次争取把自治区列入国家西部大开发范围的氛围。其中一项紧迫的工作就是召开一次专题研讨会，梳理出逻辑上理由过硬、实践上路径清晰的参与和实施西部大开发的思路。

经过紧锣密鼓的筹备，由民建区委和内蒙古经济发展与研究促进会、内蒙古政协经济委员会联合主办的首次专题研讨会很快即在内蒙古自治区政协会议厅举行。民建区委当年编发的第36期简报介绍了研讨会的概况，现摘其部分内容如下：

"1999年11月22日下午，民建内蒙古区委牵头主办了'抓住西部大开发机遇，促进内蒙古经济发展研讨会'。自治区政府副主席、民建内蒙古区委主委郝益东主持会议。自治区政协副主席夏日、罗锡恩出席会议。自治区党委、政府、政协有关部门和各民主党派、工商联以及呼和浩特地区部分高等院校、科研院所等36个单位（部门）的80多位负责人、专家学者应邀到会。内蒙古日报、电台、电视台以及《人民政协报》驻内蒙古记者站等新闻单位分别对研讨会作了采访和报道……研讨会收到的16份文字材料分别从生态环境保护、基础设施建设、资源开发转化、财政收支、扶贫工作、国企改革等领域面临的形势和挑战及其对全国经济社会发展的影响，提出一些有理论依据，有分析论证，有较强针对性而且务实、中肯的意见和建议，使与会者反响热烈、思路大开……夏日主席在发言中强调内蒙古对西部大开发要高度重视、主动迎接、积极投入……民建内蒙古区委驻会副主委邓振武的发言就西部大开发的优先领域和西部省区协作提出四条具体建议。内蒙古政协经济委员会、内蒙古财政科研所、内蒙古北方经济法律研究所、内蒙古扶贫办、内蒙古计委、内蒙古大学、内蒙古社科院、内蒙古农大等单位的八位同志分别在大会发言中提出：国家应通过法制化，规范化，加大转移支付力度；应对民族地区实行有别于发达地区的财税政策，加大中央投资力度；应多给民族地区以财政、信用、金融和引进外资等优惠政策，适应战略重点西移；内蒙古的扶贫开发应当是西部大开发的重要任务等观点。内蒙古大学生态与环境科学系的刘钟龄教授以大量资料、数据，结合放映幻灯片阐述了内蒙古生态环境建设在国家西部大开发中具有极其重要的地位，给与会者留下了深刻的印象。"

"郝益东同志在会议总结时讲了三点意见：一、深刻认识内蒙古自治区在国家西部大开发中的重要地位和作用。邓小平同志关于区域发展共同富裕的理论和内蒙古走进前列的指示是西部大开发的重要指针。江泽民总书记指出内蒙古应当成为我国下世纪经济发展的重要支点。而列入西部大开发是最重要的具体落实途径。二、应当缜密研究我区参与西部大开发的思路和部署。包括生态环境建设，调整生产力布局，调整产业结构，研究、探索符合内蒙古实际的城市化道路等。三、行动起来，形成全社会积极参与实施西部大开发的新局面。"

第一本"西部大开发"专著

为了扩大研讨会的成果和影响，主办三方决定以研讨会发言材料为基础，再征集一些有关部门和专家学者的论著文章，编辑出版一部关于内蒙古参与西部大开发的专著。这一计划同样得到各方面的热烈响应和支持。从研讨会结束算起，只经过两个多月的时间，就完成了充实修改发言材料、征集部门和社会论文、统编统改、领导题词、高层作序等一系列案头工作，于2000年1月，一本汇集43篇文稿、7幅领导题词、33万字、316页的专著以《内蒙古——西部大开发的重要支点》为书名出版发行，赶在全国"两会"期间把这部印制精良的书送到有关人员手中。

这本书还有一个特点就是集思广益。首先是编辑委员会的组成具有比较广的代表性。主办研讨会的三方都参加编委会的工作。民建区委主委郝益东担任主编，内蒙古经济发展与研究促进会的领导、自治区政协原副主席袁明铎担任顾问，自治区政协经济委员会主任赵仲田担任副主编。还有两位副主编由社会科学界的专家韩国忠、李欣泉担任。其次是内容广泛。全书分为特稿、总论、基础建设、生态环境、经济结构、科技、教育、附录等专题展开深入阐述。第三是各方面高度重视，文稿质量高。论证有理有据，政策措施

可操作性强。全国人大常委会副委员长、民建中央主席成思危在民建西部
11 省区协作会议上的讲话作为特稿收入本书，起到了提供全局视角、了解
全国动态的作用。自治区政协副主席夏日、许柏年、自治区政府副主席郝益
东三位自治区级领导的文章都具有战略思维。自治区各有关部门都结合自治
区实际论证参与国家西部大开发战略，不少是由主要领导署名组织撰写的专
题文章，如时任财政厅厅长范游凯、外经贸厅厅长常万富、交通厅厅长郝继
业、农业厅厅长云德奎、畜牧厅厅长于铁夫、人事厅厅长白音德力海、统计
局局长陈元涛、气象局局长夏彭年等。还有不少部门是由主管领导署名撰写
的。一些区内外知名的专家学者对相关领域深入浅出的论述则具有很强的科
学性，如著名生态学家刘钟龄、刘书润等的文章都为内蒙古确立为国家生态
屏障提供了科学依据。

　　成思危同志在序言中对这本书的基础、形式、内容、成书速度和质量、
预期产生的作用都予以充分肯定。出版发行之后也确实得到了热烈的社会
反响。

　　在民建西部 11 省区协作会上，我区代表发言阐述了内蒙古自治区应当
列入西部大开发范围的理由。参加会议的成思危副委员长表示认同。在请他
为《内蒙古——西部大开发的重要支点》一书作序时，我特意汇报了自治
区党委刘明祖书记刚刚传达的，在中央经济工作会议期间朱镕基总理的明确
答复：内蒙古属于西部大开发范围。这一精神在成思危副委员长的序言中得
到体现。序言写到："中国民主建国会内蒙古自治区委员会积极履行参政议
政职能，联系组织专家、学者和各方面经济界人士为内蒙古参与西部大开发
献计献策，充分体现了民建作为参政党联系经济界的特点和关心国家大事的
高度社会责任心。前不久，他们与内蒙古政协经济委员会、内蒙古经济发展
与研究促进会一道，共同组织了专题研讨会，并在此基础上，编辑了《内
蒙古——西部大开发的重要支点》一书。这是民建内蒙古区委联络各界志
士同仁，为内蒙古经济和社会发展做出的一份实际贡献，对整个西部大开发
的进程也会产生积极影响。据我所知，目前正式出版的有关西部大开发的专
著，在内蒙古这是第一部，在全国也不多见。我相信，该书的出版发行对内

蒙古参与西部大开发会起到积极的推动作用。"

第一批国内著名专家学者的调研论证

根据成思危副委员长的提议，经自治区领导同意，由民建中央出面组织了国内各有关方面的著名专家学者来我区就内蒙古实施西部大开发战略进行专题调研。来自国家有关机构和兄弟省市的10多位专家学者，在实地考察的基础上，评审论证了"内蒙古自治区实施西部大开发战略规划纲要"。成思危副委员长在讲话中说，近年来内蒙古自治区的发展变化很大，成绩有目共睹。他结合先后3次来内蒙古的经历，就应当抓住哪些机遇、如何进一步加快发展问题，从国际国内比较的角度进行了深入分析。全国政协经济委员会副主任、中国社会科学院经济研究所名誉所长董辅礽先生着重强调要把巩固民族团结放到实施西部大开发战略的重要地位。中科院数量经济技术经济研究所原所长、俄罗斯科学院外籍院士，国际欧亚科学院院士，世界生产力科学院院士李京文先生就内蒙古的定位、资金、人才、政府职能等问题发表了意见。中国工程院院士、中国草原学会名誉理事长任继周先生指出了草地农业——草地生态生产系统在西部大开发中的作用。中国工程院院士，中国农业科学院畜牧研究所研究员张子仪对内蒙古畜牧业发展和人力资源开发提出了建议。全国政协常委，民建中央副主席，国家农业部原副部长路明就农业经济发展、生态环境建设、农畜产品加工、经济结构调整讲了比较系统的意见。以评审论证会的发言为基础，民建中央出面又约请了一些专家提供稿件，产生了20多位专家学者聚焦内蒙古发展问题的调研成果——《内蒙古实施西部大开发战略评说》一书。

自治区领导对西部大开发最早的一批题词

我区这两本最早阐述西部大开发战略的书在出版时，呈请自治区主要领导和有关领导题词以示支持。在《内蒙古——西部大开发的重要支点》一书中题词的领导有：时任自治区党委书记、自治区人大常委会主任刘明祖；时任自治区党委副书记、自治区主席云布龙；时任自治区政协主席千奋勇；时任自治区党委副书记王占；时任自治区党委常委、政府常务副主席周德海；时任自治区党委统战部部长、自治区政协副主席谭博文。

在《内蒙古实施西部大开发战略评说》一书中题词的有：时任自治区党委副书记、自治区主席乌云其木格；时任自治区党委常委、统战部部长伏来旺。

15年前我有幸参加了自治区争取"西部大开发"的部分工作，实际上也是本人学习锻炼的一次极好机会。仅就这两本书而言，在历时一年多内，除完成本职工作之外，我挤时间修订删改文稿达50多万字，实际上是借助作者的文字进入了不少新的工作领域，受益匪浅。两本书收入本人撰写的文章3篇，约2万多字。其中《内蒙古——西部大开发的重要支点》中收录的《当好"重要支点"，早日"走进前列"》一文把西部大开发与中央两代领导核心对内蒙古的指示联系起来，以增强论证的说服力。为了防止行文出现纰漏，还请时任内蒙古社会学院副院长、兄弟党派的副主委钱灵犀先生把关。为了提供国际经验，我特意把考察欧洲经济时获得的部分资料整理成"德国区域经济掠影"一文，作为附录编入，增强了书的可读性和启迪性。例如文中所介绍的德国联邦和各州财政的纵向平衡和横向平衡方法，至今对我们仍然有借鉴意义。我在中央党校学习期间撰写的论文"实现边境地区发展的新跨越"，聚焦我区边境线长的特点和发展路径的选择，作为《内蒙古实施西部大开发战略评说》的代序收入，目的是对专家学者们的宏论作一点注脚，也许可以起到相得益彰的效果。

还想说明的一点是，成书过程中涉及的所有人员的节俭和奉献精神。除了为外来客人提供工作条件外，上述自治区内的活动都是在没有专项经费的情况下完成的。书的出版经费则是从民建区委的财政包干经费中支出。撰稿、审稿、组稿、题词的作者和工作人员都没有任何报酬。为了一个共同的目标大家加班加点，无怨无悔，这也从一个侧面反映出那时我区机关干部和科技人员积极投入"西部大开发"的精神风貌。

我在鄂尔多斯推进西部大开发

云　峰[*]

今年是国家实施西部大开发战略的第 15 个年头。15 年来，在 8.7 万平方公里的鄂尔多斯大地上，西部大开发的如椽巨笔描绘出一幅波澜壮阔的发展画卷，让这个地处祖国西部的年轻城市发生了翻天覆地的变化。我到鄂尔多斯工作时正值鄂尔多斯撤盟设市之际，作为伊克昭盟盟长、鄂尔多斯市长、市委书记，在 9 年时光中，我亲身参与了鄂尔多斯西部大开发战略的领导和实施，见证了这片古老土地上孕育和发生的变化。

敬畏自然，把生态建设作为西部大开发战略的重点

鄂尔多斯自然条件恶劣，8.7 万平方公里土地上，毛乌素沙地、库布其沙漠和丘陵沟壑区、干旱硬梁区各占 48%，植被盖度不足 30%，森林覆盖率仅为 12%，每年注入黄河的泥沙有 1 亿多吨。这样一个地区，生态建设搞得好，就会成为我国北方重要的生态屏障；搞不好，不仅这里的人民无法生存，更可能危及整个华北的生态安全。

面对严峻的现实，在分析鄂尔多斯基本立足条件和自然规律的基础上，我和市委一班人提出建设"绿色大市"的目标，确立"立草为业、为养而种、以种促养、以养增收"的思路，变革农牧业生产方式，对农牧

　　* 作者时任鄂尔多斯市市长、市委书记兼人大常委会主任，内蒙古自治区政协副主席、党组副书记；现任第十二届全国人大常委会委员、民族委员会副主任委员。

业生产区域布局、种养结构、养殖方式、人口布局、产业化发展、资金使用方式进行"六大调整"，在全区率先整体实施禁牧休牧轮牧，大力推进农村牧区人口向城镇和二、三产业转移，启动建设了2万平方公里无人居住的生态自然恢复区。特别是禁牧休牧、生产方式变革、人口转移等几大政策相互促进、互为因果、配套统筹，促使人口大量向城镇二、三产业转移，留下来的人拥有比过去更多的生产资源，生态环境得以自我平衡、自我修复。现如今，鄂尔多斯满眼绿色，植被盖度超过70%，森林覆盖率达到27%，中央领导同志来鄂尔多斯考察时感慨道："这样的绿色，就是在南方也不多见。"

西部大开发的工作实践使我深刻认识到，自然规律是不以人的意志为转移的铁律，人在大自然面前是渺小的，只有对自然心存敬畏、心存感恩，才能与自然相和谐。西部地区作为我国重要的生态安全屏障，要牢固树立尊重自然、顺应自然、保护自然的生态文明理念，坚持节约优先、保护优先、自然恢复为主的方针，切实把生态文明建设融入到经济建设、政治建设、文化建设、社会建设各方面和全过程，努力推动形成人与自然和谐发展的现代化建设新格局。

合理有序，把科学开发资源作为西部大开发重大课题

鄂尔多斯是闻名全国的资源大市，煤炭、天然气、高岭土等资源储量均位居全国前列。然而，长期以来以粗放开采、单一输出的资源利用方式，在带来经济一时增长的同时，也导致产业链条短、产业层次低、污染严重等突出问题，一度出现了与晋陕毗邻地区形成的东、西两个"黑三角"，资源开发和工业发展受到了发展、关闭、再发展、再关闭的困扰。

针对这些突出矛盾和问题，我和市委一班人在充分调研的基础上提出了高起点、高科技、高效益、高产业链、高附加值、高度节能环保"六个高"的总体思路和要求，以推进资源转化增值为主攻方向，着力推进新型工业化和循环经济发展。我们大力推动产业升级，引进建设了一批有比较优势的煤

液化、煤焦联产、煤电联产、煤电冶金联产项目，世界第一条煤直接液化生产线、国内第一条煤间接液化生产线等具有国际先进水平的煤化工重大项目落户鄂尔多斯，随之落地了一批煤制甲醇、煤制二甲醚、煤制烯烃、煤制气等项目，构筑起"大煤田、大煤电、大化工、大循环"四大产业体系。我们大力推动资源整合，关闭了1000多座小煤矿，取而代之的是一批单井产能、装备技术、全员工效达到世界一流水平的现代化矿井，全员劳动生产率、采掘机械化率、回采率和煤炭产能大幅提升，鄂尔多斯成为全国首个亿吨级现代化煤炭生产基地。我们大力推动节能减排，坚决关停"五小"、"两高"企业，下大气力淘汰落后产能，区域环境质量大为改善，个别地区"浓烟滚滚遮天蔽日"的现象已不复存在，两个"黑三角"的面貌彻底改观。在眼前利益和长远利益的选择中，在要乌纱还是要污染择一的强力推动下，绿色发展成为了自觉。

在西部开发过程中，我充分认识到资源是稀缺的，有的不可再生，其战略意义不言而喻。必须做好资源这篇大文章，使之发挥最大的经济和社会效益，必须把转变方式同延长资源型产业链相结合，加快构建优势突出的产业发展新格局。关键中的关键，是必须牢固树立和践行正确的资源观，着力改变简单的挖资源卖资源的粗放型增长模式，促进资源高效利用和转化增值，推动产业向高端、产品向终端发展，切实把资源优势转化为产业优势、后发优势、竞争优势，实现经济持续健康发展。

空间集聚，把城镇化建设作为西部大开发的重要抓手

鄂尔多斯地区城镇化起步较晚，与工业化快速推进不相适应，成为制约经济社会持续健康发展的一大短板。鄂尔多斯大部分地区并不适宜人居，人口不多且分布较为分散，不具备多点开花推进城市建设的条件。立足这样的市情实际，在总结梳理鄂尔多斯城市建设经验教训的基础上，我得出一个结论：在一个小城镇的基础上，靠拆迁是拆不出大城市的，必须把有限的财力和资源集中到重点地区，着力打造城市核心区。

我和市委一班人提出"拉大、补欠、崛起"的城市化思路，规划了以"一市两区、三个组团"为城市核心区。在新区我们高起点规划、高水平建设、高质量管理，树立与世界接轨的理念，突出地域特点、民族特色，体现时代性、前瞻性，做到几十年不落后，上百年可持续，康巴什新区被全国旅游景区质量等级评定委员会正式命名为国家 4A 级旅游区；在旧区我们着眼于完善城市功能进行有限拆迁，把市府搬迁后原机关院落全部无偿留给东胜区，全部用于城市道路、绿地广场、停车场等公共设施建设，不断完善城市功能、补足欠账，还道路、还空间、还绿地于市民，使旧区成为有效吸纳农牧民人口转移的载体。同时，科学合理规划城镇体系，集中人力、物力、财力，聚集先进生产要素，高起点、高标准规划建设康巴什—东胜—阿镇城市核心区，促进了城镇建设重点由小城镇向大城市、城市核心区由扩散式向组团式、城镇布局由遍地开花向集中建设的重大转变。

城市化快速推进，城乡面貌发生重大变化。鄂尔多斯城市化率由 21 世纪之初的 40% 提高到 70% 以上，城镇建成区面积由不足 70 平方公里扩大到 250 多平方公里，"一市两区、三个组团"中心城市初具规模。更为重要的是，随着城镇化加快发展，城市功能日趋完善，城市要素集聚能力、产业支撑能力、群众生活保障能力得到显著提升，目前全市建成大型公园 150 个，休闲广场 37 个，建成区绿化覆盖率达到 42.07%，绿地率达到 36.48%，人均公园绿地面积 29.05 平方米，城市用水普及率为 97.06%，污水处理率为 86.43%，一个宜居宜业宜游的现代化城市茁壮成长了起来。

我通过鄂尔多斯的实践认识到，城镇化不仅是改变城乡面貌的重要抓手，也是推进城乡统筹发展的重要途径；不仅是承载人口的重要平台，也是承载发展要素的重要载体；不仅是推动经济发展的重要动力，也是改善民生的重要保障。西部地区必须坚持新型工业化、信息化、城镇化、农牧业现代化同步推进，更加注重拓展城镇化的内涵，更加注重提升城镇化的质量，不断增强城镇的吸纳承载和辐射带动能力，切实把城镇化这篇文章做足做活做精彩。

创新包容，把改革开放作为西部开发的巨大动力

鄂尔多斯地处内陆腹地，与沿海地区相比，交通设施、信息沟通、要素流动等条件先天不足，更需要通过改革开放来集聚生产要素、推动跨越发展。回顾鄂尔多斯的发展历程，改革开放始终是贯穿其中的一条红线。

我和市委一班人大力推进体制机制改革，努力创造良好的发展环境。坚持以市场机制、企业运作的方式推动基础设施建设，构建了鄂尔多斯水、电、讯基础供应网络和公路、铁路、航空相结合的立体化交通体系，为地区发展打下了坚实基础。深化行政管理体制改革，对行政审批、行政事业性收费和规范性文件"重砍三刀"，把那些不该由政府管的还给企业、中介组织和市场去管，把该抓的事情切实抓好，充分发挥了市场配置资源的主导性作用。深入推进农村牧区综合改革，逐步建立了城乡统筹的公共财政、基本养老、医疗和最低生活保障制度。

改革开放不能见物不见人，我们着力培育市场主体和企业家队伍，造就市场经济的领军人物。牢固树立培育市场主体、放开市场主体、善待市场主体、依靠市场主体的理念，褒扬改革者，支持创业者，宽容失败者，在优化投融资环境、维护创业者合法权益、强化政府服务等方面进行了一系列探索和构筑，营造了百姓创家业、能人创企业、干部创事业的生动局面。"国际号"、"国内号"、"自治区集团军"等各级各类企业云集鄂尔多斯，各类资本竞相进入，民营企业如雨后春笋蓬勃发展，形成了具有区域特色的混合所有制经济，投资主体呈现多元化，经济自主增长更加稳健。

我们努力营造发展"洼地"，形成要素流入区。改革开放特别是"十五"以来，我们努力提升对外开放水平，积极融入国际、区域间的竞争与合作，面向国际国内两个市场、两种资源，依托自然资源引进大企业建设大基地，建好大基地吸引大项目，通过大企业、大项目、大基地聚集科技、人才、资本、管理等优势生产要素，建设了一批国家级、自治区级技术研究中心，科技创新和人才对经济增长贡献愈加突出，有效改变了地区要素结构，

使鄂尔多斯成为资本、技术等生产要素流入区。

在西部开发实践中，我更加认识到，改革就是一场革命，必然会伴随着观念的调整、利益的取舍和痛苦的抉择，但不改不行，改得不彻底也不行。我深深感到，只有坚持改革开放，符合科学发展观的事情，就全力以赴地去做，不符合科学发展观的事情，就毫不迟疑地去改，大力加强制度建设和创新，才能切实转入科学发展的轨道。西部地区要坚持以全面深化改革统领经济社会发展全局，牢牢把握市场化改革方向，牢固树立问题导向，始终以改革创新的思路和办法解决面临的矛盾和问题，不断把全面深化改革引向深入，为加快地区发展注入不竭动力。

以人为本，把保障和改善民生作为西部开发的终极目标

西部开发之处，鄂尔多斯也面临着经济和社会"一条腿长、一条腿短"这一西部地区的共性问题。如何在发展的同时搞好社会建设，让群众在改革发展过程中有更多获得感，是我当年重点关注的问题。

西部开发过程中，随着经济实力的不断提高，我和市委一班人始终坚持共创财富、共享成果、共建和谐，无论是政策的制定，还是各项措施的落实，都把实现最广大人民群众的根本利益放在首位，将有限的资金更多地投入到以保障和改善民生为重点的社会建设中去，想方设法为群众办实事、办好事，不断满足人民群众日益增长的物质文化需要。那些年，我们用于民生和社会事业支出的增长率一直保持在30%以上，在全区率先实施义务教育"两免一补"政策，率先推行新型农村牧区合作医疗制度，率先推行农村牧区低保制度，率先推行免征农牧业税政策，在就业、教育、医疗、住房、社保等领域采取了一系列创新性政策举措，发展成果最大限度地惠及了人民群众。

在西部开发实践中，我进一步认识到提高人民物质文化水平，是改革开放和现代化建设的根本目的。所以我们在努力解决"做大蛋糕"的同时，着力解决好"分好蛋糕"的问题，让老百姓得到更多实惠。着力解决好群

众最关心、最直接、最现实的利益问题，在学有所教、劳有所得、病有所医、老有所养、住有所居上持续取得新进展，努力让人民过上更好生活。

鄂尔多斯是广大西部地区 15 年发展历程的一个缩影，是西部大开发战略的成功实践。抚今追昔，我为领导和参与鄂尔多斯的西部大开发实践深感自豪。我坚信，在党中央的正确领导下，在西部地区各级党委和广大干部的共同努力下，西部地区的明天一定会更加美好，一个山川秀美、经济繁荣、社会进步、民族团结、人民富裕的新西部一定会展现在世人面前。

发挥提案优势　促进西部开发

乃　登[*]

江泽民总书记在庆祝人民政协成立 50 周年大会上的讲话中强调，改革开放越深入，经济建设越发展，越需要加强统一战线和人民政协工作。要求各级政协充分运用自己的优势，继续为改革和发展献计出力，多提建设性的意见和建议。我们一定要按照江总书记的要求，在西部大开发这一造福西部、振兴中华的千秋伟业中，充分履行人民政协的职能，进一步做好提案工作，发挥提案优势，为促进我区的大开发做出积极的贡献。

围绕西部大开发，进一步提高提案质量

为落实自治区西部大开发战略，自治区政协八届九次常委会进行了专题研究，并郑重地做出了《决议》。所以，今后我们的提案工作，就要紧紧抓住西部大开发这一主线、这一主题来精选课题，深入调研，使提案内容更加充实，做到有情况、有分析、有具体建议，求实、求新、求精品，不断提高提案的质量。众所周知，提案质量是提案工作的生活，而决定提案质量的高低，关键是选题和调研工作。就提案人来说，多研究一点大事、多研究一点趋向、多研究一点焦点、多研究一点深层次的问题，提案就可能立论高远、深刻。各级党委和政府甚至我们自己，一看这个提案就不一般，办一件就能

＊ 作者时任政协内蒙古自治区第七届、第八届委员会常务副主席，党组副书记。

影响一片，提案工作就能上一个新台阶。就调查研究工作来讲，这是我们政协的优势，也是做好提案工作的基础环节。面对西部大开发的新形势和新任务，我们应当认真总结经验，发扬成绩，克服不足，把调查研究提高到一个新水平，促使提案质量有个新的提高。要精心选择课题，找准西部大开发与发挥政协优势的结合点；要加强与各党派、团体之间的合作，体现整体效应和政协特色；要增进与有关部门的沟通和联系，注重成果的转化工作。特别要在研究上狠下功夫。从一定意义上讲，研究工作决定着提案质量的高低和作用的大小。我们必须在材料搞准搞全的基础上，提倡运用马克思主义的基本原理，吸取现代科学成果，进行深入的理性思考；提倡组织有关专家学者和经验丰富的人士参与，形成讨论问题的良好氛围，集中各方面的正确意见；提倡对材料进行郑重、深刻、系统分析的良好风气。这样，就能抓住事物的本质及其同周围事物的联系，就能使我们的提案发挥更大的作用，收到更好的成效。

围绕西部大开发，进一步提高提案办理质量

提案办理是使提案发挥作用的关键环节。一件好的提案只有通过认真办理，才能实现其价值，也才能有效地调动提案人的积极性。特别是在西部大开发的进程中，各级党政机关和承办单位都要切实予以高度重视，认真做好提案的承办工作。第一，提高认识，增强提案办理工作的自觉性。在全区一年一次的政协全委会上，政协委员都要提出 400—500 份的提案。这些都是很好的意见和建议，凝聚着委员们的智慧和心血，反映着各族群众的要求和愿望。坦诚的意见是集思广益的基础，中肯的批评是兴利除弊的武器，积极的建议是利国利民的宝贵财富。它对于进一步团结全区各族人民，巩固和发展我区已经取得的成绩，认识和解决前进中存在的问题，巩固我区经济发展、社会稳定的大好政治局面，具有重大意义。所以，认真做好提案办理工作，不断提高办理质量，是各级国家机关和承办单位义不容辞的责任，是尊重人民群众的民主权利、自觉接受民主监督、依法办事的具体体现，也是加

强党和政府与人民群众密切联系的桥梁和纽带。各级党政部门应·当增强提案办理工作的自觉性，树立高质量的办案意识，切实办好每一件提案。第二，把握新特点，增强提案办理工作的针对性。随着社会主义市场经济的发展和国家西部大开发战略的实施，我区各族人民群众对社会经济生活的关注点越来越多，对生存环境和工作环境的质量要求也越来越高。特别是新形势下出现的许多必须解决的新情况和新问题，很多都更贴近了百姓生活的方方面面，这就对办理提案的部门和承办单位提出了更高的要求。比如，关于实施西部大开发战略，目前委员们就提出了很多很好的提案。在办理工作中，必须注重深层次的问题，从问题的"质"入手，在加强针对性的同时，力求解决与其相关的各类问题。只有这样，我们才能做到发挥提案优势，促进西部大开发，做到提高提案办理工作的综合效能，使提案办理工作有个新的突破。第三，开拓创新，真抓实干，增强提案办理工作的实效性。提案工作中的"答复"不是目的，关键是抓好落实。在提案办理工作中，要树立创新意识。要把就提案答提案的单纯的工作观点，转变为为经济建设和社会全面进步服务的观点；要把"文来文往"变成"人来人往"，采取上门商办、电话问办、行文通报催办、召开现场会督办、抓点示范办、邀请提案人参与办、政府和政协联系审查验收等多种形式的办案方式。特别是对一些关系国计民生的重点提案，要急事急办，特事特办，专人专办，一竿子插到底，把提案从"纸"上落实到"事"中去，取得最大的经济效益和社会效益，为推动我区西部大开发的进程做出应有的贡献。

围绕西部大开发，进一步提高提案工作的服务质量

提案工作的服务质量，是提高提案质量和办理质量的重要条件。就是说，既要为提案者服务，又要密切与党政承办部门的联系与合作，共同为办理好政协提案做好协调、配合、专题研究、督促落实等工作。近年来，各级政协提案委员会及其办事机构，不断增强服务意识，努力提高服务质量，取得了较好的效果。但是还做得很不够。特别是在西部大开发中，我们要站在

新的、更高的起点上，提出新的、更高的要求，全力做好提案的服务工作。在这方面，杭锦旗政协做得很好、很出色、很有成绩。他们在去年就专门召开了政协提案工作会议，以"穿沙精神"来抓好提案"三个质量"的提高，提案工作乃至整个政协工作都做得有声有色，他们的经验值得学习和推广。所以，我们要继续加强对提案工作理论和实践经验的研究，加强提案队伍的自身建设，不断增强服务意识，提高思想水平，提高服务质量，勇于在西部大开发的实践中不断创新，努力开拓提案工作的新局面。

围绕西部大开发，进一步做好提案的信息工作

自治区政协的信息机构已与全国政协进行了联网，政协委员提供的重要信息，可以直接报送给国家领导人和自治区领导，这是当前我们参政议政最重要、最便捷、最有效的途径。提案是人民政协一个非常丰富、非常重要的信息源，它有着独特的优势。开辟提案信息已成为提案工作的一个重要部分，成为政协工作的一个重要方面，成为当前的一项紧迫的政治任务。这就要求我们各级政协提案委员会要引起高度重视，率先做好提案信息的开发利用工作。比如，将所有的提案进行分类综合，写出内容综述，供政协领导和常委会议参考；对一些重要提案，要组织提案人、承办单位共同调研，进一步提出建议，深化提案内容；按政协专委会的分工，将相关提案分送给他们，提供工作参考；联系新闻媒体，对提案内容及办理情况进行宣传报道等等。我们的政协委员在撰写提案的同时，也要形成信息，直接报自治区政协办公厅综合处或提案委员会办公室，充分发挥好提案信息的作用。特别是在西部大开发中，我们一定要加大提案信息工作的力度，使政协提案发挥更大的作用。

提案工作在自治区经济建设和社会发展的历程中功不可没，在自治区实施西部大开发的实践中大有可为。让我们肩负起历史的重任，高举邓小平理论伟大旗帜，认真贯彻落实江泽民总书记关于"三个代表"的重要思想，把提案工作提高得更扎实，更富有成效，为促进我区西部大开发战略的顺利实施贡献力量。

内蒙古明确列入西部大开发
范围的一段特殊经过

——内蒙古政协专委会提案《西部大开发不能没有内蒙古》
引起重视的前前后后

郝诚之　云布霓[*]

2001年2月14日，内蒙古自治区政协常务副主席冯秦，在自治区八届政协第四次全体会议上所作的《常委会工作报告》中，专门讲了政协两个专委会为内蒙古明确列入西部大开范围所做的特殊努力：

"实施西部大开发战略为我区加快发展提供了历史性机遇。内蒙古如何抓住机遇加快发展，至关重要的首先是被明确列入国家西部大开发战略的实施区域。为此，我会经济委员会、民族和宗教委员会经过查阅大量资料，进行调查研究和周密论证，在自治区党委、政府、政协领导的支持下，在有关部门的配合下，先后在《内蒙古日报·内部参考》《政协经济论坛》上发表了题为《西部大开发不能没有内蒙古》的文章。该文以翔实的资料和入情入理的分析，令人信服地说明'西部'不仅仅是一个地域的范畴，还应包括经济、社会、生态、生产力发展水平等重要因素。因此，内蒙古无可置疑地属于'西部'的一个省区。去年4月1日，《人民政协报》头版摘发了该文主要观点。自治区党委、政府领导同志对此给予充分肯定。"

* 作者郝诚之时任中国系统工程学会草业系统工程专业委员会副主任，《政协经济论坛》执行主编，内蒙古沙产业草产业协会副会长兼秘书长，政协内蒙古自治区经济委员会专职副主任；云布霓时任政协内蒙古自治区民族和宗教委员会专职副主任，是政协内蒙古自治区第九届委员会委员。

集体提案《西部大开发不能没有内蒙古》是怎么形成的？怎么上报的？怎么引起自治区党政领导和全国政协机关报《人民政协报》高度关注和重视的？后来怎么被国务院采纳，以"10+2"的方式，正式将内蒙古列入西部大开发战略实施范围的？现将提案前前后后的有关情况追记如下。

提案形成的背景和过程

实施西部大开发战略，是以江泽民同志为核心的第三代中央领导集体，依据邓小平同志"两个大局"的战略思想和我国现代化建设的发展形势提出来的。1999 年 11 月结束的全国经济工作会议指出：不失时机地实施西部大开发战略，直接关系到扩大内需、促进经济增长，关系到民族团结、社会稳定和边防巩固，关系到东西部协调发展和最终实现共同富裕。强调"实施西部大开发战略，条件基本具备，时机已经成熟。从现在起，这要作为党和国家一项重大的战略任务，提到更加突出的位置"。

2000 年 1 月，内蒙古党委领导讲话，说西部包括内蒙古自治区，各族干部群众无不为此欢欣鼓舞。但我们注意到，2000 年 2 月下旬以来，新华通讯社等中央媒体的新闻报道，特别是地图显示的西部范围，都没有内蒙古。直到当年 3 月全国"两会"结束，内蒙古进入西部都没有一个明确的"说法"。几家有影响的大报及中央电视台的《中国西北角》等专题，都宣传西部只有西南五省市（云南省、贵州省、四川省、重庆市、西藏自治区）和西北五省区（陕西省、甘肃省、宁夏回族自治区、青海省、新疆维吾尔自治区）。内蒙古自治区被遗忘了。

这种舆论导向不但在内蒙古各族干部群众中造成了不应有的混乱，而且严重影响了对外宣传和招商引资。政协委员们说，入围西部对内蒙古是一次千载难逢的重大机遇，擦肩而过会终生遗憾。为此我们十分着急。时任自治区计委主任、西部大开发办公室主任的雷·额尔德尼同志也心急如焚。他通过经济委员会专职副主任郝诚之同志，建议政协专家专题调研，与他们一同向上呼吁。

　　政协经济委员会和一些民主党派的专家学者，闻此讯后紧急动员，分析研究，草拟大纲，分工合作。一面跨专业研讨，一面跨学科论证，常常废寝忘食，连春节都没有休息。为了论点论据站得住脚，大家分头查阅包括经济学、人口学、民族学、区域学、城市学、历史学等相关内容和成果。为了开阔视野，集思广益，我们以电话讨论和传真通讯合作的方式，向熟悉的国家有关部门、院校和北京、上海理论界、新闻界的良师益友电话咨询。为了比较版本，核准数据，老专家不惜翻箱倒柜，遍查笔记。从找到的《人民日报》1988 年 3 月 13 日的《中国第一张〈人口密度图〉》为依据开始，到以中国社会科学出版社 1985 年版《中国人口年鉴》和中国财政经济出版社1991 年版《中国人口总论》的全国人口普查资料数据为佐证为止，我们比较了胡焕庸教授 1935 年的著作《中国人口之分布》的东西部人口分界线和于光远先生 400 毫米等雨量线的重合度，认定"瑷珲——腾冲线"不仅是人口和民族的分界线，也是地区发达程度与自然生态条件优劣的分界线，即东西部的科学分界线。

提案的主要内容

　　提案初拟标题是《关于应当把内蒙古自治区明确划入中国西部地区的提案》，后改为《内蒙古理所当然应进入国家西部大开发视野》，最后决定用《西部大开发不能没有内蒙古》为大标题，副标题为"与新华社等媒体和国务院有关部委就'西部'概念及几个'冠名'问题的商榷"。匹配了东西部分界线正确与错误不同版本的 5 幅地图，包括人口密度、资源状况、经济类型、交通分布等，文字逾万字。

　　提案首先指出，"西部"并不完全是一个行政地理概念，而是一个经济、社会、生态的综合概念；不能简单地以区位的经纬度划分，而应以自然环境、经济发展水平、社会历史条件和民族地区特征等为标准划分。提案引用了三位中国著名科学家的区域经济研究成果，说明西部包括内蒙古。一是胡焕镛先生从 1933 至 1982 年，用 50 年的人口资料研究证明，从黑龙江省瑷珲（今黑河）到云南省腾冲的连接线，是我国东西部的科学分界线，内蒙古绝大部分在该线以西。二是于光远先生以年降雨量 400 毫米的等高线为界，也划出一条中国东西部的科学分界线，比"黑河——腾冲线"更详尽地说明，内蒙古在"中国西部"。三是著名社会学家费孝通先生，1988 年讲过：世界上有"南北问题"，中国有"东西问题"，都是以生产力的发展水平划分的，"西部的内蒙古呼伦贝尔盟可以和东部的黑龙江等省优势互补，发展经济"。提案指出，1999 年以来，中央领导多次讲话都强调，西部概念是指"少数民族地区、边疆地区和贫困地区"。按上述"大三条"、"小三条"共六条标准，内蒙古自治区理所当然属于中国西部必不可少的重要组成部分。

提案受到自治区党委政府和全国政协机关的高度重视

我们提案的内容先在 2000 年 3 月 18 日《内蒙古日报·内部参考》第 7 期上登载，标题是《西部大开发不能没有内蒙古——对内蒙古干部群众有关"西部"热点议论的分析兼与新华社、中央电视台和中央有关部委就"西部"一说和几个"冠名"问题进行商榷》。3 月下旬，我们又将这篇《内部参考》投送《人民政协报》总编室。

我们没想到，自治区党委、政府领导见到这份提案高度重视。不但图文全留，而且加了两段非常重要的我们原来不知道的史实。一是"1999 年底，在中央召开的经济工作会议上，刘明祖书记当场问过朱镕基总理：内蒙古究竟包不包括在西部范围内？朱镕基总理和曾培炎同志毫不犹豫地回答：当然包括内蒙古"；二是"在今年 3 月召开的九届全国人大三次会议上，李岚清副总理在参加我区代表团审议《政府工作报告》时指出，西部开发不是一个地理概念，它是经济、地理、社会等方面的综合概念。内蒙古是属于这个范围的。这对内蒙古是个大好的机遇"。刘明祖书记在审阅时加上了他亲历的两次中央领导的表态内容，使提案的说理更加充分。

还有一点令我们没有想到的是，2001 年 4 月 1 日，《人民政协报》在头版"今日时评"专栏，用编者名义，以《西部大开发不能没有内蒙古》为题，摘发了我们提案的主要观点。在编者前言中指出："日前，内蒙古自治区政协民族和宗教委员会、经济委员会寄来一篇《西部大开发不能没有内蒙古》的文稿，表示愿意参与'聊聊西部'，这是一件好事。党中央、国务院做出西部大开发的战略决策，引起了全国人民的关注和响应，特别是地处边疆、又是民族地区的内蒙古的同志愿借西部大开发的机遇，尽快地发展起来的热情，是完全可以理解、也应该得到支持的。本报亦愿就此尽一点自己的绵薄之力，为之鼓与呼。"在编者结束语中旗帜鲜明地表示："参照经过50年人口统计资料验证的东西部分界线，按照边远地区、民族地区和贫困地区的标准，内蒙古应是我国西部必不可少的重要组成部分，理应在西部大开发中，发挥它的优势，实现新的腾飞。"4月15日，我们通过内部刊物《政协经济论坛》和全国政协机关报《人民政协报》的渠道，上报了中共中央政治局常委、全国政协主席李瑞环同志。

4月24日，《内蒙古日报》全文转载，标题是《人民政协报〈今日时评〉专栏载文：西部大开发不能没有内蒙古》。

第三个令我们没有想到的是，这份提案曾在全国政协民族宗教委员会研究后得到肯定，并由专职副主任、中国西部发展与研究促进会会长赵延年同志出面，与国家西部大开发领导小组办公室主任、国家计委主任曾培炎等同志交换意见，达成了共识：西部应该包括内蒙古和广西，共12个省区。4月19日，赵延年常委对内蒙古政协赴京汇报的袁明铎副主席说："关于内蒙古是不是属于西部省区，这个问题已经解决了。内蒙古是西部，大部分地区在西部，又是民族地区，国家计委主任曾培炎讲过，我们现在的工作仍按12个省区安排的。现在不能下文件的原因是国民经济计划是经'人代会'通过的。现在下文件没有履行法律手续，所以不好公开下文件。《人民政协报》登的文章《西部大开发不能没有内蒙古》很好，文章写得有理、有据，问题讲得很清楚。我是同意发表的。"

2000年10月26日，国务院以国发〔2000〕33号文件下发《国务院关于实施西部大开发若干政策措施的通知》，明确规定西部大开发的政策适用范围，包括西南地区的五省市、西北地区的五省区和内蒙古自治区、广西壮族自治区（俗称"10+2"）。从此，内蒙古自治区明确列入国家西部大开发"重点区域"，享受一切优惠政策。这充分体现了党中央、国务院对内蒙古自治区各族干部群众的亲切关怀和对政协提案的高度重视。作为社会主义中国政治民主的一个案例，我们会铭记终身。

筑牢祖国北疆绿色屏障

——忆内蒙古锡林郭勒盟京津风沙源治理

其其格[*]

2014 年 5 月 18 日晚，参加"元青花回家"民间元青花珍品展的大漠行者张庆玉老师、喜爱元青花的一些专家和收藏界的一些朋友，在参加完一整天紧张而忙碌的"世界博物馆日"活动后，走出了锡林郭勒蒙元博物馆。他们迎着乍暖还寒的清风，看着满天闪烁的星光，呼吸着大口的新鲜空气，都由衷地感叹道："草原上的空气真好！真是天然的大氧吧啊！"。

其中一位朋友更是意味深长地和我们讲到，这次从北京来锡盟，第一站到了多伦县，去了南沙梁的"总理视察点"周边，听多伦县的同志介绍，那里已是县里的五大旅游景区之一，到处绿树掩映、绿草丛丛。从多伦县经正蓝旗穿越浑善达克沙地，走 207 国道，到锡林浩特，一路上的景色都很美啊！这不仅是张老师他们一行的感受，就是我们这些生活在草原上的人，近几年也常常被草原美景所感动！

是啊！是上天的眷顾，更是草原人民保护与建设生态的成果惠及，草原上的人们也明显地感受到：天更蓝了，草更绿了，水更清了！锡林郭勒这片神奇的大地上景色更美了！

然而，外地的朋友却很难想象，在世纪之交，锡林郭勒大草原经历了生死抉择——在气候条件持续恶化、连续干旱、多灾并发的情况下，是继续向

---

[*] 作者系锡盟政协党组书记，政协主席。

草原掠夺，还是保护赖以生存的环境？是谋求暂时的富有，还是牺牲数以十亿元计的财富（少养一只羊，就意味着减少一份收入），为子孙后代造福、为全国人民着想的锡林郭勒人在草原的磨难中正视灾害，痛下决心，自我牺牲，积极探索，在西部大开发中依靠国家和自治区的支持，在祖国北疆展开了一场气势恢宏、可歌可泣的生态环境保卫战。

14 年过去了，锡林郭勒草原生态呈现出"面上总体恶化趋势有所减缓，点上（项目区）经过治理明显好转"的态势。

一

事情还得从 14 年前说起。

2000 年的春天，我国北方连续发生 27 次扬沙、沙尘暴天气。恶劣天气发生时间之早、频率之高、范围之广、强度之大，为 50 年来所罕见。

记得 2000 年的元旦，锡林郭勒大草原的锡林浩特市突降雪尘暴，狂风、雪花夹带着沙尘把整个草原小城及周边笼罩得如同黑夜降临，路灯、车灯都打开了，可人们还是看不清前面的道路。瞬时风力超过 10 级，楼顶及高处的广告牌有的被风吹下，砸伤了行人。3 月 27 日，这样的天气再次上演，据媒体报道，北京城这次也受到了沙尘暴袭击，造成施工人员被风掀下，两人身亡的惨剧。5 月初，又一场我国有气象记录以来较为严重的黑风暴横扫华北，再次影响了首都北京的生态安全。一时间，沙尘暴成为了人们热议的话题，也牵动了党中央、国务院领导同志的心。

5 月 12 日，时任国务院总理朱镕基受江泽民总书记委托，率领水利部部长汪恕诚、农业部部长陈耀邦、国家计委副主任刘江、环保总局局长解振华、中财办副主任段应碧、国务院副秘书长马凯、林业局局长王志宝、国研室副主任魏礼群、总理办公室主任李伟等，在时任自治区党委书记刘明祖、党委秘书长任亚平，锡盟盟委书记布和朝鲁、盟长陈朋山等的陪同下，顶着风沙风尘仆仆地来到锡盟。朱镕基总理先后观看了浑善达克沙地沙化情况录像，考察了锡盟多伦县南沙口飞播造林种草封育区、砧子山浑善达克沙地南缘、正蓝旗元上都遗址、太仆寺旗万寿滩万亩防护林治沙工程、贡宝拉嘎苏木节水高效科技示范区，详细询问了当地草场沙化情况，仔细听取了自治区党委、政府、锡盟盟委、行署和当地党委、政府对防沙治沙的情况汇报。

时任盟委布和朝鲁书记谈起这段往事时说："2000 年 5 月 12 日至 13 日，时任国务院总理朱镕基率领有关部委领导来锡盟考察。13 日上午，总理一行到浑善达克沙地南缘考察草原生态，在一个山坡上，我代表盟委、行署向总理汇报了锡盟实施围封转移工程、保护建设草原生态的初步思路后，总理不时插话深入了解情况，并点名让部长们谈对策。最后，总理发表治理京津风沙源的重要讲话，当场宣布成立 5 人领导小组。在锡林郭勒草原上开起了共和国总理现场办公会，意味着京津风沙源治理工程正式启动。"多伦县委王志远书记回忆，在多伦县上都河乡，朱镕基总理用望远镜向北观察了浑善达克沙地南缘的情况。看着这里大片裸露的黄沙，朱镕基总理对在场的同志讲："做好京津周围地区的防沙治沙工作十分重要。内蒙古自治区在这方面肩负着非常重要的任务。国家将加大防沙治沙的投入力度，以加快实施生态保护和治理工程。要通过各方面的共同努力，加快构筑京津周围地区的绿色生态屏障，阻挡外来沙尘侵入，改善京津地区生态环境。"在正蓝旗元上都遗址，朱镕基总理听了旗委韩志刚书记介绍的情况。太仆寺旗旗委田学臣书记回忆，在万寿滩万亩基地，朱镕基总理下车和当地干部握手后问："听说你们种了不少的树，就是长不大，是怎么回事？"田学臣告诉总理："一是海拔高，气温低；二是降水少，干旱；再就是风沙大，不利于生长。"朱镕基总理又问："那适宜种些什么呢？"田学臣回答："主要是些灌木、柠条、沙棘、山杏等。乔木也有一些，但少。"朱镕基总理说："要选择好适宜当地生长的种类。你们不容易。"

正是这次视察，朱镕基总理作出了"治沙止漠刻不容缓，绿色屏障势在必建"的重要指示，紧急启动了京津风沙源治理工程。盟委布和朝鲁书记回忆，朱镕基总理考察结束时，时任内蒙古党委刘明祖书记向总理表态要坚决贯彻落实总理的指示精神，立即着手开展工作，并在国家项目资金尚未下拨的情况下，积极筹措资金，率先启动京津风沙源治理工程。按照自治区党委向朱镕基总理表态精神，锡林郭勒盟及时召开会议布置任务，紧急启动工程，层层建立行政领导责任制、部门责任制，以旗县为单位，开始实施综合治理。

二

我国北方频繁发生沙尘天气的直接原因是气候异常、干旱，一些地区毁草毁林开荒，乱采乱挖，草原过度放牧，植被遭到严重破坏，加剧了生态环境的日益恶化，造成了土地沙化不断扩大。

锡林郭勒草原在我国整个生态系统中具有举足轻重的地位。长期以来这里的草原植被作为我国北方地区一道重要的绿色屏障，对维护整个华北地区，特别是对北京、天津大都市的生态环境安全起着极其重要的作用。

上个世纪 70 年代后期以来，由于气候原因，锡林郭勒草原逐渐变得干旱少雨，草地出现沙化、退化，草原初级和次级生产力下降。进入 90 年代后，由于气候持续干旱，锡林郭勒草原地表植被进一步减少。1999—2001年三年间，草原连续遭受以旱灾为主，蝗灾、鼠灾、风灾多灾并发的特大自然灾害，草原生态急剧恶化。2000 年，全盟蝗灾面积达到了 9000 万亩，有的地方，蝗虫甚至啃光了牧草，让草场裸露出了地表。全盟风蚀沙化面积 11 万平方公里，占全盟总土地面积的 55%以上。同时，在片面追求牲畜数量的畜牧业经营思想指导下，牲畜头数不断增加，1999 年增加到1823 万头（只），与 1949 年的 167 万头（只）相比，增加了 10 倍还多，每头（只）牲畜平均占有草场面积由过去的 170 亩减少到 14.6 亩，典型草原的载畜能力从不到 10 亩/羊单位，下降到大于 20 亩/羊单位。草原生态屏障作用明显削弱，局部地区生态系统濒临崩溃。锡林郭勒草原成为了京津地区扬沙、沙尘暴的主要沙源地之一，对首都和华北地区生态安全构成了严重威胁。

有人曾形象地比喻，锡林郭勒盟境内的浑善达克沙地就是悬在首都北京头上的一个巨大沙盆——浑善达克沙地地处北京正北 180 公里，是距离北京最近的沙源地，而平均海拔高出北京 1000 多米。一有大风，这里裸露的沙尘伴风而起，几个小时内就会到达北京。

为此，加强生态保护与建设成为了中央、自治区在西部大开发中特别关注的问题。江泽民总书记曾指出："改善生态环境是西部地区开发建设必须首先研究和解决的一个重大课题。如果不从现在起努力使生态环境有一个明显的变化，在西部地区实现可持续发展的战略目标就会落空。"朱镕基总理也曾对内蒙古的同志讲："这次西部地区大开发，内蒙古是一个重点。为什么呢？因为，你们的沙地离北京就 180 公里，北京 9 次沙尘暴，其中 100 颗沙子，60%，60 颗沙子来自内蒙古。浑善达克沙地地下水两米深，完全可以治理的。这个事情，确实是迫在眉睫、非办不可了，否则的话，你们要逼我们迁都了。"由此，锡盟生态环境的改造问题已经提到了保卫发展、保卫首都的高度。

自治区党委、政府非常重视京津风沙源治理工作，在西部大开发中提出了"建设祖国北方重要生态屏障"的战略目标。自治区政府主席云布龙同志将加快生态环境建设，加快草原沙化治理作为了工作中最急迫的事情。为了紧急落实京津地区生态防护的措施，2000 年 6 月 10 日，他风尘仆仆地赴锡盟镶黄旗。11 日，他利用一天时间，考察了大规模退耕种树种草工程、高产饲料基地、小流域治理、苗木基地、水利化家庭牧场、生态环境建设等。12 日，他利用多半天时间，赴正镶白旗考察了两面井防沙治沙、飞播种草、家庭牧场、人工草地和柠条种植等情况。2000 年 6 月 12 日下午，云布龙主席在锡盟考察生态环境建设途中，在正蓝旗桑根达来镇不幸遭遇车祸因公殉职，长眠在了他深深眷恋并为之呕心沥血奋斗了一生的草原上。

面对国家的重托、气候的无情、人民的期盼，京津风沙源治理成为了摆在内蒙古自治区各级党委、政府面前的头等大事。等待上天的恩赐不如马上行动，用自己的行动感天动地，立见成效。为此，自治区政府以及各级政府紧急成立了工程建设领导小组，逐级签订责任状，将工程建设任务和责任落实到人。实行工程建设一票否决和末位诫勉等领导干部目标责任制，保证领导措施到位。

锡盟盟委、行署也紧急动员，采取了一系列有效措施：从实际出发，确定了全盟防沙治沙、生态建设的思路："按照'退耕还林（草）'，封育绿化，以粮代赈，个体承包的方针，对草场退化、沙化严重的地区，实行休牧育草，封沙绿化，以粮（料）代赈、个体承包、改良品种、草畜平衡、舍饲育肥，加工增值、提高效益。"围绕这一思路，全盟上下齐上阵，紧急启动实施防沙治沙、农防林建设、退耕还林还草、种子培育等四大工程；紧急研究下发了《关于切实做好紧急启动京津治理工程的通知》，对治沙工作进行了周密部署；召集有关部门和专家制定了《关于编制年度沙源治理建设项目实施方案的若干意见》及《防沙治沙建设工程项目管理办法》，并专门成立了锡盟防沙治沙工作领导小组及办公室；下发了《锡盟沙源治理工程建设主要指标年度考核标准及实施办法》把任务、责任落实到人；各旗县市也都相应制定了防沙治沙方案，健全了组织机构，明确了领导责任。

其实早在京津风沙源治理工程启动之前，锡盟几十年来从没有停止过防沙、治沙工作。早在 1959 年 4 月，锡盟就成立了以时任盟委第一书记为主任的改造沙漠的领导机构"锡林郭勒盟改造沙漠委员会"。但是受人力、物力、财力和技术的制约，锡盟防沙、治沙工作虽然执着，但较为被动、弱势。

在与国家、自治区同步紧急启动京津风沙源治理工程后，为了朱镕基总理"治沙止漠刻不容缓，绿色屏障势在必建"的重托、为了首都北京的生态安全、为了内蒙古的可持续发展、为了锡林郭勒草原上牧民的幸福，2001年底，锡盟委又根据实际情况，决定在西部大开发中实施以"围封禁牧、收缩转移、集约经营"为主要内容的"围封转移"工程，后来内蒙古党委专门听取锡盟盟委的汇报后，把"围封转移"工程提升为"围封转移"战略，盟委也出台《关于实施围封转移战略的决定》文件，全力推进、着力实现"一转双赢"（通过转变农牧业生产经营方式，实现改善草原生态和增加农牧民收入的双赢）的目标。由此，一场由全盟各族干部群众以无限的热情参与的、锡林郭勒草原史无前例的绿色革命，轰轰烈烈地开展起来。为了实施好这一战略，锡盟紧急成立了盟委书记布和朝鲁任组长，盟委、行署领导任副组长、各相关部门主要负责人任成员的围封转移领导小组，并成立了围封转移领导小组办公室（简称围转办或生态办）。组建围转办时，本着"硬抽人、抽硬人"的原则，各路精兵强将从各部门抽调到了这个临时机构。当时，围转办家底只有 7 个人、4000 元钱、几张旧桌子、几把破椅子。然而，就在这里，他们从调查研究、收集资料到反复论证，开始着手编制实施围封转移战略规划。陆续出台了《锡林郭勒盟实施围封转移战略若干政策规定》《锡林郭勒草畜平衡实施细则》《锡林郭勒盟生态环境建设项目管理办法》等文件来保证工程项目在锡盟的科学、有效地实施。

到 2006 年，在落实国家投资项目、调动盟、旗县市（区）政府财政投入的基础上，锡盟全面调动、挖掘牧民的积极性，让他们投入建设管护，同时，加大建设项目检查验收工作和生态建设项目奖惩工作力度，出台鼓励围封转移集中搬迁区农牧民到二、三产业就业的政策，促进了生态项目取得显著效果。在认真总结经验的基础上，锡盟又进一步完善和深化了生态建设的总体思路，把转移农村牧区人口作为与转变农牧业生产经营方式并重的战略任务，提升"一转双赢"为"两转双赢"。再就是，借助国家草原奖补政策的出台实施，进一步推进了草原休牧、禁牧工作的实施，为生态恢复工作作出显著贡献。特别是伴随着自治区"8337"发展思路的深入破题、全面落实，"像抓经济发展一样抓生态建设""像输电输气一样输出清新空气"，已经成为锡盟各级各地、各行各业、各族群众的主流意识。

锡盟的京津风沙源治理工程也以此为抓手，得以稳步、深入实施。

三

2002 年 3 月，经国务院批准，国家五部委联合下发了《京津风沙源治理工程规划（2001—2010 年）》，至此，京津风沙源治理工程全面、深入展开。其中，内蒙古工程区总面积 36.9 万平方公里，占全国京津风沙源工程区总面积的 80.6%。工程区范围中包含了锡林郭勒盟全部旗县市（区）。

翻开 2002 年 3 月锡盟盟委出台的《内蒙古自治区锡林郭勒盟关于实施

围封转移战略的决定》及以后的文件，我们可以清楚地看到围封转移战略的总体要求、规划布局和目标步骤。

总体要求是：按照生态、生产、生活"三生"结合，生态效益、经济效益、社会效益"三效"统一的要求，把生态环境保护和建设放在全盟经济工作的首位，坚持保护优先、加快建设、科学利用、依法管理，适度减少牧区牲畜，大力发展农区畜牧业，努力转变生产经营方式，发展模式化种植和养殖，通过提高质量和效益实现畜牧业增加值的持续增长；加快产业化、工业化、城镇化步伐，积极引导农牧民向城镇和二三产业转移，妥善安排农牧民生产生活，促进经济社会持续发展。

规划布局是，按照总体要求，将全盟规划为"四区、六带、十四基点"，分别采取不同的措施进行保护和治理。"四区"是指围封禁牧区、沙地治理区、围栏轮牧区和退耕还林还草区。围封禁牧区，即生态极度恶化的荒漠半荒漠草原地带。主要治理措施是对草原进行大面积围封，有计划、分步骤地实行禁牧。具备水源和饲草料种植条件的地方实行就地舍饲；不具备条件的地方实行生态移民，以苏木或嘎查为单位整体搬迁到建制镇周围及其他具备"五通"条件的地方发展舍饲养殖，或从事二三产业。沙地治理区，即浑善达克沙地、乌珠穆沁沙地和其他小块沙地。主要治理措施是扩大围栏面积，实行春季休牧；以户为单位建设灌溉饲草料地和棚圈设施，发展舍饲半舍饲养殖；采取封、飞、造等综合措施，对严重退化沙化草场和流动、半流动沙丘进行重点治理。围栏轮牧区，即生态条件较好的草甸草原和典型草原地带。主要治理措施是推行草场围栏化，加强棚圈、水利等基础设施建设，实行划区轮牧或春季休牧。退耕还林还草区，即农区。主要治理措施是大力退耕还林还草，加快荒山荒坡造林绿化，搞好小流域综合治理，扩大饲草料种植面积。"六带"是沿浑善达克沙地南缘、浑善达克沙地北缘、省道101线、省际通道、国道207线、国道208线和集二铁路，建设"四横两纵"六条绿色生态屏障。"十四基点"，是对旗县市区所在地的城区周围全面实行围封禁牧，建设草、灌、乔结合的城市生态防护体系。

目标步骤是，总体上用9年时间，分三步走，实现生态环境、生产条件和人民生活明显改善，生产经营方式明显转变，经济结构明显优化，农牧业产业化、工业化、城镇化水平明显提高，地区经济实力和竞争力明显增强的目标。基本实现草原生态良性循环，基本确立舍饲半舍饲与科学利用天然草场相结合的畜牧业生产经营方式，基本建立以产业化畜牧业、矿产资源开发业和草原特色旅游业为支柱的地方特色经济体系，基本形成全盟生产力的优化布局，人民物质文化生活水平显著提高。

按照这个总体要求、战略布局和目标步骤，锡盟干部群众开始了一个前所未有的新尝试。这个举全盟之力的浩大工程，我们不足以记录其全部过程。但我们可以通过一个个侧面，窥视锡盟干部群众京津风沙源治理的坚定信心和艰苦付出。

2000 年 4 月至 2002 年 2 月，我正在镶黄旗党委当书记。朱镕基总理视察锡盟后的 5 月下旬，盟里紧急召集各旗县市党委、政府的一把手到盟里开会，启动了京津风沙源治理工程。领到任务后，我们也紧锣密鼓地实施推进工作。

镶黄旗自然生态条件十分恶劣。在地域分布上，南部属浅山丘陵区，沟壑纵横，水土流失严重；西北部属于荒漠化草原区，其中东北部位于浑善达克沙地西南缘，地下水资源极其匮乏，生存条件极差；中部广大沟谷盆地，草原地势平坦，土壤肥沃，地下水富集，历史上曾是水草丰美的地方，也是镶黄旗最具开发利用价值的地区。基于这样的立地条件，本着因地制宜，先易后难，突出重点。逐步推进的原则，通过对全旗草牧场进行全面普查，一次又一次地在基层调研，研究讨论、再研究，再讨论，旗委、政府提出了"南治沟坡、北治沙，沿着流域搞开发"的全旗生态建设总体方针，在规划时，把开发建设重点落实到一条纵横贯通全旗的人字形绿色通道以及 5 个流域和 3 个淖尔当中。

在自治区紧急拨付了启动资金的前提下，我们遇到了三个急需解决的问题，一个是治沙人员去哪里找？一个是治沙的种条、苗木到哪里弄？一个是具体的工作怎么推进？当时，镶黄旗虽然有林工站、苗圃、打井队、草原站等几支专业队伍，但人员远远不能满足工程要求。于是，我们采取旗里领导、部门领导划片包苏木、包嘎查的方式，把机关干部职工动员起来、把企事业单位人员动员起来，把基层的部分牧民也动员起来，全旗上下一起干，全体机关、企事业单位干部职工齐上阵，到沙源区拉围栏、运苗木、打沙障、栽苗条，时任旗武装部部长高胜发带头积极请战，把基层预备役民兵也动员了起来，大家一起动手，去义务防沙治沙。

对严重沙化地区，我们要求牧民进行封育禁牧。为了把封育禁牧工作落到实处，当时监管人员的工作时间基本是一周"5+2"（5个工作日加2个休息日），可是当时牧民由于认识原因、习惯原因、经费原因和技术原因，根本不能做到有效配合，他们放牧的安排可以说是灵活机动的"白+黑"（白天监管人员不来检查，白天放牧；白天监管人员来检查，就晚上放牧）。这种情况下，我们采取了扎网围栏方式来应对，把需要封育禁牧的草场都围起来。由于资金有限，如果购置网围栏围封需要封育的草场，上面拨给的资金仅这一项就花得差不多了，而且还得排队等待。于是，旗发改委、林业局等有关部门动员干部职工自己动手打水泥桩、外购钢丝，做起了网围栏，这不仅节省了一部分资金，也在很短的时间内完成了围栏草场的任务。同时，对违规放牧人员加大处罚力度，基本保证了禁牧区的封育。

对于所需的苗木，镶黄旗积极与正镶白旗、正蓝旗、赤峰市的克什克腾旗等地联系，自己组建专业队伍去他们那里去割黄柳、红柳，这不仅又节省了大笔资金，还保证了苗木的快速供给。当时，自治区畜牧科学院正在帮扶镶黄旗，通过他们又给镶黄旗协调了一批草种。为了使种下去的草种不至于让风刮走，镶黄旗与乌兰察布市的化德县、商都县农区联系，购进了一批秸秆，干部职工、农牧民群众一起动手，抢时间，在沙地里打起了方格形的沙障。后来用飞机播撒草种时，每个网格里就都留下了一定数量的种子。为了保证黄柳、红柳等苗木发芽有必要的足够水分，旗林工站的技术人员，绞尽脑汁，经过多次试验，把一次性的纸杯、薄塑料袋等做成富含水分的沙泥"营养杯"，再把苗木的根插在里面，保证了成活率。那时旗里的干部群众，有的在沙区一干就是十天半个月，手磨起了大泡、生了小病都不肯下来。就这样，我们沿着浑善达克沙地西南缘，向东北一点一点，扎扎实实地做起了防护带。到了夏秋季节，治理过的区域里面的草已经绿了起来，一眼望去，连片的翠色。这与北部其他旗的治理区片片黄沙形成了鲜明对比。其实，在那时，每个旗县的治理区都没少下功夫，但是由于经验、技术、人力等原因，有的效果非常好，有的却是干使劲，成效不大。那时，镶黄旗的一些嘎查还利用有水的地方建起了高产饲料基地，种植了青贮，每亩收获几千斤。这些青贮低价卖给牧民，解决了禁牧区牛羊所需的饲料问题。

再后来，各旗县市间，相互取经、取长补短，下苦功夫、下大力气把工作做得越来越实了，浑善达克沙地的"飞、封、造"综合治理效果越来越明显，逐步建造了浑善达克沙地南北缘防护带，有效地控制了流动、半流动沙区。特别是多伦县，在全区率先提出消灭荒山、荒坡、荒滩为主要内容的"灭荒"工程，加快推进沙化区治理，开展了百万亩樟子松基地建设，实现了原来从沙中找绿到现在绿中找沙的转变。沙源治理中，涌现了很多感人的事迹。记得时任盟林业局局长、盟治沙办主任李连芳为了掌握风沙的路径和规律，探索最佳的治沙效果，曾多次冒着危险追踪沙尘暴。有一次，他带着人驱车从二连浩特市跟着沙尘暴，一路停停走走、走走停停，任凭狂风卷着沙土像水一样在风挡玻璃上流下来，整整 3 个多小时，他们终于发现了两个风口，由此找出了这片区域沙障设置的最佳路径。记得那几年，每年的四五月份，盟旗两级干部的治沙植树会战成为了一道风景。离浑善达克沙地近的机关干部职工们，在那个季节都会自带工具、干粮到沙区去插红柳、黄柳沙障，一年又一年的辛勤付出，换来了沙地里的点点绿色。现在，好多人在穿越浑善达克沙地时，都会兴奋地、情不自禁地伸手指向远处的一丛丛翠绿，说："看，那片沙柳是我们原来种的，现在已经长高了。"

在锡盟草原生态的重灾区——苏尼特左旗、苏尼特右旗等地陆续建立了"生态恢复禁牧区"，进行围封禁牧，促使牧民通过转移进城从事二三产业。其他一些旗县也开始把不太适合放牧的地区进行围封禁牧。经过不断的探索，为转移牧区人口、转变农牧业生产经营方式，锡盟出台了《关于引导扶持牧区人口向城镇转移政策措施的指导意见》，从就业、培训、住房、社会保障、子女入学、户籍管理等方面进一步制定了一整套优惠政策。这一政策一方面促使大面积的草原得以喘息，另一方面使牧民摆脱了世世代代对传统畜牧业的依赖，跳出"一产"的圈子，从事二三产业，推动了城镇化的进程。正蓝旗上都镇白音乌拉嘎查是 2002 年第一批整村生态移民的嘎查之一。涉及 155 户、共 788 人。牧户将原有 11430 头（只）牲畜全部出栏，11 万亩草场全部围封禁牧，整体搬迁至移民新村，除了饲养奶牛，剩余劳动力全部从事二三产业，主要从事商业零售、餐饮业、服装加工业，组建小型施工队等，目前已有不少创业致富，成为个体小老板，还有 160 多人在上都电厂、工业园区、上都纸业等企业打工。搬迁后全部草场得到休养生息，草场恢复率达到 95% 以上，产草量大幅度提高，产草量由 2001 年的 200 万斤提高到 2013 年的 1000 多万斤。人均纯收入也从 2002 年的不足 600 元，增加到 2013 年的 12200 元。

2003 年，为了有效解决保护草原与发展牲畜的矛盾，锡盟痛下决心，出台《锡林郭勒盟草畜平衡实施细则》，按照以草定畜的原则，以嘎查为单位全面开展草场生产力测定工作，逐户核定最高载畜量、签订草畜平衡责任书，草畜平衡责任书入户率连续保持 100%。同时，锡盟在全国率先建立了盟、旗、苏木三级草原监理专业队伍与嘎查级群众管护相结合的草原监理体系，盟草原监理局被提格为正处级单位，这在全国也是绝无仅有的。

在春季休牧之初，牧民们很难接受这一决定，他们埋怨："过去我的羊在草原上给我捡钱回来，现在我每天还要花钱喂它。"甚至圈着的羊也闹起了毛病。"5+2""白加黑"的故事，也在各地重复上演。可是锡盟的各级党政领导咬紧牙关坚持着、引导着，牧民群众边学边做努力着、适应着，春季休牧也就真真正正地开展了起来。此后，草畜平衡制度和"三牧"制度（春季休牧、围封禁牧、划区轮牧）成为了无条件落实的"两项基本制度"。东乌旗、西乌旗等地引导和支持以联户、浩特（牧民小组）为主的互助合作或合群放牧的划区轮牧方面也取得了一定突破。

让牧民离开祖祖辈辈生活的草地，或放弃祖祖辈辈传承下来的放牧生活是十分艰难的。不管是思想观念、还是生产、生活习惯牧民们都极不适应。为了转变牧民们的思想，锡盟广泛开展"生态警示教育活动""算账养畜活动"等让牧民群众认识当时的形势，并通过新闻媒体宣传、集中培训、干部入牧户讲解等形式，引导牧民群众转移牧区人口、转变农牧业生产经营方式。特别是在全国重大典型、阿巴嘎旗洪格尔高勒苏木萨如拉图亚嘎查党支部书记廷·巴特尔等牧区带头人的带领下，减羊增牛、建设草原、保护生态环境、转移牧区人口和转变农牧业生产经营方式逐步被牧民认同和接受。同时，锡盟加大牲畜改良力度，逐步淘汰肉产量不高的本地黄牛等品种，由原来向牲畜数量要效益，转变为向牲畜质量要效益，解决了减畜就会减收的问题。

多年战天斗地的草原生态保护实践的经验和教训让锡林郭勒草原人民更加成熟、更加明白，草原生态问题归根结底是过度依赖草原的问题。为此，锡盟提出了跳出生态搞生态的设想，利用发展工业化来反哺农村牧区建设，努力实现生态保护与经济发展双赢。有人曾算过这样一笔账：全盟近20万平方公里草原分布着20多万牧民，每转移出一个牧民，就相当于有效缓解了1平方公里的生态压力；但如果建成一个环保达标、有一定规模的工业项目，每年却可实现一定的工业增加值，创造可观的财政收入。且项目投产后，可直接或间接吸纳牧民转移就业，相当于一定数量的草场得到了长期保护。为此，在锡盟地区，胜利、白音华、五间房等国家规划的大煤田很快得到了开发，煤—电—化工、煤—电—冶金、煤—电—新型材料等循环经济产业链初具规模。锡盟也由原来畜牧业独大，转变为了工业反哺农牧业。一句话，发展工业化，为保护草原生态，提供了有力的支撑。

除了锡盟干部群众自我奋斗、不懈努力外，自治区有关部门及北京等地也纷纷伸出了援助、共建之手。2002—2005年，为了帮助锡盟实施"围封转移"战略，自治区党委政府作出决定，结合千村扶贫工程，由144个厅局帮扶锡林郭勒盟的苏尼特右旗、苏尼特左旗、正镶白旗、阿巴嘎旗、镶黄旗、二连浩特市五旗一市中最偏远、条件最恶劣、贫困人口最多的103个贫困嘎查。北京人民广播电台、北京绿化基金会和多伦县政府等陆续组织发起"治多伦一亩沙地、还北京一片蓝天"工程、"天津情侣林"、"天津饮水思源林"、"多伦县青年林"等工程。

为建立草原生态保护长效机制，实现草原增绿、牧民增收"双赢"目标，锡盟结合草原牧区实际，相继实施国家生态移民工程、西部三旗一市"草原生态恢复禁牧区"试点、自治区边境地区生态移民和阶段性禁牧项目，进行了多层次、多类型尝试，积累了宝贵的实践经验，受到了国家有关部委和自治区的高度关注。特别是 2010 年 10 月国务院出台的草原生态保护补助奖励机制政策，使草原生态保护与建设上升到了国家战略层面。全盟补奖机制项目总规模 27458.64 万亩（其中阶段性禁牧项目 6009.27 万亩、草畜平衡项目 21449.37 万亩）。补奖机制政策涉及全盟 12 个旗市区、55 个苏木镇、604 个嘎查、7.5 万牧户 25 万余人。阶段性禁牧项目采取了保底封顶的补助办法，补助标准为 6.36 元/亩，保底 3000 元/人年。草畜平衡补助标准为 1.71 元/亩。在项目实施过程中，根据实际，适当调整了补助奖励标准，如：东苏旗禁牧区南部 9 元/亩、北部 4 元/亩；西乌旗禁牧补助保底 5000 元/人年，不设封顶；乌拉盖管理区禁牧补助标准 10 元/亩，草畜平衡标准 3 元/亩。此外，锡盟还将草原生态保护补助奖励机制的实施看作建立草原生态保护和促进牧民增收长效机制的难得机遇，在全面落实国家政策的基础上，制定了养老、助学、创业、转移就业等配套政策，解决了一些牧民群众生产、生活上的后顾之忧。

就这样，全盟的干部群众在搞好围封转移战略的规划论证执行上下工夫，不断强化科学开发利用水资源，搞好饲草料种植；以科技为支撑，切实转变生产经营方式；大力调整农牧业结构；积极推进农牧业产业化经营；进行开发式扶贫；严格执行以草定畜制度；依法加强对草原的保护和管理；加快推进城镇化进程；多渠道增加投入等保障措施，使京津风沙源治理工程的各项工作得以进一步扎实推进。而这些措施，在每一项具体实施过程中，却都是充满了艰难与坎坷。

随着"围封转移"、"两转双赢"、草原生态保护奖补机制等的全面实施，农牧民们的草牧场利用方式和发展方式慢慢有了转变。阶段性禁牧、草畜平衡、季节性划区轮牧及着眼于抗长旱、抗大旱的牧区节水灌溉饲草地建设，成了现实的可行和牧民的尝试。加快农牧业结构调整，严格草畜平衡，实行限量养殖，成为了人们的共识和实践。

四

十几年来，历届锡盟领导班子高度重视草原生态保护和建设，始终将这项工作放在全盟各项工作的首位，相继做出了"围封转移"、"两转双赢"、矿区保护治理等一系列重大工作部署，并扎实有效地进行推进。经过坚持不懈的努力，浑善达克沙地植被状况明显好转，初步形成浑善达克沙地南缘和北缘相对稳定的生态防护体系；典型草原和草甸草原生态系统活力有所提高，草地生产能力实现恢复性增长；荒漠半荒漠草原持续恶化趋势整体上得到减缓；整个地区草原生态明显好转，呈现出"生态恢复、生产发展、牧民增收"的良好态势。

2012年8月，全盟草原生态保护与建设暨京津风沙源治理工作现场会在正蓝旗召开。会上总结，十多年来，全盟草原生态保护与建设取得了较好的成效，一是立足推动经济社会发展的现实需要，坚持"点上开发、面上保护"，加快推进了以新型工业化为核心的经济转型，进一步做大经济总量，增强综合经济实力，提高反哺"三农三牧"的能力，同时统筹推进农村牧区人口转移、农牧业产业化、林草沙产业和生态旅游业等工作，推动集中集约发展，协调促进草原生态的持续改善。二是根据保护草原生态的客观要求，将生态保护建设提升到战略高度，整体实施了"围封转移"、"两转双赢"战略，全面落实草畜平衡和草场"三牧"（春季休牧、围封禁牧、划区轮牧）这两项草原保护基本制度，同时针对不同草原类型科学划分生态治理区，分类实施草原保护建设措施，在养老、助学、创业、就业等方面制定了一系列配套政策，加快推动农村牧区人口转移和农牧业发展方式转变。三是坚持人工治理与自然修复相结合，坚持一手抓建设、一手抓保护，有效实施了京津风沙源治理、退耕还林还草、生态移民、舍饲禁牧等一批生态建设重点工程，认真落实草原生态保护补助奖励政策，同时突出在压减牲畜、转移人口上下功夫，从根本上减轻草原负担，靠大自然的自我修复能力恢复生态。四是着眼于构建新型牧企关系，积极探索建立资源开发与环境保护、维护牧民利益的长效机制，全面开展了矿山开发秩序整顿工作，引导企业开展矿区周边复垦绿化，全力推进和谐矿区建设，促进工业发展与生态保护建设。通过十多年的不懈努力，过去荒山秃岭、黄沙滚滚的状况一去不返，今天满目苍翠、片片绿洲的景象令人振奋。这些成绩的取得，是中央、自治区在政策、项目和资金等方面大力支持的结果，更是盟旗两级党委、政府和各部门团结协作、合力攻坚的结果，也是全盟各族干部群众共同参与、携手共建的结果。

据统计，自 2000 年启动至 2013 年京津风沙源治理一期工程建设结束，不算各种奖补资金、开发资金，锡盟已累计完成中央基本建设资金 33.78 亿元，完成治理面积 3451 万亩。其中：营林造林 1516.7 万亩，草地治理 1767.6 万亩，小流域治理 166.71 万亩，完成暖棚建设 203.1 万平方米，饲料机械 23452 台套，水源工程 10614 处，节水灌溉 9144 处。完成退耕还林工程 265.5 万亩（退耕地造林 125 万亩，荒山荒地造林 140.5 万亩）。完成禁牧舍饲 3525 万亩。实施牧区生态移民 49283 人。为防止沙地向南扩散，浑善达克沙地南缘长 421 公里、宽 1—10 公里的锁边防护林体系已形成，为防止沙地向北部草原地区扩散，长 445.3 公里，横跨 5 个旗县的防护带也已形成，沙地内部人工草地面积比例从不足 9.3% 上升到 29.56%，流动半流动沙丘面积由 2000 年的 1769 万亩减少到目前的 1044 万亩，沙地局部地段植被开始恢复，生态系统活力增加。与 2000 年相比，2013 年草原植被平均盖度、高度、产草量分别由 23.1%、22.2 厘米、21.24 公斤/亩（干重）增加到 45.3%、37.1 厘米、71.9 公斤/亩（干重），林地面积由 560 万亩增加到 2316 万亩，森林覆盖率由 1.24% 提高到 7.20%。全盟围栏草场面积达到 2.3 亿亩，天然打草场面积达到 3000 万亩，节水灌溉高产饲草基地达到 42 万亩，年打贮草 21 亿公斤以上，初步形成了盟、旗县市区、苏木乡镇、合作社四级储草体系，集中储备饲草能力达到 3 亿公斤。过冬畜均暖棚面积达到 2 平方米，比 2003 年增加 1 倍。累计建设各类水源井 3 万眼，其中，机电井 1.9 万眼，安装自来水 441 处。推动了农牧业生产经营方式转变。

通过科学核定载畜量，严格执行禁牧、轮牧、草畜平衡制度，推动畜牧业由数量扩张型向质量效益型转变，结构更趋合理，牲畜头数由 2000 年的 1808.3 万头（只）压减到 2013 年的 1288.19 万头（只），大大缓解了草牧场载畜压力。相反，由于生产经营方式发生转变，农牧民收入恢复性增长，2013 年农牧民收入达到 10109 元，比 2000 年增加了 7671 元，其中惠农惠牧政策收入达到 1707 元，占年人均纯收入的 19.1%；农村牧区贫困人口下降到 3.4 万户共 10.6 万人。最可喜的是，牧民的畜牧业生产方式已由过去靠天养畜的粗放生产经营模式逐步向科学养畜转变，广大干部群众的生态意识、环保意识进一步提高，保护生态、建设生态已成为各级政府和广大干部群众的共识。

随着草原生态保护与建设工作的深入推进，全盟经济社会逐渐步入了健康、稳定、可持续发展的良性轨道。2013 年地区生产总值达到 902.4 亿元，比 2000 年增加了 12.44 倍，地方财政总收入达到 130.9 亿元，多数经济指标的增速由全区后列跃升到全区前列。

五

生态环境是实现可持续发展的战略前提，锡林郭勒草原的草原特征、地理位置、自然环境、气候条件、人文特点等众多因素，决定草原生态建设与保护的特殊性、复杂性、脆弱性、艰巨性和长期性。目前，锡盟已治理草场面积仅占应治理面积 1.73 亿亩的 20%，仍有近 1.4 亿亩沙化、退化草场亟需治理和保护。浑善达克沙地总面积 10650 万亩，其中在锡盟境内 8700 万亩。依托京津风沙源治理工程，有效治理沙地 1450 万亩，但仍有 1100 万亩流动半流动沙地（重度沙化土地 400 万亩）急待治理。另外，从 2011 年至今，已经连续 4 年风调雨顺，这是草原生态好转恢复至关重要的因素，如果再连续遭受旱灾，草原生态环境沙化、恶化趋势还将加剧。同时，牧民对新的生产生活环境适应慢、草业低水平利用严重制约着畜牧业发展、牲畜疫病防疫体系急需完善、牧区融资环境差缺乏扩大再生产资金、围封禁牧区有效利用难、后续产业发展不足等诸多问题也在困扰着锡盟。锡林郭勒草原生态治理正处于习近平总书记所说的"进则全胜、不进则退"的关键时期，国家启动的京津风沙源治理二期工程的实施，自治区提出"8337"发展思路，都为锡林郭勒草原脆弱生态系统的恢复提供了新的契机，锡林郭勒草原环境保护与绿色生态屏障建设任重道远！

2004·中国西部论坛内蒙古代表团纪实

王 君*

说起西部大开发，让我印象最深刻的是 2004 年，这年 11 月 18 日，2004·中国西部论坛在广西南宁正式开幕。中共中央政治局委员、国务院副总理曾培炎出席本次论坛并作重要讲话。国务院有关部委、西部各省（区、市）及东中部部分省市的负责同志，国内外企业家、知名专家学者，部分国际组织驻华机构和外国驻华使节代表约 150 人参加了会议。印象最深的是因为我作为内蒙古代表团成员，从前期筹备到论坛召开经历了很多有趣而且令人难忘的故事。

2004·南宁中国西部论坛。南宁中国西部论坛是国家实施西部大开发战略后继成都、西安之后举办的第三次西部论坛。举办"中国西部论坛"是经国务院批准的一项旨在通过公开交流探讨西部开发重大问题的活动，本届论坛是由国务院西部开发办、国家发展改革委等联合主办，广西壮族自治区承办，西部地区其他 11 个省、自治区、直辖市政府和新疆生产建设兵团协办，主题是"坚持科学发展观，促进西部地区全面、协调、可持续发展"。论坛主要围绕"积极发展西部特色优势农业""有序推进西部新型工业化进程""加快培育有竞争力的城市经济与服务业（物流业）"和"东西联手打造西部特色经济"四个专题板块，探讨和交流在新形势下，大力促进西部特色优势产业和特色经济快速协调持续健康发展，增强西部地区自我发展能

　　* 作者时任内蒙古自治区计委西部开发办专职副主任、办公室主任、地区经济处处长，现任内蒙古自治区党委直属机关工委副书记。

力的主要思路、优先领域、成功经验和政策措施。

紧张的前期筹备工作。会前西部各省（区）进行了积极准备，都想把各自的亮点向世界展示，内蒙古也不例外。按照自治区发改委领导安排，我带领自治区西部开发办的同志按照要求进行了积极筹备。内蒙古加入西部大开发后，抢抓机遇，努力工作，奋发进取，几年来紧紧抓住发展这个第一要务，坚持以人为本，牢固树立全面、协调、可持续的发展观，抓住机遇，深化改革，扩大开放，深入实施西部大开发战略，调整优化经济结构，扎实推进"两项建设"和"三化"进程，不断提高经济增长的质量和效益，努力提高人民生活水平，加快各项社会事业的发展和社会主义政治文明、精神文明建设，促进了我区经济持续快速协调健康发展和社会全面进步，发展成绩斐然，充满活力，连续几年的高速发展，各产业都有十分突出的亮点，每当有国家部委来考察调研活动需要汇报时，自治区领导、各部门都很自信，都想把自己分管的多加宣传、突出自己行业特点。这让我和西部开发办的同志们筹备会议材料时，既感觉容易，但也很为"难"，难在材料有时间字数要求，不是没有可写的，而在于可写的太多，亮点多得"难"以取舍。经大家研究后商定，如果常务副主席率团参加，就准备综合性稿件，如果其他副主席率团参加，就准备他分管领域的稿件。这样的决定让这次论坛产生很多很多趣事，也让我和西部办同志进行了多次的选择，付出了太多太多。

初次选择：综合篇。接到国务院西部开发办的通知后，自治区西部开发办立即请示自治区政府，当天，我就接到陈志广秘书电话，自治区政府定的是常务副主席岳福洪率团参加，并要求自治区西部开发办负责准备参会事宜。我和西部开发办同志制定了参会方案，准备了一篇综合性、把各产业亮点都点到的材料写作提纲，但由于有字数限制，预计每个产业写的都不太细致，只能把最突出的亮点点到。可以说西部大开发以来，内蒙古经济发展呈现速度加快、结构优化、效益提高、后劲增强的态势，2003 年全区国内生产总值达到 2093 亿元，比上年增长 16.3%，是"七五"以来增速最快的一年。国内生产总值、规模以上工业增加值、城镇以上单位固定资产投资三项指标增速居全国首位，国民经济开始进入一个快速增长期。所以，材料还是好准备的，西部开发办将方案和提纲报自治区政府，并继续准备材料，等待自治区政府的批示。

第二次选择：农牧业产业化篇。正当西部开发办的同志准备写材料时，自治区政府办公厅电话指示，因工作原因，自治区改派分管农牧业的雷·额尔德尼副主席率团参加西部论坛。好在只准备了提纲，没有付出过多的劳动。我赶紧与孟宪东秘书联系，请示雷主席同意后，我和西部开发办同志又马上开始准备"积极发展西部特色优势农业"专题板块的材料。几年来，内蒙古高度重视加快农村牧区经济发展，千方百计增加农牧业收入，内蒙古农牧业产业化这一亮点十分突出。以农牧民增收为核心，以农牧业产业化经营为突破口，用工业思维谋划农牧业发展，不断繁荣农村牧区经济。充分发挥比较优势，逐步形成布局合理、特色鲜明，具有较强竞争力的产加销、贸工农一体化的高效农牧业产业化体系，加快推进农牧业产业化进程。紧紧围绕六大主导产业，培育发展一批竞争能力强、带动作用大的加工型龙头企业，提升农畜产品加工业的整体水平，做大做强龙头企业。创办和引进了一批商贸流通、仓储运输、科技服务型龙头企业，努力形成完善的企业结构体系。按照区域化布局、专业化生产、规模化经营的要求，努力提高基地的生产能力、产品质量和经济效益，加强农畜产品基地建设。个别产业的产业化经营有所突破，如牛奶产业化经营的水平在国内有一定影响，羊绒产业加工能力和水平居全国第一，绿色食品生产加工走在全国前列。部分产业如马铃薯、肉类、玉米、油料等产业化经营初具规模。涌现了一批规模较大、经营水平较高的产业化龙头企业和知名品牌，如全区性优势产业，包括牛奶、牛羊肉、羊绒、马铃薯、玉米等；区域性优势产业，包括油料、小麦、猪肉、饲料、蔬菜、皮业等；区域性特色产业，包括甜瓜、甜菜、蓖麻、葡萄、沙柳、沙棘、山杏、苁蓉、甘草、麻黄等，共计 35 个产业。销售收入过亿元的企业 38 家，其中 10 亿元以上的有 5 家，伊利 60 亿元、蒙牛 50 亿元。这些企业，既有从内蒙古大草原上生长壮大的伊利、蒙牛、鄂尔多斯、鹿王、维信、草原兴发等本土企业，也有我区引进的国内外知名企业，如从事乳品加工的北京三元、上海光明等企业；从事肉类加工的河南双汇、上海元盛、北京御香苑、吉林德大、金锣等企业等。我区伊利集团、草原兴发、奈伦集团、懋菲蒙乳业、华资实业、华蒙金河集团、蒙牛乳业、盘古集团、塞飞亚集团、包头呱呱叫集团、鹿王集团、科尔沁牛业等12家企业，先后成为国家级农业产业化重点龙头企业；伊利、鄂尔多斯、华资实业、草原兴发、亿利等5家企业发展成为上市公司；伊利、蒙牛、鄂尔多斯、鹿王、草原兴发、河套恒丰等6个商标被评选为中国驰名商标。西部开发办的同志准备了这些素材，着手撰写。

第三次选择：服务业篇。不料，雷主席有事，自治区政府办公厅又通知要改派分管第三产业的余德辉副主席率团参会，这距离11月18日论坛的召开只有十三天时间。随后，我们请示余主席同意后，西部开发办同志马上按"加快培育有竞争力的城市经济与服务业（物流业）"专题板块准备材料，西部开发以来，内蒙古高度重视服务业发展，以服务业为主的第三产业发展亮点也比较突出。几年来，组织实施了一批重点项目，积极引进了国内外知名企业，带动了服务业整体水平的提高。调整优化了结构，大力发展餐饮、商贸流通、交通运输、房地产、社区服务等吸纳就业能力强的服务业，积极发展信息、金融、保险等现代服务业，鼓励扶持科技、教育、文化、卫生、体育等产业发展，促进会计、律师、咨询等中介服务业规范有序发展。突出抓好旅游业，以建设规模较大、档次较高、特色鲜明的旅游景区、景点为重点，打造旅游精品名牌。鼓励和扩大居民消费，积极培育住房、汽车、通信、旅游、教育、文化等新的消费热点，促进消费结构升级。大力发展消费信贷，完善消费政策，改善消费环境，清理和废除各种限制消费的不合理规定。拓宽消费品进入农村牧区市场渠道，努力扩大农牧民消费。西部开发办同志起草好稿子后，我与自治区政府办公厅联系上报，余主席审批同意后，又抓紧时间翻译，在11月15日前将材料的中英文稿件和内蒙古代表团名单报送给国务院西部开发办，并预订好17日北京中转到南宁的飞机票。

最终的选择：工业篇。世事难料，11月15日下午，我接到自治区政府办公厅通知，余主席临时有接待任务，自治区又改派分管工业交通的赵双连副主席率团参会。因事出突然，材料已经印制，我与赵主席秘书石志忠联系后，他说赵主席指示路上再看材料，先报参会名单，到南宁再说。我抓紧让人把新参会名单上报国务院西部开发办，并联系机票改签事宜。

11月17日，内蒙古团在赵双连副主席的率领下，一行十余人乘机经北京中转抵达南宁。11月的南宁还下着小雨，天气有些凉。下午四点多到达南宁宾馆，刚刚放下行李，石志忠通知要求我们立即到赵主席房间开会。到主席房间后才知道，原来，赵主席在飞机上看了内蒙古准备的材料，感觉服务业尽管有很多的亮点，但内蒙古工业化的发展亮点更加突出，为更好地宣传内蒙古的优势及发展成就，赵主席把他的想法思路简要地说了一遍，提出了必须换发言材料的要求，按"有序推进西部新型工业化进程"专题板块重点写内蒙古工业化。

接到任务后，我与石志忠几人抓紧商量，由于时间紧，来不及让家里同志准备材料了，于是，我们从自治区办公厅、发展改革委要材料准备连夜修改撰写，同时我向国务院西部开发办做了汇报，他们虽然不太同意，但考虑到赵主席分管工业，在演讲时讲工业化效果更好，同意内蒙古换板块讲，并要求明天早晨务必把稿件送到会务组，以便交翻译提前熟悉。确实内蒙古第二产业增势强劲，2003年增加值就达到948亿元，增长26.9%。规模以上工业增加值增长31.9%，工业企业经济效益综合指数达到124，比上年提高20点。远超出第三产业增加值的723亿元，增长11%的水平。投资重点集中在工业、生态、基础设施和社会事业等领域，特别是工业投资达到508亿元，增长121%，是近年来投资规模最大的一年。大力推进以产权制度为核心的国有企业改革，加快国有企业股权多元化改造，铁路、公路等国有股权的转让和退出取得实质性进展。完成了内蒙古电力公司、包头铝厂、呼市卷烟厂等大企业集团的改革重组，民航机场正式移交地方。全区已有19户国有大中型企业开始实施主辅分离和改制分流工作。国有资产管理体制改革稳步推进，初步建立起所有权与经营权分离，管资产、管人和管事相结合的国有资产监管体制。非公有制经济得到较快发展，增加值占到全区国内生产总值的25%以上。保持工业经济增长的强劲势头带动国民经济快速发展。工业化特点突出，做大做强了特色优势产业。以结构调整为切入点，以工业园区、重点项目为支撑，以优势企业和驰名品牌为龙头，大力发展了能源、冶金、机械化工、农畜产品加工、高新技术等特色优势产业，形成了具有鲜明特色和较强竞争力的优势产业集群。加快煤炭资源的开发利用，建设了一批大型煤炭基地。支持和鼓励区内外大企业集团，运用高新技术对煤炭资源进行就地深度加工转化增值，推进资源大规模、高效率开发利用。加快了电力工业发展，建设了一批较大型的电源项目，新开工电力装机容量达到800万千瓦以上，并按照适度超前发展的要求，加大了电网建设力度，抓好重点电网建设，拓宽电力外送通道。积极培育发展冶金和机械化工工业，推进了高载能工业健康发展，加快了煤电与高载能工业联营步伐，提高了技术水平，延长了产业链条，增强了市场竞争能力。以提高企业核心竞争力为目标，落实了鼓励企业技术改造和创新的政策措施，增强企业自主创新能力，加快了企业技术改造和技术创新步伐。坚持自主创新和引进、消化吸收相结合，加快用先进适用技术改造提升传统产业，使传统产业向高加工度、高集中度、高附加值和低能耗、低污染方向转化，实现产业技术升级和产品更新换代。大力发展高新技术产业，形成了以稀土材料、硅材料研发应用为主的新材料产业，以中蒙药标准化、现代化和生物制药产业化为主的医药产业，以 TCL 集团为龙头的电子信息产业。

素材很多，可惜没有电子版，从办公厅和发展改革委要来的都是传真件，我、石志忠和西部办的周治平三人连夜开始加工撰写，分管综合写稿子的同志没有来参会，带来的笔记本电脑只有拼音输入，我们三人打字水平和拼音很差，好不容易写完，还要到商务中心去打印。南宁的宾馆是为刚刚召开的东盟博览会准备的，各个楼之间相距非常远，我们住的楼没有商务中心，要走十五分钟才能赶到商务中心，非常不便，但也没有办法。晚上十一点多，才形成了初稿，打印后送赵主席审阅。晚上十二点多，赵主席审阅完后，提出了几条修改意见，让我们再补充修改就可以了。

我们三人又按照主席意见修改，一遍又一遍地修改，一趟又一趟地跑商务中心打印，终于到凌晨六点，修改的稿子才觉得满意，马上送赵主席审定同意后，我们才放下心来，让周治平马上将稿件送会务组。虽然一夜辛苦，但完成任务后还是有些兴奋，也没有了睡意，稍微清洗后，马上去准备并参加了上午论坛的开幕式。

论坛大会上，自治区赵双连副主席的精彩发言获得了国务院西部开发办和参会者的好评，大家都认为内蒙古的产业发展亮点突出、发展极具潜力，同时，内蒙古等于在论坛大会发了两篇稿件，在两个专题板块都有内蒙古，宣传效果也非常好。看到这些，才感觉领导们心系内蒙古，心系本职工作，决策是正确的，我们一晚上的辛苦还是值得的，也由衷为内蒙古的发展而自豪，而高声喝彩。

下午会后，正当我们高兴地准备吃饭然后早点休息时，石志忠又找我，说赵主席让把论坛第二天的宣传演讲稿也按照突出工业化的内容修改，好在已经有了基础，我们三人吃过晚饭后抓紧修改，到十一点多就完成了，太累了，他们俩也顾不上客套，就跑回房间休息了。论坛结束后赵主席特意带我和石志忠出去喝了顿酒，我酒量不行，有点醉又有些激动，感觉到了领导的关怀，心里暖暖的，现在每当我回想起当时情景还是蛮高兴的。

把草原生态保护建设放在第一位

——回忆 2002 年一次活动背后的故事

刘建禄[*]

2002 年 4 月到 5 月，根据时任自治区党委常委、秘书长任亚平的批示要求，党委办公厅督查室、常委办对锡盟实施围封转移战略和区直机关帮扶锡盟情况进行了督查。5 月 8 日至 14 日，我又带领党委办公厅调研组，深入锡盟对上述情况进行了实地调研。《督查调研报告》上报后，时任自治区党委书记储波等领导都作出批示，进一步推动了锡盟在西部大开发中的草原生态保护和建设工作。

接受督查调研任务和当时的历史背景

2002 年 4 月 27 日，任亚平秘书长在党委督查室《关于自治区直属各部门单位实施西部大开发战略情况的汇总报告》上批示："请督查室会同常委办了解汇总常委会专题听取锡盟工作汇报后的工作进展情况，包括锡盟落实的情况和各方面支持的情况。如有必要，还可以辅之以派人调查。"

这一批示中所讲常委会专题听取锡盟工作汇报，是指 2001 年 12 月 22 日，自治区党委储波书记主持召开党委常委（扩大）会议，专题听取锡盟实施围封转移战略工作情况的汇报。那么，围封转移战略的具体内容是什么，锡盟

---

* 作者时任内蒙古自治区党委办公厅副主任兼督查室主任。

为什么要提出并实施这一战略，自治区党委常委会为什么要专题听取锡盟实施这一战略的汇报，对锡盟和区直部有关部门又提出什么要求，围绕这些问题，我收集查阅了有关文件资料，对其来龙去脉有了更加全面深入的了解。

2000 年初，在党中央、国务院的亲切关怀下，也经过全区上下的积极反映和争取，我区纳入西部大开发范围得到中央主要领导同志原则同意（当年 10 月 26 日《国务院关于西部大开发若干政策措施的通知》正式列入）。加强生态环境保护和建设，是西部大开发的一项重点任务。3 月 20 日，自治区党委、政府在呼和浩特召开全区实施西部大开发战略工作会议，强调要把内蒙古建设成为我国北方最重要的生态防线，实现山川秀美的目标。

在内蒙古生态防线的建设上，锡盟是极其重要的一环。它地处内蒙古中部、祖国正北方，北邻蒙古国，总面积 20.3 万平方公里，其中草原面积 19.7 万平方公里（2.96 亿亩），可利用草原面积 18 万平方公里（2.7 亿亩），占全区可利用草原的 1/4 以上。它既是世界四大天然草原之一，也是我国唯一被列入联合国人与生物圈保护网络的国家级草原自然保护区。盟境南部是呈疏林草原景观的浑善达克沙地，南缘离北京只有 180 公里。历史上，锡盟是水草丰美的优良牧场，古籍中有"川原平衍，水泉清溢"的记载，古诗中有"水绕云回万里川，鸟飞不下草连天"的描绘。新中国成立后，为了解决日益增多的人口对粮食、肉食的需求，锡盟一些草原被开垦种粮，草场超载过牧的现象日趋严重。据统计，从 1949 年到 2001 年年底的 52 年间，锡盟牧区人口增加 3.5 倍，牧业年度牲畜头数在 1989 年首次突破 1000 万头（只），1999 年达到创纪录的 1823.4 万头（只），比 1949 年增加 11.5 倍。然而这个令人骄傲的数字背后却隐藏着草原的巨大隐患，从 20 世纪 50 年代末起，锡盟的生态环境开始恶化，到 90 年代沙化退化面积占草原面积的一半以上。1999—2001 年，锡盟连续 3 年遭受特大旱灾，使多年积累的生态危机集中爆发，盟西部约 5 万平方公里的荒漠半荒漠草原寸草不生，浑善达克沙地的流动半流动沙丘急剧扩展，沙尘暴频繁发生，严重威胁着京津地区的生态安全，全盟贫困人口由 13% 猛增至 42%。

2000年5月12日至13日，时任中共中央政治局常委、国务院总理朱镕基受江泽民总书记的委托，在时任自治区党委刘明祖书记、云布龙主席、任亚平秘书长、傅守正副主席等陪同下，专程来到锡盟南部的多伦县、正蓝旗和太仆寺旗考察浑善达克沙地生态情况，做出了"治沙止漠刻不容缓，绿色屏障势在必建"的重要指示。朱总理严肃指出，今年北京9次沙尘暴，其中10粒沙子据说有6粒来自浑善达克沙地。过去我们没有条件，首先要解决吃饭问题，也有对生态的认识问题。现在看，生态建设不能再拖了，是迫在眉睫、非办不可的。他强调，必须采取切实措施加强草原的保护和建设，特别要加紧落实草场家庭承包责任制，对承包草场限定最高载畜量，严禁超载放牧，推行牲畜舍饲圈养和禁牧休牧、划区轮牧。加强对草原的养护，大力防治草原病虫鼠害。朱总理此次视察锡盟后，国家紧急启动了包括内蒙古在内的京津风沙源治理工程。自治区紧急启动了包括8个盟市53个旗县在内的内蒙古沙源治理工程。

为了落实朱总理和自治区党委、政府的指示，锡盟盟委、行署痛定思痛，在切实抓好风沙源治理工程的同时，进行了1年的深入调研和反复论证，于2001年7月提出了在全盟实施的以"围封禁牧、收缩转移、集约经营"为主要内容的围封转移战略，具体要实现"七个转移"：草场利用由超载过牧向科学利用转移；畜牧业生产由自然放牧向舍饲半舍饲转移；农业生产由广种薄收向少种种好、退耕还林还草转移；经济增长方式由劣质粗放向优质集约转移；经营方式由产加销分割向产业化经营转移；农村牧区生产力向城镇转移；农牧业劳动力向二三产业转移，走出一条既能有效保护和恢复生态环境，又能显著提高畜牧业市场竞争能力的成功之路。在规划布局上，将全盟划分为"四区""四带"和"十二基点"。"四区"即围封禁牧区、沙地治理区、休牧轮牧区和退耕还林还草区；"四带"即在浑善达克沙地边缘和交通干线两侧建设"两纵两横"绿色生态屏障；"十二基点"即对所辖12个旗县市城区周围建设生态防护体系。在领导体制上，成立了由盟委书记任组长、盟长为副组长的领导小组，下设办公室，由1名盟委领导兼主任。

2001年8月，储波同志接替刘明祖同志担任自治区党委书记。10月6

日至 8 日，储波书记首次到锡盟考察。行车途中看到西苏、东苏一带黄沙裸露的荒凉景象，他的心情十分沉重。在听取锡盟工作情况、特别是实施围封转移战略的情况汇报后，储波书记指出："锡林郭勒原来是全国闻名的大草原，现在沙化退化到不堪入目的程度，实在令人惋惜和痛心。客观地讲，草原生态恶化是综合因素导致的结果，有干旱等'天灾'的原因，但牲畜超载、人类活动频繁的'人祸'也有不可推卸的责任。看到牛羊在光秃秃的草原上啃草，我心里很不舒服。生态恶化到这种程度，再多的牛羊能弥补得了这个损失吗？"储波书记充分肯定锡盟实施围封转移战略，是全盟广大干部群众灾后反思做出的正确抉择，是一项革命性措施。他强调，锡盟生态环境的好坏，直接关系到京津乃至全国的生态安全，无论从现实需要，还是从长远发展来说，都要坚持不懈地把草原生态保护和建设放在经济工作的首位。他要求锡盟采取果断措施，加大工作力度，全力做好禁牧休牧，使草原生态真正得到休养生息。

为了进一步了解锡盟实施围封转移战略实施半年的情况，明确 2002 年任务和政策措施，2001 年 12 月 22 日，储波书记在呼召开常委会议，专门听取锡盟汇报。会议原则同意锡盟实施这一战略的基本思路、总体要求和具体措施，要求锡盟进一步完善规划和抓好组织实施；自治区有关部门对锡盟从人财物上大力支持和政策倾斜；由直属机关党委负责，从 2002 年起，组织区直部门单位深入锡盟嘎查、村进行对口帮扶。

我接到任秘书长 4 月 27 日的批示后，一是第二天以督查室、常委办名义向锡盟和列席 12 月 22 日常委会议的 16 个厅局下发督查通知，要求 5 月 10 日前上报落实情况；二是由我和督查室副主任贾来宽、常委办副主任张瑞怀、督查室干部冯长江 4 人组成调查组，深入到锡盟实地调研。

调研的具体情况和调研报告的主要内容

经过几天的准备，并与锡盟盟委办公室几次电话联系，商定了调研组的行程。5 月 8 日，调查组一行从首府驱车首先来到镶黄旗，盟委委员、统战部长兼围封办主任田学臣和盟委办公室副主任王慧等，也同时从锡林浩特赶到镶黄旗，配合我们进行调研。在对镶黄、正镶白太仆寺三旗调研后，10日上午前往锡林浩特，下午锡盟盟委、行署向调研组介绍有关情况。接着，调研组一行又到二连浩特市、西苏旗进行了调研，14日返回呼和浩特。

在各旗市调研时，我们既听取旗市党政领导的情况汇报，又深入到苏木、嘎查（有的是区直部门单位对口帮扶嘎查）和牧户家中，向基层干部和牧民群众了解休牧、禁牧的具体情况和存在的问题，实地察看了一些生态移民点、休牧禁牧区、水源建设及退耕还林还草项目区。10日下午召开的锡盟情况介绍会上，盟委、行署有关领导参加，阿迪雅副盟长做了详细介绍，我也讲了调研目的和对南部三旗调研的情况和初步感受。

回到呼市后，我迅速向任亚平秘书长汇报了到锡盟调研情况。根据任秘书长意见，我和督查室、常委办的有关同志和调查组成员一起，综合汇总锡盟盟委、行署关于2002年实施围封转移战略情况的报告、区直16个厅局支持锡盟情况的报告、机关工委关于对锡盟对口帮扶进展情况的报告和调查组调查情况，形成了《关于锡盟实施围封转移战略和区直机关支持与帮扶情况的报告》。《报告》近1.4万字，分五个部分：

第一部分，锡盟实施围封转移战略起步顺利，初见成效。盟委、行署今年2月印发了《关于实施围封转移战略的决定》和《规划纲要》《若干政策的暂行规定》等配套文件。同时加大宣传力度，编写出读本，把新闻媒体宣传和各级干部走村入户宣传结合起来，广泛开展向阿巴嘎旗萨茹拉图亚嘎查党支部书记廷·巴特尔学习的活动。当年春季休牧面积2000多万亩，休牧期60—75天，休牧期间的饲料粮、饲草补助款已下拨；禁牧面积545万亩；生态移民2100多户。

第二部分，自治区有关部门大力支持锡盟实施围封转移战略。自治区计划、财政、水利、农业、畜牧、林业、扶贫、地税、粮食、农行、电力等部门从政策、项目、资金、税费减免、转移支付等各方面给予锡盟中调支持和倾斜，同时积极争取国家相关部门的支持。

第三部分，自治区定点帮扶锡盟嘎查村工作全面铺开。3月5日，召开自治区直属部门单位定点帮扶锡盟实施围封转移战略动员大会，任亚平秘书长主持，杨利民副书记作动员讲话，锡盟盟委布和朝鲁书记做情况介绍，区直机关工委常务副书记张逸忠宣读自治区党办、政办印发的《实施方案》。方案确定，从 2002 年到 2004 年，区直 142 个部门单位定点帮扶锡盟西部受灾严重的西苏、东苏、阿巴嘎、镶黄、正镶白 5 旗的 102 个嘎查村（后来又决定延期 1 年）。区直机关工委、扶贫办抽调干部组成了"帮扶办"。之后，各部门单位纷纷召开动员会，抽调并培训工作队员，组织捐助活动，自治区领导带头捐款（例如党委办公厅机关捐助资金共 13.6 万元，其中省级干部个人捐款 500 元、厅级干部 300 元）。从 3 月下旬起，工作队员陆续进驻帮扶嘎查开展工作。此外，锡盟盟委、行署除要求盟直对口部门单位配合自治区定点帮扶外，还决定盟直 89 个部门单位对锡林浩特市、西乌旗、正蓝旗的 89 个嘎查村进行定点帮扶。

第四部分，锡盟要求自治区帮助解决的主要问题共有 11 个。主要有国家舍饲禁牧试点任务过小、牧区生态移民项目补助标准偏低、项目计划批复和建设资金下拨不及时、基本草牧场建设和水资源建设补助标准偏低、草原鼠虫害防治未列入国家项目、解决城镇中小学扩建资金和学生拖欠"三费"（学杂费、书本费、伙食费）等问题。

第五部分，党委办公厅调研组的几点建议。一是建议锡盟和各旗县市注重总结经验，推广典型，找准存在问题，推进围封转移战略的顺利实施。二是建议区直机关工委等有关部门加大帮扶工作协调指导力度，在年底前对帮扶工作检查验收，表彰先进。三是建议有关部门对锡盟提出的问题给予更大的倾斜和支持。

此外，我们将《报告》的第一部分压缩后，以《牧区生产经营方式的变革——锡盟实施围封转移战略情况的调查》为题，投寄到《内蒙古日报》，2002 年 6 月 12 日《内蒙古日报》第二版刊载。

自治区领导对《督查调研报告》的批示和落实

5 月 22 日这一《督查调研报告》上报自治区党委领导后，5 月 27 日，储波书记批示："锡盟实施围封转移战略有了一个良好的起步，一定要按规划坚定不移地抓下去。实施的各类项目的资金一定要使用好，要加强督促检查，区直单位对口支持做了大量工作，要与实施围封转移紧密结合，坚持数年。锡盟提出的十一个问题，请岳福洪、周德海同志组织研究，对国家已出台的决策，盟里也不宜再提过高新要求，有些要动员农牧户自身做些努力，有的要协调银行给予适度信贷，有些自治区可倾斜支持。党委调研组提的几点建议，请亚平同志与几位书记沟通，适当时候，常委会议讨论一次。"

5月29日，任亚平秘书长向乌云其木格主席和各委副书记报送了一份签报，传达了储波书记的批示，对贯彻落实批示要求提出了建议。自治区党委副书记、政府副主席岳福洪和党委常委、政府副主席周德海根据储波书记的批示，召集有关部门对锡盟提出的十一个问题进行了专题研究，一方面加大对锡盟的政策支持力度，加快对锡盟项目计划批复和建设资金下拨进度，一方面要求锡盟进一步发扬自力更生精神，动员农牧户作出更大努力，并协调当地金融部门增加信贷投放。自治区党委副书记杨利民批示要求区直机关工委"加大力度，组织实施好帮扶工作"。

2002年年末，锡盟盟委、行署向自治区党委、政府报送了《关于2002年实施围封转移战略情况的报告》。指出：2002年实施围封转移战略取得初步成效，全盟禁牧草场545万亩，休牧草场2657万亩，划区轮牧草场281万亩，治理沙区214万亩。实施生态移民1857户共8591人，异地搬迁移民1573户共6100人，对分别腾出的238.2万亩和123.34万亩草场全部围封。"四带"规划建设1483公里共326万亩，当年完成916.7公里共147.6万亩。"十二基点"2002年禁牧107.1万亩，生态林建设5.982万亩。《报告》提出，全盟2003年围封转移计划安排禁牧、休牧、轮牧面积1.75亿亩，占全盟草场总面积的59%。

锡盟盟委、行署还报送了《关于2002年区直机关单位定点帮扶锡盟实施围封转移战略工作总结的报告》。指出，2002年自治区直属机关单位定点帮扶锡盟工作取得阶段性成果，一是深入调查研究，进一步明确了改善生态、帮助农牧民脱贫致富的工作思路；二是千方百计筹措资金，加大畜牧业基础设施建设力度；三是把生态建设放在首位，引导基层干部和群众大力调整畜牧业结构，走可持续发展的路子；四是以人为本，治穷治愚，在提高基层干部群众的思想观念和文化素质上下工夫；五是集中力量，突出重点，让农村牧区最困难的群众得到必要的救助。2013 年 1 月 11 日，杨利民副书记批示："2002 年区直机关定点帮扶锡盟实施围封转移工作富有成效，也锻炼了机关干部，密切了党群、干群关系。请办公厅、工委结合锡盟的总结认真回顾总结，办公厅督查室建禄同志带人所做的督查工作也很扎实。"任亚平秘书长批示："请建禄同志并工委各书记阅，并按杨书记批示研究落实。"自治区党委办公厅、机关工委等部门认真落实这些批示，帮扶力度不断加大。

此后的岁月里，锡盟坚持不懈地抓好生态保护和建设工作，2006 年进一步提出重点搞好转移牧区人口、转变生产经营方式，实现草原生态恢复和牧民收入增加为目的的"两转双赢"的发展思路。2012 年 9 月，我看到自治区新闻媒体上关于锡盟生态建设成就的一篇报道，指出，10 年间，锡盟已累计完成京津风沙源治理国家投资 44.4 亿元，完成治理建设任务面积 2508 万亩，完成退耕还林面积近 300 万亩。实施生态移民 4 万多人，按牧区人口每人 1 平方公里计算，相当于减轻 4 万平方公里草场的压力。长 421 公里，宽 1 到 10 公里的锁边防护林体系和防止沙地向北部草原地区扩散的长 445.3 公里的防护带也已形成。横跨 5 个旗县的浑善达克沙地南缘防护体系像一条长龙牢牢锁住沙地南移的脚步，为京津大地筑起了一道绿色城墙。目前，全盟西部荒漠半荒漠草原载畜量压减近 50%，全盟草原植被平均盖度 5 年提高 15 个百分点。2011 年实施的国家保护草原生态补助奖励机制，更坚定了草原人民保护草原的信心。

统计人眼中的西部大开发

胡敏谦[*]

　　光阴似箭、岁月如流。自 1999 年国家实施西部大开发战略以来，已走过了第 15 个年头。我作为自治区统计部门主要负责人，亲身经历、参与和见证了内蒙古西部大开发的发展以及所有统计工作者的艰辛与努力。统计部门提供的统计信息作为国民经济的"晴雨表"，科学准确地统计数据，真实记录了自治区在实施西部大发战略以来所发生的巨大变化。

　　一般人喜欢用事实证明，统计人喜欢用数据说话。

　　给我留下深刻印象的是，在国家 1999 年开始实施西部大开发战略之初，内蒙古和广西是不包括在内的，当时只有西南 5 省区市和西北 5 省区共 10 个省区市。但是经过内蒙古和广西的据理力争，终于在 2000 年，内蒙古和广西被国务院正式批准纳入到西部大开发范围之内。我认为正是由于内蒙古抓住这一难得的历史机遇，抢得了先机，赢得了主动，积极作为，统筹兼顾，突出重点，发挥优势，经济实现了跨越式发展，GDP 总量及在全国各省区市的位次连续跃过几个重大台阶，经济增速自 2002 年以来已连续八年居全国第一，是改革开放 30 多年来经济发展最快、人民群众得到实惠最多的时期。

　　作为统计部门直接负责人，我对这一时期的统计数据全部过手、过眼，可以说，反映西部开发历史变迁的数据，几乎都带着统计人的"体温"。

---

　　* 作者系内蒙古自治区统计局党组书记、局长，兼任内蒙古自治区统计学会会长，内蒙古自治区体改研究会常务理事，中国统计学会常务理事。

15年中，我亲眼见证了自治区经济提升增长，内蒙古生产总值由2000年的1539.12亿元增加到2014年的17769.5亿元，增长6.42倍，年均增长15.4%，由2000年全国第24位、西部第5位上升至2014年全国第15位、西部第2位。2014年，全区人均生产总值按年均汇率折算为11565美元，居全国各省区市的第6位。

15年中，我亲眼见证了自治区经济运行质量的提高。全区公共财政预算收入由2000年的95.03亿元增加到2014年的1843.18亿元，增长18.4倍，年均增长23.6%。2014年，全区规模以上工业企业实现利润总额1294.38亿元，比2000年增长79.4倍，年均增长36.8%。全区城镇居民人均可支配收入由2000年的5129元提高到2014年的28350元，年均增长13%，在全国的位次上升到第10位，在西部位居第1位。全区农牧民人均可支配收入达到9976元，居全国第16位，居西部第1位。社会保障标准也进一步提高。2014年，企业退休人员基本养老金提高10%，人均每月增加190元。城市最低生活保障标准人均每月提高28元，农村牧区最低生活保障标准人均每年提高267元。城镇居民医保财政补助标准每人每年提高40元，达到320元。

15年中，我亲眼见证了自治区经济结构的巨变。内蒙古实现了从农牧业主导型向工业主导型的历史性转变。全区三次产业结构由2000年的22.8：37.9：39.3调整到2014年的9.2：51.3：39.5。2014年，全区粮食产量达到2753万吨，比2000年增长1.2倍，粮食产量居全国第10位，西部地区第2位，成为全国13个粮食主产区之一。牧业年度牲畜存栏达到1.29亿头（只）。目前，内蒙古羊肉、羊绒、牛奶、马铃薯的产量均居全国首位。持续推进工业转型升级。现代煤化工等新兴产业加速成长，装备制造、高新技术、有色金属工业和农畜产品加工业加快发展，对工业增长贡献率不断增加，稀土、风电、云计算、单晶硅产业规模保持全国第一。2014年，全部工业增加值比2000年增长11.6倍，年均增长19.9%。大力发展现代服务业。2014年，全区第三产业增加值为6922.55亿元，比2000年增长5.25倍，年均增长14%。

15年中，我亲眼见证了自治区环境和设施的改善。15年来，内蒙古在加快发展经济、推进新型工业化、城镇化的同时，高度重视基础设施建设和生态环境保护，坚持绿色发展、循环发展、低碳发展，总体呈现出基础设施持续改善、生态环境保护建设扎实推进、城乡环境更加和谐宜居的良好局面。基础设施持续改善。2014年，全区公路建设完成投资661亿元，创历史新高，新增公路里程3000公里，其中高等级公路1000公里。完成包头、赤峰和乌兰浩特机场改扩建工程，全区民用机场总数达到18个。2014年，电网建设完成投资165亿元，蒙西电网变电容量超过1亿千伏安，电网规模实现历史性突破，总投资178亿元的内蒙古电力外送的首条特高压工程，锡林郭勒至济南特高压电力外送通道全面开工建设；农村电网改造升级项目全部完成。为了统筹城乡区域协调发展，解决农村牧区公共服务基础设施历史欠账多的问题，自治区政府明确提出从2014年起，三年内要在全区实现农村牧区"十个全覆盖"工程，项目总投资达到558.57亿元，目的是极大提高和改善广大农村牧区基础设施和公共服务水平。加强生态环境保护和建设。截至2014年底，全区森林面积2487.9万公顷，森林覆盖率达21%，草原平均植被盖度44.1%。节能减排取得明显成效。2011—2014年，全区单位GDP能耗、二氧化碳排放量提前一年完成"十二五"目标。

15年中，我亲眼见证了自治区区域经济的协调发展。首府和区域中心城市建设步伐明显加快，农村牧区面貌发生显著变化，县域经济发展活力不断增强。

在从统计角度"丈量"自治区西部开发路途过程中，我始终睁着"两只眼"，一只"热眼"关注成就，一只"冷眼"发现问题。

时至今日，内蒙古的经济社会发展取得了辉煌成就，体现了科学发展观的本质要求。我个人认为在看到西部大开发战略实施以来内蒙古的经济社会发展取得了巨大成就的同时，也清醒地看到，在实施中还是存在着一些问题。在本职工作中，我通过考察、走访了解并掌握了大量真实情况。

据我观察，自治区需要新的增长动能。当前经济下行压力较大，扩散效应已显现，经过多年的潜力挖掘，资源优势、后发优势的边际效应正逐步递减，使经济的增长率逐步下降；部分行业产能过剩，就业压力不断加大；市场各主体信心需提升，企业融资出现困难；居民消费意愿不强，消费市场不够活跃。

据我观察，自治区产业结构有待调整，科技创新投入不够。目前`，内蒙古的产业结构还有待于进一步优化。2014 年，内蒙古三次产业结构为 9.2∶51.3∶39.5，内蒙古第三产业增加值占 GDP 的比重比全国平均水平低 9.2 个百分点。2013 年，内蒙古 R&D 经费支出占 GDP 的比重为 0.7%，低于全国平均水平 1.39 个百分点。

据我观察，自治区文化产业发展相对较慢，投入相对不足。内蒙古的文化产业由于起步较晚，总体规模相对偏小，产业集中度不够高，区域发展不平衡，仍存在文化产业发展与经济社会发展不协调、不同步的问题。2013 年，内蒙古文化及相关产业增加值占 GDP 比重为 1.72%，远远低于全国 3.48% 的平均水平。

据我观察，自治区城乡居民收入水平较低，民生和社会建设较为薄弱。2014 年，内蒙古城镇常住居民人均可支配收入和农村牧区常住居民人均可支配收入，分别低于全国平均水平 494 元和 513 元。内蒙古在民生和社会保障方面也面临着水平低、发展慢的现状。

据我观察，自治区节能降耗仍需加强，生态环境仍需改善。随着工业的快速发展，能源消耗总量也会逐渐增加，空气、水资源等污染日渐严重，环境和资源保护的压力明显加大。

据我观察，自治区地区发展不平衡，区域性发展存在较大差距。由于所处地域、环境、历史、自身基础条件等因素的影响，各盟市之间经济发展程度也存在着较大的差距。

作为一名统计人，15 年来，我时时为反映成就的数据所鼓舞，也时常为反映不足的数据所"警策"，内心希望自治区在西部开发的道路上越走越远、越走越好。为此，也时时借我们统计人渠道向决策层建言。归纳起来，主要是七个方面：

（一）加快转变经济发展方式，推动经济持续健康发展

加快转变经济发展方式，进一步优化产业结构。加快三次产业结构调整步伐，进一步巩固提高第一产业，优化提升第二产业，发展壮大第三产业，以"五大基地"建设为牵引，以投资和项目建设为抓手，以重点园区建设为载体，实现三次产业协同发展。不断巩固已经形成的优势特色产业，应按照传统产业新型化要求，加快煤炭、有色、化工等传统产业的改造提升步伐，增强其发展的活力和市场竞争力。按照新兴产业规模化的要求，立足我区的产业基础和资源优势，积极发展战略性新兴产业，不断壮大装备制造、稀土、新能源、新材料等产业规模，培育新的增长点。按照支柱产业多元化的要求，在旅游、文化、物流、金融等服务业领域打造新的支柱产业，采取措施鼓励发展，加快形成多元发展、多极支撑的现代产业体系。

（二）全面深化改革开放，激发市场活力和内生动力

党的十八届三中全会提出了全面深化改革的目标任务，我认为要紧紧把握好新一轮全面深化改革的机遇，发挥好市场在资源配置中起决定性作用，以改革促发展、促转方式调结构、促民生改善，通过改革创新充分释放经济社会发展的内生动力和活力。加快形成有利于转变经济发展方式的体制机制和政策体系，以经济体制改革为重点，牵引和带动政治体制、文化体制、社会体制、生态文明体制改革和党的建设制度改革，努力在重要领域和关键环节取得突破。更加积极主动地实施对外开放战略，提升开放型经济发展水平，抓住国家"一带一路"建设新机遇，在区域合作新格局中寻找未来发展的着力点和突破口，加快建设向北开放的重要桥头堡和充满活力的沿边经济带。

（三）大力发展文化事业，繁荣民族文化

深化文化体制改革。按照政企分开、政事分开原则，理顺行政管理部门和文化企事业单位的关系。强化政府的政策调节、市场监管、社会管理和公共服务等行政职能。在充分发挥政府财政的主导作用、不断加大投入的同

时，通过政策引导，引入市场机制，鼓励社会力量兴办文化产业，努力形成政府投入与社会投入相结合，多元化、多渠道的投融资机制。建立健全现代文化市场体系，促进各类市场主体公平竞争。充分发挥民族文化资源优势，把文化产业作为推动民族文化繁荣发展的重要引擎和经济发展新的增长点，大力扶持培育壮大文化骨干企业。

（四）保障和改善民生，提高各族人民生活水平

我认为民生问题要摆到政府各项工作的首要位置，必须解决好。一是优先发展教育事业。全面落实中长期教育改革发展规划纲要，深化教育领域综合改革，办好人民满意的教育，确保人人享受平等受教育机会。二是促进就业和社会保障，加快建设社会服务体系。把就业作为经济社会发展的优先目标，努力扩大就业规模、优化就业结构、提升就业质量。三是大力提高居民收入。深化收入分配制度改革，促进居民收入增长和经济发展同步、劳动报酬和劳动生产率提高同步、提高居民收入在国民收入分配中的比重、提高劳动报酬在初次分配中的比重，促进收入来源多样化、增收稳定化、分配公平化，逐步缩小与城镇居民收入的差距，切实保证社会的公平正义。四是加快发展医疗卫生事业。加大基层医疗卫生事业投入，健全农村牧区三级医疗卫生服务网络和城市社区卫生服务体系建设，整合区域公共医疗卫生服务资源，加快公立医院改革，鼓励社会办医，不断满足人民群众看病就医需求。五是加大保障性住房建设投入力度。六是大力推进扶贫攻坚力度。

（六）加强生态环境建设，促进可持续发展

我认为当前内蒙古的生态环境属于脆弱型平衡，正处在建设与破坏相持、良性与恶性相互可逆、好转与退化的关键时期，确保自治区生态环境继续朝着良性方向发展的任务十分艰巨。必须进一步增强忧患意识和责任意识，充分利用各种有利条件，集中力量解决突出资源环境矛盾和问题，以污染减排为主线，以改善环境质量为立足点，以环境安全保障公共安全为根本，以提高基本公共服务水平为途径，以环境和谐促进社会和谐。

（七）统筹区域协调发展，缩小地区间发展差距

我认为内蒙古要实现全面建成小康社会目标，就要认真贯彻党的十八大精神，就是要按照自治区"8337"发展思路，统筹城乡区域协调发展，形成以工促农、以城带乡、城乡一体、区域协调的新型城乡区域发展格局。贯彻城乡区域一体化发展战略，依据资源环境承载能力和未来的发展潜力，根据主体功能区构建的高效、协调、可持续的国土开发要求，统筹城乡区域基础设施、公共服务体系建设和产业开发活动，使城乡区域间发展差距缩小，财政体制逐步完善，公共财政支出规模与公共服务覆盖的人口规模更加匹配。充分发挥市场配置资源的决定性作用，实现资源在城乡、区域间的自由流动与配置。确保全区各族群众在居住、就业、教育、医疗和文化生活等方面享受同等待遇，使高度的物质文明与建设文明达到城乡共享，实现城乡区域间公共服务和生活条件均等化。

西部开发是洪流、是变迁，是带给内蒙古等西部地区的福祉，是"春风远度玉门关"。作为统计人，在西部开发开始时，就"今日便知春气暖"，在西部开发实施中，能够参与建言，为西部开发奉献绵薄之力，也算人生一大机缘。

发挥审计职能作用　服务西部大开发战略

——纪念西部大开发战略实施 15 周年

长　江*

今年是国家实施西部开发战略 15 周年。我于 2001 年到自治区审计厅工作至 2013 年卸任，伴随着西部开发，从审计服务的角度目睹了国家实施西部开发战略给内蒙古经济社会带来的喜人变化，亲历了审计监督为西部开发战略顺利实施所发挥的积极作用，见证了自治区审计工作取得了长足进步。我作为审计工作者能够为西部开发战略尽责出力感到十分荣幸。

解放思想，树立科学审计理念

从 2001 年 9 月开始，审计工作积极参与了西部开发战略投资项目、建设资金的审计监督，发挥了职能作用。在深入调研的基础上，结合当时自治区经济总量增加、西部开发重点工程项目开工建设、投资规模扩大、财政收入增加的实际，厅党组确定了"压数量，保质量，抓重点、出精品"的工作新思路。随后根据情况变化和现实需要，相继提出了审计工作要树立"六种意识"，处理好"五种关系"实现"四个转变"，即：审计工作要树立宏观意识、创新意识、发展意识、依法从审意识、服务意识、质量意识；处理好压数量与保质量的关系、监督与服务的关系、法与情的关系、审计业

---

* 作者时任内蒙古自治区审计厅厅长，现任内蒙古自治区人大财经预算委员会副主任。

务与其他工作的关系、班子建设与队伍建设的关系；实现由财务收支审计向财政收支审计为主转变、由真实性合法性审计向效益性审计为主转变、由强调审计覆盖面向提高审计质量方向转变、由传统的手工作业向审计信息化转变以及"改进方法，加大力度，保证质量，提高效率，文明审计"的工作思路。为全区审计工作科学发展提供了遵循，发挥了很好的指导作用。

围绕西部开发，加强重点项目、重大工程审计监督

内蒙古是我国北方的重要生态防线、资源富集区，我国向北开放的前沿阵地，北疆的安全门户，在西部开发战略中具有重要位置。国家实施西部开发战略为审计工作发展搭建了平台和提供了机遇，全区各级审计机关按照自治区西部开发规划，加强重点领域、重点部门、重点资金和西部开发重大项目进行审计监督，促进提高资金使用效益和国家西部开发宏观政策的有效落实。

一是加强财政审计。按照建立公共财政框架的要求和适应财政体制改革的形势，不断深化财政预决算审计，促进财政预决算规范管理。审计的重点包括自治区财政收支中部门综合预算的编制和执行情况，财政资金的使用效益，有关部门执行财税政策的公正性和预算资金分配的合理性、公平性等内容。

二是加强对西部开发重点项目、重大工程的审计。在西部开发战略实施中，全区三级审计机关紧紧围绕自治区西部开发"十大工程"建设目标，相继对公路、结构调整和产业升级改造工程、农牧业基础设施、水资源开发利用和节水灌溉、城市基础设施、国债项目、生态资金进行审计。通过审计发现和纠正存在的问题，提出审计意见和建议，为党委、政府完善西部开发政策、加强宏观管理提供了参考。

三是深化对领导干部的经济责任审计。全区经济责任审计已由过去的试点性审计向扩大覆盖面方向发展，积极开展党政领导干部"一并"审计，通过完善五部门协调配合工作机制，建立健全制度，规范程序，探索路子，

经济责任力度进一步加大，促进领导干部为西部开发战略的实施守法、守纪、守规和尽责。

四是加强民生资金审计，促进惠民政策的落实。国家实施西部开发战略惠及广大人民群众的根本利益，不断改善人民生活、实现小康目标是国家西部开发的优先领域。审计机关始终关注民生，加强关系人民群众切身利益的"三农三牧"、扶贫开发工程、医疗、科教、养老、低保、保障性安居工程等社保资金审计监督，为促进和谐社会发挥作用。

提高审计质量，防范审计风险

西部开发战略的实施，国家给予了自治区很多优惠政策，国务院出台了关于加快内蒙古发展的若干意见，这是难得的机遇。自治区研究制定了西部开发规划，确定了开发重点和实现的"三大目标"。审计工作要及时跟进，履行监督职责义不容辞，然而提高审计质量是重要举措。审计机关始终把提高审计质量作为"生命线"来对待，落实提高审计质量的各项措施，促进提高审计工作成效。

一是厅机关设立审理处。为加强审计质量管理，从而提高审计质量，保证"抓重点、出精品"工作思路贯彻落实，厅党组研究决定设立审理处，设立这样一个专门机构，由专门人员对结论性审计文件进行审理复核，检查把关。通过审理处的工作，使审计厅审计项目质量水平进一步得到提升。

二是制定全区优秀综合性审计项目评选办法。为了进一步控制和提高全区审计机关审计项目质量，规范审计行为，鼓励多出审计精品，制订了《内蒙古自治区优秀审计项目评选办法》。《优秀项目评选办法》将自治区三级审计机关完成的各类单个审计项目全部纳入评选范围，遵循公开、公平、公正的原则，由自治区审计厅审理委员会统一组织，基层审计机关初选把关逐级推荐，每年评选一次，达到了提高审计质量的效果。

三是开展审计项目质量检查活动。审计项目质量检查监督是审计机关内控制度的重要组成部分。通过开展审计质量检查，使广大审计人员的审计质量意识和业务水平明显提高，进一步提升了审计项目质量，提高了行政执法水平。

加强队伍建设，为审计工作提供保证

全区各级审计机关在队伍建设、廉政建设、审计法制建设、信息化建设等方面均取得明显成效，审计监督为西部开发战略实施提供了可靠保证。

一是加强党员先进性建设。厅党组要求审计厅共产党员干部争做"五个方面的模范"，一要做学习贯彻"三个代表"和贯彻落实科学发展观的模范；二要做精通审计业务的模范；三要做学习的模范；四要做团结的模范；五要做遵纪守法的模范。

二是加强审计人员思想道德建设。厅党组提倡审计人员要保持"六个健康"。一要保持身体健康。要讲究科学的生活方式，养成良好的生活习惯。二要保持精神健康。干部职工要向往美好生活，追求远大理想，保持积极进取、乐观向上的精神状态。三要保持思维健康。要用辩证的思维方式思考问题和对待问题，切实改变思维方式，使我们的思想永不偏离正确的方向。四要保持心态健康。要保持心态平衡，不断净化心灵，保持正常而良好的心态。五要保持作风健康。要站在长远的战略高度充分认识和加强作风建设的重要意义。继承和发扬我们党的优良传统，严格遵守加强作风建设的各项规定。要带头转变工作作风，深入实际调查研究，帮助解决实际困难和问题。六要保持行为健康。要从自己的一言一行做起，爱岗敬业、无私奉献。要规范行为，文明守礼，崇尚科学，恪守职业道德，弘扬中华民族传统道德和践行社会主义价值观，为构建和谐审计机关作出新贡献。

三是加强审计人员廉政建设。推进审计机关党风廉政建设是一项长期任务，常抓不懈、警钟长鸣。厅班子成员首先注重审计人员的廉政教育，组织干部职工学习《廉政准则》，观看警示录像，注重发挥正面典型的示范教育作用和反面典型的警示作用，在思想上筑牢防腐拒变的防线。其次落实责任，细化措施。厅领导班子成员把廉政建设纳入重要工作日程，与审计工作结合研究、部署、检查、考评，认真进行责任分解、责任考核和责任追究，细化具体措施，把任务分解到具体的责任部门和责任人员，形成齐抓共管的局面。再次完善制度，全面推进审计机关惩防体系建设。每年在不断完善原有规章制度的基础上，对惩防体系建设方案进行完善补充、出台了审计机关惩防体系建设规划和关于加强行风建设的实施意见，加大制度的约束力，增强干部职工遵守廉政建设规定的自觉性。

四是加强审计人员能力建设。注重增强审计人员的大局意识和责任意识，强调五个"关注"：一要关注西部开发优惠政策的贯彻落实情况，为党委、政府调整、完善宏观政策提出审计意见和建议，发挥参谋作用；二要关注当地经济社会发展的大趋势，始终围绕党委、政府工作中心发挥审计职能作用；三要关注国有资产和财政资金的使用效益，促进规范管理；四要关注涉及群众切身利益的问题，推动党的惠民政策落到实处，让广大人民群众共享改革开放成果；五要关注审计人员提高综合素质，进一步强化审计人员的教育培训工作，提高政治业务素质和工作水平。加大教育培训投入，改进培训方式，完善培训制度，初步建立健全审计机关分层分类培训体系，为推进审计人员培训工作常态化、规范化起到了保证作用。

人才储备制度的发展历程

赵世亮[*]

国以才立，政以才治，业以才兴。人才是一个国家，一个地区发展的最重要战略资源，是第一资源。西部地区经济社会发展相对滞后于东部发达地区，固然有其自身环境、经济基础和历史文化等客观因素的制约，但缺乏强有力的人才支撑是最重要的原因之一。人事厅作为主管人才工作的部门，应该首先在理论上和实践中着力破解这一重大课题。故此 2003 年我们在全国率先提出探索和建立"人才储备制度"。因为制度建设在人才工作中最具长期性、稳定性和可靠性。从 2003 年人才储备制度思路的提出，到 2008 年《关于进一步加快推进人才流入区建设的意见》的出台，再到 2009 年《进一步推进和完善人才储备制度的意见》，人才储备制度经过了思路提出、试点推广、指导实践、全面实施的过程，为自治区人才强区战略的实施和人才流入区的建设，发挥了重要的作用。

人才储备制度的提出

2003 年初，我离开基层领导岗位，步入人事队伍的行列，出任自治区党委组织部副部长、人事厅厅长。上任伊始，在认真听取汇报、查阅资料、

---

* 作者时任自治区党委组织部副部长、人事厅厅长、人力资源和社会保障厅厅长，是内蒙古自治区第十届政协常委，内蒙古自治区第八、九、十、十一届人大代表，内蒙古自治区第七、八次党代表大会代表，第十届全国人大代表。

调查研究、了解情况的基础上，我在 4 月 16 日厅系统全体干部大会上提出：在全区人事系统开展"以人才战略统揽人事工作全局"的大学习、大讨论活动。

这一活动开启之时，适逢 6 月 10 日自治区人民政府召开常务会议专题研究大学生就业问题。会议上，有关部门就大学生就业形势作了汇报，称 2003 年全区高校毕业生为 2.6 万多人，比上年增加近 1 万人，增幅为 57%，高出全国平均水平 11 个百分点，就业压力明显加大。截至 5 月 24 日，全区高校毕业生平均签约率仅为 20.72%，其中：研究生签约率为 53.26%，本科生为 28.15%，高职高专生为 13.74%。而 2002 年全区高校毕业生为 1.6 万多人，当年底，平均就业率为 64.60%。预计 2003 年到离校时将有上万人不能及时就业，高校毕业生就业形势严峻。

会议上，我就高校毕业生就业形势从另一个侧面进行了分析。我认为，当前高校毕业生就业难在西部地区特别是内蒙古地区只是一个表面现象，是个认识问题。我们的高校毕业生多了吗？过剩了吗？我们仅有 2.6 万名应届毕业的大学生，不用说和东部发达地区比，在西部的 12 个省市自治区中，我们高校毕业生数量也算是较少的地区之一，我们的高校毕业生并不存在供大于求的问题，也不存在没有地方、岗位安置的问题。

据我多年在基层工作的实践和来人事厅调查研究、查阅资料后的深切感受，我区人才紧缺，特别是高层次人才匮乏是不争的事实。有几组数据可以说明：首先是总量不足。内蒙古共有各类人才 105 万人，占社会总人口的 4.5%。按照国家有关规划纲要的要求，2005 年人才要占到 6.3% 的比例，那么内蒙古在两年内需要补充各类人才 39.1 万人。其次是学历层次不高。全区公务员队伍中大学本科生以上学历的只占 33%，其中研究生仅占 0.59%。国有企事业单位专业技术人才中本科以上学历的只有 19%，国有企业经营管理人才中本科以上学历为 16%。基层尤其缺乏高学历人才，全区 1200 多个苏木乡镇的干部里只有 6 个研究生，本科生比例也只有 8.79%，而且大部分是工作以后取得的第二学历，第一学历是本科生的仅占 0.8%，边远地区个别苏木乡镇找不出一个能写材料的人，一些苏木乡镇卫生院甚至连中专生都没有，没有人会使用计算机和现代医疗器械等设备。第三是结构分布不合理。专业技术人才中的大多数就职于盟市以上的事业单位，且大多数在传统产业学科，仅教育、卫生专业就超过 65%。而高新技术学科和新兴学科的人才相当缺乏，金融业只占 0.23%，计算机及软件专业占 0.13%。国有企业高级职称的经营管理人才仅占 7%，中级职称也只有 28%。

同时，由于受体制机制环境的影响，人才奇缺、人才闲置、人才流失并存。据不完全统计，1980 年到 2000 年，内蒙古共外流各类专业技术人才 3 万多人，且大部分是技术骨干和高级专业人才，人才引进与流失比在 1∶10 以上。一方面是人才奇缺、人才流失，另一方面是仅有的 2.6 万名高校毕业生就业困难。如达到纲要要求的两年内需补充 39 万各类人才，再有 15 倍的高校毕业生也有地方和空间安置。

在基层工作的经历和来人事厅了解到的实际情况，使我深刻认识到：内蒙古与发达地区的发展差距很大的重要原因之一，就是人才上的差距。辩证地看，在特殊时期、特殊情况下，差距也可能转化为优势，差距大意味着发展空间也大，缺乏人才就意味着有较大的吸纳和储备人才空间。当时，就业难已经成为困扰许多地区的大问题，这恰恰为西部地区储备和吸纳人才创造了极好的机遇。

在我的倡导下，人事厅党组一班人决定抓住机遇，乘势而上，不断创新人才开发机制，把大量的高层次人才吸引和储备到基层、企业、科研、经济建设一线上来，千方百计把我们的高校毕业生留住、储足、用好，改变"孔雀东南飞"的现状。

我在自治区政府常务会议上，明确提出探索和建立"以高校毕业生为主的人才储备制度"的思路，引起了参会领导和媒体的关注与共鸣。就此，当时参会的新华社内蒙古分社社长吴国清同志在《新华社内参》刊登了这个思路。7 月 14 日，自治区人民政府办公厅《领导阅件》第 17 期刊登了我撰写的《抓住机遇，创新机制，建立和完善以高校毕业生为主的人才储备制度》一文。有关媒体对此也高度关注。《中国人事报》《内蒙古日报》《内蒙古工作》《探索》《领导决策信息》分别刊登或发表了评论文章。

人才储备制度探索

自治区政府常务会议之后，我们召开厅党组会议，就探索人才储备制度进行专题研究，并兵分两路，一路由各分管厅长带队深入基层调研，摸清底数，把握实情，选择试点，探索路子；一路由厅法规处处长黎丽牵头，就自治区人力资源开发问题进行理论探讨研究，成立课题组，申报立项。

2003 年 9 月 5 日，《实施人才强国战略 推动内蒙古从资源大区向人才强区转变——内蒙古人力资源开发问题研究》课题由自治区科技厅软科学研究计划项目得到批准立项，2004 年结题，2006 年并获自治区第八届哲学社会科学优秀成果二等奖。2009 年，我们与中国人民大学劳动人事学院开展了《内蒙古自治区少数民族专业技术人才队伍建设研究报告》课题研究；与中国社会科学院人口与劳动经济研究所开展了《发挥政府主导作用，弥补人才市场缺陷——内蒙古人才储备战略研究》，2011 年结题，并在自治区人力资源协会举办的第一届人力资源论坛上获一等奖。以上三个课题的研究，大力推动了人才储备制度的实施，成为内蒙古探索和建立人才储备制度的理论成果。

（一）明确试点，以点带面，人才储备工作顺利开展

为切实了解基层人才状况及存在的问题，我利用近四个月的时间，在全区 12 个盟市、2 个计划单列市及 16 个旗县、18 个苏木乡镇、10 家企业开展了调研活动。在对二连浩特市调研时了解到，该市当时的编制数为 1215 个（党政机关 608 个，事业单位为 607 个），这个编制是在原总人口 8000 人的基础上确定的，2003 年该市人口已经超过 10 万，人口增长了 10 多倍但编制数仍维持不变。影响最明显、最严重的是教师队伍。学校规模和教育质量上不去，致使许多学生在读初中甚至读小学时就纷纷转学外地，10 万人口的副地级计划单列市仅有两个应届高中班（一文一理）。当调研组提出要探索人才储备制度试点工作时，二连浩特市的主要领导表示非常欢迎，非常

愿意成为全区的试点单位。

经过一段时间的调研"吹风"，我们基本摸清了人才底数和对人才特别是高校毕业生的需求情况。各调研组回来综合汇报后，研究确定在编制特别紧缺的二连浩特市和我区人口大县宁城县搞试点。其他盟市旗县的积极性也很高，我们要求各盟市也可分别选择几个旗县进行试点。同时我们提出：建立"人才储备制度"是个新生事物，在全国也是首创，必须慎重推进。故此，我们提出自治区只出思路、框架设计，不出硬性规定和政策，鼓励和倡导各盟市旗县大胆放手探路子出经验。多年的工作实践告诉我，只要我们把意图告知了基层，基层就可把事情办好，智慧在群众，实践出真知，基层出经验，上边不要定条条框框，让基层放手去探索，待时机成熟后，再总结经验，制定政策措施办法。至此，探索人才储备制度的活动轰轰烈烈地在全区开展了起来。

（二）主动请示汇报，积极争取党委政府的重视和支持

各盟市对人才储备制度的思想认识统一了，积极性也调动起来了，我们感到十分欣慰。更重要的问题是，如何进一步引起党委、政府的高度重视和大力支持。2003年7月底，我赴人事部汇报，时任中组部副部长、人事部部长张柏林对我区人才储备思路给予充分肯定，他指示，搞好试点工作，认真总结经验教训，成熟后可全面推开。2003年11月7日，我就人才储备制度以个人的名义向时任自治区党委书记储波、自治区主席杨晶做了书面汇报。储波书记11月11日批示："所提建议有道理，积极做好人才储备制度的试点工作，自治区有关部门要给予支持。"杨晶主席11月20日批示："根据储书记批示，请人事厅有选择的搞一点试点，总结经验后推广。"

在2004年12月的全国人事厅局长会议上，会议安排我就内蒙古建立"人才储备制度"作大会典型发言。引起了各省市自治区同行和媒体的关注与热烈反响。

2005年，遵照自治区党委、政府提出的"人才流入区"建设的要求，

人事厅及时制定下发了《内蒙古自治区人事厅关于加快人才流入区建设步伐的意见》（内人发〔2005〕59号），把人才储备制度作为人才流入区建设的重要抓手抓紧抓实，并提出组织实施"四项人才建设工程"。

2006年2月16日，人事厅以"内蒙古人事人才工作汇报提纲"为题，专报储波书记和杨晶主席。储波书记2月22日批示："人才引进与人才培养有想法，初见成效，所提建议请自治区政府研究。"杨晶主席批示："请岳主席、郭主席、乌兰主席阅并拿出意见。"

2007年1月5日，人事厅签报储波书记，建议尽快以党委政府（或两办）名义印发（或转发）《加快人才流入区建设步伐的意见》，储波书记当日就批示："在认真总结这两年工作基础上，根据形势变化及人才需求变化情况，进一步明确思路，完善措施，提出一个方案向党委政府主管领导汇报后，待时机成熟时以两办名义发一个文件。"

2007年2月6日我厅签报杨晶主席《关于人事人才工作汇报提纲》。杨晶主席3月22日批示："从这份材料中我了解到我区人才流入区建设取得了显著成绩，确实起到了人才强区作用，支撑了近年来我区经济社会快速发展的局面。在这项工作中，人事厅和全区人事系统发挥了重要作用，也带动了整个人事工作发生了重大变化，这确实是件可喜可贺的事情。希望再接再厉，继续发扬优良作风，使我区人事工作、人才强区战略取得更大成绩。"

2008年初，内蒙古党委办公厅、政府办公厅下发了《关于进一步加快推进人才流入区建设的意见》（内党办发〔2008〕1号），进一步明确了人才储备的目的意义和政策措施，并明确指出："在严格控制总体编制的情况下，编制部门每年要给艰苦边远地区的苏木乡镇下达部分周转编制用于人才储备。"

2009年10月，自治区主席巴特尔在新华社《国内动态清样》上批示："人才储备制度是内蒙古人事部门的首创，且已被实践证明是非常有效地推动生产力发展的成功之计，希望各盟市各部门高度重视，大力做好此项工作。"

（三）政策引导，媒体宣传，创造良好人才生态环境

《关于进一步加快推进人才流入区建设的意见》从指导思想、目标措施、组织协调等方面做出了明确的规定，成为促进人才流入区建设的纲领性文件，有力地加快了人才流入区建设步伐。

文件明确提出"继续深入组织实施'666特色优势产业人才集聚工程''333人才引进工程''511人才培养工程'和自治区'新世纪321人才（选拔）工程'等人才建设工程，加快全区高层次人才队伍建设。"文件进一步明确了"人才储备"的有关政策。

"666优势特色产业人才集聚工程"：在自治区6大优势特色产业中选择6个龙头企业，建立6个人才智力引进示范基地。确定在包钢、蒙牛、北重、伊化、伊泰、蒙西6个龙头企业建立人才智力引进示范基地，仅此6个企业2005年一年内就引进博士研究生10余人、硕士研究生46人、本科生1100多人、高技能人才400多人、高层次外籍专家7人等一大批高端人才。

"333人才引进工程"：采取刚性与柔性两种方法，通过长期聘用、项目指导、学科牵头、培养人才等形式，在2—3年内聘请3名院士、聘任30名首席专家、引进300名高层次人才，使之在我区的重点项目、重点学科和重点实验室建设的关键岗位发挥作用。截至2008年底，自治区先后聘请了48名院士、31名首席专家，其中自治区政府聘请了8名院士、2名人力资源专家为自治区政府顾问、6名专家为国土资源首席专家。

"511人才培养工程"：经过几年的努力，达到每年选拔50名左右专业技术人员由国家留学基金管理委员会公派赴国外留学，每年选拔100名左右专业技术人员由自治区人才开发基金资助赴国外培训，每年选拔100名左右专业技术人员赴国内高等院校、科研院所进修。几年来，每年赴国内外培训的人数基本实现了计划目标，有的项目，培训人数远远突破了计划数。

"新世纪321人才（选拔）工程"（分为三个层次：第一层次，选拔培养30名科研成果达到国内先进水平的科研人员；第二层次，选拔培养200名科研成果达到自治区领先地位的科技人员；第三层次，选拔1000名在各自学科领域里有较高学术造诣和技术水平的中青年专业技术骨干）。

在人才储备制度推进过程中，遇到问题和困难时，我们与当地领导共同研究解决。遇到带有普遍性的问题，我们带回来由厅党组研究并报自治区党委、政府或与有关部门协商解决。调研中反映比较普遍的问题是，两年储备期满后高校毕业生如何能够实现稳定就业等政策性问题。就此，自治区党委政府及相关部门先后下发了内党办发〔2006〕5号、〔2008〕1号、〔2009〕21号，内政办发〔2009〕31号，内人发〔2005〕59号、〔2007〕36号、〔2007〕77号、〔2008〕106号等一系列文件。这些文件逐步明确了储备生服务期满后稳定就业的有关政策：今后相对应的自然减员空岗全部聘用服务期满的优秀高校毕业生；旗县、苏木乡镇事业单位有空编的，可由旗县人事、编制部门统一掌握、调剂使用，直接办理正式聘用手续；事业单位可组织面向储备人才的专场招聘考试，不受报考比例限制；盟市以上聘用人员时，要不断提高聘用有两年基层锻炼经历高校毕业生的比例；储备人才报考自治区各级党政机关公务员、事业单位工作人员，达到规定服务年限的，在笔试成绩加权前加5分，同等条件下优先录用；符合条件报考硕士研究生的，按照教育部相关规定给予加分，同等条件下优先录取；符合条件报考专升本考试的，按照《内蒙古党委办公厅、政府办公厅关于引导和鼓励高校毕业生面向基层就业的实施意见》的相关规定给予加分。

经过六年的探索实践，我们觉得总结经验、全面实施的时机已经成熟，决定于2009年9月28日召开首次全区人才储备工作会议，对我区六年前开始实施的人才储备制度进行阶段性总结。与会的专家、学者、媒体人员怀着好奇和审视的眼光，对于在全国来说都属新生事物的人才储备制度进行深入观察，冷静思考，给出了自己的观点和评论。新华社内蒙古分社社长吴国清说："人才储备工作绝对是一项战略性的工作，内蒙古未雨绸缪，从自治区经济社会发展的长远大局出发，从多年冻结人事编制的现实出发，克服种种困难，高瞻远瞩地建立起全区人才储备制度和机制，为自治区经济社会又好又快发展储备了一批人才，眼光远大，体现了科学的发展观。几年前我曾通过新华社《内参》反映过自治区人事厅关于建立人才储备制度的意见，引起中央和自治区领导的重视，对自治区人才储备工作起了一点促进作用。"

中央社会主义学院政治学教研室主任、中国经济体制改革研究会特约研究员王占阳说："我觉得在相当程度上，目前内蒙古创造的人才储备经验是在全国范围内具有普遍意义的先进经验。改革开放以来，很多改革举措都不是来自北京，而是从地方开始的，譬如联产承包责任制就是这样。虽然是地方经验，但是具有全国普遍意义。这次到内蒙古来，我惊喜地发现，内蒙古正在人才储备问题上创造具有全国普遍意义的重要经验。我从两个层面谈谈这个普遍意义。一是内蒙古的人才储备制度给全国所有处在同样发展阶段的省和自治区都作了表率，它对解决全国经济社会发展的不平衡性问题具有普遍意义。二是在内蒙古人才储备工作的经验中，还包括对于沿海发达地区也有普遍意义的重要举措。"

中国人民大学劳动人事学院教授、博士生导师、大学生就业研究所副所长姚裕群点评："关于内蒙古人才储备制度讲三方面的内容。第一，我就人才储备制度总结了五条基本经验。第二，我就人才储备制度的五项理解思考认识，归纳成五个主题词（战略、规划、经济、生涯、落实）。第三，我就此提出人才储备制度的进一步发展方向的五项对策建议。"他很形象地称，人才储备不仅给予了大学生工作的岗位，而且给予了大学生培训的条件和选择的机会，可以说这一制度把大学教育"种"出的"粮"做成了适合社会需要的"饭"。从理论上说，人才储备制度在储备的过程中使得我们的人才资源得到符合社会需求的教育培训，得到塑造，得以增值。从更深远的意义讲，内蒙古的人才储备制度不仅仅是有利于解决就业问题，实际上更符合人才强国战略，具有前瞻性和创新性，有利于充分利用现有的人才资源。也是在通过创新塑造人才，塑造一种符合现代化发展的文化。

2009 年下半年，为进一步探索和完善人才储备制度，内蒙古自治区人事厅联合内蒙古新闻网草原论坛及人民网强国博客向广大网友们征集对"人才储备制度"的评述和建言，并选取优秀建言者和点评者走进内蒙古，实地考察了人才储备工作。11 月 23 日至 26 日，人民网博客网友代表一行 6 人（人民网强国博客主编耿宽谋、人民日报《大地月刊》记者包向臣和甘肃交通大学研究生导师宋奎武，以及来自宁夏、陕西的博友代表石生选、吴天文、薛选世）赴巴彦淖尔市实地参观考察了该市人才储备情况。活动开展以来，得到了全国广大网友的极大关注，许多网友从不同视角对人才储备工作表示了充分肯定，给予了高度评价，提出了具有较高参考价值的意见。为进一步完善人才储备环境，创新人才储备体制机制，推动人才储备工作与经济社会的协调发展提供了可参考的理论依据。我们将其中的 25 篇汇编成册，作为我们研究理论、制定政策、采取措施和实践的参考。

人才储备制度在全国范围内引起了广泛的关注和强烈反响。新华社先后 3 次在《内参》上报道我区人才储备工作，人民网、内蒙古新闻网先后开辟专栏研讨我区人才储备制度，内蒙古电台连续一个月每天播发一条有关人才储备工作的新闻；《人民日报》、《求是》（《红旗文稿》）、《中国行政参阅》、人民网、《中国人事报》、《中国人才》、《中国妇女报》、《内蒙古日报》、《实践》等区内外新闻媒体也进行了广泛深入的报道；2009 年 11 月 21 日，我赴京接受了人民网题为"创新机制，科学建立人才储备制度"的访谈；11 月 25 日，人民日报刊登了我的署名文章《积极探索建立新型人才储备制度》；3 月 1 日国务院《昨日要情》、3 月 26 日《专报信息》刊发了我区人才储备的信息……通过各种媒体，我们全方位、多渠道地宣传建立人才储备制度的目的意义、政策措施等，打通吸纳人才的"绿色通道"，营造良好的人才生态环境。

人才储备制度的形式与机制

人才储备制度是一项创新性的人才选拔使用制度，主要是通过一定的组织行为、政策引导和市场配置手段，有目的地把事业急需的高素质人才聚集到发展的第一线，在使用中培养高层次后备人才，促进人才队伍的全面协调可持续发展。人才储备的核心是"储"、"留"、"用"、"育"。"储"是为未来发展储足人才，"留"是留住急需的高层次人才，"用"是在储备中用好人才，"育"是使现有的年轻人才通过实践的锻炼培育成长为高端人才。储备的根本目的是为经济社会全面协调可持续发展留住、备足、用好人才；储备的主要对象是高学历、高素质、高层次人才；储备的根本原则是为用而储、储用结合、动态管理；储备的主要方向是面向基层、面向企业、面向科研一线；储备的根本任务是优化人才结构，激发队伍活力，有效改变用得上的人进不来、用不上的人出不去、"有人无事干、有事无人干"的状况，促进人才成长，拓宽选人用人的视野。

经过不断地摸索和创新，人才储备制度形成了锻炼式储备、培养式储备和智囊式储备三种形式。截至 2009 年底，共储备各类人才 60936 人。有效缓解了高校毕业生就业难、基层和企业人才不足的矛盾，形成了人才队伍全面、协调、可持续发展的态势，有力地支持了经济社会的发展。锻炼式储备，选拔优秀的毕业生到基层和企业进行一定期限的见习、挂职、锻炼，截至 2009 年底共储备人才 38369 人，占储备人才总数的 62.97%；培养式储备，对经过锻炼式储备且在基层和企业实现稳定就业的优秀毕业生进行跟踪考察、重点培养，截至 2009 年底共储备人才 20914 人，占 34.32%；智囊式储备，聘请专家学者组成"智囊团"，为当地经济社会发展献计献策，截至 2009 年底载入人才信息库的智囊团成员 1653 人（包括柔性引进的 48 名两院院士），占 2.71%。

在人才储备试点工作中，我们探索建立了选拔、培养、使用、淘汰、保障五种机制，人才储备制度日趋完善。一是选拔机制。储备人才时坚持严把进口，为用而储，储用结合，通过考试考核等方法储备了一大批事业发展急需的高学历、高素质、高层次人才。二是培养机制。注重对储备人才的培养开发，加强培训，使其不断更新知识，拓宽视野，增长才干。三是使用机制。对储备期人才予以人文关怀，压担子、出课题，在实践中锻炼成长，并积极采取措施促进其实现稳定就业。四是淘汰机制。为储备人才建立规范的个人档案，定期考核，对储备期内成绩平平、考核不合格，甚至不安心基层工作的人员，及时解除储备协议。五是保障机制。在生活待遇、各项补贴（包括工资、职称、工龄、社会保险等）方面，探索建立储备人才的各项保障制度，从政策上、制度上保证储备人才的健康成长，脱颖而出。

人才储备制度的经验与成效

经过 6 年多的探索和实践，人才储备制度日渐成熟和完善，有力地支持了经济社会的发展，为我区人才队伍全面协调可持续发展奠定了基础，成为内蒙古人才工作在全国人力资源和社会保障系统具有鲜明特色和广泛影响的亮点之一。

一是满足了经济社会发展需要特别是基层、企业及科研一线对人才的迫切需要。引导和鼓励高校毕业生到基层和企业、到最需要人才的地方去，有助于促进基层的经济发展和社会进步。高校毕业生储备到基层和企业后，为经济社会的发展提供了鲜活的人才保障和智力支持。二连浩特市经过六年的人才储备，现储备人才已占到在职职工人数的 12.6%，有效缓解了人才短缺的问题。

企业作为人才资源开发的主体，技术创新的主体，科技成果转化的主体，也是人才储备的主要渠道，已经成为我区各级人事部门服务经济建设的主战场。自治区人事厅 2008 年下发了《关于进一步加大为企业服务力度的意见》，2009 年下发了《内蒙古自治区面向中小企业和非公有制企业选拔储备高校毕业生工作实施方案》，当年为中小企业储备人才 3100 人。储备人才享有所在企业同类人员的工资保险福利待遇，由自治区财政对储备到企业的人才每人每月给予 500 元的补贴，企业纳税地的地方财政补贴 200 元，不足部分由储备企业补齐。2015 年，全区中小企业储备人才已经扩大到 1.1 万人。中国经济体制改革研究会特约研究员王占阳评价称："刚毕业的大学生，企业不愿意要，也不愿意出资培训，这就出现了从大学毕业到进入企业之间有一个空档期，从而导致了大量大学生'毕业即失业'的现象，财政补贴的钱虽然不多，却非常有意义。因为它补上了这个空当。这个创造，不仅可以说是全国性的，甚至也可以说是世界性的创造。"

二是留住了宝贵的人才，优化了队伍结构。实施人才储备制度以来，各地区通过行之有效的措施留住了许多人才。2009 年，全区高校毕业生 78824

人中当年就业 74314 人，占应届毕业生的 94.28%，高于全国 83% 的就业率。据不完全统计，我区 2003 年初至 2007 年底从区外引进人才 8787 人（部分企业没有统计进来），通过调离、考学等方式流出区外 2421 人（部分人员在完成学业后还将回到区内），人才流入与流出之比由 2002 年以前的 1∶10 上升为 3.7∶1，部分盟市和高校、科研部门形成了人才净流入区。

截至 2008 年底，全区具有大专以上学历人才增长了 42.56%。全区公务员队伍研究生以上学历由 2002 年的 0.55% 提高到 1.78%，本科学历由 2002 年的 18.01% 提高到 44.08%。专业技术人才和企业经营管理者队伍中专以下学历由 2002 年的 46.25% 和 54.26% 分别下降到 23.78% 和 38.99%。苏木乡镇党政干部队伍本科以上学历由 2002 年的 8.79% 提高到 35.44%；苏木乡镇高级专业技术人员由占全区高级职称总数的 1.61% 提高到 9.04%，中级专业技术人员由占全区中级职称总数的 15.02% 提高到 25.17%。

三是激发了内部活力，发挥"鲶鱼效应"。储备人才到基层和企业后带来了全新的理念、知识和技术，产生了很好的"鲶鱼效应"，有效激发了内部竞争，增强了单位现有人员的紧迫感和危机感，进而激发了内部组织活力，收到"一石激起千层浪"的良好效果。

四是有利于青年人才锻炼、成长、成才，形成就业、培养、选拔良性互动的机制。实施人才储备制度以来，一大批毕业生经过基层和企业的磨炼，增长了才干，能力得到了有效发挥。有些人已经走上了科级以上领导岗位，有些人成为单位技术、科研骨干，成为当地人才队伍的中坚力量。

五是创新了用人制度，突破了人才资源配置的原有方式。人才储备制度旨在科学把握大学生择业期望值与社会需求的结合点，储备人才的"锻炼期"，既是人才成长的"加油站"和"助推器"，也是单位对人才的"考察期"和"识别期"，还是用人单位与人才的"双向选择期"，有利于单位对人才的考察识别和人才的锻炼成长。人才储备制度实现了用人制度由先选人后培养向先培养后选人的转变，由固定用人向合同用人转变，由身份管理向岗位管理转变。人才储备制度是一项积极的就业政策，形成了一个充满生机和活力的能者上、平者让、庸者下的用人机制，是一种符合科学发展观的具有导向性的新型人才资源配置方式。

实践证明，提出并建立人才储备制度是促进人才队伍的全面、协调、可持续发展的有益探索，有效扩大了人才队伍总量，优化了人才队伍结构；是坚持科学人才观，在实践中培养高层次后备人才的有力抓手，充分调动了各类人才的积极性、主动性和创造性；是在用人制度尤其是在有效利用和充分开发人力资源方面的一项制度创新，是在人才资源配置方式中的一项重大突破，有效地消除了制约人才合理配置的体制性机制性障碍。

这不只是一个简单的"地域概念"问题

——内蒙古在西部大开发战略中的定位及其作用

从新闻舆论看内蒙古在西部大开发战略中的"定位"问题

所谓"定位",就是指内蒙古是不是属于"西部"概念,是否进入"西部大开发战略"包括的范围。这是最为关键的问题。我们争取进入是一回事,重要的是国家有关决策部门和社会各方面的普遍认同。

西部大开发的到来,为西部地区的发展带来了前所未有的机遇。实践是最好的老师。有东部开放开发之先河,中西部都想抓住这个历史性的机遇发展自己。为此,都争先恐后大造声势,千方百计找对策、绘蓝图,想方设法包装自己。这完全在情理之中,勿须细言。现在,"西部"已成了全国瞩目的焦点。特别是在今年的"两会"上,"西部"成为代表们会上会下谈论的主要话题;采访"两会"的国内外记者,一改过去追逐东部热门代表人物而转向追逐西部的代表人物。中央广播电视、各家大报等媒体,都以"聚焦西部""走进西部""关注西部""西部大开发访谈""笔谈""论坛"等大栏目、大标题,连篇累牍,全方位、多层面的报道西部、介绍西部,其广度和深度都是前所未有的,形成了声势浩大的、令人振奋的舆论热潮和良好氛围,把国人、世人的主要视线一齐引向了西部。这不仅表现出新闻界对大

---

* 作者时任内蒙古自治区党委政策研究室副主任,党委办公厅副主任,内蒙古自治区农村牧区社会主义思想教育领导小组办公室常务副主任等职务。

开发战略的重视，也证明了舆论的巨大推动力和导向作用。对此，我们必须有充分的认识和高度的重视。所以，我对这个时期国家重要新闻媒体传播的西部信息作了比较分析。第一，西北和西南 10 省、市、自治区，即陕西、甘肃、宁夏、青海、新疆、云南、贵州、四川、重庆和西藏，是西部大开发的主战场，无论是国家级大报还是行业性报纸，都是全面报道，全方位聚焦。像东部和沿海一样，当然是占据了地理区域和行政区划的优势，也表明国家决策的认可。第二，除个别行业性报纸（如 3 月 2 日《中国环境报》等）把内蒙古和广西列入西部外，国家重要报纸明确划入中东部。

（一）新华社发布的西部大开发信息，均没有内蒙古

2000 年 2 月 21 日，国家最权威的通讯社——新华社，发布了由曹文忠、周咏缙绘制的《我国东西部地区经济发展比较》，以黑色表示西部即西北和西南十个省、市、自治区，内蒙古同其他省、市、自治区均为东部，黑白分明，一目了然。

2 月 22 日，在首都出版的几家重要报纸转载了这幅"比较"图。其影响迅速扩大开来。我所看到的有：新华社《每日电讯》（经济版）、《经济日报》（第 6 版）、《中国青年报》头版头条、《人民政协报》等。《经济参考报》所不同的是把该图放在"中西部开发专家谈"栏目内，这种"中西部"混合概念，无疑是说内蒙古在"中部"。

（二）西部大开发基础项目没有内蒙古

2 月 24 日，《经济日报》推出"西部大开发特刊"（1）——"聚集西部"，用了三个整版（9—11 版），发表了《西部大开发决策出台前后》《"西部大开发"优惠政策面面观》《西部在建的重点基础项目》，以及介绍包括内蒙古在内的 11 个省、市、自治区的基本情况、思路、对策等文章。这里虽有介绍内蒙古情况的文章，但重点基础项目内蒙古则是空白。总计有 78 项，包括（1）公路、桥梁项目 26 项；（2）铁路项目 18 项；（3）机场项目 7 项；（4）天然气"西气东输"工程项目 6 项；（5）水利项目 21 项。

西北和西南 10 省、市、自治区都有，唯内蒙古一项没有。怎么理解？我向自治区有关部门负责同志询问过，有的说是因为我们的项目还没报上去，有的说刚报上去还没有列入国家计划云云。但愿如此。

（三）报道西部上市公司没有内蒙古

2 月 28 日，《光明日报》社主办的《信息日报》，在"证券—行情"版头条发表《大西部地域概念股崛起》，文中写道："严格地讲，大西部地区包括西北、西南两大区域的十个省、市、自治区，计有陕西、甘肃、青海、宁夏、新疆、西藏、四川、贵州、云南、重庆、内蒙古。"这里用了"大西部"的概念，明确肯定包括"十个省、市、自治区"，"内蒙古"虽榜上有名，却显然在"十个"之外，不过总算还有点希望。3 月 22 日，《经济日报》在"每日证券"版头条发表的《"西部概念"欲崛起》，指出"西部地区共有上市公司 164 家，占沪深 A 股上市公司总数的 17.8%。其中甘肃 11家、贵州 9 家、宁夏 9 家、青海 7 家、陕西 20 家、四川 54 家、西藏 6 家、新疆 14 家、云南 14 家、重庆 20 家……"根本没有内蒙古。如果说"重点项目"是因为我们没报上去，而在沪深上市公司，我们可是早已有之，岂不令人费解。

另外，3 月 2 日，《人民政协报》经济周刊发表《关于"西部"的概念与数字》一文，称"西部地区：指陕西、甘肃、宁夏、青海、新疆、四川、重庆、云南、贵州、西藏 10 个省、市、自治区。土地面积 540 万平方公里，占全国陆地面积的 56%，总人口 2.85 亿人，占全国的 23%"。这显然不包括内蒙古一寸土地、一个人口。

国家重要宣传媒体和报纸，是政府的喉舌，重要新闻报道是体现政府意图和政策导向的。为什么国务院领导已经明确的问题，一些新闻媒体还作似是而非的宣传，形成一种误导？我认为，除了我们自身的某种原因外，主要是一些新闻单位和国家有关部门对"西部大开发战略"之"西部"概念缺乏全面理解，还在用行政区划的眼光直观地定位"西部"，同时在决策上也受到"三个地区"理论观点的左右和影响。比如，经济学家董辅礽在《西部开发意义深远》一文中说:"由于历史、地理、自然条件等方面的原因,在经济发展的水平上,我国大体形成了东部、中部、西部三个地区,东部最高,中部次之,西部最低。"中国社会科学院西部研究中心主任、中国区域经济学会副会长陈栋生在《大战略,新思路》一文中说:"80年代中期,国家制定第七个五年计划时,按照经济技术发展水平和地理位置相结合的原则,将全国划分为东、中、西部三大地带,东部地带包括沿海地区的11个省、市、自治区;西部地带包括四川、重庆(作者注,当时重庆还不是直辖市)、云南、贵州、西藏、陕西、甘肃、青海、宁夏和新疆10个省、市、自治区;其余9个省、自治区为中部地带。"(见于国务院发展研究中心信息网)熊清华、李忠杰等学者在《西部大开发需要新思路和大手笔》、《西部大开发的战略问题》等文章中,也都反映了"三个地区"的观点。国务院发展研究中心主任王梦奎在《西部开发事关中国现代化》一文中说:"现在这种东、中、西部的划分,是综合地理位置、行政区划和经济发展水平来考虑的。不论怎么说,都很难周全。"(原载《中国经济时报》)如此等等。这些权威人士的理念对决策有决定性的影响力。我们要解决在西部大开发战略中的"定位"问题,必须进行认真深入的研究。从理论和实践的结合上把历史的、现实的、客观存在的理由和根据阐述清楚。同时,要采取各种形式,加强与理论界、新闻界及有关部门的沟通,经过探讨,达成共识,扩大影响,以纠正和避免舆论误导给我区大开发带来的不利影响,使我区真正成为西部大开发和新世纪全国经济增长的"重要支点"。

内蒙古在西部大开发战略中的"地位"是客观存在,无论从历史还是现实理念看,都是无可争议的

有人说,争当"西部"不如争转变观念。这话讲得很理智,但并不全面。试想,如果"西部"不重要,国家为何提出西部大开发战略,为何说这是个历史性的决策!一位先哲曾说过这样的话,给我一个支点,我就可以把地球撬动。现在国家提出实施西部大开发战略,就是给了我们一个支点,

谁掌握了这个支点，谁就能"撬动"经济发展。西部大开发战略决策，也是党中央给我们的一面大旗，这面旗帜不仅引导我们前进，也最能吸引和调动国内外各方面的力量，集中于"西部"这个焦点上。在"两会"期间，中央电视台中国新闻节目主持人采访德国商会驻中国办事处秘书长鲁道夫，问他外国投资者对西部大开发抱什么态度，鲁道夫说：外国投资主要看效益，要挣钱。德国西门子公司在中国有 120 多家分公司，主要在东部，在西部不到 20 家，投资不到 1%。他还说，前几天国家经贸委请外国公司代表座谈，说西部大开发先到的鸟可以吃到虫子。日本一家公司代表说，先到的鸟也吃不到虫子，因为天太黑了。这说明，为什么外商以前把投资重点放在东部而没放到西部，就是因为政策环境不同。内蒙古自治区副主席郝益东说，他去西欧访问时遇到一种情况，所去的国家、所接触的各方面人士，在称赞中国改革开放政策时，都说东部，而几乎没人知道西部。现实情况也表明，西部大开发的启动立即吸引了各方面的注意力。国内外投资者积极行动，到西部调查研究，了解投资前景和项目。世行已表示，在未来 3 年内至少用 10 亿美元支持西部地区发展基础设施和节水项目，日本贸促会决定把促进西部开发作为对华贸易重点，香港恒生银行决定设点西部等等；国家有关部门和东部地区，也纷纷出台支持西部大开发的政策措施。例如"智业西进工程""人才西进工程""中国青年企业家西部行""西部大开发科技专项行动""星火计划"倾斜西部，全国妇联提出"八千项行动"、国家财政部宣布每年拿出 8000 亿元支持西部等等。这是大开发战略的威力。否则，就不会有这种局面！市场经济发展进程也表明，争则进、争则兴，不争则退、不争则衰。如果没有国家西部大开发的大政策、大旗帜，单靠我们自己去争取，那是不会有大作为的。今天我们争取在西部大开发中的"定位"，就是求得中央大开发战略决策在内蒙古的落实，旗帜鲜明地把国内外投资者吸引到内蒙古来开发创业，促进内蒙古发展。这就是我们的本意和出发点。

中国西部在地域上是个大概念，社会各界有各自的理解，不足为奇。我们说，西部大开发战略所指的"西部"不是一个简单的地理概念，而是一个非常广阔的空间概念,既有经济含义,又有政治含义。所以,西部大开发包括内蒙古是毋庸置疑的。这有充分的理由和根据,绝不是感情用事。

(一)历史形成的"一条分界线"和"三个地理区"的理论,认定内蒙古属于"西部"

这个理论是根据人口分布、地理位置、自然生态状况和经济发展水平等综合评价而提出的。所谓"一条分界线",即"从东北黑龙江省的黑河向西南作一条直线到云南省的腾冲",通称"黑河——腾冲线"。此线以西称"西北部地区",包括内蒙古、甘肃、宁夏、青海、新疆、西藏及陕西、四川、云南部分地区;以东称"东南部地区"。"三个地理区":(1)青藏高原区,(2)蒙新(疆)干旱区,(3)东南部季风气候区。我国著名人口地理学家胡焕庸先生曾著文:"根据1933年的人口统计,明显地呈现出东南半壁与西北半壁的巨大差别。从东北黑龙江省的瑷珲(今爱辉),到西南云南省的腾冲画一条直线,在这条线的西北约有全国总面积的64%,但人口只有全国总人口的4%;在这条线的东南,约占全国总面积的36%,却居住着全国总人口的96%。"还指出:"蒙新干旱区,……除沙漠与戈壁以外,内蒙古境内有广大草原,南部已开垦种植旱粮,北部仍放牧;新疆境内依靠高山冰雪融水开垦,若干小面积的绿洲可以耕种。整个蒙新地区人口仅3000多万。"袁永熙主编的《中国人口总论》也指出:"研究中国人口分布,首先可以发现有一条明显的人口地理分界线,国境东半部和西半部的人口有着巨大的差异。这条线的东北端起于黑龙江省的黑河(即原瑷珲),向西南直达云南省的腾冲,可称为黑河——腾冲线。""整个西半部地区主要为少数民族地区,过去由于交通不发达,虽有丰富资源,没有得到开发。根据现在行政区划来计算,内蒙古、新疆、青海、西藏4个省区土地面积合计就占全国总面积的一半,但人口总计仅占全国总人口的4%。"以上理论所阐述的"西部"概念,是客观的反映,应是没有争议的。

（二）从纯粹意义上的地理概念看，内蒙古也理当成为"西部"

内蒙古自治区地处祖国北部，西起东经97°12′，东至东经126°04′，由东北向西南呈上弯月牙形狭长地带，横跨东北、华北、西北三大区，这是历史形成的地理概念和自然区划。在地图上直观就可发现：第一，内蒙古自治区的西部与甘肃、青海及西藏东部处于同一经度。第二，按照新华社2月21日发的《东西部经济发展比较》图划入"西部"的省市，从南向北画一条直线，内蒙古也有大半在"西部"。第三，如果说，一半在西部不能定位于"西部"，那么前面提到的"一条分界线"，划在分界线东南部的地区能够进入"西部"，划在分界西北部的内蒙古定位于"西部"，也是顺理成章的。

（三）"西部大开发战略"的内涵和本质，从根本上确立了内蒙古的"西部"地位

实施西部大开发战略，加快中西部地区发展，是党中央根据邓小平关于我国现代化建设"两个大局"的战略思想，面向新世纪作出的重大决策。1999年6月17日，江泽民指出，加快开发西部地区，是全国发展阶段的一个大战略、大思路。加快开发西部地区，对推进全国的改革和建设，对于保持党和国家的长治久安，是一个全局性的发展战略，不仅具有重大的经济意义，而且具有重大的政治和社会意义。1999年10月3日，朱镕基在中央民族工作会议闭幕会上讲话指出，党中央高瞻远瞩，把握大局，审时度势，提出了加快中西部地区发展特别是实施西部大开发的战略决策，这为少数民族和少数民族地区加快发展提供了重要的历史机遇。2000年1月19日至22日，国务院西部地区开发领导小组在京召开西部地区开发会议，朱镕基在会上讲话，再次阐述了实施西部大开发战略的重大意义。会议进一步明确指出实施西部大开发战略，这是进行经济结构战略性调整，促进地区经济协调发展的重大部署；是扩大国内需求，促进国民经济持续快速健康发展的重大举措；是增进民族团结，保持社会稳定和巩固边防的根本保证；是逐步缩小地区差别，最终实现共同富裕的必然要求。

第一，"进行经济结构战略性调整，促进地区经济协调发展"。这是全国共性的，中东部如此，西部更需要，内蒙古自然也不例外。

第二，"扩大国内需求，促进国民经济持续快速健康发展"。需求与发展是分不开的。需求不足会制约发展，而发展滞后又会影响需求。内蒙古自治区人口少，收入低，消费水平不高，如果不加快发展，单纯依靠居民消费对国内需求起不到多大拉动作用。可以说对扩大国内需求无济于事。以1998年为例，全国居民消费人均为2972元，其中，农民为1895元，城镇居民6183元。而内蒙古自治区人均仅2141元，比全国人均差831元，低于西部的重庆、新疆，居全国倒数第12位；城镇居民人均324.2元，与全国人均相差2940元，与西北、西南10省、市、自治区平均水平相差1141元，在全国最末位。1998年，全国平均每人全年消费性支出4331.6l元，内蒙古人均仅为3105.74元，比全国人均差1225.87元，居全国倒数第2位，比西南（缺西藏）和西北9省、市、自治区平均水平差839元。而商品零售价格指数却比全国平均指数高0.7个百分点，高于天津、河北、山西、吉林、辽宁、上海。内蒙古需求之低由此可见，要拉动国内需求，必须更快发展，提高收入水平。

第三，"增进民族团结，保持社会稳定和巩固边防"。这不仅关系到内蒙古局部的利益，也关系到国家长治久安的大局。内蒙古自治区是中华人民共和国成立前建立的第一个民族自治区，现有人口2361.92万，其中蒙古族400多万，与其他少数民族共490多万，与青海、宁夏现有人口相近，是西藏总人口的1倍。

现有土地总面积118.3万平方公里，占全国陆地总面积的1/8；边防线4200多公里，占全国陆地边界总长的1/5。这些特殊性是客观存在，是西部一些省、市无法相比的。所以，无论在增进民族团结，保持社会稳定方面，还是在巩固边防、维护国家安全方面，都是举足轻重的。如果内蒙古这样的地区都不属于西部大开发战略决策意义上的"西部"，那西部大开发是不全面的。

第四，"逐步缩小地区差别，最终实现共同富裕"。这是实施西部大开发战略的出发点和落脚点，是党的宗旨和社会主义制度本质所决定的。内蒙古自治区经过半个多世纪特别是改革开放 20 年的建设与发展，经济社会面貌发生了历史性的巨大变化。但近 10 多年来，与东部和内地一些省市的差距明显拉大，并有继续扩大的态势。从以下几方面比较来看：（1）1998 年，内蒙古国内生产总值 1192.29 亿元，在全国 31 个省市区中居第 24 位，同新疆相差无几，低于四川、云南、陕西等省；人均国内生产总值 5068 元，仅为全国平均 6392 元的 79%，比 1978 年下降了 5 个百分点；与新疆比相差 116l 元。（2）1998 年，地方财政预算收入 77.7 亿元，居全国第 23 位，也低于四川、云南、陕西等省；人均 331.2 元，比全国平均 791.28 元相差 460 多元，比东部省市平均的 806 元低 475 元。（3）城镇居民人均可支配收入 4353 元，与全国平均 5425 元相差 1072 元，低 20%，居全国第 21 位，与 1978 年相比，由相当于全国平均的 88%下降到 80%，下降了 8 个百分点；而且低于云南 1689 元、四川 774 元、贵州 212 元、新疆 647 元。国有单位职工平均工资 5979 元，列全国倒数第 4 位，比全国平均少 1689 元，也低于重庆（6732 元）、四川（7044 元）、云南（7882 元）、陕西（6257 元）、甘肃（7129 元）、青海（8511 元）、宁夏（7020 元）、新疆（7167 元）。全区农牧民人均纯收入 1978 年相当于全国平均水平，位居第 13 位，1998 年为 198l 元，只相当全国平均的 91.7%，位次退居第 17 位；城乡居民消费水平从 125%下降到 69%，下降幅度之大，全国少有。如此大的差距不正是大开发战略要求逐步缩小的嘛！正如中央领导一再强调的，如果西部地区达不到小康，就没有全国的小康；没有西部的现代化，就没有全国的现代化。我们可以说，如果内蒙古的差距不能缩小，就谈不到西部与东部差距的缩小。如果内蒙古不能进入西部大开发的行列，不能得到快速发展，不仅将进一步拉大与东部的差距，也必将与西部地区形成新的发展差距，势必对民族团结、社会稳定和巩固边防带来更为不利的影响。

内蒙古在西部大开发战略中的重要作用

实施西部大开发战略,要立足西部,面向全国,要从基础建设入手,为实现可持续发展奠定基础。为了实现大开发战略的大目标,内蒙古自治区无论在资源开发、生态建设,还是对外开放、开拓国际市场等方面,都具有其特殊的作用,是一些内地省市不可替代的。早在 1978 年邓小平同美国前总统卡特谈话时就说过:"观察少数民族地区主要是看那个地区能不能发展起来","我们的政策是着眼于把这些地区发展起来。如内蒙古自治区,那里有广大的草原,人口又不多,今后发展起来很可能走进前列。"1999 年,江泽民在视察时也指出,内蒙古"在发展过程中,要注意发挥资源优势,提高资源的综合开发利用水平,加快把资源优势转化为经济优势,力争使内蒙古成为我国下一个世纪经济增长的重要支点"。这是党中央对内蒙古的关怀和希望,也指明了我们在实施西部大开发战略中的重要作用。

(一)生态建设的屏障作用

生态平衡是可持续发展的关键。内蒙古地处祖国北部边疆,横跨"三北"。1999 年 2 月初,江泽民在内蒙古考察时就指出:"内蒙古是我国北方的一道天然屏障。这里的生态环境如何,不仅关系内蒙古各族群众的生存和发展,也关系华北、东北、西北生态环境的保护和改善,意义和责任都十分重大。"近年来,由于内蒙古生态环境不断恶化,草场、耕地退化、沙化、荒漠化日趋加重,春季频繁发生的扬沙天气和沙尘暴灾害,已波及北京和"三北"地区。以今年为例,3 月 21 日至 23 日,内蒙古中、西部的锡林郭勒盟、乌兰察布盟、伊克昭盟、巴彦淖尔盟、阿拉善盟连续出现扬沙和沙尘暴天气,这是近几年少有的。

3 月 27 日,人民日报记者赵永新报道:《北京扬尘,西安下"泥雨"——沙尘暴又来了》。文称:从 3 月 22 日夜到 23 日凌晨,北京市民在本月内第三次遭遇扬沙天气,细细的尘沙随风肆虐。无独有偶,千里之外的古城西安也在 3 月 22 日遭受"泥雨"袭击，花草、树木、汽车、行人——整个古城涂了一层淡黄的泥浆。同日，新华社记者张领摄影并报道：3 月 22 日以来，今年第一场源于内蒙古西部阿拉善沙漠地区的沙尘暴席卷塞北，向东向南波及京、津、冀、陕等地区，导致北方大范围的沙尘或泥雨天气。气象专家提醒，今年首场沙尘暴又比去年提前了 15 天左右，沙尘首发日期逐年提前，再次敲响了西部地区生态环境保护的警钟。在内蒙古阿拉善及周边地区，时刻蔓延着的 30 多万平方公里沙漠及戈壁是形成沙尘暴的"罪魁祸首"（详见《光明日报》04 版）。记者储国强报道：《西安近日降泥雨》——从早上开始，细雨夹杂着不知从哪里来的泥灰，从灰蒙蒙的天空中撒落下来，整个古城到中午已经被落下的泥浆涂得颜色有点发黄……停在路边的汽车，也好像刚被谁喷了一层淡黄色的颜料，车顶车身、玻璃上全是泥灰。据气象专家分析，出现这种泥雨现象，主要是因为我国西北地区植被覆盖率低，许多泥沙随着大风飘移到这儿上空，形成浮尘，碰到小雨就形成泥雨。（详见《经济参考报》3 月 24 日 01 版）。中国林科院教授、国家林业局防治沙漠化管理中心主任慈龙骏接受记者采访时说："北京的沙尘和西安的泥雨，主要是由我国西北地区的沙尘暴引发的。""从 3 月 22 日起，内蒙古阿拉善地区出现了今春以来的第一场沙尘暴，大风裹挟的沙尘飘浮到北京、西安上空，便出现了降尘和泥雨现象。由于西北地区荒漠化日益加剧，自 1998 年以来，我国北方连续三年发生强沙尘暴天气，其范围之广、范围之大，是历史上所罕见的。"她举例说，1998 年 4 月中旬的特强沙尘暴由北方直抵长江下游，南京的空中总悬浮颗粒物浓度比正常高出 8 倍，内蒙古阿拉善盟遭受的直接经济损失（不包括土地损失）超过 10 亿元（详见《人民日报》3 月 27 日 05 版）。由此可见，建设和改善内蒙古地区生态环境对全国尤其是"三北"地区的重要意义和巨大作用。

（二）资源开发的推动作用

内蒙古是资源富集的地区，资源开发，将对优化资源配置，实现东西部优势互补、共同发展起巨大推动作用。

第一，开发绿色产业的土地资源丰富。一是人均耕地居全国第一。据第一次全区农牧业普查统计结果，全区实有耕地 1.17 亿亩，人均 5 亩，是全国人均耕地的 3 倍多。二是内蒙古草原居全国五大草原之首。20 世纪 60 年代，朱德元帅就称赞："三大草原两失败（注：指前苏联和美国），我国草原依然在。"内蒙古草原面积 13 亿亩，占全国的 1/4；可利用草场面积占全国的 1/3，人均草场近 60 亩，比全国平均水平多 50 亩。三是森林面积居全国之冠。全区森林面积占全国森林总面积的 1/7，人均面积是全国平均水平的近 7 倍。林区有数十种产量可观的天然野生食用、药用植物，是天然的绿色宝库。合理开发利用这些资源，把内蒙古建成具有高新技术含量的绿色产业之乡，对开拓国内外市场和国民经济可持续发展都会起到极大作用。

第二，具有特殊开发价值的矿产资源丰富。内蒙古的资源优势被概述为："东林西铁遍地宝，南粮北牧稀土王"（《人民日报》语）。江泽民说，内蒙古"地上有绿宝，地下有墨宝"。据资料介绍，世界已查明的 140 多种矿产中，内蒙古已发现 120 多种，已探明储量的 78 种，其中有 42 种储量居全国前 10 位，22 种居前 3 位，7 种居全国首位。据专家测算，内蒙古矿产储量潜在价值（不含天然气、石油）达 13 万亿元，居全国第 3 位。尤其是稀土等资源被视为"我国的一个宝"。1992 年邓小平就曾指出"中东有石油，中国有稀土"。1999 年 2 月，江泽民指出："丰富的稀土资源，是内蒙古也是我国的一个重要的资源优势。""有关部门和地区要从政策、体制、管理和经营等方面认真研究，尽快走出一条适合我国实际情况和发展要求的开发应用稀土资源的路子来。"我国稀土储量居世界第一。内蒙古约占全国总储量的 97%，贵州约占 1.6%，江西占 0.87%。（以上引语，见《名人眼中的内蒙古》一书《资源篇》）"墨宝"是指丰富的煤炭资源，全区含煤面积达 10 万平方公里，仅次于山西，居全国第二位；远景储量 10 万亿吨以上，仅次于新疆，也居全国第二位。现已探明储量 100 亿吨以上特大煤田 5 处，10 亿至 100 亿吨的大型煤田 11 处。朱镕基总理称赞的"中国特大型能源战略后备基地——神府东胜煤田"，探明储量 2236 亿吨，远景储量 6690 亿吨，居世界第 8 位。全国五大露天煤矿，内蒙古就拥有四个。如此等等。

这些资源的开发已经并将继续为全国经济发展作出巨大贡献。

（三）向北开放、走向欧亚的桥头堡作用

内蒙古北邻俄罗斯和蒙古。改革开放以来，内蒙古实行"北开南联"的开放战略方针，全方位开放。沿边建成的对外开放口岸由过去的 2 个已发展到 18 个。其中一类口岸 11 个（包括两个航空口岸），二类口岸 7 个，基本形成了一个具有铁路、公路、水路、航空等多种运输形式的全方位的口岸格局。内蒙古已成为多口岸省区之一。其中有两个最大的陆路口岸，一是东部的满洲里，仅距中俄边界线 3 公里。早在新中国成立不久，毛泽东主席就曾说过：满洲里"是中东路的一个大门，是重要的口岸"。现已成为连接俄罗斯进入东欧的重要铁路运输口岸。二是在内蒙古中部最北端的二连口岸，是连接蒙古进入俄罗斯及东欧的铁路大通道。这些口岸已经成为对外开放的窗口，随着大开发基础建设的加强，必将成为中国内地走向欧洲的重要桥梁。

（四）建设边疆、保卫边疆的作用

当今世界虽然以和平为时代主流，但局部战争和民族纷争连年不断，天下并不太平。我国著名社会学家、民族学专家费孝通最近就"兴边富民行动"写信指出："中国形成多民族统一国家已有 2000 多年了。在 2000 多年的时间里，有一个重要的历史现象：天下未乱边先乱，天下已定边未定。观边疆治乱兴衰，可知国家统一还是分裂，国力强盛还是贫弱，民族和睦还是纷争。目前……大中国正在走向空前的大统一，中华民族正在实现伟大的复兴。加快边境地区的发展，实现富民、兴边、强国、睦邻，不仅十分重要、十分必要，也是完全可以办得到的。"富民是兴边之根本。只有边民富，才有边防固。内蒙古是祖国的北大门，有 4200 多公里边防线，几乎全部是平坦或丘陵（只有 90 公里河流）地带。在边境上有 7 个盟市，19 个旗市。内蒙古各族人民是顾大局、识大体的，为维护北大门的安宁作出了重要贡献，曾被国家誉为"模范自治区"。但经济要发展，人民生活要提高，这是时代发展的主流。内蒙古也不能一直停留在落后状态和低水平上。因此，实施西部大开发战略，加快西部地区发展，必须把边疆民族地区的发展放在优先地位。只有经济发展起来了，各族人民富裕起来了，才能增强凝聚力，强化民族团结，实现强国、睦邻和国家的长治久安。否则，就会影响边境的安宁和社会的稳定。

总之，实施西部大开发战略，是全党的大事，是全国人民的大事。我们要认真学习、领会中央决策的精神实质，统一思想，提高认识，把思想和行动统一到中央的决策上来，解放思想，实事求是，开拓进取，大胆探索，扎实工作，注重实效，齐心协力，推进大开发，保证大开发健康、有序、稳步发展。

相关链接

[1] 1999年12月，自治区党委书记刘明祖在全区经济工作会议上讲话中说，从目前情况看，把内蒙古列入西部大开发的范围已不成问题，并说朱镕基总理已表示同意。但事实上，中央确定西部范围就是西南和西北10省市、自治区，在2000年3月两会期间，新华社发布的消息及国家各媒体报道西部的情况，均没有内蒙古。

"两会"结束后至9月间，有关西部的报道，仍没有把内蒙古列入西部。如《经济日报》3月31日02版，"西部地区利用外资情况"；4月12日02版，"西部形成大规模天然气生产区"和新华社5月2日发的"十大矿产资源集中区域"等等。

[2] 2000年10月，中央进一步明确西部大开发范围为：10+2+3，即西南、西北10省市、自治区+内蒙古自治区、广西壮族自治区+3个自治州（湖南省湘西土家族苗族自治州、湖北省恩施土家族苗族自治州、吉林省延边朝鲜族自治州）。

2000年10月26日，国务院《关于实施西部大开发若干政策措施的通知》（国发〔2000〕33号）指出：西部大开发的重要区域，包括重庆市、四川省、贵州省、云南省、西藏自治区、陕西省、甘肃省、宁夏回族自治区、青海省、新疆维吾尔自治区和内蒙古自治区、广西壮族自治区。

2001 年 9 月 29 日，国务院办公厅转发国务院西部开发办《关于西部大开发若干政策措施的实施意见》（国办发〔2001〕73 号）进一步明确西部大开发的政策措施适用范围，包括 12 个省市、自治区和 3 个自治州。

[3] 2005 年，内蒙古经济发展与研究促进会会长（内蒙古政协原副主席）袁明铎，在第三届会员大会的工作报告中明确指出，我会郝诚之、袁俊芳两位副会长，通过查阅大量人文历史资料，写出《西部大开发不能没有内蒙古》和《这不只是一个简单的地域概念问题——谈内蒙古在西部大开发战略中的定位及其作用》，为使内蒙古自治区列入西部大开发范围之内作出了贡献。

西部大开发中的自治区
民族教育的快速发展

满 达[*]

民族教育是教育事业的重要组成部分，是少数民族地区教育的重点和核心。加快发展民族教育，对于促进民族地区经济社会发展、增强民族团结、维护社会稳定和国家统一都具有重要的战略意义。我在多年从事教育管理工作期间，有幸见证了内蒙古民族教育借西部大开发的春风而繁荣发展的历程。

民族教育发展的结果，可以有效推进民族地区经济社会的发展；而民族教育发展的动力，有赖于经济社会发展的环境。西部大开发有力地促进了内蒙古经济社会的发展，而经济实力的增强又有力地保障了民族教育的发展。回想起来，我在西部大开发以来，参与和推动了不少民族教育工作的开展。

借西部大开发机遇，推进"两基达标"。根据农村牧区教育基础薄弱、办学条件差的情况，2001—2005 年，国家实施第二期"贫困地区义务教育工程"，我区有 30 个旗县被列入工程，分配中央专款 2.75 亿元，自治区配套 1.38 亿元，地方配套 1.32 亿元，总投资 5.44 亿元。将新建和改扩建校舍 62.1 万平方米，购置仪器设备、图书和其他基础设施 0.87 亿元，用于师资培训和资助贫困生等 0.87 亿元。2003—2005 年，国家实施第二期中小学危房改造工程，分配我区中央专款 3.2 亿元，自治区配套 0.9 亿元，计划改

────────────────

　＊ 作者时任内蒙古自治区教育厅副厅长、巡视员，内蒙古自治区党委高校工委副书记等职；现任内蒙古自治区高等教育学会会长。

造 D 级危房 120 万平方米。2004—2007 年，国家实施西部地区"两基"攻坚计划中的"农村中小学寄宿制学校建设工程"，我区未达标的 27 个旗县和三个少数民族自治旗被列入项目工程（专门为三少民族自治旗安排了 1700 万元建设经费）。分配中央专款 5.2 亿元，自治区配套 0.8 亿元，地方配套 1.28 亿元，工程总投资 7.28 亿元。计划新建和改扩建校舍 92.9 万平方米，购置仪器设备及教学生活其他设施 0.71 亿元。2006 年工程目标实现后，全区 101 个旗县全部实现了"两基"达标，全区整体教育水平特别是民族教育水平将得到大幅度提升。

借西部开发机遇，推进贫困家庭学生控辍。根据农村牧区贫困家庭学生控辍难的情况，从 2002 年开始，自治区每年安排 1500 万元专款资助贫困生，有 30 万人受益。从 2004 年秋季开始，自治区实施"两免一补"政策，国家每年补助教科书资金 1.18 亿元，自治区每年补助杂费 1.15 亿元，盟市旗县两级财政筹资 0.53 亿元用于寄宿生住宿补助。这项政策惠及 75 个旗县农村牧区义务教育阶段在校生及特殊教育学生 130.7 万人，占这类学生总数的 80%。这项优惠政策的实施，可一次性解决农村牧区中小学特别是民族学校贫困生的就学困难。这一政策的实施走在了全国的前列，得到国家 2000 万元以奖代补资金。

借西部开发机遇，努力解决历史欠账问题。从 2002 年以来，自治区进一步完善以县为主的义务教育管理体制，教师的管理及其工资的发放全部上收各旗县管理，防止了教师工资新的拖欠。从 2004 年开始，自治区本级每年安排 1 亿元，四年投入 4 个亿解决农村牧区中小学教师国标工资的历史陈欠，其余部分也将由各级财政和其他途径筹措资金逐步解决。自治区每年安排一定数额的专项资金，用于已实现"两基"达标旗县的巩固提高。同时，自治区大力加强现代远程教育网络建设，已有 8327 所农村牧区中小学（含 2783 个教学点）完成了现代远程网络工程任务，其中民族中小学占 19.92%。教育信息化进程的加快，使偏远牧区也可以充分享受到全国全区优质教育资源，弥补教育资源的不足，提高了少数民族学生受教育的质量和水平。

借西部开发机遇，努力提升民族学校学生升学水平。为解决民族学校学生升学面窄的问题，自治区采取逐年扩大预科生招生计划，民族语言授课生到高校后，通过一年预科加强外语、数学等基础课学习，一年后，分散到各专业学习，以加快少数民族应用类、技能型专门人才的培养。为扩大蒙古语授课生源，蒙古语授课生升入区内高校减收的学费补贴由700万元增至1000万元，同时采取国家助学贷款、奖助学金、捐助和增设勤工俭学岗位等途径帮助贫困生完成学业。特别是在教育部和国家民委大力支持下，我区加强与区外重点大学的联系，通过扩大预科生计划等办法，扩大了民族语言授课学生的升学面，使蒙古语授课高中在校生人数连续三年呈现增长势头。

借西部开发机遇，完善民族教育教材。根据蒙古文教材建设遇到的困难，自治区建立和加强了民族院校蒙古文教材编辑审查机构，加强了专职编译和审查队伍建设。内蒙古教育出版社和内蒙古大学出版社积极承担民族文字教材的编译出版任务。从2003年起，我区争取到国家财政资助蒙古文教材编译出版亏损补贴800万元、自治区财政安排600万元，缓解了编译出版蒙古文教材亏损带来的压力。内蒙古教育出版社近年来一直探索"社企两制""事业单位企业化"管理模式和运营机制，既面向市场，探索产业化经营的有效途径，图书种类从几百种增加至几千种，经营效益逐年提高；又把民族文字教材出版作为一项政治任务，采取积极措施、通过其他收益弥补蒙古文教材经费的不足，教材编译出版质量得到逐年提高。目前，内蒙古教育出版社正在积极探索并建立少数蒙古文教材库、民族文献资源库等，大力促进民族教育信息化建设。民族教育资源不足、优质教育资源共享的问题将很快得到解决。

为体育事业的改革和发展鼓与呼

郭 厚 诚*

我是内蒙古自治区第九届、第十届政协委员，兼任政协教科文卫体委员会副主任。第九届政协体育界的委员只有 6 人，第十届减至 4 人。由于体育界的委员人数少、力量单，我深感自己作为政协委员的光荣和责任的重大，暗暗下决心，虚心学习、认真履职、自觉担当、决不敷衍，要为自治区体育事业的改革和发展尽力鼓与呼。

体育事业是我国社会主义建设事业的重要组成部分，是综合国力的重要体现，是经济发展、社会文明进步的重要标志。从某种意义上说，体育是一个国家、一个地区、一个民族的形象、品牌和名片。在全面实现小康社会、实现中华民族伟大复兴的中国梦过程中，体育将会发挥重要作用。任何轻视体育、忽视体育的言行都是错误的。特别是从国家实施西部大开发战略以来，我陷入深思：体育在西部大开发战略机遇期，开发什么？怎样开发？该有什么作为呢？

西部大开发是关系全局的重大国策。然而，一提起西部大开发，人们往往首先想到的是占国土面积 60% 以上的广大西部地区拥有极其丰富的物质资源，而容易忽略人的资源。这种见物不见人的毛病由来已久，这也正是西部地区长期处于相对落后的重要原因之一。从某种意义上说，西部大开发的

---

* 作者时任内蒙古自治区体育局党组成员、副局长，内蒙古自治区体育总会副主席，内蒙古自治区体育基金会副会长；现任内蒙古自治区体育局巡视员，第九届、第十届内蒙古自治区政协委员，教科文卫体委员会副主任。

本质应该是促使西部地区广大人民群众整体素质的全面提高。体育在人的需求层次中，是一种较高层次的需求。人们在解决了温饱之后，必然需要追求较高质量的生活，体育恰恰可以满足人们对身体健康、心理健康、社会交往等多方面需求。因此，体育资源的开发利用，体育的改革和发展就必然成为西部大开发的题中应有之义。

无疑，由于历史和自然的原因，西部地区的经济、社会发展相对落后，体育事业也比较薄弱。体育要反映的问题很多，怎样抓住关键，关注热点，突破难点，因势利导，使更多的人特别是各级领导对体育加深了解，给予关注，成为我经常思考的问题。因此，每次政协开会，我都认真参加会议，听取报告，阅读文件，积极发言，同时把更多的精力放在了调查研究、撰写提案上。在担任政协委员期间，我共撰写提案 22 份，其中 16 份是关于体育的，另有 3 份提案改由政协教科文卫体委员会名义提出。此外，我做过 2 次大会发言，1 次大会书面发言，1 次政协常委会大会发言，也都是关于体育的。同时，协助政协教科文卫体委员会组织体育工作专题调研 2 次，2 次为全国政协专题调研提供了材料。

我的第一份提案是在 2003 年 1 月自治区九届政协 1 次会议期间提出的。

改革开放以来，随着经济的快速发展和社会的不断进步，人民群众的体育健身意识不断增强，对体育的需求越来越强烈，体育逐渐成为群众日常生活的重要内容。特别是 2001 年 7 月 13 日北京申奥成功，极大地激发了群众的体育热情，体育在社会主义建设中的地位更加彰显。但是，体育设施和健身条件的严重不足以及为群众所能提供的体育服务与广大人民群众日益增长的体育需求之间的矛盾，成为制约体育事业健康持续发展的瓶颈。

1995 年第四次全国体育场地普查结果表明，我区体育场馆数量尽管有 1 万多处，但绝大多数欠账太多，陈旧落后，设施简陋，档次不高，场多馆少，效益不高。特别是公共体育场馆只占总量的 1.8%，偌大的内蒙古却没有一个具备举办全国性或国际性大型体育赛事规格的体育场馆。我觉得，应该找一个突破口，促进全区体育场馆的建设，为体育事业的发展提供坚实的物质基础，从而也使体育事业的发展紧紧跟上西部大开发的步伐。何况，西部大开发战略中特别强调加强基础设施建设，没有相应的体育基础设施，体育事业要发展也是一句空话。

2003年1月12日下午，自治区党委副书记陈光林、政协副主席许柏年参加我们小组的讨论。我就自治区体育工作的现状、在全国和国际体坛上的表现和地位、存在的突出问题和主要困难作了发言。陈书记在听完我的发言之后讲，在西部大开发的进程中，自治区党委提出"建设民族文化大区"的奋斗目标是一项重要决策。我们文化、体育、新闻出版界的委员们，关系更为直接。大家要认真考虑，积极建言献策。建设民族文化大区，需要一系列支撑的东西，包括基层的文化设施建设，体育也大有文章可做。许柏年副主席对我说，体育也是建设民族文化大区的重要组成部分。你的发言很好，应该在大会上讲，让更多的人了解体育、关心体育、支持体育。

有领导的鼓励，经过慎重思考，根据全国体育发展的形势，我撰写了《关于建设内蒙古体育中心的提案》。《提案》简明扼要地分析了我区体育场馆设施严重不足对体育所带来的制约和影响，指出建设自治区体育中心对全区体育场馆建设所具有的示范带动作用。特别指出，到2007年自治区成立60周年之际，自治区应该有自己的现代化体育中心。有了这样的场馆，我们就可以通过举办和承办国家级、国际级体育赛事，扩大自治区影响，打造自治区品牌，促进民族文化大区建设，意义重大。此事应该及早谋划，尽快列入投资计划。《提案》内容具体实在，说理充分，符合自治区经济和社会发展实际，顺应广大群众的要求和呼声。我就《提案》在小组会上作了说明，得到了其他委员的一致赞同。朋子兴委员觉得非常好，就主动邀约了25名委员，大家联名共同为之呼吁。

这份提案引起了自治区领导和有关部门的高度重视。自治区财政厅在提案办理答复中说，从公共财政支出的角度看，建设自治区体育中心十分必要，将会认真考虑、适时落实。自治区发改委在提案答复中说，虽然目前尚未列入项目计划，但会在适当时机给予考虑。2004年初，自治区政府常务会议确定，把体育馆、博物馆、乌兰恰特大剧院的建设列为迎接自治区成立60周年的三大献礼工程，同时要求呼和浩特市政府负责解决体育馆用地。

之后，自治区政府多次召开主席常务会或者主席办公会，研究工程建设问题，领导同志多次深入工地视察，足见对建设体育馆之重视。

在自治区三大工程总指挥部领导下，体育馆于 2005 年 5 月开工。在对众多体育馆投标设计方案进行筛选后，经过广泛征求社会各界意见和专家评审，最终选定美国 ZOA 筑众国际设计公司的设计方案。经过两年多的紧张施工，一座拥有 6 千个座位的多功能体育馆拔地而起。同时，由呼和浩特市政府建设的一座拥有 6 万个座位的体育场也同时竣工，与新体育馆并肩矗立，成为自治区成立 60 年大庆的主会场。此外，市政府还预留了建设游泳馆的用地。这两座现代化的体育设施与赛马场、体工队射击馆、摔跤馆等体育设施连成一片，分级负担，综合利用，为下一步建设完善的体育中心奠定了坚实的基础。

新体育馆和体育场的建设，一下子提升了自治区体育设施的水准，起到了很好的带动和示范作用。全区各盟市、旗县兴建体育基础设施出现了前所未有的喜人景象。尤其是进入"十一五"建设时期，体育基础设施的建设渐起热潮。由于体育基础设施的规范化建设，使得各盟市都具备了举办或承办大型综合性体育赛事的能力。全区运动会也终于走出了呼和浩特和包头两地小圈子。通辽市、乌海市、赤峰市相继成功承办了全区第十一、十二、十三届运动会；鄂尔多斯市举办了影响很大的国际那达慕大会，现在正准备迎接第十届全国少数民族传统体育运动会。就连地处偏远的阿拉善左旗，也投资兴建了标准体育场和赛马场，成功承办了全区第六届少数民族传统体育运动会；包头市、呼伦贝尔市、锡林郭勒盟等地的现代化体育中心建设都已形成规模。各旗县也都加快了体育基础设施的建设，赤峰市喀喇沁旗建设的体育中心投资 6 千多万元；满洲里市为每个社区建设了一座不小于 4000 平方米的综合健身楼；东胜区兴建的 5000 多平方米的"松林苑"，功能齐全，为当地老年朋友提供了免费活动场所。全区农牧民体育健身工程全面启动，每年有 200 多个村镇建起了篮球场、乒乓球室；15 个中国体育彩票公益金资助的"雪炭工程"（全民健身馆）分布在边远困难地区。2005 年第五次全国体育场地普查结果表明，我区体育场馆达到 2.2 万处，人均拥有场地面积 2.1 平方米，超过全国平均水平。看到这样的喜人局面，我感到由衷的高兴。可以说，体育基础设施的建设是和自治区西部大开发的基础建设同步进行的。

在政协九届二次会议上，我提交了一份《关于切实解决优秀运动队运动员退役安置问题的提案》。

我区优秀运动队共有 700 个编制，这是一个流动的群体，每年都有一部分运动员因为年龄、身体、成绩、伤病等原因退出运动队，重新安排其他工作。正常年份退役运动员一般在 30—50 人，全运会大赛年份退役 70—100 人左右。几十年来，我国体育实行举国体制，优秀运动员从选拔、训练、竞赛直至退役安置，一直在国家政策的关照下。计划经济时代，退役运动员无论是回原籍还是异地安置，基本能保证各得其所。但是，随着社会转型、国家劳动就业体制的改革，原有的计划安置难以继续实行。优秀运动员从青少年起就参加大运动量训练和比赛，失去了正常学习文化课的机会，最好的青春年华奉献于训练和比赛，他们用血汗赢得过鲜花和掌声，用出色的表现为国家争得了荣誉。一旦退役，由于文化基础知识薄弱，劳动就业技术技能缺乏，多数人带有伤病，在日益加剧的就业竞争中，显然是一个弱势群体。许多退役运动员滞留家庭、滞留运动队，有的长达六、七年也找不到落实单位，生活没有着落。有的退役运动员找到我，当面述说苦衷，让人揪心。在役运动员看到师哥师姐都在为出路犯愁，普遍担心自己的明天，训练不安心，成绩下滑，队伍不稳。出口不畅，进口必然会受阻，竞技体育将会陷入后继乏人的困境。妥善解决运动员退役安置问题迫在眉睫。

2002 年，国家体育总局、中编办等六部委制发了《关于进一步做好退役运动员就业安置工作的意见》，但是一直落实得不够得力。在西部大开发战略实施过程中，应当把对人的关怀放在重要位置，这也是民生大计。我感到必须把这个问题提到领导的重要议程。我在这份提案中，分析了解决这个问题的必要性和急迫性，有针对性地提出实行两条腿走路的办法：有条件的继续实行计划安置；而重点可以放在实行合理货币补偿、鼓励自主择业方面。货币补偿可参照运动年限、运动成绩、技术等级、补偿基数等因素综合计算。所需资金由各级财政分级负担。我的提案引起许多委员的共鸣。陈明、朋子兴、忠乃、朝鲁等委员都签了名。

这份提案被送交多个部门办理。在自治区体育局的积极努力下，自治区法制办破例将运动员退役安置问题列入政府规章立法计划，在综合自治区人事厅、劳动和社会保障厅、财政厅等意见的基础上，与自治区体育局组成联合工作组，进行区内外调研，广泛征求意见，吸收兄弟省区市的经验，起草了《内蒙古自治区优秀运动队退役运动员安置办法（草案)》。

2004年10月，杨晶主席主持政府常务会议对这一《草案》进行了讨论。领导们认为，做好优秀运动员退役安置工作十分重要，直接关系到我区竞技体育能否健康持续发展，关系到竞技体育水平能否不断提高，关系到队伍的稳定和人才群体建设。安置原则要坚持从实际出发，顺应市场经济发展需要，确保运动员的合法权益，在经济补偿的前提下以自主择业为主。同时，要鼓励运动员上学深造，提高文化水平和综合素质。对世界三大赛（即奥运会、世界锦标赛、世界杯赛）取得优异成绩的要予以重奖，区内高校要优先录取。会议要求《草案》要在继续调研基础上做进一步修改。

根据会议要求，自治区体育局、法制办抓紧工作，到体工队召开座谈会，当面征求运动员、教练员的意见，向各盟市发函征求意见，多次与财政厅、人事厅、教育厅等部门协商。数易其稿，定名为《内蒙古自治区优秀运动队自主择业退役运动员经济补偿办法》（以下简称：《办法》）。在北京奥运会成功举办、全社会高度重视体育的大好社会氛围促进下，2008年8月21日，由巴特尔主席主持政府常务会议，再次研究了退役运动员就业安置问题，一致通过了这一政府规章。文件精神立足于合理补偿、鼓励自主择业上。退役运动员的经济补偿包含了基础补偿费、运龄补偿费、成绩奖励费、社会保险补助费等，补偿标准也有了明显提高。对升入自治区高校学习的，根据运动成绩采取免试保送和适当降分录取等优惠措施。在职业转换过渡期，可以继续参加社会保险并享受有关待遇。每年所需安置经费由自治区财政负担70%，列入年度财政预算；其余部分通过自筹、社会捐助和体育彩票公益金安排。这样，退役运动员一般可获得10万元以上的补偿，成绩好的可获得二三十万甚至更多的补偿。

《办法》一经公布，立即引起强烈反响。广大运动员奔走相告，纷纷到主管部门索要文件，了解政策解释，普遍反映这样的政策规定符合运动员的实际，符合民心，补偿标准普遍感到可以接受。体工队的领导也反映，现在队伍好带了，运动员比较安心。一些过去的遗留问题也得到解决。一些省区市体育部门得到信息后，纷纷来人来电，索要文件，以为借鉴。经过近四年的努力，我的提案终于得到落实，我感到十分欣慰。

随着西部大开发的不断深入，我越来越感到，全面提高人民群众的素质才是经济发展、社会进步的根本。不管人的素质表现有多少方面，必须要有健康的身体和心理作为载体。身体孱弱的民族是没有任何希望的民族。因此，我觉得作为一名政协委员，既要反映体育工作的实际问题，更要思考关系体育全局的大事，促进体育工作新局面的形成。发展体育运动，增强人民体质，这是体育工作的根本任务和指导方针。但是影响全民健身的因素诸多，困难和问题不少，必须要有突破性进展。

2004 年 7 月 14 日，政协教科文卫体委员会开会研究下半年工作安排，我建议对全区全民健身工作组织专题调研。委员会决定由专职副主任邵淑君和我带队，与体育局组成调研小组，深入部分盟市开展实地调研。同时，将调研提纲印发各盟市，由当地政协组织调研，上报书面调研报告。陈明、朋子兴、忠乃等委员参加了调研。

2004 年 11 月中下旬，调研小组先后到乌海、赤峰和呼市，深入体校、中小学、企业、社区、乡镇、体育场馆、体育经营场所进行实地考察，与教练员、运动员、学生、教师、干部、企业家、社会体育指导员、晨练群众代表等各方面人士进行座谈。《调研报告》综合了各盟市调研情况，在总结近年来我区全民健身工作成绩和经验的基础上，剖析了存在的突出问题。认为主要表现是：对全民健身工作重视不够，基层体育机构普遍被削弱；体育投入严重不足，国家 15 年前提出的每年人均 0.2 元的体育活动经费没有落实；体育基础设施不足，学校和企事业单位的体育场馆基本没有向社会开放，群众健身没有合适的场地，树荫底下打扑克，马路边上下象棋；违法侵占体育场地的现象时有发生，自治区地方法规关于"城市居民区要保证人均0.2平方米体育用地"的规定基本没有落实；基层业余训练滑坡，体校办学条件很差，难以为继等。

2005年1月政协第九届第三次会议召开之际，钟玉堂主任要我根据调研情况，以教科文卫体委员会名义起草一份提案，借以增加分量，扩大影响，增强力度。此要求正合我意。我代拟了《加快构建全民健身体系的提案》。大会还安排我作了题为《大力发展体育事业，加快构建面向大众的全民健身体系》的大会发言，引起强烈反响。

政协办公厅将《我区全民健身状况调研报告》送至自治区领导手中。乌兰副主席非常重视报告提出的问题，对全民健身乃至整个体育工作的改革和发展作了长篇批示，指出全民健身事关全区经济建设和社会进步的大局，绝不仅仅是体育部门一家的事。《调研报告》提出的问题应该引起各级领导和政府部门的高度重视，报告所提出的各项建议对改进体育工作十分有益，应该采取切实措施组织落实。乌兰副主席的重要批示也为当年全区体育工作会议明确了主题和基调。2006年1月政协九届四次会议，杨晶主席在《政府工作报告》中明确提出："大力发展群众体育，优先发展民族体育，有选择有重点地发展竞技体育。重视发展体育产业。"这一方针完全符合自治区实际。全民健身工作有了新的转机，使我备受鼓舞。

此后，我抓住机遇，在每年的政协会议上，不断提出相关提案，从不同角度呼吁，促进解决全民健身和体育发展中的关键问题。比如：《关于建设和实施草原万里健身长廊工程的提案》《关于增加群众体育经费拨款的提案》《关于依法保护公共文化体育设施的提案》《关于依法加强社区体育设施建设和管理的提案》《关于实施"阳光工程"，进一步加强中小学体育设施建设的提案》《关于开展体育名城名乡评选命名活动的提案》《关于加强竞技体育工作的提案》等。

令我高兴的是，这些提案涉及的工作，近几年都有了长足发展，有的提案很快就得到令人满意的答复。

以政协教科文卫体委员会名义提出的《关于加快构建全民健身体系的

提案》，被列入了自治区"十一五"规划和第八届党代会文件中，也列为体育部门的重点工作。《关于将"草原万里健身工程"列入自治区新农村新牧区建设规划的建议》，也被自治区新农村新牧区建设规划所采纳。在自治区领导的亲自关心下，用于全民健身的经费有了大幅度增长。从 2006 年起，自治区本级财政下拨的群众体育经费由过去每年的 15 万元，一下子增加到 135 万元。各盟市、旗县也都有不同程度的增长，大多数地方超过了人均 0.2 元。

我在 2009 年 1 月提出的《关于开展体育名城名乡评选命名活动的提案》被自治区体育局列为一项重点工作。4 月体育局就办理了答复；5 月 14 日，自治区体育局与自治区广播电视局等联合组织了隆重的体育名城名乡评选命名活动启动仪式，并及时下发了《通知》，提出了评选命名的条件和办法，成立了评选委员会。内蒙古电视台组织记者分东、中、西三组到候选地区拍摄专题片。全区各地热烈响应，一下子就申报了三十多个候选名单。2010 年 3 月 10 日，自治区全民健身委员会、体育局、体育总会、广电局、电视台联合发文（内体办字〔2010〕10 号）《关于命名莫力达瓦达斡尔自治旗等为 2009 年度"体育名城名乡"的通报》，在 36 个申报项目中，初评委员会选出 15 个在内蒙古电视台《体育新视野》栏目进行了展播，有力地宣传了民族体育和体育品牌。经过专家和群众评选，最终评选出 8 个旗县区市为 2009 年度"体育名城名乡"。即：呼伦贝尔市莫力达瓦达斡尔自治旗——曲棍球之乡；兴安盟阿尔山市——滑雪之乡；兴安盟科右中旗——赛马之乡；通辽市库伦旗——安代健身舞之乡；赤峰市巴林右旗——射箭之乡；锡林郭勒盟西乌珠穆沁旗——博克之乡；巴彦淖尔市乌拉特后旗——驼球之乡；阿拉善盟左旗——沙力搏尔摔跤之乡。在内蒙古这片民族体育热土上绽放出一朵朵绚丽的体育之花。

令人振奋的是，在各级领导和全社会的关注支持下，自治区体育系统奋发图强，改革创新，从全国十运会兵败南京的阴影中走了出来，竞技运动水平有了大幅度提升。在北京奥运会上张小平勇夺金牌，实现历史性突破。王浩、储亚飞、张莹莹等一批小将脱颖而出，在国内国际赛场上连创佳绩。在全国第十一届运动会上彻底打一个翻身仗。

更值得一提的是，在大家还沉浸在对北京奥运会盛典回味之际，2008年9月，第十一届自治区人大常委会第四次会议，审议通过了《内蒙古自治区全民健身条例》。这是我区关于体育工作的第四部地方立法，也是专门针对全民健身的第一部地方立法，全民健身工作有了法律遵循和有力保障，无疑将对促进全民健身开展、保障公民合法权益、增强公民身体素质、提高群众生活质量产生巨大而深远的影响。这是一项长远的基本建设。我在四年前提出的应该对全民健身进行立法的建议，今天看到了非常满意的结果。

这些年来，通过撰写提案的实践，我感触良多。随着我国经济体制、政治体制、文化体制的深入改革，政协的地位在不断加强，政协的影响在不断扩大，政协的作用在不断彰显。提案不仅是政协委员参政议政的重要形式和手段，而且办理提案也成为各部门、各单位的大事和重要工作。通过提案的办理，广开言路、关注民生、转变作风、接受监督、改进工作、推动改革、促进发展。我体会，要提出具有价值的提案，就要紧紧围绕党和国家中心任务，围绕建设大局和时代主题，尤其是在西部大开发战略的实施过程中，必须抓住机遇，借助国家给予的特殊政策，顺应发展潮流，借风鼓帆，方能进入主流，加快发展。首先要加强学习、掌握政策、调查研究、了解实际。其次，提案内容要贴近现实、贴近生活、贴近群众、贴近社会关注点；力求主题突出、事实有据、建议得当、有利操作。通过撰写提案，对自己的学习、见识、能力、工作等都是很好的锻炼和促进。我作为一名政协委员，能为大局做点小事，发挥点作用，深感荣幸。

记巴银高速的建设者们

袁红雁[*]

　　我们内蒙古属于少数民族地区、边疆地区、贫困地区，而当时中央不太了解我们的区情，一开始没有把内蒙古列入西部大开发战略的范围。这就需要我们通过各种渠道来反映我们内蒙古的区情。说明西部大开发与内蒙古的利害关系和西部大开发对于内蒙古的必要性，西部大开发若不包括内蒙古，对于国家西部地区的建设是不完整的。因此，西部大开发，不能没有内蒙古。而西部大开发的重大意义不亚于改革开放。改革开放是一个全国性的大的转折，西部大开发是改革开放以后，国家总体建设当中相对薄弱但不可缺少环节的补齐和推进。

　　2000 年，内蒙古自治区被国务院正式批准纳入西部大开发范围以来，通过一系列优惠政策的相继实施，在内蒙古各族人民的艰苦奋斗下，经济社会发展实现了巨大跨越，呈现出边疆稳定、民族团结、经济发展、人民安居乐业的喜人变化。

　　但是你了解夏日的内蒙古吗？高原上的天穹苍茫浩渺，高悬其上的太阳硕大无朋，倾泻着无边的烈焰，不仅会烤炙着天地万物，而且会让所有的生灵经受磨砺……冬天的贺兰山，天地间的景物惟余莽莽，北方袭来的寒风刀刻剑刃，刺骨而穿心的朔风，直令这边关冷月更是充满着无尽的苍凉与冷漠！所有的人在这高远广阔的天地之间，渺小如微尘豆芥。以往作为人的骄

---

* 作者系内蒙古自治区政协文史资料委员会办公室主任。

傲，此刻站在这里往远处望，几乎一切都比自己高大。近处的房子，稍远的树木，再远的山，都很高大。很多东西都得让你仰视。但若是换个位置，登到贺兰山顶上俯瞰一切，却感觉自己就像在云里一般。透过朦朦胧胧的云层看去，无论是重重叠叠的群山，还是那片片村庄和牧场，却也都在自己的脚下，重又唤起了作为人的那份豪气与壮怀！

当我以记者的身份，采访和走访武警交通七支队巴彦浩特至银川高速公路，内蒙段 BYLJ-8 合同段的建设者们的时候，我才知道，穿越了黄土高原，跨过了戈壁沙漠，直到他们所在的、位于贺兰山下的施工现场时，才真正领略了什么是环境艰苦，什么是拼搏奉献的真正内涵。

行路难、吃水难、致富难，这种种困难像一座大山一样，压在建设者们的身上，成为他们幸福生活的"拦路虎"，也阻碍了前进的步伐。因为只有在如此恶劣的自然环境下面，才能真正凸显人的伟大和人性中所蕴含的坚韧与顽强，在素有"攻如猛虎"之称的武警交通七支队的将士们面前，这里成为他们再一次将战旗插上高原之巅的又一个战场。巴银高速公路穿越贺兰山由内蒙古进入宁夏川，沿线的明代长城凝视着这群虎虎生威的"筑路铁军"，高悬的边关冷月惊讶地关注着这支屡建战功的英雄部队，而他们，我们心中和眼中这支穿贺兰山、战巴银的建设者队伍又将会演绎一幕什么样的传奇故事和感人场景呢……贺兰山下的建设者们。

贺兰山下的边关冷月和将军敖包在这里演绎着独具特色的蒙古族文化，阿拉善戈壁沙漠的博大神奇在此向人们展示无限深邃的大漠魅力。因此，被称为："巴银高速公路是一道地域风景线，蕴含于内的是'自然与和谐'，而'展现自然、促进和谐'是巴银高速公路的时代特点。"

能够参与这样的一项被称为内蒙古自治区"三横九纵十二出口"公路规划网重要出口之一的，向南延伸连接祖国内陆，向北延伸连接边关口岸，使其成为发展区域经济的大通道重点工程建设，对于每一支参与施工的筑路队伍来讲都是一次挑战极限、展示自我、树立形象的机遇，同时也是一个检阅参建队伍综合实力和整体素质的大舞台。

面对这样的背景与舞台，面对这样的挑战与机遇，早已在内蒙高原鏖战多年并积累了相应的高原施工经验的武警交通七支队的筑路英雄们在接受了巴彦浩特至银川高速公路内蒙段的施工任务后就跃跃欲试，摩拳擦掌，以革命英雄主义的大无畏气概迅速集结，整合优势兵力，配备精良装备，并且由多年在内蒙负责片区经营协调的支队副队长柴明查蹲点值守，成立了以杜咸卫为项目经理，李志华为教导员，姚文选为总工程师的"巴银高速BYLJ-8标项目经理部"，出征这一既艰巨又光荣的内蒙古自治区"十一五"重点工程建设任务。项目主任杜咸卫是1976年生人，具有桥梁工程专业知识的他1997年入伍，多年来曾随部队转战多个重点工程建设现场，周围的战友评价他就是学习上勤奋刻苦，工作上兢兢业业，管理上精明强干。这次在巴银高速任项目部主任虽说是第一次，但他常年转战内蒙古许多公路建设项目的积累和历练为其大显身手积淀了深厚的功底。与其搭档的李志华、姚文选等人也是20世纪70年代后出生的新一代具有扎实理论功底和丰富实践经验的修路架桥人，这样的一个充满着朝气的项目部领导班子一定会在巴银高速内蒙古段路基第八合同段（起点 K60+400，终点 K69+200，路线全长 8.8 公里，中标价 1.25 亿元）发挥重要作用。贺兰山壮观归壮观，风景绝美却为大地挺起了脊梁，使之成为内蒙古西北地区交通发展的巨大障碍。为了实现"穿越贺兰山，东西变通途"的梦想，2008 年 10 月，随着一声开山筑路的轰然巨响，巴银高速公路的建设就吹响了动工的号角，素有"攻如猛虎"之称的武警交通七支队旗下的巴银高速 BYLJ-8 标项目经理部的建设者们就将自己的战旗插到了贺兰山下的这个火热的建设工地上。"清表土 34098 立方米，挖方总体积 1125488 立方米，填方总量 708771 立方米，工期 10 个月"，武警交通七支队巴银高速项目部承担的第八标段位于贺兰山自然保护区，沿线山石林立、光缆电线交错、天然气管道纵穿。工程量之大、难度之高、干扰之多成为对这支初到贺兰山的部队的严峻考验。

巴银高速 BYLJ-8 合同段的整个工程，以土石方工程为主，所以爆破石方就成为工程是否可以顺利实施的关键之所在，石方的爆破和挖除进度将直接决定整个工程进度。

土石方爆破开挖伊始，项目部就根据工程特点迅即组成了"党员突击队"、"团员突击队"投入战斗。本来安排好三班倒，但战士们都自觉加班加点，一干就是十七八个小时，很多战士从工地上回来后，累得顾不上洗漱倒头便睡着了。

就连后勤的炊事班也不甘示弱，他们利用送饭的时机，在工地上也要抢着干一阵子。整个项目部的大战气氛用现今最常用的一句话描述就是"白加黑""5 加 2"，意思就是不分白天黑夜；没有双休日。

工期紧、任务重不说，标段内还遇到了爆破段岩石情况各异，地形条件极其复杂的挑战，再加之沿途西气东输的天然气管道和二级路伴随，施工中稍有不慎，就会造成不可估量的损失，不仅给国家财产带来不必要的损失，而且还会大大地影响施工进度。

在这种情况下，项目部一班人科学安排，精心组织，以集思广益，巧妙施工来应对一个又一个的困难。尤其是项目部总工程师姚文选为了攻克爆破难题，和战士们一起吃住在工地，加班加点试验，最终战胜了困难，赢得了宝贵的施工时间。说到爆破这个内容，这里还得提一下的就是 BYLJ-8 标项目经理部在爆破材料管理方面独创出了一套先进的管理经验，在建管办组织的精细化管理劳动竞赛评比中，因民爆物品管理工作突出，被评为优胜单位，获奖金 5 万元，其先进经验在巴银高速全线予以推广。这些突出的表现和业绩都较好地树立了"武警交通"的品牌。在巴银高速的建设现场唱响了一曲感天动地的英雄歌……巴银高速显神威。

交通七支队是一支在解放战争和抗美援朝战争中屡建战功的英雄部队，曾参加过著名的"上甘岭"战役，所属连队被志愿军总部授予"五音山功臣连"、"突破三八线尖刀连"和"团结互助集体"等荣誉称号。组建 60 年来，支队党委始终把弘扬"上甘岭"精神作为建队育人的宝贵财富，激励着一代代筑路官兵立足西部，拓路不止，在祖国各地先后建设了 30 多项精品工程，为我国公路建设作出了突出贡献。

进入新世纪以来，支队一班人在新形势下锐意进取，不断创新，提出了要继续发扬特别能吃苦、特别能战斗、特别能奉献的"三特别"精神，为响应全面建设小康社会新胜利而奋斗的口号，力争要在共和国的经济建设中再立新功。

也就是在这样的追求和奋斗中，战斗在巴银高速的 BYLJ-8 标项目经理部的将士们更是克服了常人难以想象的种种困难，逆境奋起，在巴银高速的建设现场尽显了筑路铁军的神威。贺兰山区常年风沙弥漫，工地上吃饭的碗中经常吹进沙子。战士们风趣地说："老天爷都给我的饭菜加佐料了，看来一定能成功！"在土石方爆破开挖的过程中，项目部的工程技术人员根据地质条件创新了施工工艺，采取了"大孔距、小间距"爆破技术，这一新工艺的试验成功并迅速采用，不仅使得土石方挖除工程进度明显加快，而且施工安全和环境保护都得到了有力保障。由于贺兰山区属典型的中温带干旱区，春季寒冷天气持续时间要比内地长得多，时常还会下雪或刮沙尘暴，战士们经常穿着棉衣、戴着风镜奋战在施工一线。但就在这样艰苦的条件下，建设者们从没有一个人喊苦叫累，更没有人因此而退缩。有的战士手冻得裂了口子，晚上睡觉都辗转难眠，但是一上工地，大家奋勇争先仍然士气高涨，谁也不甘落后。施工生产争上游，文明建设也要创一流。这就是巴银高速公路内蒙段 BYLJ-8 标项目经理部的建设者们的共同追求。项目部一班人在施工生产的同时还积极教育引导部队官兵从构建和谐社会，发扬优良传统，保持安全稳定的高度，同驻地人民群众保持紧密的血肉联系，视驻地为第二故乡，积极参与和支援驻地的经济建设。通过广泛开展双拥共建、扶贫帮困、兴教助学等活动，先后出动兵力 130 余人次，机械 40 多台次，车辆60 余台次，并组织人员到驻地中心小学进行军训，与阿盟政府培育共建林，植树 200 余棵，受到阿盟电视台的专访，用实际行动赢得了当地政府和各族人民群众的广泛赞誉和真心拥护，树立起了武警交通部队威武之师、文明之师的良好形象，在贺兰山下把自己队伍的鲜艳旗帜飘得猎猎作响……在BYLJ-8 标项目经理部的建设者们的共同努力下，该标段的工程进度和工程质量都在不断攀升。截至 2009 年 8 月 20 日，他们就累计完成投资 6389 万元，占总造价的 71.3%。今年"五一"之际，内蒙古阿拉善左旗交通局专程到部队慰问官兵，巴银高速建管办主任姚书文在讲话结束时即兴送给部队一副对联："金戈铁马贺兰山下铸精品，筑路英豪三关口内树丰碑"。淋漓尽致地将武警官兵苦战贺兰山下的英雄气概刻画了出来。阿拉善盟交通局局长乌兰巴根也在多次的视察和检查中，对这支英雄队伍的表现予以了极高的评价。人们可以拭目以待，就在不久的将来，当巴银高速公路建成开通之际，当一辆辆汽车风驰电掣般地行使在贺兰山下的时候，武警交通七支队建设者们的心血和汗水，必将化作彩虹守望相助打造祖国边疆这道靓丽的风景线……

我认为真正的幸福就是让老百姓的生活环境稳定，人民安居乐业，没有安定的生活环境，何谈幸福？西部大开发战略的实施，让老百姓真正得到了实惠。

气象，在融入中成长

——写在实施"西部大开发"战略15周年之际

乌 兰[*]

2002 年 3 月，受自治区党委和中国气象局党组委派，我从教育部门调入内蒙古气象局任党组书记、局长。回首这 13 年的气象工作经历，恰与自治区实施西部大开发战略同步。作为亲历者和见证者，真是感慨良多。

气象，对我而言是个全新的工作领域。上任之初，我年仅 45 周岁，无论是气象管理经验还是专业素质，与岗位要求相比都有欠缺。为尽快适应新岗位的要求，我深知只有加强学习，尽快转换角色，方能不辱使命。我也深刻感受到，气象作为专业性很强、覆盖面很广的一个行业，只有紧密融入自治区经济社会发展的实践，才能更好地发挥作用，履行职责。通过深入学习和研讨，自治区气象局党组将生态气象服务、人工影响天气、航空气象服务、气象防灾减灾、农牧业气象服务、清洁能源开发利用等作为气象部门响应自治区西部大开发战略的重点服务领域。十多年的实践证明，气象部门在为自治区经济社会发展作出积极贡献的同时，气象事业自身也实现了良好发展。

全力服务北方生态防线建设

内蒙古东西狭长，是祖国北方重要的生态屏障。纵向跨越寒温、中温、

---

* 作者系内蒙古自治区气象局党组书记、局长，中共内蒙古自治区第八届党代会代表，内蒙古自治区十二届政协常委。

暖温三个气候带，横向跨越湿润、半湿润、半干旱、干旱、极干旱五个气候区。独特的气候类型，使境内降水时空分布差异极大。加之荒漠化、森林草原火灾、地下水位下降及气候变化带来的多方面影响，导致这一屏障十分脆弱。

局党组研究决定，气象部门要融入《内蒙古实施西部大开发战略规划纲要》格局，在做好传统气象业务服务的基础上，充分利用3S技术建设内蒙古生态环境监测工程和气候生态监测评估系统。2003年，我们编制完成《内蒙古气候生态环境监测系统总体方案》，并于当年12月通过论证。2004年2月，召开全区气候生态环境监测工作会议进行全面部署。我们组建了自治区生态与农业气象中心，推进农业气象、牧业气象、生态与林业气象、遥感监测、新技术开发等科研和业务发展；在全区部署了涵盖森林、草原、农田、湿地、荒漠五大生态类型46种要素的全国最大的生态气象监测网；推进各盟市组建生态与农业气象监测评估服务机构，各旗县组建生态与农业气象监测站点，形成了内蒙古独有的"两级评估、三级监测、职责明确、流程清晰"的生态与农牧业气象业务服务体系，并于2004年5月1日起实现业务化运行。

这一紧密融入我区生态建设的农牧业气象服务体系，很快得到各部门的认可与支持。自治区发改委、财政厅、审计厅、监察厅、林业厅、农牧业厅、水利厅、气象局根据各自管理职能和任务分工，联合下发了《内蒙古自治区生态环境建设重点项目管理办法（试行）》。该管理办法明确："自治区气象部门负责京津风沙源治理等工程区建设状况的遥感监测和地面监测订正，提供以苏木乡镇为单位的监测对比数据，对自治区生态重点区域的生态环境动态进行监测，为政府和相关部门提供监测数据和卫星影像产品，并协助财政部门监管本行业项目建设资金。"

多年的工作实践证明，无论是在组织体系方面，还是在业务技术体系方面，当时的决策无疑是正确的。目前，结合卫星遥感、地理信息和卫星定位三项技术，全区各级气象部门能够做到为各级党政部门提供分时段、分区域的生态演变信息，这些决策服务信息已成为自治区生态保护与建设的重要依据。如"关于呼伦湖水域生态环境监测分析的报告"被中共中央政策研究室《简报》转载后，引起党中央、国务院和自治区党委政府的高度重视，温家宝总理作出了"要下决心对呼伦湖的生态治理，避免沼泽化。请水利部、内蒙古区政府研究"的重要批示，时任自治区政府主席杨晶、常务副主席任亚平分别作出了重要批示。在国家领导人历次视察内蒙古生态过程中，气象部门的监测评估信息是汇报材料中的重要组成部分，不可或缺。此外，在自治区实施京津风沙源治理等重点工程过程中，在自治区有关部门争取国家的政策支持和资金投入工作中都有气象的身影，也使得社会各界对气象工作的了解更加深入。

大力提升人工影响天气作业效益

西部大开发的实施，使得我区人工影响天气能力和所发挥的经济社会效益实现了巨大提升，这一点给我体会最深。本世纪初，我区遭遇了罕见干旱，沙尘天气日数最多年份超过了 50 天。如何解决？这牵动着各级领导的心，牵动着人民群众的期盼。我们思考，应充分发挥气象部门在开发云水资源方面的科技优势和作用，为减少和降低旱灾影响做出应有的贡献。

人工增雨抗旱工作得到了时任自治区领导储波、岳福洪、雷·额尔德尼等同志的特别关注，分别作出指示和要求。在雷·额尔德尼副主席的领导和主持下，内蒙古气象部门编制完成人工影响天气业务建设方案，并获批了专项工程，人工影响天气业务服务发展从此步入快车道。截至目前，内蒙古已建成全国规模最大、影响最广的人工影响天气业务服务体系，并已实现从单纯抗旱减灾向水库蓄水、生态保护与建设、森林草原防扑火、重大社会活动服务保障等多元目标的转变，从单季节作业向全年作业的转变。飞机增雨年均作业 130 多架次，飞行作业 360 余小时；地面火箭作业年均约 1100 次，消耗火箭弹约 9000 枚。飞机火箭增雨影响区域约 60 万平方公里，每年增加自然降水量约 20 亿立方，相当于增加 40 座中型水库的库容，投入效益比约为 1：40。防雹高炮作业年均约 1200 次，消耗炮弹约 36000 发，有效防护农区面积约 4000 万亩，年均减少雹灾损失 3 亿元左右。今天的人工影响天气工作不仅成为自治区防灾减灾的重要措施，更是一项涉及千家万户、维护广大农牧民切身利益的惠民工程。

除了增雨抗旱、防御冰雹，人工影响天气还在历次森林草原防扑火工作中建功立业。特别是自 2006 年 "5·25" 免渡河森林火灾防扑火开始，气象、林业、森警 "三位一体" 模式形成，至今运行十年来日臻完善，成为全国多部门合作抗灾的典型。在呼和浩特市举办的首届昭君文化节活动中，我们在呼和浩特市上游 30 公里处，周密部署作业装备开展消雨作业，消雨效果明显，保障了市区重大活动的顺利进行。此外，伴随人工影响天气业务的发展，气象部门还帮助地方军工企业 556 厂成功地实现了转型。通过开展人工影响天气系列产品的研发，使这家当年曾被乌海市政府列入破产名单的企业起死回生。目前，该厂研发的人工影响天气产品已达 4 个系列、9 个品种，推广至全国 20 多个省市自治区，进入稳步发展阶段。

目前，全区共有增雨飞机 8 架，其中自购 6 架；增雨火箭 300 余部；防雹高炮 500 余门。同时，还建有自治区人工影响天气重点实验室 1 个，专（兼）职从业人员达 2300 余人。《内蒙古自治区人工影响天气条例》已通过自治区人大审议，即将颁布实施，将推动全区人工影响天气工作步入依法管理的新阶段。

为交通安全提供服务保障

内蒙古在西部大开发战略实施过程中，铁路、公路、支线机场等交通事业实现了跨越式发展。我们思考，气象条件对于交通事业影响极大，在交通领域怎样实现气象部门的作为呢？

一方面，我们把着力点放在旅游交通气象服务方面。充分利用地理信息系统和国土数据专门研发交通气象服务平台，为呼和浩特铁路局、沈阳铁路局及高速公路公司等部门提供适时的道路结冰、雪阻、风沙等各类气象信息，全力服务交通线畅通。另一方面，我们抓住自治区航空服务业快速发展的契机，积极参与支线机场民航气象台承建。在 2002 年乌海机场建设中，市气象局与机场公司达成共享、共建意向，得到了时任乌海市委书记赵忠、市长白向群两位领导的肯定和支持。由于合作共建的民航气象台得益于国家气象的依托，所提供气象服务得到机组高度评价；气象部门派驻的观测员、预报员、机务人员最早获得执照并独立值班。国家民航总局对乌海机场的建设运行给予高度评价：建设时间最短、投入经费最低、运维人数最少。其中，气象部门的替代性服务功不可没。

在总结乌海成功经验的基础上，结合近年来自治区支线机场发展的新需求，内蒙古气象局于 2010 年 4 月成立了航空气象服务中心，并确定了"为承接服务的支线机场民航气象台提供技术支撑和指导"的发展定位，各项科研业务服务工作有序推进。截至目前，全区各级气象部门已为乌海、二连浩特、阿尔山、满洲里、根河、阿拉善左旗、阿拉善右旗、额济纳旗等 8 个支线机场提供民航气象服务，年均保障航班安全运行 12800 余架次。气象部门介入民航气象台的服务实践，使我区在全国各省区气象部门航空气象服务业务发展中发挥了示范带头作用。

保护经济建设成果和人民生命财产安全

我区是气象灾害易发、多发、重发地区。全国十四种气象灾害中除了台风之外内蒙古都有，而且还有地方性特征鲜明的黄河凌汛、潮塌、干热风、桃花汛、草原白灾、森林草原火灾等衍生次生灾害。多年实践表明，许多地方因灾致贫，因灾返贫，甚至部分群众因灾倾家荡产，影响社会稳定大局。这使得气象工作者强烈地感到自身的使命意识，做好气象防灾减灾也成为历代气象人的努力方向。

那么，如何加强气象防灾减灾呢？我们认为，首先是要加强气象灾害监测能力。在实施西部大开发之初，内蒙古仅有 119 个气象站，平均 1 万平方公里 1 个。这些气象站的数据在宏观层面、大的气候背景下可用，但面对微观或局地天气变化时就难以说清，严重影响着预报准确率的提升，而社会公众并不清楚预报准确率不高是监测站点稀疏的原因，也一定程度上影响了气象部门的声誉。在此背景下，我们积极向中国气象局、自治区各级党委政府汇报气象监测站点不足的困难和影响，得到了自治区政府的高度关注。分管副主席郭启俊、刘新乐、王玉明同志先后多次赴中国气象局进行沟通协调，争取在气象灾害监测站点、雷达布网、预警能力等建设方面的政策支持。各级气象部门也不断加大站网密度，努力提升观测精度和数据传输能力。截至目前，共建设区域自动气象站 1600 余个，天气雷达 11 部，气象卫星接收系统每天接收 11 颗卫星的数据资料。气象灾害监测能力、数据传输能力大幅加强，有效支撑了预报能力的提升。

在强化气象灾害监测能力建设的同时，我们发现气象防灾减灾组织体系也存在欠缺。旗县以下没有气象防灾减灾组织机构，在具体实施气象灾害防御过程中时常感到无奈。在此艰难状况下，我们借乡镇调整的契机，建立了"多元合一"的气象助理员制度，在巴彦淖尔市试点成功的基础上在全区进行了推广。并以气象信息员、志愿者队伍为补充，形成了全区气象灾害防御组织体系，实现了组织体系的向下延伸。此举成为气象防灾减灾体系建设的一个创新，得到中国气象局认可并在全国推广。近年来，我区气象灾害发生的总量并未明显减少，但灾害造成的损失明显降低，从十多年前占 GDP 总值的 4% 降至目前的 1%。在这一成绩的背后，反映出我区气象灾害监测预报能力得到提升，气象灾害防御的组织体系的工作机制趋于健全，综合表现了我区气象防灾减灾能力建设和社会体系建设的成果。

如 2012 年 6 月 25 日至 28 日，巴彦淖尔市发生有气象记录以来罕见强降水天气过程，引发大范围山洪、城区内涝、农田渍涝、危房倒塌、路桥损毁等严重灾害。自治区、巴彦淖尔市及所属旗县气象工作者密切配合，加强灾前监测、预报预警，灾中预估、跟踪服务等各环节服务工作，及时向政府抗灾抢险应急处置提供周到服务，为最大限度地降低灾害损失做出了积极贡献。灾后，根据政策性农业保险及政府救灾的需求，气象部门出动飞机实施航空遥感，并结合卫星遥感和地面调查等技术手段，向自治区和巴彦淖尔市政府提交了农业损失定量化评估报告，为政府实施灾害救助提供了重要决策依据，成为了国内首家开展气象灾害定量化评估的单位。此外，气象部门还与其他部门合作开展了麦后移栽向日葵等气象适用技术，变一季为两季，提高了土地利用率。特别是暴雨洪涝灾害发生后，采用麦后移栽向日葵技术进一步减少了百姓因洪涝灾害造成的损失。自治区分管农牧业工作的李佳副书记、王玉明副主席对气象科技在防灾减灾中作出的贡献给予了高度肯定，气象灾害评估工作也得到了社会各界广泛认可。

多年来，气象部门利用电视、广播、报纸、手机短信及微博、微信等多种手段，将气象灾害预警信息及时传递到百姓手中，以达到防灾避险的目的。特别是 2008 年 3 月杭锦旗奎素段发生黄河溃堤险情时，及时通过气象预警服务系统发布预警信息，使 1 万多村民迅速撤离，避免了人员伤亡。2010 年，自治区气象局针对我区边远牧区气象预警信息传播"最后一公里"瓶颈问题，联合中科院开展技术攻关，研发了气象灾害预警收音机并向边远牧区发放。目前，气象灾害预警收音机在我区部分盟市的牧区已经发放 2 万台，试用效果得到牧民朋友认可。该设备也得到了中国气象局高度评价，成为全国科技创新项目，并出口支援非洲国家防灾减灾体系建设。同时，结合自治区实际，气象部门还开发了蒙文气象服务网站、蒙文气象手机等特色气象服务业务，通过大力提高气象灾害预警信息的及时性和广覆盖程度，力求不让龙梅、玉荣的故事再度重演。

为农牧业增产、农牧民增收作贡献

"三农三牧"与气象工作有着天然的联系，促进农牧业增产和农牧民增收是气象服务工作的重中之重。但显而易见的是，农牧业是最易受天气影响的脆弱行业，农村牧区是气象灾害防御的薄弱地区，农牧民是最需供给专业气象服务的弱势群体。如何更好地服务"三农三牧"、趋利避害，是气象工作者必须认真思考和解决的问题。

在探索气象融入西部大开发战略和社会主义新农村建设进程中，自治区气象部门通过广泛深入的调查研究，明确了将"农牧业气象服务体系"、

"农村牧区气象灾害防御体系"作为服务"三农三牧"的重点方向和目标。多年来，建立健全自治区、盟市、旗县三级农牧业气象服务体系，切实加强了农牧业产前、产中、产后全程系列化服务能力建设。针对农业发展，提供主要作物播种期、生长期和收获期的全程气象服务。如常规天气条件下十天一次、关键农时加密为五天一次的土壤墒情观测，每年春播期第一场透雨监测预报等。同时，探索开展了农田免耕、优化灌溉、苜蓿引种试验等农牧业气象适用技术示范推广。针对畜牧业发展，强化了牧草种植、打草、晾晒、品质鉴定等系列化服务，深化了草原休（轮）牧、接羔保育、抓绒剪毛、冷季载畜量等精细服务。

在做好农牧业气象服务的同时，通过农村牧区气象灾害防御体系的建设，努力降低气象灾害对农牧业生产的影响。如 2012 年 9 月 13 日，赤峰市发生严重霜冻灾害。当地根据气象部门监测预报信息实施防御，通过熏烟法防霜取得成功，经济效益达 3.8 亿元以上。在畜牧业气象灾害防御方面，将雪灾预报服务作为重点。在多年服务实践基础上，不断总结分析，凝练了符合我区实际的雪灾指标，在畜牧业气象服务中发挥了科技支撑作用。

在此过程中，气象部门加强了与其他部门的合作联动，如与农牧业部门联合开展面向 2 万多个农牧民合作社、种养殖大户等新型农牧业经营主体的"直通式"科技服务。兴安盟气象部门针对当地玉米越区种植导致不能成熟或浪费光热资源等现象，研发完成玉米种植精细化气候区划。对应不同玉米种子精细到乡镇、村级的种植区划，受到农业部门、种子公司及农民朋友的热烈欢迎，有效地服务了农业增效和农民增收。

为清洁能源输出基地建设作出新贡献

在今天看来，我区风能、太阳能资源储备情况及其开发利用等方面都已得到各界认可，但在实施西部大开发之初却并非如此。当时人们普遍感觉，在风能资源可开发量方面，我区不如新疆；在太阳能可开发量方面，我区不如西藏。之所以存在这些没有科学数据支撑的说法，是因为对风能、太阳能的监测评估能力不能满足实际需要。

基于此，我们在全区原有 119 个国家级气象站 10 米高度风向风速观测基础上，陆续建设了 70 米、100 米、120 米高度测风塔 71 座，形成了覆盖全区、功能较为完备的风能资源专业观测网；同时调整和优化全区太阳辐射观测站，全区风能、太阳能监测能力得到进一步提升。

依托全区风能资源专业观测网数据、气象台（站）日照观测和太阳辐射数据，在国家级气象科研单位的支持下，我们完成了全区风能、太阳能资源的全面评估，评估结论改变了人们的原有认知。风能方面，内蒙古风能资源技术可开发量达 1.5 亿千瓦，约占中国陆地风能资源的 50%，居全国首位；太阳能方面，年总辐射量在 4800—6500 兆焦耳/平方米之间，年日照时数在 2600—3400 小时之间，可开发太阳能资源的土地面积约为 105 万平方公里，居全国首位。并针对不同区域的资源储量，编制专题分析报告提交自治区决策部门。在我区风能、太阳能资源开发利用进程中，气象部门监测评估功能得到充分发挥。

同时，在风能、太阳能资源开发利用过程中，气象部门还通过深化与蒙西、蒙东电力公司合作，积极介入风电场和太阳能电站规划、建设、运行保障方面的服务。如通过互联网、移动互联等方式，为风电场风机检修、安全生产、生活保障等提供预报时效为 48 小时的预报服务信息等。截至目前，已为全区 144 家风能、太阳能发电企业提供气象预报服务，并受到用户的普遍好评。

回眸西部大开发实施进程，为我区经济社会发展的辉煌成就而鼓舞，为气象事业在融入自治区发展大局中同步成长而高兴，也为自己十多年来有幸亲历并见证内蒙古气象事业的发展壮大而深感欣慰。可以自豪地说，广大气象工作者以自己的奉献精神和艰辛付出，没有辜负西部大开发给予的良好机遇，没有辜负各级党委政府的重托，没有辜负人民群众的期望。十多年来的实践也充分证明，内蒙古气象职工是一支具有优良传统和较强战斗力的专业队伍，内蒙古气象事业是助推自治区经济社会发展中可发挥服务保障作用的一支重要科技力量。

人 物 特 写

深切缅怀我国"沙草产业之父"

——写在钱学森诞辰一百周年之际

田聪明[*]

我与钱老仅有公共活动中的一次握手，但在我心目中的地位很高，非常敬重。其中，有钱老的爱国信念和人品的魅力，有他作为我国"两弹一星"元勋传奇经历的至深感动。更直接的则是在钱老的"沙草产业"重大理论创新和种树种草、防沙治沙方面的共鸣，并有幸对宣传推广"沙草产业"理论做了些工作。中央在"钱学森同志生平"中充分肯定钱老"倡导发展沙草产业""帮助农民用科学技术脱贫致富"，是他晚年的重大贡献。每每想起来总是激动不已。

"请钱老'展开谈'"

在我国辽阔的"大西北"——陕、甘、宁、青、新和内蒙古，是中华文明的发祥地，也是生态和生存矛盾最突出的地区。这里占了我国沙漠和沙化土地的90%以上。因降雨量少，水资源匮乏，如何让大地绿起来，人民富起来，是党和国家实施西部大开发战略的要旨，也是钱老孜孜以求的一个梦想。

钱老曾回忆，早在20世纪五六十年代，他在我国西部沙漠戈壁从事国

---

* 作者时任新华通讯社社长、党组书记，是中共十四大、十五大、十六大代表，十四、十五届中纪委委员，中共十六届中央委员，十一届全国政协常委。

防科研时，就注意到那里并非不毛之地，而是有着许多独特而有顽强生命力的沙生动植物资源。他由此想到应该换一种思维看待沙漠资源，依靠科学技术充分利用沙区阳光充沛等有利条件，开创知识密集型的沙区大农业。直至80年代，在钱老大部分时间居住在北京的日子里，仍在深入思考着如何帮助沙区各族人民摆脱贫困、走向富裕的问题。

1984年5月，时任《内蒙古日报》科学副刊责任编辑的郝诚之向钱老约稿，恳请他通过党报，就新技术革命的挑战播撒科学的种子。没想到钱老于6月8日就寄来了他的专论《草原、草业和新技术革命》。文中说："据周惠同志讲（《红旗》杂志1984年第10期《谈谈固定草原使用权的意义》），在内蒙古自治区共有13亿亩草原，从1947年到1983年的这37年中，畜牧业累计产值100多亿元折合每亩草原年产值才0.2元多。这的确比每亩农田的产值小得多，只值个零头。但这是草业命中注定的吗？不能用现代科学技术去改变吗？不是有新技术革命吗？"钱老强调，如果"内蒙古下决心抓草业""可是件大事"。因为"农田少，大约才7000万亩，而草原面积却是农田面积的18倍还多，所以草业的产值完全可以大大超过农业的产值。一旦内蒙古带好这个头，全国的草原利用好了，草业兴旺发达起来，它对国家的贡献不会小于农业。"

周惠时任内蒙古自治区党委书记，我任党委常委兼秘书长。钱老的专论在《内蒙古日报》刊出后，我立即拿给周惠看。周惠看后即嘱我设法请钱老"展开谈"。我很快找到郝诚之，让他把刊有钱老文章的报纸用红笔框住，寄给钱老两份，同时以党委政研室名义，再次恳请钱老展开阐述，并说明将在自治区《科学管理研究》杂志发表，供内蒙古决策层学习研究。

仅仅一周后，郝诚之就收到了钱老的亲笔复信。信中说："您六月二十九日信及《内蒙古日报》两份都收到。我确有另一篇文字，《创建农业型的知识密集产业——农业、林业、草业、海业和沙业》，但已被另外一个刊物要去，不能再用在《科学管理研究》上了。因您来信说内蒙古党委政策研究室和内蒙古科委政策研究室的同志感兴趣，所以附上此文打印稿两份，请他们审阅并提意见，以便在正式刊登时修改。麻烦您了。"

郝诚之兴奋地将这篇 1 万多字的专论送我，我一口气读完，深感远见卓识，即将文章交党委政研室副主任戈夫，加编者按刊登在内刊《调研信息》（1984 年 7 月 27 日）上。这篇文章再次引起周惠重视，他说："人家那么大的科学家，还关注着内蒙古牧区沙区的改革和发展，我们的专家应该好好学习，拿出我们的实施办法来。"随后，我建议自治区科协召开专家座谈会，认真学习讨论了钱老的创新思想。当年 12 月，在自治区种树种草工作会议上，我把钱老文章印发与会同志学习。内蒙古由此开始了钱老沙草产业科学理论的学习和实践。从那以来，内蒙古各族干部群众不断地探索沙产业、草产业的发展之路，并逐渐形成了奶、肉、绒、药、葡、薯等产业链，有的已经成为著名品牌，带动了牧区沙区的生态建设和经济社会发展。

组织记者大范围调研

2003 年 1 月，我在新华通讯社社长岗位上，一封来自内蒙古沙产业、草产业协会的新年贺卡里，附有一封钱老于 2002 年 12 月 18 日写给该协会领导的亲笔署名贺信（2002 年 12 月 18 日，给内蒙古沙产业草产业协会领导的贺信，是指名誉会长、内蒙古党委副书记杨利民和会长、内蒙古政协副主席夏日）。信中说："喜闻内蒙古自治区沙产业、草产业协会成立。我认为，这是内蒙古自治区贯彻落实十六大精神，全面建设小康社会的一项重大举措。对此，我谨表示热烈祝贺！"

信中还说："江泽民同志在十六大报告中讲到西部大开发问题时，提出积极发展有特色的优势产业。内蒙古的优势产业是什么？我认为就是沙产业和草产业，这是内蒙古新的经济增长点。只要内蒙古的同志紧紧抓住了这两大产业，真正建设成知识密集型的沙产业和草产业，内蒙古的社会主义现代化建设就会迈上一个新的台阶，内蒙古的生态环境也会得到改善。"

看后，一下把我的思绪拽回到 18 年前钱老沙草产业理论在内蒙古推广的往事，也为钱老这多年来一直关心内蒙古、关心沙草产业而深深感动。于是就将钱老的信批给时任新华社总编辑的南振中同志："此事可以报，且连续报。"我还根据新华社的职能,组织记者深入大西北,就沙草产业发展的现状、取得的成就、存在的问题和进一步发展的思路等进行深入调研,为中央决策和指导工作提供参考依据。

很快,新华社派出了由内蒙古分社副社长吴国清牵头、国内部两位记者参加的调研小分队,赴内蒙古和西北地区调研。相关分社也抽调了16名记者,分成8组,走访了大量牧区沙区生活的农牧民、几十家从事沙草产业的龙头企业等经济组织、近百名活跃在生态建设前沿的专家学者,还采访了国家农业部、林业局、三北林业局等权威部门。然后,我和有关同志于3月在总社听了汇报。大家讨论得很热烈,我感到记者们确实进行了深入采访和思考,也基本摸清了沙草产业发展中的主要成绩和存在的问题,提出的一些建议也有一定针对性。我讲了些自己对西部沙化情况及发展沙草产业理论的认识,希望记者、编辑实事求是地为中央科学实施西部大开发战略提出有参考价值的意见和建议。

从3月中旬开始,新华社就我国沙产业、草产业发展问题,连续编发了近30篇系列参考报道。其中,有22篇得到了中央领导的批示,吴国清带领的小分队采写的《我国沙产业、草产业发展调查(上、中、下)》,第一次从全国层面审视和总结沙草产业发展的情况,引起了中央领导和发改委等部门的重视,还被有些专家学者称为中国特色生态文明建设的"白皮书"。国家发改委、西部开发办、林业局等部门就新华社报道中提出的问题和建议作了进一步研究,并在当年召开的全国治沙工作会议上作出了具体部署。以后,国家林业局和内蒙古、甘肃、宁夏等西部省区也都相继出台了促进沙草产业发展的政策措施。

令我难忘的是,这年4月18日,一封来自钱老办公室的信件放到我的案头,首先跃入眼帘的是钱老的亲笔署名。信中写道:"新华社田聪明社长:内参上关于草产业、沙产业的一系列的报道文章我都看了。我认为新华社是在抓21世纪中国西部开发的一件大事。记者们做了大量采访,文章写得也好,我都同意。转上刘恕同志和涂元季同志给我的信。刘恕同志是沙产业、草产业方面的资深专家,涂元季同志是我的老秘书,他们所提意见请你们考虑。"我再一次被深深感动：世界级的大科学家，曾任国家领导人，特别是年已 92 岁高龄，对我这样一个普通晚辈如此谦和，对新华社的报道如此看重，难得啊！后来听说，钱老对记者的这组报道，是躺在病床上，让秘书逐篇念给他听的。

按照钱老的意见，我又安排记者对刘恕和涂元季两位专家进行了专访，并以《沙产业开发要尊重科学规律》为题作了报道，强调西部沙区资源潜力非常大，蕴含着巨大产业效益。市场嗅觉灵敏的民营企业也已表现出很大的积极性，如果沙产业能够得到规范有序的发展，将会走出一条"沙漠增绿、资源增值、企业增效、农牧民增收"的新型生态建设和产业化发展之路。

"共鸣"与"神交"

回顾与钱老的往来、合作，虽未谋面，但可谓配合默契、心领神会。这也许是"共鸣"与"神交"吧。

此其一，在于我们虽然经历不同，年龄相差三十多岁，但对祖国西部这片土地的热爱是共同的，情感是交融的。钱老作为大科学家，出生在西子湖畔，成才成就于大洋彼岸，为了新中国的强大，毅然回国来到西部大漠深处，在艰难的环境中从事科学研究。他科研之余的考察，西部生态环境的恶劣和西部群众生活的艰辛给他留下了深刻的印象。对祖国和人民饱含深情的他，为了"让我的同胞过上有尊严的生活"，决心要用科学技术帮助沙区人民摆脱贫困，富裕起来。而我是生与斯、长于斯的一个农民后代，特别是新中国成立前夕还在库布其沙漠里给人家放羊，不仅受有钱人的剥削，也承受着恶劣自然环境的煎熬。

此其二，在于我们生活和工作条件逐渐变化，但对这片土地的眷恋和热爱之情，对改变那里贫穷落后面貌的愿望始终未变，对西部沙区发展规律的探索和思考也始终没有停止过。尤其是我自己朴素的感情和比较粗浅的思考，从钱老深刻的观察和认识中获得启迪、教益时，犹如一股细流汇入了大河，顿感所寻之路豁然开朗。

早在20世纪70年代末80年代初，在新华社内蒙古分社当记者时，我就曾多次深入沙窝子里采访报道过内蒙古的治沙英雄牛二旦、沙木腾、刘茂桐等人。我数次到伊克昭盟（今鄂尔多斯市）就土地沙化和经济社会发展进行调研，还在盟档案馆查找了大量史志资料。当时的伊克昭盟，由于历代"三滥"（滥垦、滥牧、滥伐），带来了"三化"（气候恶化、草场退化、土地沙化），东北部的库布其沙漠和西南部的毛乌素沙地已经"握手汇合"。近现代特别新中国成立以来的不同时期，都有反对"三滥"和倡导种树种草的领导、民族上层和模范人物涌现，但终未能阻止"沙进人退"势头，沙化面积占到了全盟的一半左右，成为自治区最贫困的盟市，真正起变化，是在党的十一届三中全会之后。我曾与《内蒙古日报》记者李马钦合作，将多年积累的资料整理成一篇调研报告：《补前人之过，立千秋之业》，对深受风沙之害、吃尽风沙之苦的伊克昭盟各级领导和各族人民，认真总结经验教训，以每年三百万亩左右的速度种树种草种柠条，给予高度赞扬。在末尾还写道："目前，植被建设已经成为世界潮流。全世界都把绿色植物占整个国土面积的比重当作一个国家、一个民族文明与愚昧、先进与落后的重要标志。伊克昭盟把植被建设作为全盟最大的基本建设来抓，而且从认识上、组织领导上、政策规定上一步一步去解决存在的问题，保证这项建设的顺利进行，这是一个重大转变。他们所进行的正是一项造福当代、惠及后人的伟大的社会主义事业。我们相信，只要像现在这样坚持不懈地抓下去，一定能够恢复昔日鄂尔多斯高原那山清水秀、沃野千里的本来面目。"

这篇文章在《内蒙古日报》刊出后受到广泛好评，但与后来鄂尔多斯在钱老理论指导下的沙草产业相比，差距明显。主要是我们的思路还基本停留在以植破建设为主的防沙治沙阶段，而钱老的理论则是"不以绿色画句号"，要把植被建设延伸为产业发展，把防沙治沙延伸为用沙管沙，坚持"绿化—转化—产业化"，在产业链上做文章。如钱老所说："达到沙漠增绿、农牧民增收、企业增效的良性循环。"

2008年1月19日，胡锦涛总书记看望钱老时亲切地说："前不久，我到内蒙古自治区鄂尔多斯市考察，看到那里的沙产业发展得很好。沙生植物的加工搞起来了，生态正在恢复，人民的生活水平有了明显提高。钱老，您的沙产业设想正在鄂尔多斯变成现实。"如今，据卫星遥感图显示，鄂尔多斯的植被覆盖率已由 1999 年的 30%上升到 2007 年的 70%。近两三年，我曾回家乡看过，还常在梦里回到曾经生活、工作过的地方感受绿色的呼吸。在钱老诞辰 100 周年之际，我们的最好纪念就是继承他未竟的事业，用科学规划、高新技术、创新思维、整体设计和扎实行动，大力发展沙草产业，不断为人民造福。

本文摘自：郝诚之著《长城内外皆故乡》

钱学森沙草产业理论的践行者

——说说内蒙古沙产业、草产业协会负责人夏日、郝诚之

陈育宁[*]

今年 12 月 8 日下午，纪念钱学森同志诞辰 100 周年座谈会在北京人民大会堂举行。应邀出席的 100 位专家中，内蒙古只有夏日、郝诚之。当中共中央政治局常委、全国政协主席贾庆林代表党中央讲话，谈到钱老晚年的重大贡献是"倡导发展沙草产业""帮助农民依靠科学技术脱贫致富"时，他们的脸上露出了会心的微笑。

钱学森同志从 20 世纪 60 年代起，就与内蒙古结下了不解之缘。他利用国防科研的业余时间，调查并思考了沙漠资源的科学开发与合理利用问题。1984 年 6 月，他在世界上第一次提出了知识密集型沙产业、草产业理论。这是钱学森先生首倡的面向未来、造福人类的第六次产业革命理论的核心内容。二十多年过去了，2008 年 1 月 19 日，胡锦涛总书记看望钱老时高兴地说："前不久，我到内蒙古自治区鄂尔多斯市考察，看到那里沙产业发展得很好。沙生植物的加工搞起来了，生态正在恢复，人民生活有了明显提高。钱老，您的沙产业设想正在鄂尔多斯变成现实。"

这二十多年间，许多专家学者和实际工作者不断地学习研究、实践总结和宣传推广钱学森的沙草产业理论，为此付出了巨大的心血和努力。在这支令人尊敬的队伍中，我要提到的是我的两位老朋友夏日同志和郝诚之同志。

---

[*] 作者时任宁夏回族自治区政协副主席、宁夏大学院党委书记、校长。

我和夏日、郝诚之同志相识相交几十年。我们在年轻的时候，都曾在鄂尔多斯工作过。在那个生态恶化、贫困落后的年代，我们都曾为日趋严重的沙漠化忧心如焚，艰难地从理论到实践探讨着沙漠化的原因，寻觅着出路，一直延续不断。如今，我们虽然从不同地区不同岗位上退下来，但共同的追求仍然把我们联系起来。我们都应邀参与了鄂尔多斯学研究会的工作，每年都要相会几次，而生态建设、沙产业、草产业自然是我们调查研究和讨论交流的主要话题。

特别令我感动和钦佩的是，夏日、郝诚之同志从钱学森先生提出沙草产业理论时开始，就坚持不懈地学习钻研、宣传推广、践行完善。如今，他二人已是名副其实的沙草产业理论的专家。这固然有他们多年从事研究和实际工作的扎实基础，但更主要的是因为他们富有强烈的使命感，善于跟踪前沿理念，对钱老的理论能深刻理解并执着追求，同时又具有创新的勇气，大胆探求实践的途径，不断总结新鲜经验。毫不夸张地讲，在内蒙古发展沙草产业的事业中，有着他们特殊的贡献。而在这一壮美的事业中，他们进入老年的生活，又焕发出新的生命光辉。我为有这样两位老朋友而由衷地高兴。内蒙古党委常委符太增秘书长就赞扬他们的贡献不但在内蒙古，也在全国。2002 年 7 月 29 日，连在钱学森先生身边工作过的中国科协副主席，有国际知名度的沙漠化防治专家刘恕研究员，在"促进沙产业发展基金管委会"在京理事研讨会上说："为了促进草产业、沙产业健康、有序地发展，内蒙古的同志正在协商、酝酿成立一个协会，以便做到'组织落实'，使这件跨部门、多行业的事业有人操心、沟通和协调。我们都举起双手表示赞同并向身体力行、着手操办这件事的夏日、郝诚之两位同志表示敬意！"（《认知沙产业，践行沙产业——刘恕文集》科学普及出版社 2011 年版）

我难以对夏日和郝诚之同志关于沙草产业理论研究及其实践活动做出全面评价，只是就我所知道的情况谈谈印象和感受。

1984 年 6 月，钱老第一次公开发表的阐述知识密集型草产业理论的文章与郝诚之同志有直接关系。也就是从那时起，郝诚之同志与钱学森院士，也与沙产业、草产业结下了缘。那时，郝诚之同志在《内蒙古日报》科学副刊当责任编辑，为了加大新技术革命知识的宣传，他于 1984 年 5 月 25 日写信向钱学森院士约稿。没有想到，半个月之后的 6 月 8 日，钱老应约写来了专论《草原、草业和新技术革命》。在这篇专论中，钱老提出了利用现代科学技术和系统工程思想发展现代草业的设想。6 月 28 日《内蒙古日报》一版、四版配"导读"和"编后"，发表这篇专论后，《人民日报》全文转载。内蒙古党委书记周惠同志非常重视此文，通过常委兼秘书长田聪明，嘱托郝诚之致信钱老，请老科学家"展开谈一谈"。不久，钱老就以挂号信寄来了他深刻论述第六次产业革命的框架性理论手稿《创建农业型的知识密集产业——农业、林业、草业、海业和沙业》。在给郝诚之同志的亲笔信中说："请内蒙古的同志提出修改意见。"此文刊登在内蒙古党委决策内参《调研信息》1984 年 7 月第 24 期上。这也是我国最早见诸内刊的钱老沙产业、草产业理论的经典文献。

郝诚之同志 2004 年发表在核心期刊《科学管理研究》第 22 卷第 1 期的文章《对钱学森沙产业草产业理论的经济学思考》，谈到他对钱老第六次产业革命理论战略意义的理解时说，对他启发最大的有四点：一、善待沙漠、草原；二、尊重自然规律；三、关注边疆民生；四、兴边强国结合。郝诚之同志对我说，钱老要求我们既要换一种思维看沙漠，多采光，少用水，高效转化太阳能；更要"草畜工贸四结合"，新技术，高效益，产业链上做文章。不是搞西方的"工业化"，以牺牲生态环境作代价；也不是片面追求城市化、置沙区草原农牧民的贫困于不顾。要努力做到"生态和生计兼顾，治沙和致富双赢，绿起来和富起来结合"。

内蒙古党委、政府、政协领导高度重视研究和开发沙产业、草产业，在夏日、郝诚之的积极倡导下，2002 年 12 月 22 日成立了内蒙古沙产业、草产业协会。夏日任会长，郝诚之任副会长兼秘书长。钱老在给名誉会长、内蒙古党委副书记杨利民和政协副主席、会长夏日的贺信中说："内蒙古的优势产业是什么？我认为就是沙产业和草产业，这是内蒙古新的经济增长点。只要内蒙古的同志紧紧抓住了这两大产业，真正建设成知识密集型的沙产业和草产业，内蒙古的社会主义现代化建设就会迈上一个新的台阶，内蒙古的生态环境也会得到改善。"钱老心系大漠、情牵草原，破例担任了内蒙古沙产业、草产业协会的名誉顾问。上面这封高瞻远瞩的亲笔署名贺信和破格出任名誉顾问的特殊表态，给首任会长夏日以巨大的鼓舞，也为协会的工作指明了方向。

内蒙古沙产业、草产业协会成立后，夏日同志以蒙古民族"认准的理儿，九头牛也拉不回"的执着精神，带头刻苦钻研沙产业、草产业理论，发表了一系列理论联系实际的学习体会。在夏日同志赠我的《走进西部》（内蒙古人民出版社 2006 年版）一书中，就收录了从 2002—2005 年间一组"西部理论创新"的文稿从不同角度研究阐述钱老的沙草产业理论，其中不乏作者结合实际感悟的深刻见解和体会。

2004 年 8 月 24 日，在纪念钱学森提出沙产业、草产业理论 20 周年研讨会上，夏日的演讲不同凡响。他认为钱学森院士的沙产业、草产业理论，是对传统沙漠观和传统防沙治沙工作的革命。这是人类对沙漠认识历史上的新飞跃、新高度，是人类与沙漠自然和谐共处的真正开始！夏日结合自己多年的研究和实践认为，"防沙、治沙"必须和"用沙、管沙"四位一体，有机结合。他说，人类与沙漠的最初关系是人类因无知而制造了沙漠，当沙漠化严重到人类没有生存和发展条件的程度时，人类只好远离沙漠。随着人口增加、生产力发展，又有一定经济技术条件时，人类开始采取堵拦、固定、恢复植被等办法来对待沙漠化，即治沙。这是人类历史上认识沙漠的一次飞跃。第二次飞跃是开始防沙，即预防沙化，人类开始更加自觉地对待自然、对待环境，节制自己的行为，寻求人与自然和谐相处的路子。人类认识沙漠的第三次飞跃就是用沙。科学用沙的最高境界就是钱学森沙产业草产业理论提出的"寓保护于合理开发之中"。这一带有颠覆性创新理论的提出，为人类确立科学沙漠观提供了理论基础和科学平台，把沙漠和人的关系理顺了、拉近了，为人类与沙漠和谐相处奠定了感情基础，实现着"同一个地球、同一个家园"的互相依存和终极关怀。由于变对抗性思维为顺应性思维，人们发现了沙漠的另一面，即经过人的建设性活动，新的平衡系统可以形成，沙漠可以成为人类生活的新空间和新经济的"增长极"。夏日同志的这一认识，表达了全新的沙漠观，是对钱学森沙产业理论基础的大跨度、深层次阐释，因而受到钱学森办公室的好评。

郝诚之同志也心得多多。他在 2003 年的作品集《瀚海凭栏》一书中指出："西部大开发，生态是重点，沙漠化防治是难点，产业化是突破口。沙产业、草产业、林产业是最合理、最现实、最科学的选择。著名科学家钱学森院士首倡的知识密集型的沙产业、草产业、林产业，就是西部大开发的'退耕还林''退牧还草'的新型主导后续产业。只有走这条可持续发展的路，才能实现'沙漠增绿、草原增值、农牧民增收、企业增效'的良性循环。"（《瀚海凭栏——郝诚之作品集》内蒙古人民出版社 2003 年版）他的研究成果问世后，钱学森学术助手涂元季将军称赞"正确理解了钱老的思想"；中国工程院资深院士任继周、冯宗炜先生也评价很高，认为不但有"新意"，而且有"深意"。

我注意到夏日同志在 2006 年 4 月《实践与探索》一文中第一次归纳了沙产业的十大功能。包括治沙功能（或叫生态功能）、致富功能（或叫增值功能）、科技功能、绿色功能、集约功能、节约功能、集群功能、多元功能、动力功能和可再生功能。他说："这十项功能，其他农业型产业不同程度地具备，但唯有沙产业更完整、更集中，更对人类有用。"

因为夏日同志担任内蒙古沙产业、草产业协会会长时，同时担任着第十届全国政协常委、全国政协民族和宗教委员会副主任，因而有机会通过全国政协提案等多种渠道，为沙草产业的健康发展呼吁建言。如 2005 年 2 月，他在全国政协十届三次全委会的书面发言中，有理有据地列举了沙产业、草产业发展中存在的主要问题：（一）认识不到位；（二）资金、项目、税收等方面尚无明确的优惠政策；（三）人才匮乏。与此同时，他又提出了把发展沙产业、草产业纳入国家西部大开发目标和"十一五"规划之中。他要求，对西部少数民族地区必须给予政策倾斜，并通过法律、政策的具体化、可操作，落实到沙产业、草产业的开发项目中。他建议尽早为第六次产业革命培养高素质人才，占领高新技术的制高点，为 21 世纪的可持续发展做准备。

　　夏日、郝诚之同志在进行理论探讨和研究的同时，还十分重视跟踪典型深入调研，总结基层新鲜经验，探寻沙产业、草产业可持续发展的路径和创新模式。1999年，内蒙古东达蒙古王集团赵永亮斥巨资在库布其沙漠东缘围封沙地10万亩，搞起了沙区适生灌木沙柳的产业化综合利用项目，用沙柳的嫩枝叶喂羊，用粗枝条粉碎拌木浆造纸，实行林草间作和林牧互补，开始取得生态、扶贫、环保"一举三得"的效果。郝诚之同志与内蒙古政协经济委员会专家对此项目跟踪一年，全面分析后认为：起点高、方向对、潜力大，完全符合钱学森沙草产业理论的要求，值得在鄂尔多斯和全区范围推广。2001年5月中旬，赵永亮和郝诚之将试点进展情况向钱老书面报告。10天后，91岁高龄的钱学森先生给他俩写来充满鼓励的信，称："内蒙古东达蒙古王集团是在从事一项伟大的事业——将林、草、沙三业结合起来"，"形成农工贸一体化的产业链，达到沙漠增绿、农牧民增收、企业增效的良性循环，我希望你们取得更大的成就。"在钱老的鼓励和指导下，内蒙古鄂尔多斯以民营企业大兵团介入为特点，以组织化带动产业化，以市场化推动产业化，成长起一批知难而进，唯旗必夺，艰难探索几十年如一日的产业治沙、回报家乡的龙头企业，形成了甘草药品、沙棘饮品、螺旋藻新品、反季节蔬菜、绒山羊和獭兔"种养加一条龙"经营和生物质发电等有市场竞争力的新型产业体系，取得了"生态效益、经济效益、社会效益"三效统一的好成绩，受到了"库布其国际沙漠论坛"中外专家和联合国官员的好评，也使农牧民得到了实惠。

　　我看到夏日同志对内蒙古赤峰、通辽、呼伦贝尔、巴彦淖尔、乌海等市和阿拉善、兴安、锡林郭勒等盟防沙治沙及发展沙产业、草产业情况的多份调研报告。发现贯穿其中的一条主线就是用钱老沙草产业理论来重新审视传统的沙漠观和现实区情，总结实践经验，宣传新的产业理念，这些都为沙产业、草产业协会从西到东全面开展扎实有力的普及工作，打下了新的基础。

　　近10年来，我与夏日、郝诚之同志利用鄂尔多斯学研会活动的机会相遇，我总能感到，他二人紧紧抓住沙草产业这个主题，一直在调查、思考，不断充实着新材料，总结着新经验，产生着新想法，完善着新模式，不断加深着对钱老科学思想的理解。实践证明，内蒙古的沙产业经过二十多年的发展，已由理论探索进入了较大规模的生产实践，以"绿化—转化—产业化"为标志，走在了全国的前列。

2004 年 12 月 15 日，钱老在北京家中亲切接见夏日会长，听取他的工作汇报后语重心长地说："内蒙古各民族人民在沙产业、草产业上给全国带了个好头，做出了榜样。我希望你们把经验好好总结一下，把沙产业、草产业推向全世界！"夏日同志说，这是钱老对以内蒙古自治区为代表的西部的厚望，也是对内蒙古沙产业、草产业协会为代表的知识分子群体的重托，我们感到信任高于天，责任重于山！

在夏日同志主持下，内蒙古沙产业、草产业协会的活动活跃而有效。承担国家科技部和内蒙古发改委、内蒙古科技厅的课题；先后举办过六七次大型研讨会；与内蒙政协办公厅合办的会刊《政协经济论坛》创办近 10 年，出版 50 期，刊登调研成果数百篇；与新华网合作，申报并开通"中国沙产业、草产业网"；与自治区办公厅、呼和浩特市人民政府联合举办《钱学森与内蒙古沙产业草产业图片展》，合作出版《沙产业、草产业、林产业理论实践丛书》和《钱学森论沙产业草产业林产业》等国内填补空白的专著。夏日和郝诚之同志虽属半路出家，但天道酬勤，他们关于沙草产业的论文不少被收入有关国际会议的论文集中。为此，夏日、郝诚之分别被聘为内蒙古农业大学和内蒙古大学的客座教授，担任了内蒙古大学中国沙草产业研究中心的顾问和副主任。今年 11 月 17 日，郝诚之应邀为中国科技大学作题为《钱学森院士与中国沙草产业》的学术报告，主持会议的党委书记鹿明同志总结时说："我们组织的纪念钱学森院士诞辰百年的七场学术报告，这一场内容最新、掌声最多！"

自 2008 年以来，内蒙古沙产业、草产业协会发起并参与自治区党委、政府、政协专题调研后形成的《关于加快我区沙产业发展的几点意见》，2010 年内蒙古自治区人民政府以内政发〔2010〕123 号文件正式出台。这是我国省市自治区颁发的第一个红头文件，标志着内蒙古沙产业发展进入了一个引领全国、政府导向、整体设计、有序推进的新阶段。

2010 年，内蒙古沙产业、草产业协会被国家民政部经逐级申报、遴选，评定为"全国先进社会组织"。2011 年 11 月，内蒙古党委常委兼秘书长符太增同志在沙产业、草产业协会的报告上批示："该协会成立以来，为自治区乃至国家沙产业草产业的发展奔走呼号，做了不少工作，财政每年适当给予支持是应该的。"党委副书记、自治区主席巴特尔同志在有关会议上明确表态："要支持内蒙古沙产业、草产业协会发挥更大作用！"

据钱学森之子钱永刚教授在今年《恩格贝论坛》"纪念钱学森诞辰 100 周年暨胡锦涛同志发表沙产业重要谈话发表三周年理论研讨会"的书面讲话披露，钱学森院士首创知识密集型沙草产业理论的初衷，是为了解决中国未来"百年之困"的"三个怎么办"。即：一、常规能源煤、天然气、石油用完怎么办；二、18 亿亩耕地红线突破怎么办；三、人口发展到 30 亿，要丰衣足食怎么办。钱老认为，与其到月球上找未来的生存发展空间，不如把地球表面的沙漠治理好、草地利用好。用"高科技"和"可持续"确保中华各族儿女过"富裕而有尊严的生活"，"给世界带好这个头"（《内蒙古林业》2011 年第 6 期，钱永刚《钱学森的"三个怎么办"与沙产业理论》）。

据我事后得知，钱老 2009 年 10 月 31 日在京去世，夏日、郝诚之同志彻夜未眠，通过中共中央政治局常委、全国政协主席、治丧委员会主任贾庆林同志，致信中央，建议把钱老对沙草产业的理论贡献写入悼词。中央采纳了来自基层的意见，在《钱学森同志生平》中写进了"倡导发展沙草产业，帮助农民依靠科学技术脱贫致富"。因此，这段话在今年"纪念钱学森同志诞辰 100 周年座谈会"上，由贾庆林同志代表党中央向全国宣布，坐在会场的夏日、郝诚之同志的激动和欣慰就是可想而知的了。因为这不但是对人民科学家钱学森拥有自主知识产权创新理论的高度肯定，也是对社会主义中国未来扶贫道路的科学选择。

我从 2009 年西安交通大学出版社出版的《钱学森论沙产业草产业林产业》一书的附录中得知，2009 年 5 月 26 日，内蒙古党委原书记储波同志，对参加"认真落实胡总书记谈话精神，科学发展内蒙古沙产业座谈会"的北京、上海知名专家说过这么一段话："内蒙古的沙产业所以能取得今天的成绩。一靠钱老理论指导，二靠在座各位专家大力帮助，三靠党委、政府高度重视，四靠龙头企业带动和市场机制形成。"他接着特意指出："还因为我们有两位热心人夏日、郝诚之。"

人们高兴地看到：国务院《关于进一步促进内蒙古经济社会又好又快发展若干意见》的文件中出现了"鼓励发展沙产业"七个字。中央电视台报道"2011库布其国际沙漠论坛"，出现频率最多的话是"发展沙产业，应对荒漠化"。新闻界评论，"聚焦沙产业，纪念钱学森"正在成为我国今年的新亮点和关键词。从当年钱学森先生风尘仆仆，"大将西征久未还，航天捷报满关山"；到今天西部绿意盎然，"暖日跃起中南海，春风已度玉门关"，我们切身感受到草原的春天来临了，沙漠的春天也来临了。我的这两位六七十岁的老朋友夏日、郝诚之同志，也迎来了他们人生追求的又一个春天。

本文摘自：郝诚之著《长城内外皆故乡》

钱学森与西部大开发

郝诚之

郝 诚 之*

　　有人说，西部大开发没有成型的科学理论和技术路线。为了配合中央的战略决策，他们要从现在起好好研究。我们认为西部开发实践既早，研究也长，必须尊重西部人民的实践和创造，不应割断历史，更不能忘记著名科学家钱学森对此所作的巨大贡献。

　　祖国西部地大物博，各族人民勤劳爱国。由于历史、地质、气候、投入等诸多因素，这里干旱少雨，风大沙多，生存条件较差，多为生产力水平发展较低的少数民族贫困地区和生态恶化亟待治理的地区。西部不但是我国大江、大河的源头，也是大风沙的源头。如何使这里既成为国防的屏障，又成为生态屏障，一直是中国科学家奋斗的目标，各族群众的心愿。战略选择和技术路线始终围绕着两个焦点：一是开发性治理，还是防护性治理；二是高起点、产业化、综合利用、系统工程，还是低水准绿化、单一的防风固沙、植树造林。钱学森先生是前者的倡导者和理论创始人。

关注沙区，呼吁"发展沙产业"

　　据钱老回忆，早在 20 世纪 60 年代初，他参加我国火箭、导弹发射试

---

　　* 作者郝诚之时任中国系统工程学会草业系统工程专业委员会副主任，《政协经济论坛》执行主编，内蒙古沙产业草产业协会副会长兼秘书长，政协内蒙古自治区经济委员会专职副主任。

验，曾到过内蒙古西部的额济纳河边。他说："旁边都是沙漠戈壁，但并不是一片荒凉，而是有不少其他没有见到的动植物。每年基地要发展生产，就是挖甘草，挖出一大卡车一大卡车的，我跟基地的人说，你们这么只挖不种，挖光了怎么办？还有基地的伙房挖梭梭树，说木头好，烧时火旺，我就说老挖不种挖光了怎么办？我就从这里得到启发，觉得沙漠戈壁不是完全不毛之地，关键是我们要经营，用科学技术来经营管理。"当时，如何用科学技术经营管理沙漠戈壁，合理开发沙生动植物，已进入他的思考范围。后来，钱老作为全国政协常委，支持李瑞环主席的动议，深入研究，在全国最早以科学的产业化的眼光提出："沙漠要充分发挥它的作用，那就要靠沙产业了！"，号召西北沙区开发沙资源，"发展沙产业"（见《纪念钱学森建立沙产业理论十周年文集》，中国科技出版社 1995 年版，第 1—4 页）！钱学森深刻分析了我国沙区农业气象资料、土地资源特征，指出沙区不仅具有发展农业生产的制约因素，也具有独特自然优势：关键在于如何利用独特的自然优势，克服其不利因素。沙产业的核心在于，利用自然科学、工程技术及一切可以利用的知识，来提高太阳能转化效率，增加光合作用及产品产量。也可形象地说成是"沙漠绿色产业"。沙产业越发达，第一性产品的产量就越多，人们为追求生活必需品而进行的盲目开垦和放牧就会相对得到控制，脆弱的自然资源就会得到休养生息的机会。1994 年 7 月，钱老在全国政协常委会上郑重提出："在不少于 100 年的过程中改造利用沙漠，这就是沙产业的任务。我们要在 100 年内逐步地做，中间不断地有所发展。"

1994 年 9 月 29 日，著名科学家钱学森在办公室听取了内蒙古阿拉善盟盟委书记杨力生同志关于该盟沙产业——苁蓉酒的酿造情况的汇报。钱老说："内蒙古阿拉善左旗有好多产品，有驼绒、苁蓉酒、中药产品，这些产品是远销国外的……中医药、中药材要发展，是有很大很大的前途的……所以咱们的沙漠地区的产品将来不得了，身价百倍，现在已经作了开头的发展。"1995 年 11 月，全国第二次沙产业学术研讨会在京召开时，钱老品尝了内蒙古阿拉善左旗保健饮料厂生产的"八卦泉"牌苁蓉酒，称赞"这是发展沙产业的一条好路"。（《名人眼中的内蒙古》，内蒙古人民出版社

1999 年版，第 401 页）。

心系草原，希望"内蒙古带头"

1984 年，钱学森先生心系内蒙古，应约为《内蒙古日报》撰写专论"草原、草业和新技术革命"，高屋建瓴地指出，内蒙古自治区有 13 亿亩草原，如果"下决心抓草业"，"可是件大事"。因为"农田少，大约才 7000万亩，而草原面积却是农田面积的 18 倍还多，所以草业的产值完全可以大大超出农业的产值。一旦内蒙古带好这个头，全国的草原利用好了，草业兴旺发达起来，它对国家的贡献不会小于农业"。这篇关于草产业的专论 1984年 6 月 28 日在《内蒙古日报》发表后，1984 年 11 月 30 日被《技术经济导报》转载，1985 年 3 月 7 日被《人民日报》"论坛"专版全文转载。

钱学森先生在专论中不但认真分析了内蒙古的草场资源，而且细心研究了当时内蒙古党委第一书记周惠同志发表在《红旗》杂志 1984 年第 8 期上关于畜草双承包的文章，结合利用世界新技术革命的机会，提出了内蒙古自治区草原建设的新理论和新模式——利用系统工程的方法，研究并创立中国式的现代化草业和草业系统工程。钱老横向比较，振聋发聩："现在国家有农牧渔业部、林业部，可没有草业部，而我国草原面积是农田面积的三倍，一共有约四十三亿亩，怎么能忽视草业？"他详细论证了草产业不被重视的历史原因和用现代科技发展草产业的新食物链、新结构图：从精心种草、饲料加工、工厂化饲养、畜产品综合加工，到利用畜粪种蘑菇、养蚯蚓、沼气发电、残渣养鱼、废液还田；从草业综合基地、定居点、现代化草业新村（即小城镇），到旗县经济、通讯电视、政治文化、教育中心；等等。钱老对内蒙古寄予厚望，文章结尾处谦逊地说："我以上的这个设想能不能成立，请内蒙古自治区的同志们研究，特别是内蒙古自治区的科学技术人员研究。"

为了深刻领会老科学家以知识型、产业化来科学开发内蒙古资源的思想，进而为内蒙古的高层决策提供科学依据，1984 年 7 月 7 日，内蒙古的科技人员诚挚要求钱老把文中观点展开谈一谈。钱老欣然应允，寄来了他放眼 21 世纪的西部开发研究成果《创建农业型的知识密集产业——农业、林业、草业、海业和沙业》。钱老语重心长地指出："要看到 21 世纪，看到在我国大地上将要出现的知识密集型农业，从而导致整个国家生产体系和生产组织的变革。"钱老预言，农产业、草产业、沙产业、林产业、海产业等新型产业将构成社会主义中国二十一世纪的"第六次产业革命"。钱老在给笔者的信中说："因为您来信说内蒙古党委政策研究室和内蒙古科委政策研究室的同志感兴趣，所以附上此文打印稿两份，请他们审阅并提意见，以便在正式刊登时参考。"内蒙古党委领导对钱老的理论成果高度重视，作为决策内参，先在党委政研室《调研信息》1984 年 7 月 27 日第 24 期上加按语发表了全文，后在自治区种草种树综合学术讨论会上，按学习文件印发与会专家，很快掀起学习热潮。1990 年 11 月，内蒙古在全国率先成立了"草业系统工程学会"，并开展了相关研究。

上书中央，西部开发"高起点"

钱学森先生晚年退出国防科研一线工作之后，结合自己常年在西北、西南卫星发射场工作的所见所闻，明确建议党中央："开发中国的西半部，以科学的方法和市场经济体制来开发林产业、草产业、沙产业和海产业。"（《新闻出版报》2001 年 7 月 11 日第 3 版，金平：《杰出科学家 一生求索路——评建党 80 周年献礼书〈钱学森实录〉》）钱老指出，西部开发要和农业发展结合起来，要建设沙产业、草产业和林产业，促进西部开发农业现代化。应在"不毛之地"的戈壁沙漠上发展农业生产，充分利用戈壁滩上的日照和温差等有利条件，推广使用节水技术，推进知识密集型的现代化农业。要推广应用在实践中创造的"多采光，少用水，新技术，高效益"的沙产业技术路线。他强调，在西部开发中，要转变关于西部沙漠的思维定势，要看到沙漠上也有发展农业的有利条件。所以"不仅是治理，更重要的是开发，将治理蕴含于开发之中"。

钱老认为，我们在 21 世纪实施西部大开发战略，自然起点要高。在开发林产业、沙产业、草产业时，要强调知识密集型，要把现代科学技术，包括生物技术、信息技术都用上。而且一开始就搞产业化，形成生产、加工和销售一条龙，并注意综合利用。（《内蒙古工作》2001 年第 2 期）

鼓励试点，"良性循环"创伟业

1999 年，号称"内蒙古私营企业第一强"的东达蒙古王集团，响应党中央实施西部大开发的号召，斥巨资进军库布其沙漠，搞起了沙区适生灌木沙柳产业化综合利用项目。一是为救活濒临破产的国有造纸企业，率先采用"沙柳配抄木浆生产挂面箱板纸"新工艺，用沙柳平茬的木质纤维素当造纸原料；二是用订单林业激发沙区群众种植沙柳、及时平茬的积极性，帮助农牧民脱贫致富；三是为了科学发展羊绒加工业（该集团下设羊绒衫厂，品牌为"东达蒙古王"），在沙柳行距间种植优良牧草，伴以玉米秸秆等饲料，为绒山羊舍饲、半舍饲创造条件，健康发展羊绒加工业。从而把"绿化"和"产业化"合理对接，"绿起来"和"富起来"有效结合，创造性地探索了在我国西部沙区恢复生态、发展生产、提高农牧民生活即"三生统一"的新路。

因为此项目是在著名科学家钱学森 1984 年提出的沙产业、草产业、林产业理论的指导下进行的，所以，2001 年 5 月 20 日，笔者和内蒙古政协委员、东达蒙古王集团总裁赵永亮同志联名把项目进展情况向老科学家进行了书面汇报。5 月 30 日，钱老给我们复信，高度评价这一项目。他说："我认为内蒙古东达蒙古王集团是在从事一项伟大的事业——将林、草、沙三业结合起来，开创我国西北沙区 21 世纪的大农业！而且实现了农工贸一体化的产业链，达到沙漠增绿、农牧民增收、企业增效的良性循环。我向你们表示祝贺，并预祝你们今后取得更大成就。"

著名科学家钱学森院士 40 年来关怀西部，崇高精神令人感动，他之所以高度肯定内蒙古东达蒙古王集团进军库布其沙漠的壮举，就是因为西部大开发有特殊的规律，必须提倡林、草、沙三业结合，搞绿色系统工程，既要绿起来，更要富起来，不能以绿色画句号。生态效益、社会效益、经济效益必须三者兼顾。钱学森院士说得深刻："这样的任务当然是长期而又艰巨的，可能要经历几代人的努力。但'两弹一星'的实践使我深信，在中国共产党的坚强领导下，依靠广大人民群众，包括科学家和工程技术人员，我们一定能够克服各种困难，用'两弹一星'精神和经验，把祖国的西部建设成繁荣昌盛的家园。"

两弹元勋的绿色贡献

——纪念钱学森沙草产业理论创建 30 周年

郝诚之*

跨越世纪的理论创新

作为有全球眼光、人本观念、系统思想、未来设计的战略科学家，钱学森院士早在 20 世纪 60 年代就介入了应对土地沙化、草场退化、气候恶化、空气毒化、第三世界贫困化等全球生态危机的思考。在领导国防科研工作间隙，他深入内蒙古、甘肃、青海、新疆等地沙漠戈壁调研，了解周边农牧民的生产生活状况。2000 年，钱学森在给中央领导的信中说："1984 年，我基于对高科技农产业的理解，结合西北地区的特殊情况，提出了在我国西北地区要建设沙产业、草产业和林产业的观点。"

1984 年 6 月，钱学森应《内蒙古日报》之约，发表了对我国牧业文明进行历史反思和科学开发的专论《草原、草业和新技术革命》。同年 7 月，他的《创建农业型的知识密集产业——农业、林业、草业、海业和沙业》在内蒙古党委政策研究室《调研通讯》上刊载，首提沙产业，迎接第六次产业革命挑战，放眼 21 世纪，为我国绿色发展和生态文明建设绘制蓝图。钱永刚教授在纪念钱老诞辰 100 周年研讨会上说，我的父亲在生命的最后

* 作者郝诚之时任中国系统工程学会草业系统工程专业委员会副主任，《政协经济论坛》执行主编，内蒙古沙产业草产业协会副会长兼秘书长，政协内蒙古自治区经济委员会专职副主任。

26 年致力于沙草产业的科学发展和理论验证，就是为了解决中国百年必将遇到的"三个怎么办"，即常规能源用完怎么办，18 亿亩耕地红线突破怎么办，中国人口发展到 30 亿"要丰衣足食怎么办"。钱老指出，生态底线不应局限于耕地，还应包括 45 亿亩草地和 10 亿亩可以治理好的沙地。

钱学森说，中国的绿色发展"必须服从世界趋势，走新技术革命的道路"，必须"转变关于西部沙漠的思维定势，看到沙漠上也有搞农业的有利条件。所以，不仅是'治理'，更重要的是'开发'，将治理蕴含于开发之中"。沙产业、草产业就是"用科学技术经营管理沙漠"，通过高科技和大市场，达到"沙漠增绿，农牧民增收，企业增效的良性循环"。这是创新的阳光产业、节水农业，也是新型的扶贫工程、知识经济。其通俗表达是"利用阳光，通过生物，延伸链条，依靠科技，形成产业，对接市场，创造财富，造福百姓"。钱老强调"一旦农业系统工程用到草产业、沙产业，就能大显身手"；要绿化、转化、产业化"三化互动"，生态效益、经济效益、社会效益"三效统一"。既要保护环境又要保护人，不能只以绿色画句号。

为了"治用结合，以用促治，以治保用"，在保护生态的前提下要做到防沙、治沙、用沙、管沙四结合，向沙漠要效益，向市场要红利。要坚持五条标准：太阳能的转化效益、知识的密集程度、是否与市场接轨、是否保护环境和是否可持续发展。

钱老提出了沙草产业目标管理"三原则"：资源可再生、经济可循环、发展可持续。变自然界的生物链、食物链为产业链、效益链，构建新的平衡系统，打造人与自然和谐双赢的新模式："生态生计兼顾，治沙致富双赢，富民强国结合"。

来自西部的实践验证

我国的八大沙漠、四大沙地和五大草原都在西部，水土流失面积的80% 在西部，每年新增荒漠化面积的 90% 以上在西部，农村牧区 60% 以上的贫困人口在西部。55 个少数民族中的 50 个集中分布在西部。

　　有感于西部不可替代的作用和面临的种种困难，钱学森院士早在 2000 年，就在给中央领导的信中说，跨世纪的西部大开发"应该有新的思路"，"起点一定要高"，"要用科学技术解决西部人民的富裕问题"。2002 年 12 月，钱老支持内蒙古成立沙产业、草产业协会并破格破例担任名誉顾问。他在贺信中深刻指出："内蒙古的优势产业是什么？我认为就是沙产业和草产业，这是内蒙古新的经济增长点，只要内蒙古的同志紧紧抓住了这两大产业，真正建设成知识密集型的沙产业和草产业，内蒙古的社会主义现代化建设就会迈上一个新的台阶，内蒙古的生态环境也会得到改善。"

　　内蒙古自治区分布着我国八大沙漠的一半和四大沙地的全部，这里的人沙对弈是西部生态建设的主战场，成败进退对全局影响重大。新中国成立以来，内蒙古的沙害重灾区鄂尔多斯市为探索生态文明建设的新路艰苦摸索，积累了丰富的经验。当地流传的一首新民歌很能说明问题："50 年代风吹草低见牛羊，60 年代滥砍滥牧乱开荒，70 年代沙进人退无躲藏，80 年代人沙对峙互不让，90 年代人进沙退变模样，新世纪，产业链上做文章，城乡一体闯市场。"鄂尔多斯市领导在"2007 首届中国生态小康论坛"上深有感触地说："50 年过去了，我们终于明白了人要吃饭，羊要吃草。西部大开发，生态是重点，沙漠化防治是难点，沙区各族群众脱贫致富是焦点。突破口是产业化，现实的选择是发展钱学森理论指导的沙产业、草产业、林产业。"20 世纪六七十年代的几次大开荒，使鄂尔多斯的沙漠化面积一度达到 80%；此后经过 20 年的治理，植被状况有所改善，可 1998 年到来的连续 4 年大旱，沙漠化迅速反弹，2001 年沙化面积又占到全市面积的 70%。2011 年终于实现大逆转，以沙生植物灌木、半灌木为主，草灌乔结合的植被覆盖度高达 70%，流入黄河的泥沙减少 3 亿吨；转移农村人口 40 万，沙产业草产业的增加值高达 11.3 亿元。2008 年 1 月，中共中央总书记、国家主席胡锦涛登门看望钱学森："前不久，我去内蒙古自治区鄂尔多斯市考察，看到那里沙产业发展得很好。沙生植物的加工搞起来了，生态正在恢复，沙区人民的生活有了明显改善。钱老，您的沙产业理论正在鄂尔多斯变成现实。"同年 10 月，时任中共中央政治局委员、宣传部部长刘云山要求总结"鄂尔多斯发展模式"，指出："到鄂尔多斯，让人眼睛为之一亮，精神为之一振。理论工作者要对这个发展变化、沙产业草产业的经验进行认真总结，提高对规律性的认识。"

2008年5月，在内蒙古党委政府支持下，召开了"认真落实胡总书记讲话精神，科学发展沙草产业专家座谈会"。全国30多位知名专家公认，内蒙古是钱老沙草产业理论的"孕育构思之地和试验示范之地"。钱学森院士派人出席，并带给内蒙古党委副书记、自治区主席巴特尔亲笔署名信："内蒙古各民族人民过去为'两弹一星'事业作出贡献；现在又在沙产业、草产业上给全国带了个好头，做出了榜样。我希望他们在沙产业、草产业上继续作贡献，并把沙产业、草产业推向全国去！"

2013年8月，李克强总理给"第四届库布其国际沙漠论坛"的贺信中说："中国将继续遵循规律，强化科学治沙、综合治沙、探索实践防治荒漠化的新理念、新模式、新产业，在打造中国经济升级版的进程中更好地推进生态文明建设，推动人类绿色可持续发展。"12月18日，他在主持召开国务院常务会议部署以京津风沙源治理为重点的重大生态工程会议上强调，要"支持地方大力发展沙产业"。

2014年春节前夕，中共中央总书记、国家主席习近平到内蒙古视察，明确要求，"内蒙古要把保护基本草原和保护耕地放在同等重要的位置"；要"加快传统畜牧业到现代畜牧业转变步伐，探索一些好办法，帮助农牧民更多分享产业利润效益，掌握一条符合自然规律，符合国情的绿化之路。"

截至2013年底，国务院已三次下文"鼓励发展沙产业"，内蒙古、宁夏、甘肃等地都把"加快发展沙产业"写入政府文件。内蒙古党委出台的"8337发展思路"明确要求"大力发展林、沙、草产业"，这一战略突出坚持按规律办事，从实际出发，为百姓谋利，受到习近平总书记的肯定。

"库布其国际沙漠论坛"是全球唯一由联合国组织牵头主办的、致力于世界沙漠环境改善和沙漠经济发展的国际论坛，论坛的永久会址就设在内蒙古库布其沙漠的七星湖畔。论坛始终坚持的共识之一，就是"合理利用沙漠再生资源，积极发展沙产业，促进生态改善、经济发展和农民致富”。专家认为，亿利资源集团董事长王文彪率领的中国民营企业家军团 25 年如一日，用心血浇灌成熟的“库布其模式”，成功展示了钱学森创新理论的时代价值和世界意义，值得向全球推广。联合国原副秘书长、联合国“里约+20峰会”秘书长沙祖康先生为此题词：“深切怀念钱学森先生，践行钱老早在 20 世纪 80 年代就提出的关于用好沙漠、建立沙产业的伟大思想，造福中国和世界人民。”这应该是对钱老沙草产业创新理论表达的世界性敬意。

走近王志宝部长①

黎 丽

　　我与王志宝部长很熟，他曾经和我父亲同在内蒙古牙克石林管局任职，是我的父辈，还是我们家隔壁时常能听到他亮开嗓子高唱一曲《走上那高高兴安岭》的老邻居。当年的王部长才华横溢，颇多建树，在林区的名气很大。2014年的金秋10月，因西部大开发史料征集一事王部长在国家林业局西侧楼的中国绿化基金会主席办公室接见了我。说是相熟，其实我对王部长调到国家林业部后的工作情况知之甚少；因为相熟，我少了一份拘谨，可以无话不说。虽然谈的多是王部长工作上的往事，但是他严谨求实、大胆创新、远见卓识、能言敢谏的风貌，他为国为民、不计得失、真情付出、勇于担责的情怀依然表露得淋漓尽致，这让我非常感动，更加敬重。王部长是从我们内蒙古成长起来的，他的许多大作为与内蒙古的发展和民生息息相关，在内蒙古自治区的历史中应该有他浓墨重彩的一笔。只是我的才华有限，只能将谈及的主要内容如实地整理成一篇文字聊补万一吧！

---

　　① 王志宝，1938年7月生，山东招远人，中共党员，高级工程师。1963年毕业于东北电力学院动力系，在内蒙古牙克石林管局任技术员、副处长，绰尔林业局党委副书记、局长，林管局副总工程师、副局长。1986年调国家林业部计划司任副司长、司长。1992年任林业部副部长。1998年任国家林业局局长、党组书记。2000年任国务院西部开发领导小组办公室副主任。现任中国绿化基金会主席，第九、十届全国政协委员。

　　* 作者系内蒙古自治区政协文史资料委员会主任。

企业大胆改革的实践者

"十年动乱"刚刚结束的 1977 年，时任牙克石林管局机电处副处长的王志宝参加了林管局召开的"工业学大庆会议"，绰尔林业局在会议上作出检讨："文革"十年，绰尔林业局累计亏损 1867 万元，企业已经接近崩溃的边缘，成为当时林区最落后的企业，这让王志宝很是震惊。可是，没有想到的是五个月后，林管局党委任命他为绰尔林业局局长。接到任命后，他对如何改变绰尔林业局的现状和可能遇到的困难虽然也做了一些思想准备，但是到了绰尔后，现实的状况还是让他大吃一惊：公路是林业局木材生产的生命线，可全局没有一条能适应生产的公路；林场担负着木材生产和抚育伐生产的主要任务，可全局仅有的三个林场没有一个成型的；工队是最基本的采伐育林生产单位，可没有一个能达到正常开工生产要求的。生产设备老旧，完成生产任务主要靠外雇"马套子"，而局内几千职工赋闲家中，采伐设备闲置不用，运输汽车满局跑，但是都是在干私活。这种混乱无序不仅使森林资源遭到严重破坏，曾经被国家林业部通报全国批评；也使局内经济状况每况愈下，连年亏损，成了内蒙古大兴安岭林区远近闻名的"三老单位"，木材生产任务老八万，老完不成，老亏损。生产状况如此，生活状况更是不堪入目：20 世纪 50 年代建的"板夹泥"房子因年久失修已破败不堪，东倒西歪。办公室没有椅子用"木墩"替代。孩子上学要"四带"（带凳子、灯泡、钉子和烧柴），病人住院要"四带"（带被褥、暖瓶、灯泡和药品）。山上小工队的工人住的帐篷，夏不遮雨，冬不御寒，睡的是小杆铺，吃的是玉米面窝头加"三白"（白盐、白水煮白菜）。更难的是当时"四人帮"刚粉碎，"左"的思想仍禁锢着干部职工，王志宝认为："要让绰尔旧貌换新颜，只有一个办法，就是突破条条框框，走一条适合林业局发展的路。"

1977 年 9 月，党的十一届三中全会还没有召开，还没有"改革"这一说法，当时仍然是"以阶级斗争为纲"。为扭转全局"三老"的被动局面，绰尔林业局公开提出：全局职工要从"文革"的派性斗争的禁锢中解脱出来，把林业生产作为第一件大事来抓，要利用全年仅剩的三个月时间，力争完成全年 8.0 万立方米木材生产任务是要承担政治风险的。他们提出一个口号：全局要为国家上缴一根冰棍钱（当时的一根冰棍是 5 分钱），上缴虽少，但是上缴本身对十几年亏损的绰尔林业局来说，就是一个质的变化。这句口号深深触动了全局干部职工。有一个职工流着泪对王志宝说："作为林业职工，不仅每年连一根冰棍钱都不能上缴国家，还亏损那么多钱，我们还算什么国家的主人？"在全局干部职工的共同努力下，1977 年冬季生产中，绰尔林业局全局动员大干特干，白天黑夜连轴转，最终以超额 441 立方米的成绩完成了全年木材生产任务，不仅甩掉了老完不成生产任务的帽子，还上缴了 2300 元。这区区的 2300 元，却让绰尔人激动不已。

1978 年末，党的十一届三中全会召开，绰尔林业局班子成员在思想上彻底摆脱了"左"的思想束缚，开始了企业改革的大胆实践。改革的第一件事就是为保护国家森林资源，没收滥采乱伐的"黑材"。当时国家对职工自用材没有严格的规定，林业职工上山砍木头用做烧柴被视为理所当然的事，致使大量的优质木材白白被烧掉。为此，林业局决定没收这些"黑材"。同时，在林业局内各运材路口设立堵卡站，刹住全局乱砍滥伐的行为，违反者予以重罚。没想到的是，这些没收的"黑材"竟比林业局一年的木材产量还多，数量高达十多万立方米，销售"黑材"使林业局得到4000 多万元的收入，超过了全局几十年建局的总投入，这在当时可是一笔巨额财富。林业局有钱后，一方面购置了大量的生产机械设备，大量淘汰生产效率低、耗油高、早应报废的老旧设备，另一方面为局内职工建设水泥砖混结构的新房，更换东倒西歪、四面漏风的"板夹泥"危房，改善了职工生产、生活环境。与此同时还从煤矿购进燃煤低价卖给职工，"以煤代木"，既解决了烧柴问题，又从根本上解决了保护和节约森林资源的问题。改革的第二件事，是将林业局农场的耕地分给了职工承包，收成归己。绰尔林业局有很多耕地，"文革"期间，在"四人帮""宁可要社会主义的草，也不要资本主义的苗"的"左"倾思想的影响下，耕地都是由林业局各下属单位集体耕种，这种吃大锅饭的经营模式，收成极少，甚至连职工自足的蔬菜都解决不了。1977年，为了解决三万职工、家属吃菜问题，林业局派出了30多辆汽车去外地拉菜，一直拉了20多天才算解决了职工、家属吃菜问题。怎样永久性地解决这一难题，经局党委研究，决定将耕地分给职工，实行家庭承包责任制。此事发生在1978年，还没有"安徽小岗村改革"的经验。此举极大地调动了职工的积极性，秋天蔬菜获得大丰收，不仅解决了职工、家属全年的吃菜问题，企业不仅不用再派车到外地调运蔬菜了，而且，局内蔬菜出现大量的剩余，不得不派出人员去北京、上海等地为职工销售蔬菜。

正当绰尔林业局积极推进各项改革之时，告状信也接连不断地送到林管局和自治区。告状信的内容主要有：一是没收的"黑材"销售款没有上缴国家；二是企业机械设备没有经过报废审批；三是将土地私分是走资本主义道路。面对质疑和举报，王志宝局长和局党委认为：在国家对"黑材"没有处理的规定时，我们用即将被白白烧掉的"黑材"销售款发展企业和改善职工生活，资金的使用方向与改革的目标是一致的，怎么错了？老旧设备早就过了使用年限，并一直带病作业，国家又没有资金投入，如果不走改革之路而走报废程序，两年都办不完手续，那么两年间一直使用破旧的生产设备维持低效率的生产对企业意味着什么？企业怎能良性发展？而能够回答这些质疑的关键是企业通过改革实践证明：因地制宜地实施改革，使企业摆脱了十多年亏损的局面，走上了快速发展的轨道，职工生产生活得到了改善。这一切说明，绰尔林业局的改革是符合十一届三中全会精神的。

当时，绰尔林业局的改革还引发了业界的争论和媒体的关注。新华社记者以《闪耀吧，绿色的星》为题采写了长篇报道，还有的记者以《明白人的烦恼》发表文章，详细、客观地报道了绰尔林业局在改革中遇到的诸多问题。不久，国家下达了老旧汽车报废可不用审批的文件，自治区对绰尔林业局的改革也给予了充分肯定，这场告状风波才得以平息。

1983年初，王志宝调任林管局副总工程师兼计划处处长，1985年任林管局副局长。这期间，内蒙古大兴安岭林区可采森林资源危机和经济危困（称为"两危"）已经开始显现，而吉林、黑龙江材区"两危"不断加剧。为解决东北、内蒙古重点国有林区"两危"问题，1984年，林业部"两危”调研组来林区调研，因王志宝对解决“两危”的独到见解而参与了国家林业部调研组的工作，该调研组向林业部提交了一份共 10 大条、40 小条的调研报告。之后，王志宝被聘为国家林业部杨忠部长智囊班子的一员，参加了林业部在桃山林业局召开的解决重点国有林区“两危”的工作会议，他的很多独到见解可以向杨忠部长直接谏言。1986 年，王志宝调任国家林业部任计划司第一副司长，两年后被任命为司长。1992 年又升为国家林业部副部长，1998 年国家林业部改组为国家林业局，王志宝任局长、党组书记。

“退耕还林”工程的倡导者

1999 年 8 月，王志宝部长随朱镕基总理在延安地区参加“再造山川秀美”的调查研究。调研的主要内容是在黄土高坡上搞梯田是否可行。参观的现场是水利部利用世行贷款和国内配套资金开垦的梯田场地。当朱镕基总理问到王志宝：这种做法是否可行时，他对朱镕基总理说：“延安是黄土高坡，我们脚下就是黄土高原沟壑丘陵区，每年流入黄河的 16 亿吨泥沙，其中有 8 亿吨是来自黄土高原沟壑丘陵区，在这样的地区以破坏林草植被大搞梯田，势必要加重水土流失，生态不断恶化，我认为：未开垦的土地不能这样搞，已开垦的陡坡耕地也要退耕还林。”朱镕基总理又问王志宝：恢复一亩林地需要多少钱？王志宝说：“人工造林每亩需要 300 元，飞播五年每亩 70 元，加上封育 50 元，每亩需要 120 元。”朱镕基总理又问：“这些地方造林用不用引水上山？”王志宝说：“不用。因为刚才听水利部汇报，该地区年降雨量为 538 毫米，林业上有个术语，500 毫升以上降水量的地区叫宜林地。”朱镕基总理又指着一片未破坏的林子问：“那片林子是怎么恢复起来的？”王志宝说：“是封山育林起来的。”“封了多长时间？”“封了二十多年。”朱镕基总理听了十分高兴，手一挥说：“今天上午考察就到这儿，回驻地去！”

下午，听取延安地区工作汇报时，在谈到水利部以破坏林草植被开垦农田时，朱镕基总理语重心长地说，这种搞法必然加重水土流失，破坏生态，千万不要这样搞了。这是关系到中华民族生存的一件大事，不但不能这样搞了，对那些"挂画地"（未平整的坡耕地）要像王志宝同志讲的，要退耕还林。我在这里正式提出，在全国要搞退耕还林，退耕还林工作由王志宝同志总承包。接着他又讲："退耕还林怎么搞？中午休息时我反复思考，提出十六个字的意见，请大家研究，那就是：退耕还林、封山绿化、以补代赈、个体承包。"这十六个字后来成为退耕还林的总方向、总政策。

延安考察后回到西安，在与陕西省委、省政府交换意见时，朱镕基总理正式提出在全国搞"退耕还林"工程。"退耕还林"工程听起来简单明确，但却实实在在是一个非常浩大、非常复杂的生态系统工程，是一项促进社会发展的工程，它涉及部门之多、区域之广、投资之巨、实施难度之大几乎没有哪一个国家单项工程能够与之相提并论。

随着国家西部大开发战略的实施，"退耕还林"工程已成为国家实施西部大开发战略的重要组成部分。一是把"退耕还林"作为保护和改善西部生态环境的主要措施，将易造成水土流失的坡耕地和易造成土地沙化的耕地，有计划、分步骤地停止耕种，本着宜乔则乔、宜灌则灌、宜草则草，乔灌草结合的原则，因地制宜地造林种草，恢复林草植被。二是把退耕还林作为推动农村社会发展，推动新农村建设，促进农牧民增收致富奔小康的社会工程，这也是退耕还林工程之所以受到广大农牧民欢迎的重要原因。"退耕还林"工程的实施，极大地改善了我国的生态环境，其边际效应在不同领域得以延伸和扩展，催生了诸多新兴产业。更为重要的是培育了人们的生态意识，改变了人们的生活观念，促进了社会进步和可持续发展。

内蒙古自治区作为全国退耕还林工程重点省区，从 2000 年开始，退耕还林工程建设取得了明显成效，截至 2006 年，已经累计完成退耕还林面积 3504 万亩，其中，退耕面积 1330 万亩，配套荒山造林面积 2174 万亩。工程涉及 12 个盟市、96 个旗县、169 万个农户、近 600 万人，是内蒙古生态建设史上投资最多、群众参与面最广的建设项目。王志宝说：朱镕基总理卸任前曾经反复嘱咐："我在任时的任何决策都可以重新研究，但是退耕还林这件事,一定要坚持,因为这是一件关系中华民族生存,关系我国生态改善,关系农村发展的一件大事。"可见,朱镕基总理对退耕还林工程的重视程度。

京源风沙治理的实施者

2000 年 4 月 5 日下午,北京刮了一次特大的沙尘暴,遮天蔽日,目不能视物。当时,王志宝正在中央党校省部班学习,面对遮天蔽日的黄沙和浑浊的空气,许多同学打趣地问王志宝:"你这管沙尘暴的部长有什么感想?"王志宝当时就说了四个字:"时机到了!"

2000 年的春天,我国北方连续发生 27 次扬沙和沙尘暴天气,恶劣天气发生时间之早、频率之高、范围之广、强度之大是 50 年所罕见。沙尘暴的肆虐似乎在报复人类多年来对林业资源的掠夺和对生态环境的破坏。王志宝认为:不刮大的沙尘暴,没人重视林业、重视国家生态环境问题。4 月 27 日,国务院召开会议,王志宝代表国家林业局向国务院主管副总理温家宝同志汇报。面对我国生态环境的现状和沙尘暴问题,朱镕基总理当即决定去北京沙尘暴的主要源头内蒙古、河北和北京的部分地区考察。5 月 6 日,朱镕基总理率领水利部部长汪恕诚、农业部部长陈耀邦、国家计委副主任刘江、环保总局局长解振华、中财办副主任段应碧、国务院副秘书长马凯、国家林业局局长王志宝等人赴内蒙古锡林郭勒盟了解沙漠化情况,自治区党委书记刘明祖、党委秘书长任亚平、锡盟盟委书记布和朝鲁、盟长陈朋山等人陪同考察。朱镕基总理顶着风沙考察了锡盟多伦县南沙口飞播造林种草封育区、砧子山浑善达克沙地南缘、正蓝旗元上都遗址、太仆寺旗万寿滩万亩防护林治沙工程和贡宝拉嘎苏木节水高效科技示范区,并听了自治区党委、政府、锡盟盟委、行署和当地党委、政府对防沙治沙的情况汇报。朱镕基总理不时插话深入了解情况,并点名让各位部长谈对策。最后,朱镕基总理作了"治沙止漠刻不容缓,绿色屏障势在必建"的重要指示,并决定先搞京津风沙源治理工程,成功后再推向全国。并决定成立国务院环北京沙源治理工程领导小组，由王志宝任组长，陈耀邦、汪恕诚、刘江、解振华为成员。工程实施由国家林业局负责。正是这次视察，促使国家紧急启动了京津风沙源治理工程，国务院每年拿出558个亿，其中有一多半在内蒙古。工程的主要措施包括：耕地退耕造林，荒山荒地造林，沙地沙丘治理，草原围栏封育以及小流域治理等。

内蒙古大部分区域植被稀少，生态脆弱，草原沙化、退化严重，是中国主要的沙尘源之一。作为国家六大生态建设工程之一的京津风沙源治理工程，于2000年紧急启动，2002年3月全面实施。治理工程区范围涉及内蒙古自治区、河北省、山西省、北京市、天津市的75个县（旗、市、区），总国土面积为45.8万平方公里，内蒙古治理面积占总任务的48%。京津风沙源治理工程实施十几年来，共完成退耕还林2200多万亩，草原治理2000多万亩，上万平方公里浑善达克沙地林草茂密，沙丘已全部封固，有效地改善了草原生态环境，当前，北京已经好多年再未发生沙尘暴。

居延海跨域调水的推动者

2000年5月6日，时任国家林业局局长的王志宝随朱镕基总理去内蒙古、河北、北京考察沙漠化治理。中午休息时，朱镕基总理在电视报道上看到："内蒙古居延海干涸，大片胡杨林死亡"的报道，他马上找来随同一起考察的林业局局长王志宝和时任水利部部长的汪恕诚一起商议此事。

居延海位于内蒙古自治区额济纳旗北部，汉代称"居延泽"，后也称"西海"，唐代以来一直称"居延海"。居延海是穿越巴丹吉林沙漠和大戈壁通往漠北的重要通道，古代认为这里就是《尚书》所谓的"流沙"，现在也称其为天鹅湖。历史上的居延海面积达2600平方千米，汉代面积726平方千米。水量充足，湖畔是美丽的草原，土地肥沃、水草丰美，早在汉代这里就有了农垦的历史。20世纪后期，居延海几度干涸，1961年和1992年，西、东居延海相继干涸，造成胡杨林、沙枣林、红柳林、芦苇、芨草等植被和优质牧草大面积死亡，生态环境急剧恶化，成为新世纪沙尘暴的发源地之一。

此时，担任国务院总理的朱镕基十分关注国家生态环境问题。居延海干涸，胡杨林死亡使他心焦如焚。是什么原因导致居延海干涸？针对这个问题，总理当场点名王志宝说："你先说，居延海为什么干涸，造成胡杨林大面积死亡？"王志宝向总理报告说："居延海的源头是发源于祁连山的黑河，黑河流经河西走廊后，最终注入内蒙古西部额济纳旗的居延海。新中国成立以来，居延海几次干涸，有气候和自然条件变化的原因，但主要原因是近年来，黑河上游的甘肃省人口快速增长，河西走廊农业的发展导致超量用水，尤其是上游水库林立，农业用水基本上采取的是大水漫灌的方式，致使居延海的主要补给水源大量较少。"朱镕基总理听后话锋一转，对水利部部长汪恕诚说："王志宝同志说的是否属实？"汪恕诚同志回答说："是事实。""看来是你的事了？"接着总理又说："我们绝不能以牺牲生态发展生产，更不能以大水漫灌发展农业的方式对生态造成损害。"当即就和大家一起研究对策。最后朱镕基总理要求水利部："农业一定要研究节水问题，就是把上游大水漫灌的农业都停下来，年底也必须给我把水放下来！"接着王志宝说："除了居延海外，新疆塔里木河下游也存在同样的问题。"总理说："那就一并解决，两件事都由汪恕诚负责。"

2000年，国务院作出额济纳河跨流域调水的决定，内蒙古的居延海和新疆维吾尔自治区的塔里木河流域保护作为单项工程一并实施，国家为此投资达十几个亿。2002年17日黑河水流入东居延海后，干涸十年之久的东居延海终于重现波光粼粼的壮观景象。

王志宝在担任国家林业局局长和国家西部大开发副主任期间，参与了天然林保护工程、退耕还林工程、京津风沙源治理工程等国家重大生态建设工程的决策，并负责主持上述工程的规划、实施工作。在担任国务院西部开发办副主任期间，参与了退牧还草工程、生态移民工程、农村新能源工程等国家重点工程的调研和决策。在任全国政协委员、中国绿化基金会主席期间，他还参加了政协组织的社会主义新农村建设中有关农村发展和基础建设、农村专业合作组织、农村金融问题以及西部开发农村发展问题等专题调研活动。现在他仍担任中国绿化基金会主席职务，用筹集民间绿化资金来推进国土绿化，维护生态平衡，促进人与自然和谐发展，为动员全社会参与生态保护和林业建设而继续努力工作着。

2015 年元旦后的第一个周日，我再次来到王部长在国家林业部北侧的家中，王部长和夫人温继贤女士热情接待了我。说起林区往事，话题自然很多。但是谈到西部大开发，王部长和夫人的话题更多，尤其是谈到内蒙古西部大开发的实施，两人更是激动不已。王部长说："国家为天然林保护工程、京津风沙源治理工程、退耕还林工程等几项大的工程，投资了近一万个亿。今天，我国生态的改善和几大生态工程的实施是密不可分的。"谈到朱镕基总理时王部长说："朱镕基总理对我们国家的生态建设贡献是最大的，没有镕基总理对那几项大工程的决策和实施，我们国家的生态建设就没有今天这样的局面。"王部长告诉我说："我要写一本回忆录，把共和国这段历史真实、完整地记录下来。"

是啊！一位优秀的国家高级官员，一个有国民意识和责任担当的人，应该为国家、为民族记录一段可供借鉴的历史，这是我们实现中国梦的基石和阶梯，我真诚期待着！

筑牢生态屏障　推动西部开发

——专访自治区林业厅原厅长高锡林同志①

黎　丽　张　楠

　　现在来到内蒙古，不少人都会发出这样的感叹：这里的山更绿了，水更清了，天更蓝了，昔日风沙蔽日的荒山沙地，如今已是旧貌换新颜。2000年以来，内蒙古乘着西部大开发的快车，打响林业生态建设攻坚战，在北疆大地上展开了史无前例的绿色征程。在国家的大力支持下，经过十几年不懈努力，内蒙古的生态环境得到显著改善，一幅山川秀美的新画卷正呈现在人们眼前，成为内蒙古在西部大开发中的一道亮丽风景线。在国家实施西部大开发战略15周年之际，我们专访了内蒙古林业厅原厅长高锡林，听他讲述世纪之初那段难忘历程。

挑战与机遇

　　内蒙古由于深居内陆、干旱少雨、风大沙多，自然生态环境极端脆弱；加之森林滥伐、土地垦荒、超载放牧、建设资金投入不足等人为因素，造成生态环境呈逐年恶化趋势。内蒙古有五大沙漠和五大沙地，全区荒漠化土地

　　①　高锡林，男，蒙古族，1952年12月22日生，吉林省前郭尔罗斯县人，内蒙古农牧学院沙漠治理专业毕业，1968年11月参加工作，2000年2月任内蒙古林业厅党组书记、厅长，2013年任自治区人大常务委员会委员。
　　*　作者黎丽系内蒙古自治区政协文史资料委员会主任；张楠系内蒙古自治区政协杂志社编辑部主任。

约占全区总土地面积的 60%，而且每年仍以 1000 万亩的速度扩展，是我国荒漠化和沙化土地最集中、危害最严重的省区之一。除了大兴安岭天然林和部分地区的人工林以外，由东向西植被愈加稀少，特别是阴山北麓的风蚀沙化区经长期不合理利用，造成了更大的生态破坏，逐年增加的沙尘暴给京津冀地区带来严重影响。西部地区生态环境恶化的严峻形势，促使国家确定了在西部大开发战略实施过程中，要坚持生态优先的原则，推进生态建设成为战略重点之一。由此，在生态环境建设的战略进程中，为林业建设布局的战略性调整、推动林业协调发展提供了一个重大的历史机遇。

内蒙古的林业生态建设在自治区党委政府的正确领导下，稳步推进。根据生态环境现状，自治区党委在第七、八、九次党代会分别提出了"努力把我区建设成为我国北方最重要的生态防线"、"建设祖国北方重要生态屏障"、"筑牢我国北方重要生态安全屏障"的生态建设目标，对自治区生态建设起到了重要指导作用，为林业改革发展提供了重要依据。

此时是 2000 年初，刚刚上任的高锡林，正赶上国家实施西部大开发战略这个重大时刻，成为内蒙古林业生态建设的亲历者和推动者。在访谈中，他思路清晰，侃侃而谈，对林业生态的关注和挚爱之情溢于言表。在他看来，西部大开发的启动，是党中央站在国土安全的角度提出的一个重大决策，作为国家对西部地区在经济社会发展中的一个重要支撑来定位的。在西部大开发实施过程中，内蒙古林业生态建设得到了党中央的高度重视。

2000 年，时任国务院总理朱镕基专程来内蒙古考察调研防沙治沙工作，给高锡林留下深刻印象。

在 20 世纪 90 年代后期，浑善达克沙地北缘赤壁千里，沙漠腹地和南沿风沙肆虐，沙尘暴频发。2000 年春季沙尘暴多达二十几次，频率之高、范围之广、强度之大为 50 年来所罕见。在这种情况下，2000 年 5 月 12 日，中共中央政治局常委、国务院总理朱镕基带着国家林业局、发改委、财政部、环保部等负责同志对冀蒙地区进行了考察，主要目的是考察生态环境恶化的现状。朱镕基总理一行从河北进入内蒙古多伦县后，走进一片沙地实地视察了土地沙化和治沙情况。锡盟盟委书记布和朝鲁同志向总理介绍了情况，总理认真听、仔细看，停留半个多小时才离开。在多伦县，朱镕基总理做出了"治沙止漠刻不容缓，绿色屏障势在必建"的指示，号召我们务必加快防沙治沙步伐。

第二天上午，总理听取了当地负责同志的汇报，又认真问了一些问题。他特别关注的是内蒙古的土地沙化情况，详细询问了内蒙古对生态现状做出"整体恶化、局部治理"这种定位的理由，当地领导一一作了认真的回答。之后总理再次进入浑善达克沙地，实地察看了正蓝旗和太仆寺旗沙化和治理情况，然后返回北京。

过了四五天，朱镕基总理在北京专门听取了专家关于生态建设和治理问题的学术报告，以及专家们对实行天然林保护工程生态建设的判断。高锡林随同当时的自治区党委刘明祖书记、任亚平秘书长和自治区政府傅守正副主席也参加了报告会。

朱镕基总理的此次考察，主要是确定了沙源工程的重点治理问题，这也是西部大开发的一项重要内容。总理结束考察、听完专家报告，又与国务院相关部门进行研究后，做出了启动环京津风沙源治理工程（包括北京、天津、内蒙古、河北、山西）的重大决策。内蒙古的京津风沙源治理工程重点以锡林郭勒盟、赤峰市、乌兰察布市为主，这样再加上以呼伦贝尔市、兴安盟、呼和浩特市、包头市、鄂尔多斯市、巴彦淖尔市、乌海市和乌兰察布市三个旗县的"天然林保护工程"，以及以通辽市、兴安盟、呼伦贝尔市为主的"三北防护林工程"。与此同时，国家相继在我区又启动了退耕还林工程、野生动植物保护及自然保护区建设工程，由此内蒙古生态建设的工程格局就此形成。

责任与担当

在采访中，我们深深感到这位林业厅长对林业生态事业的那份执着和担当。内蒙古林业厅作为政府的一个职能部门，承担着生态建设的重要任务。但在 1998 年以前，自治区开展生态治理工作面临许多困难，主要是资金短缺，自治区在林业建设上总共投入不足一个亿。他们只能靠自己想办法，采取典型引路的方式，以发动群众投工投劳、治山治水的群众性运动来搞建设。1998 年，国家首先实施了天然林保护工程（简称"天保工程"），使内蒙古的生态治理工作步入了快车道。随着西部大开发的推进，国家实施了西部大开发林业"六大工程"，"天保工程"也融入其中。1998 年内蒙古启动了一期天保工程，开始搞规划试点，2000 年正式启动，涉及我区 9 个盟市 66 个旗县的实施单位。一块是大兴安岭的天然林地，必须保护；二是对黄河流域的天然林进行保护；三是根据内蒙古当时的形势判断，将大兴安岭岭南八局也列入了"天保工程"。一期工程的实施取得了显著成效，实现了工程区森林资源由过度消耗向恢复性增长转变、生态状况由持续恶化向逐步改善转变、经济社会由举步维艰向全面发展转变。

对林业生态的责任与担当，让高锡林全身心投入到工作中，遭遇险情是经常的事儿。2003 年，在一次春季防火检查中，高锡林随同自治区政府傅守正副主席乘坐直升机从海拉尔到兴安盟的五岔沟，正赶上下大雪刮大风，他们乘坐的直升机发出了异常的声音，飞机驾驶员忙向傅主席报告，说前方冰雪天气严重，飞机从上空飞不过去，需要绕道飞行。经领导同意后，飞机转道绕过了五岔沟风险区域，最终到达了目的地。等飞机降落后，才发现直升机在飞行中已经出现了险情，螺旋桨结冰冻住转速降低，大家都庆幸终于安全落地，躲过了危险。在防火工作中，随时随地都会有危险发生，由于肩上的责任和工作的需要，他毅然选择坦然面对和勇于担当。

高锡林最为难忘的是在任厅长时最后一次指挥扑救蒙古国过境火。当时过境火绕内蒙古境内 124 公里，针对火线长的特点，他认真分析了火情后，向在场参加会商的自治区党委常委曹征海同志提出了扑救方案建议，最终形成了三条意见：第一是突出重点，分区域作战；第二是抽调赤峰和通辽的森警部队作为后援，赶赴现场；第三是立即请示外交部，要求部队进行对点。命令下达后，各线指挥官都到了指定现场，此时外交部也下达了命令，再加上当天西北风特别大，他们冒着生命危险下达死命令，带着部队按照规定时间顶着风和火进行对点，经过奋力扑救，两天之内将火灾全部扑灭。

在高锡林担任林业厅长期间，自治区为了加强森林防火工作和林业生态建设力度，相继启动了森林草原防火、林业有害生物防治、林木种苗、森林生态效益补偿等一批林业项目，各项投入显著增加，为林业生态建设提供了重要保障。

最让高锡林引以为豪的，是他在任期内组织实施了林业生态建设一系列重点工程，成为当时全国林业六大生态工程全覆盖的唯一省区。2008 年全国开展了森林资源连续清查，内蒙古森林面积和蓄积实现了持续"双增长"，森林面积 3.55 亿亩，比 1998 年增加 9395.25 万亩；林木蓄积 13.58 亿立方米，比 1998 年增加 1.89 亿立方米；森林覆盖率 20%，比 1998 年提高 5.18 个百分点，实现了历史性的突破。

回顾与反思

我们的话题谈到内蒙古林业生态走向时，高锡林坦言有欣慰也有反思，特别是对生态理念的思考。他从 2000 年 2 月起任内蒙古林业厅党组书记、厅长，主持林业厅全面工作长达近 14 年时间。回顾西部大开发以来内蒙古的林业生态建设整体工作，他感到很欣慰。在 2009 年的荒漠化和沙化监测中，内蒙古荒漠化和沙化土地面积持续实现"双减少"，荒漠化土地面积 9.26 亿亩，比 1999 年减少 3100 万亩；沙化土地面积 6.22 亿亩，比 1999 年减少 918 万亩。五大沙漠周边治理区的沙漠扩展现象得到遏制，重点治理的五大沙地林草植被盖度稳步提高，生态状况明显改善，其中科尔沁沙地、毛乌素沙地生态状况呈现整体逆转态势，呼伦贝尔沙地、浑善达克沙地和阴山北麓风蚀沙化区生态建设成效显著。内蒙古林业生态建设，走出了一条依托大工程、大项目，带动大建设、大发展的成功之路，生态状况实现了"整体遏制，局部好转"。生态建设的发展，生产生活条件的改善，为西部大开发奠定了坚实的生态基础。由于高锡林在内蒙古林业生态建设上做出的突出成绩，2009 年他荣获了由全国政协人口资源环境委员会、全国绿化委员会、国家林业局、国家广播电影电视总局、中国绿化基金会、中华全国新闻工作者协会颁发的第四届关注森林奖。

在自豪之余，高锡林也有深刻反思。在这些年的工作中，他感到林业生态工作还存在很多困难和问题，其中比较突出的就是如何化解林牧矛盾问题。他认为，首先要解决理念问题。林业生态建设，要站在"生态立区"的高度，将观念转变到"绿水青山就是金山银山"的理念上来，坚持在保护中开发，在开发中保护，建设人与自然和谐相处，把生态文明理念更好地贯彻落实到实际工作中。再比如，如何解决征占林地问题。近年来，各地在经济建设发展过程中，特别是工业园区建设方面，涉及的征占用林地问题越来越多。由于一些地方领导干部法制观念淡薄，对非法征占用林地的危害性认识不足，出现了不按规定程序办理手续，先占后补等一些问题。内蒙古集体公益林比重达90%，牧区或半农半牧区旗县的集体公益林面积占到全区集体公益林总面积的76%。在这些公益林中，有林部分绝大多数都是灌木林，宜林地又占一半以上，这将是内蒙古下一步改革的重点和难点。这有多方面原因，第一，内蒙古不同于其他省区特别是南方省区，在集体林中，公益林多，商品林少；灌木林多，乔木林少；有着大面积的荒山、荒地、荒沙和残次林，立地条件差，营造林困难，投入多，产出少；周期长，见效慢；在一定程度上制约着农牧民承包的积极性。第二，由于自然和历史等原因，内蒙古林草矛盾比较突出，存在"一地两用"和"一地两证"问题。牧区的灌木林地，有的发放了草原证，有的还实施国家退牧还草工程和自治区围封禁牧项目，但在森林区划界定中，地方政府又将符合标准的灌木林地纳入了公益林范围，有的在享受森林生态效益补偿。处理这类矛盾比较复杂，一方面有的牧户没有灌木林或很少，涉及集体财产成员共同所有以及利益分配问题；另一方面，虽有灌木林，但属于地方公益林，少数旗县政府给予了补偿，多数地方目前仍没有补偿。又比如，如何解决保护与发展的矛盾。内蒙古是全国能源和矿产资源大省区，横跨东北、华北、西北地区。国家西部开发、东北振兴、中部崛起战略的实施，使内蒙古经济建设和发展力度逐年加大。基础设施建设、矿产资源开发对森林资源的需求加大，经济发展和森林资源保护的矛盾将长期存在，森林资源保护的难度增加、压力加大。他认为，要妥善处理历史遗留问题，积极调处各类纠纷，重点是解决林牧矛盾问题。应该以林业改革为契机，结合土地利用总体规划修编等工作，修订完善农、林、牧三业用地规划，科学确定农田、草场、林地的范围和权属，切实解决"一地两证"或"一地两用"问题，保证农、林、牧健康发展。

对于今后林业生态建设的进程，高锡林认为随着社会经济的发展，生态建设走产业化道路是必然趋势。工业化进程要和生态建设结合起来，产业建设要生态化，特别是要按规律办事，不能违背自然规律，继续坚持因地制宜、因害设防、适地适树、乔灌草相结合，调整布局、建设基地，突出效益、发展产业等原则，紧紧依靠法制、科技和改革，总结成功经验，破解发展难题，才能不断推动内蒙古林业生态建设再上新水平。

结束采访的路上，微风拂面，带来了春的气息，好像在告诉我们，这又将是一个无沙的春天。这里面，饱含着高锡林以及一大批林业人为改善内蒙古林业生态环境而付出的心血和努力，历史将会记住他们。

用生态文化理念引领西部大开发

——蒙草董事长王召明专访

黎 丽[*]

知道"蒙草"还是因为习近平总书记 2014 年初来内蒙古参观考察了"蒙草",那是我第一次知晓"蒙草抗旱"的大名。

2014 年 10 月，我应朋友之邀，利用一个周末去了一次蒙草抗旱公司和林格尔基地。已是深秋的季节，蒙草基地生态园里春意盎然，色彩斑斓的各种草本花卉，依然给这个季节增添了一方靓丽，给久居城市的我带来了一种意想不到的欣喜，而更使我欣喜的是，"蒙草"确立的生态文化理念，引起了我极大兴趣。回来后，我借助网络媒体，开始关注"蒙草"。

"蒙草"公司创业于 1994 年，那时的王召明还是一个在校就读的大学生，毕业后，王召明开始搞庭院绿化，2001 年注册成立了"和信园绿化有限公司"，在施工中他发现城市园林用于绿化的草坪大多依赖进口，养护起来耗水，管理成本也高。他想到乌拉特草原上的草既没有人浇灌，也没有人养护，稍有雨水就依然茂盛，这些本草还有耐寒、耐旱，种类多的优势。为此，他走上了一条驯化本土植物用于生态环境建设和研究的道路。

"蒙草"公司采集我国旱区的山地、草原和荒漠生长的，具有耐旱、耐寒、耐盐碱、耐贫瘠等抗逆性生态特征的原生植物，经过长期引种、驯化，使其"三节"（节水、节能、节地）、"三耐"（耐旱、耐寒、耐盐碱）、"三

---

* 作者系内蒙古自治区政协文史资料委员会主任。

低"（低碳、低成本、低死亡）的优势特性更加凸显，便于广泛地运用于生态环境建设、生态恢复和城市园林绿化事业中。

"蒙草"公司收储了北方干旱、半干旱地区 1600 余种种质资源，其中，已经驯化繁育、推广应用的有 160 余种。2005 年，"蒙草"公司发展重点转为大面积生态治理项目的实施。而在实践中，王召明这个在草原上长大的孩子，对草原有着深厚感情的企业家，逐步将他最初的、朴素的生态文化理念变为现实。

2014 年 12 月一个接近年底的日子，我因主编"西部大开发"史料专辑的需要，专访了王召明董事长。这个 1969 年出生的年轻人，给我的印象是执着、敬业、睿智、自信、平和、朴实，很难把他和 2011 年中国经济年度人物、中国畜牧协会草业分会会长、第十二届全国政协委员以及国内唯一草原生态建设方面上市企业董事长等诸多耀眼头衔联系在一起。

我们的话题自然从西部大开发说起。在"蒙草"总部这个田园般的环境中，我们的谈话渐入佳境。作为西部大开发的受益者、参与者、实践着，王召明切实感受到他个人和企业的成长与国家改革开放的大背景和国家西部大开发强有力的政策支持分不开。他认为：西部大开发最初由地域的概念，迅速转变为经济的概念，但最终它实现的是一个文化意识转变引领西部地区经济社会和谐发展的概念。内蒙古成功入围西部大开发后，经济的发展是明显的，但西部大开发最后的结果应该是人们观念的转变和对自然与人和谐关系的认同和实践。这是一个巨大的社会进步。

谈到生态文化，王召明谈了几个观点。一个是"生态系统"的观点。他说：生态建设应该是生态系统的建设，它绝不是简单的种花、种树、种草，而是对一个地域的整个生态进行系统的建设，其中包括植物、土壤、水、生物、微生物，还应该包括动物和人，他认为：万物都是平等的，是相互依存而共生的。在多年的创业实践中，王召明的企业本着"和谐"、"发展"、"共赢"的理念，在每个项目实施中，都要考虑"区情"、"地情"、"人情"，而不是把自然和人完全对立起来，反对"修复一片生态，赶走一批人"的做法。二是"敬天"的观点。王召明认为：要敬畏自然、崇尚自然。草原上的人们敬天就是尊重规律、服从规律，违背规律是"逆天"，是注定要失败的。他反对盲目引进、机械照搬，认为那只是一般概念上的绿化、美化，而不是生态建设。三是"生态意识"的观点。他认为：文化的底蕴是人的意识，意识引领人的行为，生态意识自然引领人的生态行为，生态意识可以使人的行为上升为生态知识、生态文明、生态道德、生态法规，从而构成整个社会的生态文化体系。

所谓生态文化，就是从人统治自然的文化，过渡到人与自然和谐的文化，这是人的价值观的根本转变，这种转变解决了人类中心主义价值取向过渡到人与自然和谐发展的价值取向。生态文化的重要特点在于用生态学的基本观点去观察现实事物，解释现实社会、处理现实问题，用尊重科学的态度去探讨生态学的研究路径和基本观点，建立科学的生态理论体系，来支撑生态文化不断发展完善，指导人们的社会行为。

王召明这个当年靠蹬三轮车卖花起家的大学生，仅在几年间，就将一个小小的绿化企业，打造成一个业务涵盖"生态修复"、"节水园林"、"生态牧场"、"牧草种业"、"现代草业"这五大板块，发起成立生态企业的联盟，在新牧区建设这个大主题下，成功搭建了三个平台：草原生态修复技术平台、草原生态产业园区运营平台和草畜产业投资平台，最终实现草原生态恢复、绿色农畜产品输出、光伏能源有效利用、牧区就地城镇化、牧民就业收入增加的绿色 GDP。这不能不叫人赞叹王召明真是业界奇才。然而在我看来，真正使其成功的正是他自觉将生态文化理念与发展机遇完美融合为一体的创新能力。

当我们的谈话再回到"西部大开发"这个主题时，我们的许多观点竟然不谋而合。比如，谈到下一个西部大开发的 15 年乃至西部的未来发展时，王召明认为：未来的西部大开发要仍然把生态保护建设作为前提，结合西部地区地理、资源、人力等优势因地制宜发展西部，如西部有广袤的草原，草原也是内蒙古的优势，没有草原就没有草原生态，也就没有草原文化，没有草原文化，就没有我们各族人民的精神家园。在谈到企业发展战略时，王召明说：生态建设不是按照行政区域划分的，更不是以行政部门来划分的，而是依据气候、土壤、风、水、地形、地貌、气象、湿度所形成的地理区域来统筹考虑，这就是习近平总书记说的应该走符合"国情"、"地情"的生态建设之路，所以蒙草发展战略一定是建立在符合自然规律、顺应国家发展战略的前提下，结合蒙草公司自身发展优势而产生。在谈到未来草业发展之路时，王召明说：目前，我们还没有系统的草业顶层设计，2013 年由他发起的草原生态产业联盟组织，已经由自治区科技厅批准成立，目前有 51 家成员，该联盟的成立，为的是打造一个生态产业运营平台，利用有限的环境资源，创造更多、更大的草业生态效益，这也是王召明对未来草原建设之路的一种新探索。

采访即将结束时，王召明董事长告诉我，"蒙草"正在投入资金、技术和优势智力资源建设草原动态监测信息系统，通过信息覆盖草原的土壤、气候、湿度、生物和 PH 值等数据，以更加快捷的现代化手段应用于草原生态的休养、修复和恢复，这个系统工程将对草原生态建设起到重要的助推作用。

从"蒙草"总部出来时，冬日蓝天，暖阳当空。我突然想起"蒙草"公司的名字为"和信园"，"和"意为"三和"（外和、内和、自身和）；"信"意为"三信"（信誉、信用、信仰）。这种"和"与"信"的理念，彰显了"蒙草"人的大智慧，它不仅成就了"蒙草"的过去、现在的辉煌，也给"蒙草"的未来和整个西部的发展带来了绿色的希望。

郝诚之先生的西部情怀

黎　丽[*]

认识郝诚之先生是在 2005 年初的一个阳光明媚的日子。那时，我刚到政协文史资料委员会任职，面对新的岗位我正无所适从之时，郝诚之先生来到我的办公室，初次相识，他的阳光、善谈、执着、敬业、乐观、向上、睿智、自信给我留下很深的印象。他对我说："政协这个地方不但能干事，而且能干好事、干成事。"他从西部大开发的成功入围、沙产业和草产业的兴起、东北老工业基地的振兴等，历数了政协组织在其中发挥的不可磨灭的功绩。他的职业精神和所迸发的激情，给予我极大的激励和感动。之后的日子，一本本《政协经济论坛》如期而至，成了我文史资料工作的重要参考和有效的信息通道，也使我对郝诚之先生和他以后的作品给予了更多的关注和青睐。他的《名人眼中的内蒙古》《瀚海凭栏——郝诚之作品集》《昭君文化与民族经济》《钱学森与沙草产业》等专著，成了我工作的助手和参考，也是我闲暇之余的常伴儿。

2012 年时值中秋，郝诚之先生把他《长城内外皆故乡》放在了我的案头。翻开他那还散着墨香的专著，我又一次感受到了他对西部、对西部的自然和文化遗产、对西部人和西部民族那种挚爱的情怀。我很难想象一个学化学的人，有如此激昂、娴熟的文字功底和完美的形象思维。他的文章中写实与政论兼顾，设问与探究互补，思考与呼吁交织，质疑与立论共融，文字中

* 作者系内蒙古自治区政协文史资料委员会主任。

透露着那种大气、胆识、责任、淡定，也有犀利、责问、质疑和思考，被许多文人、学者、官员、媒体人所敬重。从他的文章中，我更能体会到的是一个西部汉子的直言、担当、责任和期盼，也正是郝诚之先生对西部的深深的情怀，使他成为改革开放以来，内蒙古最具影响力的理论先锋人物之一，最早介入研究"内蒙古金三角"和"鄂尔多斯经济现象"的软科学家之一，也是钱学森沙草产业理论最忠实、最成功的践行者之一。

郝诚之先生1964年大学毕业支援边疆来到内蒙古，在内蒙古这个第二故乡奋斗了50年，他以记者、官员、学者的身份，奔走在西部这片广袤的大地上。他又像个战士，始终忠于使命、不计生死、斗志昂扬、勇往直前。他跨越地域、跨越民族、跨越文化、跨越专业，以一种记者的敏锐、官员的责任、学者的严谨，来审视西部，论证西部，为西部呐喊。他以西部人口、地理资料和专家、学者的研究证实，"西部"的"分界线"是一条东北端起于黑龙江省的黑河，向西南直达云南腾冲的直线。东西部差异的主要原因是自然环境、经济发展水平和社会历史条件的不同。时任内蒙古政协经济委员会专职副主任的郝诚之先生，主笔撰写的《西部大开发不能没有内蒙古——与新闻媒体和国务院有关部门就"西部"概念及几个"冠名"问题的商榷》一文，以图文并茂、据实论理的方式，阐述了内蒙古是西部大开发的"重点区域"，该文稿始发于《政协经济论坛》和《内蒙古日报·内部参考》，后该文报李瑞环等中央领导，引起重视。2000年10月26日，国务院以33号文件将内蒙古自治区列入西部大开发的范围，享受西部大开发的一切优惠政策。

内蒙古成功入围"西部"后，郝诚之先生的触角又探向"内蒙古金三角"和"鄂尔多斯经济现象"的研究。改革开放初期，当时还是记者身份的他，就曾参与了鄂尔多斯羊绒集团"资源转换、补偿贸易、名牌带动、产业联动"为例的"反梯度推移"理论的宣传。2002年，针对"杀掉山羊、保卫北京"的舆论围攻，他写出了国内第一批保卫绒山羊、支持民族工业健康发展的知名专论《羊该杀吗？——由责难绒山羊引发的对羊绒产业的思考》《人之过？羊之过？》《专家也有无知时》等文章，在西部产生很大反响，时任党委领导的任亚平同志称赞他是"山羊卫士"。之后，作为《从资源富集带到经济隆起带》的作者和《鄂尔多斯经济现象研究成果》主编的郝诚之先生，又结合内蒙古实际，积极践行著名科学家钱学森的知识密集型沙产业、草产业理论，创建内蒙古沙草产业协会，带动企业，积极推进成果转化。同时，他以"西部大开发生态是重点，荒漠化防治是难点，沙区各族群众脱贫致富是焦点，突破口是产业化，科学发展沙产业就是兴边富民、人沙双赢的战略举措，就是建设绿色屏障，实现长治久安的必然选择"的观点，向党委政府建言献策，把"大力发展沙产业、草产业"写进内蒙古"十一五"规划，成为全国第一家，也是唯一一家把沙草产业写入规划的省份。

西部地区蕴含着丰富的文化内涵。在内蒙古成功入围西部后的十几年，内蒙古的经济迅速发展，郝诚之先生又开始他的西部文化课题研究。他提出"昭君文化是中华和谐文化"的观点；中国"文化版图"绝不仅仅是关内的长江文化带、黄河文化带，还必须包括关外的草原文化带的立论；他的大中华、大历史、大文化、大国学的理论，更使我们跳出了狭隘的地域和固有的思维方式，增强了地域认同、历史认同、文化认同、民族认同的自豪感和自信心，他用他的执着和追求，一心守护着西部各民族的精神家园，这是实现中华民族伟大复兴的中国梦所必备的心理素质和信仰追求。

翻开《长城内外皆故乡》，他在《自序》中写道：

"中原的历史，充其量是半部中华文明史，另一半在青青草原上。不同时代的长城，是不同时代气候和生态的分界线，无论长城的建造者们出于何种动机，长城从未成为隔绝文明的藩篱，恰恰相反，长城地带在大多数时间中，成了游牧文明与农耕文明的交融地带，长城脚下的草原、平川，往往是聚合多种文化灵气的'蓄水池'。"

从郝诚之先生的文字中，无不透露出他文理兼修、文史兼备、博学研广、博采众长的文风和笔触；他聚焦高端、直言不讳、实事求是、立意新远；他以忧国、忧君、忧民之真情，表达着"爱之深，则责之切"之感动；他为国立论、为君参政、为民立言，也为政协人树立了一个真实的、优秀的、可以学习的典范，真乃"文如其人，文如其志"也。

犹如在茫茫沙地看见一棵森森大树，他给人以喜悦、给人以感动、给人以清凉、给人以果实。大气之人会直言他的理想和抱负，而他的言行不会落后于实践；大气之人在竞逐名利、不择手段获取利益的社会风潮里，总是掌有分寸、留有余地；大气之人，面对指责和舆论，更多了一层自省和沉思的理智，从而更加稳若泰山、神情自若；大气之人，更重于对社会和世人的报答，他乐于将一生的耕耘与他人分享。

郝诚之先生的大气，成就了他执着追求的事业，也成就了他人生的辉煌。在纪念西部大开发15周年即将到来的日子，写下此文，以作纪念。

亿利靠什么感动了联合国

——王文彪的"库布其模式"解读

钟 和[*]

亿利资源的库布其绿色行动感动了联合国。2012 年、2013 年亿利资源董事长王文彪接连捧回了联合国颁发的"环境与发展奖"和"全球治沙领导者"奖。全球治沙看中国；亿利成了领军者。小龙年盛夏，第四届库布其国际沙漠论坛见证了"库布其行动"的开启，这标志着亿利资源创造的沙漠生态治理"库布其模式"，在联合国的推动下，正在走出内蒙古，走出中国，走向世界。

库布其，中国的第七大沙漠。美丽中国梦在这里演绎得格外精彩。

中国的蛇年，俗称小龙年。小龙盛夏，第四届库布其国际沙漠论坛见证了"库布其行动"的开启，这标志着亿利资源创造的沙漠生态治理"库布其模式"，在联合国的推动下，正在走出内蒙古，走出中国，走向世界。

亿利资源集团，这个以绿色行动为己任的民营企业，就是从库布其沙漠腹地走出来的。25 年创业，亿利能源成为上市公司，跻身中国 500 强前列，总部走进了北京。但是，亿利人从来没有忘记母土，创业的足迹也从来没有离开过库布其沙漠。

25 年防沙、治沙、用沙，亿利资源绿化库布其沙漠 5000 多平方公里，建成全长 242 公里的防沙护河锁边林，发展了沙漠天然药业、清洁能源、新

* 作者系亿利集团品牌宣传专员。

材料、生态旅游等沙漠产业。十多万农牧民以荒沙废地使用权入股、返租倒包和一次性补偿的形式，与亿利资源合作，从沙漠生态改善中获得了实际利益，人均年收入三万元。

亿利资源的库布其绿色行动感动了联合国。2012 年 6 月，库布其沙漠生态文明被列为联合国"里约+20"峰会重要成果，向世界推广；联合国防治荒漠化公约组织提出了"到 2030 年世界荒漠化土地零增长"的目标，目标的决策依据就来自于中国的库布其沙漠发展模式。2012 年、2013 年亿利资源董事长王文彪接连捧回了联合国颁发的"环境与发展奖"和"全球治沙领导者"奖。

全球治沙看中国，亿利成了领军者。"库布其模式"走向世界，成为人类向沙漠开战的样板。

专家解读"库布其模式"为"可持续公益商业治沙模式"，具体构成包括：一个模式，两个循环，三化机制，四种方式，五项成果。

一个模式

可持续公益商业治沙模式。通过沙漠生态经济的促动，让沙漠生态环保公益和企业发展携手并行，走"治沙、生态、民生、经济"平衡驱动的绿色可持续发展之路。

两个循环

沙漠生态经济循环：防沙治沙—生态修复—土地整治—产业开发—防沙治沙。

沙漠生态社会循环：防沙治沙—产业开发—民生改善—民族和谐—人与自然和谐。

三化机制

市场化：通过市场行为和企业投资，整合多元力量共同推动沙漠事业。依据国家林权改革政策和《防沙治沙法》，依托内蒙古"禁牧、休牧"和

"谁造谁有"的林业驱动机制，农牧民以市场化行为承包种树种草种药材，企业以多元化方式引进外企、国企和民企形成联合投资体，共同参与生态经济发展，推动治沙事业。

产业化：防沙绿化始终坚守经济治沙，以沙漠经济反哺沙漠治理。一是种植沙柳、柠条等沙生植物，平茬刈割生产饲料，交给农牧民养牛养羊养骆驼，废弃物还田改良土壤；二是林间套种甘草等药材，发展天然健康产业，既防沙固沙，又形成了立体复合循环产业链。

公益化：先公益、后生意，先生态、后经济。25年前，从生产1吨盐提取5元育林基金治沙，到现在捐资总资产30%永续收益持续治沙，长效的公益财务安排，保障了沙漠生态公益事业的可持续发展。

"两化为一化，三化出善果"，因果轮回，生生不息，形成了可持续链，解决了治沙"钱从哪里来"、"利从哪里得"、"如何可持续"的问题。

四种治沙方式

一是生态工程治沙。沙漠南缘，实施了大面积人工围栏封育和飞播工程，围封固沙；沙漠北缘，实施了242公里长、20—60公里宽的防沙生态安全屏障工程，锁住四周，渗透腹部。沙漠中间，建成了500公里纵横交错穿沙公路，把库布其沙漠整体切分成若干作业区块，沿路通电、通水、扎网格，大规模种树、种草、种药材，以路划区，分割治理。最终形成了"南围、北堵、中切割"的"孙子兵法"治沙方略。

二是生态移民治沙。把分散在几千平方公里沙漠里的生态难民统一实施人口转移，建设了集"教育、文化、党建、产业"于一体的宜居宜业的沙漠移民工程。帮助引导农牧民参与生态建设、参与沙漠产业就业创业，增收致富，让沙漠得以休养生息，同时辅以人工种植和大规模的飞播绿化，实现了绿富同兴。

三是科学技术治沙。组建了"国际生态科学家联盟"，在以色列合作建设"生态经济技术研究中心"，并通过自主研发等多种方式，引进、创新了100多项沙漠种植技术，研究、培育、改良了沙柳、甘草等20多种免耕无灌溉的耐寒、耐旱经济植物。用"水气法植树新技术"种植沙柳、柠条，每亩成本降低了 1800 多元，成活率由 20% 提高到 85% 以上，而且能在高高的沙丘上成片植活。这项技术如能应用到我国西部有条件的沙漠里，就能减少近 2 万亿元的投资。

四是产业开发治沙。企业在种下第一棵树的时候就埋下了产业经济的种子。构建了一个"生态+公益"互动共赢的产业发展机制，形成了"防沙治沙—生态修复—土地整治—产业开发—防沙治沙"一体化生态梯次循环产业链。防沙治沙和生态修复促动了土地整治和产业开发，土地整治和产业开发带动了防沙治沙和生态修复。

五项治沙成果

绿化了一座沙漠。亿利资源企业的努力，让昔日被称为"死亡之海"的库布其沙漠变成了奔向富裕文明的生态绿洲。沙尘暴天气由过去每年七八十次减少到现在的三五次，降雨量也由过去的 70 毫米增长到现在的 300 多毫米，2012 年更是达到了 420 多毫米。沙漠生物多样性得到了明显恢复，绝迹多年的天鹅、野兔、沙冬青、胡杨等 100 多种野生动植物逐年增多。生物多样性的恢复是人类文明复兴的重要标志。在沙漠中改良出了几百万亩厘米级厚的土壤，初步具备了农业耕作的条件，被专家们称为"沙漠奇迹"，为国家拓展可利用国土空间找到了重要路径。

催生了一片产业。25 年来，企业变沙漠劣势为优势，利用沙漠土地、阳光、生物质等沙漠资源，培育和发展了沙漠沙旱生态科技实业和沙漠天然健康等极具发展潜力的沙漠生态产业。构建了沙旱生态科技实业产业体系，主要发展干旱生态植物引种、改良、组培、扩繁和干旱地区生态修复与园林绿化。紧紧围绕干旱生苗圃基地建设，打造中国西北干旱地区集园林绿化、生态修复、盐碱化治理、石漠化与荒漠化治理于一体的高端品牌，发展"沙漠生态修复和城市高端绿化"等生态环境工程。亿利资源集团已经与北京延庆、河北怀来、赤城等地合作，实施土地荒漠化防治和生态修复绿化。建成了沙漠天然药业产业体系，主要发展沙生药用、食用天然植物种植、加工提取开发利用和核心产品开发与营销。目前，培育了220多万亩以甘草为主的中药材基地，沙漠天然药业产业年销售收入突破百亿元人民币。

振兴了一方经济。亿利资源持续的沙漠生态建设和沙漠生态经济发展，有效带动了杭锦旗及周边地区县域经济的发展，汇集了人流、物流、信息流，带动了贸易、劳务、服务业、有机农、牧业、清洁能源等产业的发展。亿利资源企业也成为杭锦旗创造沙漠绿色最多、纳税最多、投资最多、招商引资最多、创造就业最多和公益捐赠最多的企业。在亿利资源企业的带动下，鄂尔多斯地区参与沙漠治理的企业有50多家，植树造林的面积占到全市80%，个人造林大户有2500多家。

改善了一方民生。沙漠农牧民成为治理沙漠最大的受益者。经过25年对沙漠生态建设和沙漠生态经济的持续投入，十几万沙漠农牧民的生活发生了翻天覆地的变化，人均年收入由过去不足2000元增长到了现在的30000多元。2009年，亿利资源集团投资1亿多元，在沙漠建起了硬件软件一流的东方学校，学制包含幼儿园至初中，让沙漠里的孩子们在家门口就能接受比城里孩子还要好的教育。同时，以学校为平台，对学生家长开展专业技能培训，使他们更好地参与沙漠生态经济的建设。

凝聚了一方民心。亿利资源通过市场化引导和驱动，把散居在20000多平方公里沙漠及周边的农牧民组织起来，组建了200多个生态建设民工联队，进行生态建设、旅游服务业、现代农业等技能培训，使他们成为沙漠生态建设主力军。这种机制吸引了重庆、甘肃、宁夏等地的大批农民工参与沙漠生态建设。农牧民成为沙漠生态建设的工人，彻底改变了沙漠农牧民靠天吃饭、游牧生存、漂泊不定的传统落后的生产生活方式。他们可以像城镇职工一样按时上下班，按月领取工资，按年分红得利。他们在沙漠里有了人生出彩的机会，有想头、有奔头、有甜头。通过20多年的默契合作，沙漠、企业、民工联队、农牧民工人形成了紧密的利益共同体，创新了一种市场化的社会组织管理新格局和新机制。

2011年，库布其沙漠的民工联队乘坐飞机到千里之外的科尔沁沙地，利用短短一个月的时间实施了10万亩的生态建设工程，将库布其沙漠生态建设、沙漠经济发展和市场化的社会化组织管理模式输出到了科尔沁地区。这是"库布其模式"首次走出去小试锋芒，今后的步伐将会更大，要遍地开花结果。

一个北京知青的草原情

——记草原专家邢旗

黄月琦　多　兰[*]

　　因为征集西部开发史料，我有机会和邢旗近距离接触，倾听她与草原的故事，采访中邢旗的言谈举止流露出知识分子特有的风度和文雅，而她的讲述也好似一首草原马头琴演奏出的乐曲，娓娓动听。

　　1968 年，邢旗从北京市第二女子中学高中毕业，响应党的号召，来到内蒙古呼伦贝尔市莫力达瓦旗下乡插队，在那里待了 5 年，学会了种地、割草、放牧、打草。5 年之后，邢旗被推荐上北京名牌大学，但她却选择了内蒙古农牧学院读草原专业。1981 年，内蒙古草原勘察设计院成立，需要业务人员，邢旗又调到了这里。悠悠 30 多年，她承担了草地的调查规划、生产力定位监测、保护和人工种草方面的科研与推广工作，把青春和满腔的热情奉献给了这片她深爱的草原。

　　邢旗回忆起自己 20 世纪七八十年代初搞草原调查的情景时说："那时候，我们坐的是大卡车，啃着馒头就着咸菜，站在车上迎着草原的风一走就是几百里，草原上的路不好走，雨季道路泥泞，卡车陷入泥中，一误就是几个小时，我们经常冒雨推车，浑身淋得透湿。草地上的蚊子多得赶不完，我们坚持在蚊虫叮咬的情况下做好每一项记录。"让邢旗感动的是，从插队到现在，她总是能够得到草原人民的关怀和呵护。很多次，当她和同事们饥肠

---

* 作者黄月琦系内蒙古自治区政协文史资料委员会副调研员；多兰系内蒙古自治区政协杂志社记者。

辘辘走进蒙古包，便会受到牧民的热情招待；有的时候半夜迷了路，敲开蒙古包，就会得到热心帮助。国家落实知青政策时，家人积极帮助她调回北京市，但是她却多次放弃了机会。她说："我很想留在妈妈身边，但是我已经离不开草原，这里流逝过我的青春，灌注着我的汗水，种下了我绿色的希望。"

内蒙古是草原大区，草原面积占全区面积的75%，草原植被的好坏直接关系到全区经济可持续发展以及国家的生态安全。曾几何时，草原生态建设没有引起足够的重视，对草原保护的投入又极其有限，加之相关知识欠缺、信息渠道匮乏，一味放牧、开垦、种地等长期掠夺式攫取，致使草原不堪重负，草场退化严重，甚至某些地方出现了"赤地百里，白骨遍野"的现象，让人痛心疾首。自西部大开发战略实施以来，党和国家领导人深刻认识到草原生态保护和建设，不仅可以有效地改善民族区域乃至全国的生态环境，同时也可以有效地促进少数民族地区的经济繁荣，确保边疆的长治久安。于是草原生态建设立即被提上日程，但因基层第一手研究资料不充足，一时间难以立项。鉴于此，单位委派邢旗牵头带领团队深入草原一线展开调查，她和她的团队在野外风餐露宿，克服种种困难，做了大量的实地考察，并于2000年拟定了《内蒙古种草休牧恢复草原植被项目建议书》，在真实反映了内蒙古草原退化、生态脆弱现状的基础上，提出了恢复、改善、保护草原生态的若干建议，为国务院出台《关于西部大开发若干政策措施的实施意见》中关于草原生态保护具体政策措施提供了准确数据和理论支持。

80年代国家农业部在全国范围内做草原资源普查，掌握了很多数据，例如草原面积、草场类型、生产力载畜量、退化沙化情况、草原等级，等等。十几年之后，内蒙古草原资源发生了很大的变化，由于很多数据已过时，无法为草原生态建设提供依据和参考。为了查清全区草原变化现状，时任草勘院院长的邢旗决定开展草原普查，这项工作的开展不仅要克服普查工作技术上的困难，更重要的是要取得资金支持，邢旗最后找到郝益东副主席，得到了领导的支持。2001年开始邢旗带领内蒙古草原勘察设计院的科技人员应用先进的草原遥感检测技术（RS）、地理信息系统（GIS）、全球定位系统（GPS）在全区开展大面积草原资源调查，对自治区草原资源现状进行了监测与分析，利用 3 年时间完成了全区草原资源外业调查及内业工作。从东部的呼伦贝尔草原到西部的阿拉善荒漠，行程 10 余万公里，每一个地方都留下了邢旗的脚印，前后做野外样方万余个，共完成专业图件 230 余件，勾绘图表共 34 万个，统计汇总数据 60 余万个，摸清了内蒙古 12 个盟市 101 个旗县草原资源家底，为各级政府宏观管理决策及畜牧业生产、生态建设提供了最新的基础数据。通过此项调查，建立了草原地理信息系统数据库，实现了对草原面积、生产力、草原灾情、草畜平衡的动态监测及信息化管理。这次草原普查不仅为各级政府制定宏观管理决策以及畜牧业生产、生态建设提供了最新的基础数据，更重要的是为西部大开发战略在我区的实施奠定了基础。

2009 年，时任政府副主席的郭启俊对邢旗说："邢旗，我再给你 200 万，你能不能再搞一次草原普查？"于是邢旗又带头做了第二次草原普查，结果显示经过十年的生态治理，草原退化沙化的现象有所改善，工程区内植被得到恢复，生产力也有所提高。

自 1998 年以来，邢旗带领团队多次到牧区为农牧民进行划区轮牧、退化草地治理等方面的规划设计及技术服务。当时牧民并不习惯于传统的放牧方式，不接受轮牧的理念。邢旗为了更好地与牧民沟通、拉近距离，就住到牧民家，为牧民做饭、打扫，她的行为感动了牧民，开始听她的建议实行轮牧。邢旗回到家中没有一个月，牧民打来电话："专家啊，按照您的意见放羊，羊掉膘了。"邢旗又心急火燎地到牧民家看问题到底出在了哪里。经过两年的试点研究，2001 年起在部分盟市逐步推广轮牧。由于操作简便，投资不大且能有效地解决草畜矛盾，收到了显著的社会效益和经济效益，广大牧民大为称赞，亲切地叫她"城里来的好专家"。

回首过往，邢旗感慨地说："我这辈子一直从事草原资源的研究工作，可以说付出了不少，但也得到了不少。由我主持的课题和项目获省部级以上奖项的大概有十几项吧，像国家科技进步奖、农业部科技进步奖，等等。我还参与制定了 10 余项国家行业标准，发表了 40 多篇论文，曾荣获内蒙古自治区有突出贡献的中青年专家、内蒙古自治区优秀专业技术人员、全国'三八'红旗手、全国劳动模范等荣誉称号。说到这些，真的感谢多年来一直支持和帮助我的同事、家人和朋友，没有他们的理解和爱护，我不可能取得这么多荣誉、取得这么多成果。我得感谢草原上淳朴的牧民，没有他们的支持和帮助，我的好多理论不可能付诸实施。我更得感谢党和政府，没有各级领导的培养、扶持，我不可能由一个插队知青，一步步成为一名草原科技工作者。"就是带着这样一颗感恩的心，邢旗就像荒漠草原上的梭梭，用身躯捍卫着草原，用双脚丈量着草原，把青春和热血奉献给了这片她深深热爱的草原。

黑城老翁的绿色梦想

——访阿拉善盟政协原主席、黑城绿色的呵护者苏和同志

王　琳*

2014 年 2 月 27 日，《阿拉善日报》刊发了中共阿拉善盟委员会《关于开展向苏和同志学习活动的决定》，号召全盟人民向苏和同志学习，学习他信念坚定、对党忠诚的政治品质，学习他淡泊名利、无私奉献的高尚情操，学习他心系群众、一心为民的公仆情怀，学习他敢于担当、坚韧不拔的拼搏精神，学习他勤俭朴素、艰苦奋斗的优良作风。这一行动引起了广泛关注和强烈反响，《人民日报》、中央电视台、中央人民广播电台以及自治区各媒体争相报道。年近古稀的苏和同志凭着呵护黑城、绿化沙漠的奉献精神，赢得了各族人民和广大政协委员、政协工作者的崇敬和爱戴。

1947 年出生于额济纳旗一个普通牧民家庭的苏和同志，自 1971 年参加工作以来，情系家乡、一心为民，勤勤恳恳、扎实工作，先后担任额济纳旗人民政府旗长、阿拉善盟副盟长、第五届盟政协主席，2004 年主动申请从盟政协主席岗位上提前退休。他长期工作和生活在额济纳旗，对当地恶劣的生态环境十分忧虑，一直想通过自己的双手防沙治沙、植树造林、绿化家乡。甫一退休的苏和，毅然决然放弃舒适安逸的退休生活，婉拒了企业高薪聘请，领着老伴儿，义无反顾地回到额济纳旗黑城脚下，开始在大漠戈壁中播撒绿色。他克服了常人难以想象的困难，一干就是十多年，顶着风沙、冒

* 作者系内蒙古自治区政协办公厅信息中心副主任。

着酷暑，栽活了9万多株梭梭树，在荒漠腹地围栏封育起3500多亩梭梭林，不仅遏止了周边沙漠的不断扩展，解救了即将被荒沙吞噬的黑城，还每年无偿为周边农牧民提供充足的梭梭苗，耐心传授梭梭种植技术，同时带动了当地广大干部群众，形成了一大批扎根戈壁、植树造林、呵护黑城的人。

黑城位于巴丹吉林沙漠边缘，始建于西夏，为重要商埠。元代在此设置"亦集乃路"行政机构，是西北地区最后一座军城，是"古丝绸之路"以北现存最完好的古城遗址，曾出土大量文物，2001年被列为全国重点文物保护单位。长期以来的气候、战争、开垦与滥伐，使黑城四周退化为荒漠戈壁，生态环境十分恶劣。2004年春，苏和成为这里的一户特殊居民。这里，有着他长期欲了的夙愿；这里，是他绿色行动的起点；这里，也是他梦想着倾力恢复的居延——黑城绿洲。

在黑城遗址安家植绿，没有房子、没有水源、没有设备，困难和问题远远超出苏和的设想。但他和老伴儿没有退缩，没有放弃，非常坚定地在荒沙戈壁扎下了根。没有房子，就住简陋的帐篷；没地方做饭，就在野外搭一个小炉子，风沙肆虐，吃饭时常是半碗沙子半碗饭。生活上的困难苏和可以克服，风沙、酷暑和严寒都能忍受，但更大的难题是缺乏水源和造林技术，曾让苏和一筹莫展。此时从恩格贝来了几位日本志愿者，带来了新式的小型发电机和打井机，雄心勃勃地准备与苏和老人共同干一番大事业。然而，因为环境实在太恶劣，日本志愿者们受不了如此艰苦的环境，只干了一个春天，就坚持不住离开了。但是苏和老人没有退却，他以共产党员的党性、牧民子弟的韧性、迎难而上的个性，凭借对这块土地的感情，顽强坚持了下来。他用自己的双手为家乡多添一份绿色的信念，始终没有动摇。在苏和的努力下，从盟里和旗里相关部门争取到了有关设备，同时他自己琢磨出的土设备也派上了用场，并聘来一位打井队退休师傅，加上老伴儿，三个六十多岁的老人，组成了一支"老年打井队"，在荒漠戈壁连续打出了五眼水井，保证了植树造林的水源需求。

大漠的恶劣环境，不仅是日常的飞沙走石，还有无尽的冷清和寂寞。在日复一日的辛勤劳作之余，只有老伴儿与苏和形影相随、不离不弃。面对常人难以忍受的自然环境，以及有些人不理解的看法和议论，苏和老人不低头、不退缩，从住地窝子到自己动手盖小平房，从自己拉水到打出深水井，从点蜡烛到购置发电机，从购买树苗到自己育苗，横下一颗建设家乡之心，甩开一双绿化黑城之手，十多年如一日，顶风沙、冒酷暑，每天步行十几里路，种植和巡护梭梭林，吃尽了难吃的苦，受尽了难受的罪，在黑城脚下建成了长3000米、宽500米的绿色屏障，用勇敢无畏、执着坚定之心守望着大漠深处的绿色希望。

苏和老人搞了几十年的行政工作，开始时对造林技术及树种特性了解甚少，但他迎难而上，拿出他当年搞行政管理时养成的较真精神，查阅大量资料，主动向专业技术人员请教，学习相关知识，逐步成为了行家里手。苏和长期对黑城地区沙地、水源、气候等情况进行细心观察，总结出一整套行之有效的抗旱栽植技术，并且选择抗旱性非常好的梭梭作为主要栽植树种。

梭梭就像苏和老两口一样，不怕风沙、不惧日晒，是防风固沙的先锋树种，只需少量水就能落地生根，梭梭枝干极富弹性，抗折抗压，又被称为钢铁树种。但是，天有不测风云，苏和第一年种植的上万株梭梭树却没有想象中的刚强，存活率很低，一年的辛苦和企盼都成了泡影。老伴儿忍不住掉下眼泪，特别想把丈夫拽回城里过原来的生活，但苏和老人不仅没有气馁，反而激起了不达目的不罢休的倔强之心。事后，他们请林业专家一看才知道，树苗得了白风病，并且长途跋涉被大风吹过，所以成活率不高。苏和意识到，只有自己育苗才可能有效提高成活率，降低造林成本。可是，在沙漠里建圃育苗谈何容易，安家、打井、买苗已花光了老两口的全部积蓄，连准备给儿子买房、买车的钱也全部投了进去。从不求人的倔老头为了梭梭苗第一次低下头，向亲戚朋友借了钱。为了自己育苗，老两口看书学习、请教专家，小心翼翼地进行发芽实验，终于培育出了黑城脚下第一圃的梭梭。苏和老人把自己亲手培育的梭梭一批批移栽到黑城上风头，并且精心管护，一棵棵梭梭在他手中生长，一行行绿色在他脚下延伸。为了节约用水，他独创用自制水枪直接给梭梭根部注水的新浇灌技术，使梭梭的成活率明显提高。他每天坚持要到梭梭林里走一走，转一转，看一看自己亲手种下的梭梭。原来这一带曾经鼠害很重，有的梭梭根部竟然有十几个鼠洞，许多梭梭被老鼠啃死。老人看在眼里，痛在心里，每天走十几里路，挨个鼠洞投药，一个多月后，老鼠明显减少。有一天他发现梭梭林里来了一只狐狸，老人非常高兴，感到当地生态好转，老鼠有了天敌，他当即告诉牧民不要伤害狐狸、兔子。10多年下来，苏和老人种成了6万多株梭梭苗，成活率在80%以上，有的已长到1米多高，形成了一条呵护黑城的绿色屏障，斩断了扑向黑城的漫漫黄沙。

我们在采访中得知，黑城还有20亩"政协林"。这是苏和老人为感谢湖北省政协、新疆维吾尔自治区政协、甘肃省政协等来宾同他一起植树，也为感谢阿拉善盟政协、额济纳旗政协机关工作人员多年来对他的支持与帮助而命名的。目前，阿拉善盟政协和额济纳旗政协把"政协林"作为绿色教育基地，激励广大政协委员和政协工作者，学习苏和同志老有所为、奉献家乡的精神，践行党的群众路线，奋发有为，履职尽责。已经有不少老干部及驻军官兵受苏和老人奉献精神的感染，不仅对他的造林壮举给予大力帮助，还与苏和并肩投入黑城周边的治沙植绿事业当中，营造了当地生态建设的良好氛围。

在我们采访苏和老人的过程中，老人自身别无所求，却把要感谢帮助过他的人挂在嘴边。近几年，阿拉善盟和额济纳旗党委、政府、政协及有关部门为他提供了柴油发电机、拖拉机、风力发电机和拉水用车等。特别是额济纳旗先后总计投资28.3万元，解决了2.5公里输变电线路、两台变压器及配套设备，旗农牧局和林业局帮助完成围栏封育23000亩；旗林业局还拿出6万元专项资金，帮助老人解决造林难题，并协调专业技术人员义务为老人的林地喷药防虫、投药防鼠。苏和住处墙上挂满了曾经帮助过他的人的照片，老人能一一说出这些人的名字和帮助过他的每一件事情，让我们一定要写进来，说他无以回报，只能通过我们的报道来表达他真诚的谢意。

采访过程中，苏和老人对自己的业绩没有流露一丝一毫的自满自足，却向我们透露了一个埋藏心里多年的夙愿：当年他任嘎查生产队长时，为了增加社员收入，改善群众生活，用骆驼队驮了不少梭梭。对此，老人深感愧疾，想在有生之年多种一些梭梭树，给大自然多一点补偿，让家乡快一点绿起来。他一再表示，趁着现在自己的身体还可以，要为家乡多做一点实事。第一步设想是先止住黑城遗址周围的风沙，下一步则是在梭梭成长起来后嫁接苁蓉，开发沙产业，形成防沙治沙、牧民增收、家乡增绿的良性循环，为家乡群众实实在在地做一点事，回报党和人民对他多年的养育之恩。

采访过程中，我们自然而然地形成了一致的印象：苏和老人十年如一日，放弃安逸舒适的退休生活，用全部身心建设家乡、呵护黑城，在一片苍茫大漠戈壁上树起一面保护生态环境、守望美丽家园的鲜艳旗帜，苏和同志忠实地履行着共产党员的职责和义务，退休不褪色、退岗不退志，把余热和能量汇聚在播撒绿色、治理荒漠、保护生态上，生命不息，奋斗不止，为再现秀美额济纳，建设绿色黑城创造了一个奇迹，谱写了一篇华章。

我们的采访结束了。但苏和老人的事业还在继续，千千万万个苏和的绿色梦想还在延续，建设美丽内蒙古、构筑祖国北疆重要生态屏障的道路还在延伸……

成 果 荟 萃

政协引领我投身绿色事业

夏　日[*]

什么是绿色事业？绿色事业就是保护生态环境的天然纯净，防止生态环境的恶化，防沙、治沙、管沙、用沙，建设良好生态，发展沙产业、草产业、林产业。这是一项艰苦的事业，也是一项伟大的事业。人民政协引领我投身于这项事业。

1998年5月，自治区政协八届二次常委会议作出《关于把改善生态环境列为今后几年重要议题的决议》。为贯彻落实《决议》所提出的任务，自治区政协组建了专门工作领导小组和工作机构，由部分自治区政协委员、有关专家学者和部门同志组成了三个专题调研组。生态农业组由乃登副主席任组长，重点调研农业水土流失、河湖治理问题；草原森林组由格日勒图副主席任组长，重点调查防治草原退化、沙化和草原森林区乱垦滥伐的问题；城市环保组由我任组长，重点对呼和浩特市、包头市的城市大气污染、水污染和垃圾污染问题进行调研。调研组深入实地边调查研究，边总结经验，边提出建议，调研工作由点到面、由表及里、由浅入深。从黄土高原、阴山北麓到松辽平原，从巴丹吉林沙漠到锡林郭勒、呼伦贝尔草原，从"三北防护林"源头到大兴安岭，从呼包二市工矿企业到街头巷尾，都留下了调研组的足迹和汗水。三个调研组先后深入到12各盟市，49个旗县区，123个苏木乡，5个林业局，2个农牧业开发区，268个嘎查村，历时156天，行程

---

　　* 作者是第十届全国政协常委、民族和宗教委员会副主席，政协内蒙古自治区第七届、第八届委员会副主席。

4.2 万公里，对全区生态建设和环境保护问题进行了较为系统的调查摸底，基本掌握了我区生态环境的现状及存在的主要问题，撰写了各类专题和综合调研报告 30 多份。在此基础上，形成了《关于加强我区生态建设和环境保护若干问题的建议案》，并经自治区政协八届六次常委会议审议通过，上报自治区党委和政府。这个建议案共有 10 个部分 32 条建议，把调研中发现的问题概括点题、不加深述，然后从正面提出建议，是对推动我区生态建设和环境保护、对国民经济和社会的可持续发展的积极参与和推动。这件事给了我极有教益的三点启发：（1）做的是过程，看的是结果，做的讲可能性，看的讲必要性。政协参政议政既不全做，又不全看，应该把过程和结果、可能性和必要性统一起来。（2）政府面对如此重要的生态环境恶化问题，却如此重视和强调过程，面对如此关心生态环境的政协支持，不去借力推动，却忙于答复解释，不难看出当事者的局限性和片面性。从而得出一个结论：只有动员全社会的力量，才能遏制生态环境恶化问题。（3）自己出生于沙区和水土流失区，深知生态恶化的危害和严重后果，有义务、有责任参与到生态环境建设和保护的行列里来。从此，我便开始学习、研究、参与防沙治沙工作。以后又进一步认识、学习了人民科学家钱学森院士的第六次产业革命预言和沙、草、林产业理论，更加坚定了防沙治沙的信心。

那次调研活动后，我撰写了《增强国策意识，保护城市环境》的调研报告，从成绩与问题、原因及分析、对策和建议三个方面，对呼包二市大气污染、水污染、白色污染和垃圾污染进行了比较详细的分析，并提出了 5 条我认为可操作的建议，在自治区政协八届二次全委会上作了大会发言。之后，又撰写了《环境问题再研究》和《经营沙漠》两篇论文，有针对性地提出了几个观点：（1）环境是关系人类生存与可持续发展的一个大问题。（2）无知和自私是造成环境问题的两大根源。（3）教育、法制和科技是解决环境问题的三把钥匙。（4）确立"靠沙吃沙，经营沙漠"的指导思想，即：以经济效益为主；发展沙产业；适地、适种、适用；发动群众和社会力量；实行开明政策。后来，《环境问题再研究》这篇论文发表在 2000 年《实践》杂志第一期，在社会上引起了一定反响，被多家书刊转载。

2001年11月，针对我区草原畜牧业和生态环境之间矛盾加剧的状况，在总结鄂尔多斯"禁牧舍饲"经验的基础上，经过进一步的深入调研，我又撰写了《进行草原畜牧业经营管理方式变革，推动牧区及农村第二次改革》的调研报告。当时，我区60%以上的草原沙化、退化，生产力的进一步解放和发展受阻，牧民生活水平连年下降。面对如此现状，怎么办？治本的办法只有一条，那就是进行草原畜牧业的革命，扬弃传统的生产经营管理方式，促进牧区及农村第二次改革，以草畜两旺为目标，按照因地制宜、分类指导的原则，实行草场定级、以草定畜、草畜平衡、立草为业、严格限牧的政策和配套措施。根据不同地区的草场情况，进行分阶段草场的禁牧、休牧、轮牧、限牧和牲畜舍饲半舍饲（即禁牧舍饲），走建设养畜、科学养畜的路子。在这个调研报告中，概括了舍饲的6条好处，提出了10条配套措施，从10个方面阐述了它的作用和意义，提出7个方面的意见和建议。这篇调研报告后来分别发表在《内党办通报》《内蒙古内参》和《实践》期刊。2002年7月8日中国生产力学会高级专家委员会于光远先生为本文签发了"软科学成果应用评价证书"。

1999年28日，江泽民总书记视察内蒙古时指出："内蒙古是我国北方的一道屏障。这里的生态如何，不仅关系内蒙古各族群众的生存和发展，也关系东北、华北、西北生态环境的保护和改善，意义和责任十分重大，一定要搞好。"2000年自治区政协八届三次全委会上，我还组织委员与赵永亮委员联名提出了治沙栽沙柳、沙柳造纸，拉动农民栽沙柳治沙的提案，《人民政协报》登载后，引起全国政协副主席赵南起将军的重视，他调回原提案，询问情况，指示林业部予以支持，2001年9月到鄂尔多斯，2002年4月到赤峰、通辽市就这个问题进行视察调研，我有幸与政协王玉山秘书长两次陪同。赵南起同志在通辽市召开了有东三省、林业部同志参加的座谈会，自治区储波书记汇报了工作，傅守正、任亚平同志出席了座谈会。赵南起副主席指出："干旱和荒漠化是我国的头号灾害，是中华民族的心腹大患，治理沙化是我国的头等大事。"江总书记的重要指示、赵南起副主席的见解，更使我茅塞顿开，认识极大提高。同年5月11日至22日，我与王玉山秘书长、鄂尔顿委员到巴盟、乌海、阿盟的 7 个旗县区考察了防沙治沙和当地人民如何与沙害进行长期不懈斗争的情况。实地考察、深入牧户，与盟、旗、苏木、嘎查领导及农林部门负责人座谈、交流，大量的资料和现实的触目惊心，看到的趋势、想到的后果，让我夜不能寐。汇总上述考察调研的情况、感想、认识，我们形成了题为《防治沙化迫在眉睫》的调研报告，并在自治区政协八届十九次常委会上作了大会发言。调研报告对我区沙化的现状、趋势和危害进行了比较深入细致的分析，还对各地防沙治沙的科学方法、成功经验和先进事例进行了一些总结，对各地提出的问题和要求从 6 个方面进行了归纳，针对各地的问题和要求又从 9 个方面提出了建议。

经过长期深入实际的考察调研，我对全区防沙治沙、生态建设的严峻性、长期性和艰巨性，有了越来越清醒的认识。进一步认识到，完成这一艰巨的任务，仅靠党委和政府的力量是远远不够的，必须发动企业、专家学者、社会各界，动员起千军万马，大打"人民战争"，才有可能取得实效。根据自治区党委杨利民副书记的提议筹建了内蒙古沙产业草产业协会，根据内蒙古画报社潘秀峰高级编辑的建议筹建了内蒙古防沙治沙协会，于 2002 年 12 月份先后成立，两个协会都得到了自治区党委、政府、政协领导的大力支持。千奋勇主席担任内蒙古防沙治沙协会会长，我担任了名誉会长。内蒙古沙产业草产业协会，我担任了协会的会长。这两个带"沙"字头协会的成立，对我区防沙治沙、生态建设和发展绿色产业发挥了一定的促进作用，给党委和政府起了一定的参谋作用，同时也发挥了一定的调查研究、组织发动、宣传呼吁、桥梁纽带、拾遗补缺、促进推动的作用。

两个协会成立短短四年多的时间里，我记不清有多少次陪同有关领导，带领有关专家、学者、企业家和协会的副会长、秘书长及有关人士，对全区的四大沙漠、五大沙地进行反复调查、研究、论证；记不清有多少次与当地党委政府的领导同志座谈讨论和交换意见和建议；也记不清在全国政协的全委会、常委会、民宗委的会议上有多少次发言和建议。据不完全统计，在此期间，仅围绕防沙治沙、生态建设，发展沙产业、草产业、林产业方面撰写的论文、调研报告、大会发言、建议案、提案、信息专报就有 40 多篇，约

20 多万字，其中有 30 篇收入自己的《走进西部》论文集一书。防沙治沙，生态建设，发展沙产业、草产业、林产业已成了我的第一职业和放不下的事业。特别是钱学森沙产业、草产业、林产业理论和第六次产业革命的预言，更使我对发展沙产业、草产业、林产业，并通过沙、草、林产业、防沙治沙、保护生态、建设生态的绿色事业充满了希望、坚定了信心。钱学森沙产业、草产业、林产业理论，改变了我对沙漠的认识和感情，也使我领悟到了一种责任。研究沙漠、防治沙化、发展绿色产业、投身绿色事业是我们这些生活工作在西部沙区或沙化区的工作人员、领导干部、政协委员责无旁贷的历史使命。

回顾 1998 年以来的这段经历，确实有很多难以忘怀的事情，但最使人难以忘却的还是 2005 年到呼伦贝尔考察的情景。

2005 年 4 月上旬，我与内蒙古沙产业、草产业协会的有关专家到内蒙古呼伦贝尔市考察呼伦贝尔沙地情况。4 月的北疆，春寒料峭，乍暖还寒。11 日这天，居然刮起了"黄毛风"，当地领导担心我们吃不消，劝我们等好天气再考察，我们还是决然去了。之所以选择这个时间，就是想要看到平时看不到的情况，正是这种天气，才使我们真正了解到草原沙化、退化的程度及气候的真情实况。早晨七点半准时乘车出发，考察呼伦贝尔沙地的三大沙带之一——海拉尔河两岸沙化带。市政协马金行秘书长专门为我们从林业局请来一位曾在这一沙带内（赫尔洪德苏木）工作过的同志介绍情况。我喜欢在车上边看、边想、边问、边记录。开始，我们都沉默着，车子在宽阔的柏油路上中速前进，窗外呼伦贝尔大草原一望无际，一片一片的积雪还没有融化，正如毛泽东著名词作《沁园春》里描写的北国风光那样，有一种如入仙境的感觉，真美啊！不知什么时候车子进入了沙地的土路上，时有坑槽颠簸，我的注意力被车窗外的另一种沙地景观所吸引，此时才正式进入这次考察的主题。走在海拉尔河的南岸，真正的呼伦贝尔沙地，沿河边有自然形成的连绵高丘，很少有树林，高丘上到处是风蚀沙坑，沙子被风吹得流动着。据介绍，海拉尔河两岸原先都是大森林，19 世纪后期俄罗斯人修建滨洲铁路时全给砍光了，以后逐渐变成了沙丘。南岸附近还有大片河流湿地的痕迹，这几年气候干旱，海拉尔河的流量大为减少，湿地也干涸了（据说，呼伦贝尔全市有 1/3 的河流，2/3 的湿地萎缩或消失了）。车子继续行进着，进入沙丘区，颠簸摇晃加剧，我的记录也只好停止了。这是一块半流动沙地，低洼处时有灌木出现。两个多小时后我们到了赫尔洪德境内，据介绍，这里原来是草原，现在的沙化面积比 15 年前增加了 10 倍以上，100 多户牧民被迫搬迁移民，小学校也随着苏木（乡镇）嘎查（村）的合并搬走了。从这里我们又到了完工镇乌布日诺尔嘎查，据说因草场被沙埋压而迁居他乡的有 80 多户。陪同的同志专门领我们看了一户移民户的旧址，沙子已经把房子的西墙、北墙埋住了，周围的草场已是连片的沙地、沙坑、沙坡。风越来越大，沙子打在脸上像针扎一样，风刮得连眼睛也睁不开。20 世纪 70 年代鄂尔多斯毛乌素沙地和库布其沙漠区内的景象，不时地在我脑海里出现，眼前的境况给我的印象是：呼伦贝尔沙地活化了，但呼伦贝尔沙地的面积小。降雨量相对多，地下水位高，好治！

考察结束后，呼伦贝尔市的新闻媒体在一个较避风的坡底下采访了我。尽管当时觉得有些强人所难，一是我不想在跟市领导交换意见前谈什么看法；二是天冷风大，沙子袭击眼睛，还要不时地捂捂耳朵，说话也困难。可是又想，记者们比我们还辛苦，都是为了工作，为了事业，没有理由拒绝，最后还是接受了采访，而且讲了不少。

午餐后与陈巴尔虎右旗领导及部门的同志们进行座谈。晚饭后，约见了一位当地在职博士研究生。他是专门研究呼伦贝尔风蚀沙坑课题的，正在写一篇论文，我把一些想法和意见与他进行了交流。送走客人，照例"启动"习惯性程序，梳理一天的所见、所闻、所想，情况、体会、感受、意见，是什么、为什么、怎么办？……

在人们的印象中，呼伦贝尔大草原水草丰美，虽然有呼伦贝尔沙地的存在，但并没有毛乌素、科尔沁、乌珠穆沁、浑善达克沙地那样肆虐可怕。实际上并非想象的那样，沙丘活化、草原退化、沙化，草场盖度、密度、高度减少降低，沙地蔓延趋势触目惊心，与鄂尔多斯 20 世纪七八十年代的状况何等相似，如果再不引起高度重视，不用 10 年，它将给我国北方这块"绿色净土"带来灾难性后果。

怎么看、怎么办？概括起来四句话九个字，"要治、能治、好治、综合治"。要治，就是呼伦贝尔沙地已经到了非治不可、不治不行的时候了，不治对谁也交代不过去。各级党委政府必须引起高度重视，列入日程，采取一切有效措施，加大治理力度。如果现在不抓紧治理，再连续干旱几年，治理难度会更大，耗费的人力、物力、财力将更多，届时闻名于世的呼伦贝尔大草原将会变成大沙漠，阿拉善的今天就是呼伦贝尔的明天。能治，就是呼伦贝尔的退化草原多数尚未失去恢复的功能，只要给予适当的支持和投入，很快就会恢复起来。再加上我们毕竟已经积累了多年的治沙经验，各地已经采取了休牧、轮牧、禁牧、限牧、舍饲、半舍饲，围封转移、飞播、人工造林、种草等有效措施，只要坚持不懈地抓下去，一定会见到实效。好治，就是呼伦贝尔的立地条件与西部地区的阿拉善和鄂尔多斯相比有很多优势，无论是降雨量，还是地下水资源相对丰富得多，人口也不多，只要科学合理地利用，相对来讲投入成本要少得多。综合治，就是要做到几个结合。一是治沙与用水结合起来，以水为先，以水为限；二是治沙与草原畜牧业改革结合起来，切实采取禁、休、轮、限牧等措施；三是沙产业与草产业结合起来，为"用沙"而"治沙"，即从"用"的角度考虑"治"，反弹琵琶，以用促防、以用促治，适地适时适种加适用，乔灌草结合；四是治沙与高科技结合起来，按照钱学森沙产业、草产业理论，走"多采光、少用水、新技术、高效益"的技术路线，发展循环经济；五是治沙与城镇化建设结合起来，通过小城镇建设，发展其他产业项目，吸纳更多的农牧民进城镇，减轻草场超负荷压力，拉动和反哺沙产业、草产业、林产业的发展。

后来把这次考察的情况专门写了调查报告，并向全国政协提交了提案，引起了国家林业局领导的重视，并答复要列入规划，据说已经增加了投资……

我与防沙治沙、生态建设、产业发展的绿色事业结下了不解的情结，也正是这种难以割舍的情结，促使我不得不加倍努力地为此奋斗！

关注民生　直言实情

许柏年*

2003 年初自治区政协刚刚进行换届工作，新成立的人口资源环境委员会，就以崭新的精神面貌开展工作。在讨论委员会全年工作计划时每一位委员都在认真思考我区人口、资源、环境方面存在的问题，并结合自己的工作岗位和专业特长提出了很多很好的意见。其中，自治区国土资源厅副厅长郭占英发言说，包头市石拐煤矿地质灾害非常严重，生存环境条件恶劣，还有一部分人生活在塌陷区内，情况十分危险。副主任委员臧海民原内蒙古煤炭监察局局长，也提出包头市石拐煤炭矿务局地质灾害造成的危害在自治区煤炭行业是少有的，全国也是少见的。他说，在我当煤炭厅厅长时，煤炭市场滞销资源需求量小，没有时间、也没有能力处理这类问题。经与会委员商讨，一致同意考察包头市石拐矿区作为年度重点工作之一被列入计划。

8 月 22 日"非典"疫情还未完全结束，我参加了自治区政协人口资源环境委员会部分委员和专家学者等 9 人组成的调研组，专程赴包头市石拐煤矿进行实地考察。

包头市石拐区当时 7 万人口，1958 年包头矿务局成立以来，累计生产原煤 1 亿余吨，为包头市经济社会发展做出过重要贡献，尤其是石拐煤矿煤炭资源属于焦煤型，为自治区最大的企业包头钢铁公司炼钢炼铁提供了最直接或可靠的资源保证。石拐煤矿属中国最古老的煤矿之一。挖煤的历史可以

---

* 作者时任内蒙古自治区政协第七、八、九届副主席。

追溯到清朝末年，日军侵华战争时这里的煤炭资源被作为战略资源大肆掠夺……新中国成立以后石拐煤矿被列入国家"一五"期间165项目之一，成为建设包钢开辟内蒙古煤炭工业的主力军。但由于管理体制多变，行业指导上的偏差，小煤窑滥采滥掘，可开采煤炭资源近于枯竭，一些煤矿相继闭坑和破产。煤矿经历清末、民国、日伪等不同历史时期开采，留存的地质资料甚少，地下结构错乱复杂。据现有资料显示，石拐煤矿形成大约有100平方公里采空区。先后发生过地质灾害36起，其中山体滑坡6起；地面塌陷20多起，地裂缝面积5—43平方公里；泥石流3起，死亡16人，损坏房屋292间，耕地1530亩，铁路100米。还有危险隐患60多处（山体滑坡8处，泥石流10处，地面塌陷42处），其中可诱发大型山体滑坡隐患3处，极其危险。（1）大发滑坡。该处1979年底发生过大规模山体滑坡，形成东西370余米，南北600多米，面积约16万平方米，400多万立方米山体滑坡的石块堆积。从20世纪末，该处地质结构活动开始频繁，已将新形成的滑体前缘累计向前推进了30余米，随时有再次爆发大规模山体滑坡的危险。（2）红旗山滑坡。坡高60余米，南北长300余米，东西宽100多米。该处虽未引发灾害，但滑体与山体之间形成了多组由南向北0.1—2.0米的裂缝，绵延100—300米，如遇下雨或外力时极有可能发生山体滑坡。山下有居民677户，1997人的生命成了"虎口之食"。（3）平硐滑坡。坡长400余米，宽200余米，每年以1米以上速度向前移动。直接威胁周围30米，60户居民123人的生命安全。

调研组实地考察几处山体滑坡现场之后，向生活在滑坡塌陷区边缘的居民住宅走近，一股热浪冲击之后带有很刺鼻的硫黄臭味气体扑面而来，远处烟气环绕山间笼罩天空，山上有六个醒目大字"火山禁止攀登"。我还纳闷"没有燃烧现象，哪来的火山？"仔细观察才发现那是被废的煤矸石堆起的石堆在悄悄自燃，白天色差小很难分辨燃烧的颜色，随着我们的走近空气热浪一浪高过一浪。走进几个矿工群众的家，墙体裂缝已司空见惯，有的裂缝宽1厘米，从室内看室外一清二楚。由于煤坑闭坑没有回填，地下水位不断上升渗透房屋基础，映在墙上的水线痕迹达1米高。在职工群众住的火炕上面铺的草席，翻开草席土炕上的泥土用手一捏都可以成团不散。变形门窗随处可见……用一句话形容这里的群众住房"生活在水深火热之中"一点也不过分。当我们下山的时候，向导告诉大家说，一定要走有脚印的地方，不可在山上随意择路，很危险！还讲了一个真实的故事：几个人结伴上山而行，突然发生山体滑坡，眼看着有三人顺势而下，然后山石塌陷，当地人称叫"包饺子现象"，报警后组织营救，煤矿上花了 80 万，最后连人影都没找见。

石拐矿区地质灾害造成的危险已相当严重，地下水被污染，总硬度和矿化度严重超标；采矿废渣四处堆弃，占地面积 3 平方公里，约 2100 万吨；部分废渣常年着火，散发的有害气体造成空气严重污染；煤矸石到处堆放，极易诱发泥石流；大量的耕地、山林和草场受到破坏，生态环境也严重恶化。包头市石拐区政府虽采取一些预防防治措施，使地质灾害有所缓解，但存在的重大安全隐患却一直无力根治和消除。这是调研组得出的一致结论，同时指出：居住在平硐、大发、红旗山三大滑坡塌陷区域内 737 户居民有重大安全隐患险情，他们的搬迁问题已迫在眉睫，调研组在与包头市领导交换意见时提出了这一重大安全隐患问题。人口资源环境委员会立即写出《关于尽快搬迁包头市石拐煤矿滑坡塌陷区居民的紧急提案》。王占主席、包俊臣副主席都十分重视立即签阅，指出速报送自治区党委政府。

9 月 15 日，自治区党委书记储波、政府杨晶主席、陈光林副书记、赵双连副书记分别在政协紧急提案上批示。储波批示要求包头市市委书记、市长立即处理这件关系人民群众安全的大问题，不要等事故发生后做善后处理。包头市立即成立石拐煤矿滑坡塌陷区住宅搬迁领导小组并召开了现场会，包头市石拐区地质灾害区域居民搬迁工程从此正式启动。经过多方筹集资金，到 2003 年底，搬迁资金到位了 60 万元，首先搬迁了生活在平硐滑坡区域最危险处居民，60 户人家疏散到安全地带，危房就地拆除。

在自治区党委政府主要领导亲自关怀下，包头市石拐区第一批饱受地质灾害痛苦，生命时刻受到威胁的群众得到了解放，石拐区整体搬迁的工作也在紧张有序地进行。沈阳城市建筑规划设计院对石拐区地质灾害进行全面评估，对城市未来发展进行全面规划，国家发改委同意专业技术部门对石拐区地质灾害造成的损失和重新建设所需 4.2 亿资金进行认证。按国家有关规定，地质灾害危害严重的地区，重新建设家园的国家可以补助 50% 建设资金。在王占主席和包头市政协主席李玉然多次出面协调国家有关部门，并拜访国家发改委主管领导，解决了石拐区新建 2.1 亿元国家补贴大问题。

通过政协提案、领导批示，解决了群众关注的焦点问题、热点问题和难点问题，是人民政协工作方式，也是解决问题的平台。自治区国土资源厅的同志感慨地说，我们连续多年反映最担心和头痛的石拐区居民安全隐患问题，自治区政协一份紧急提案就解决了，让我们感到欣慰，感到人民政协关注民生、体察民情、反映民意，在建设和谐内蒙古方面发挥了重要作用。在自治区政协和包头市政协主要领导的关心和支持下，包头市石拐区整体搬迁工程项目得到国家的批准。国有特大型企业神华集团得到这个消息以后，在各级领导的说服下，同意给石拐区搬迁投资 8 亿元以买断石拐区资源开发的所有权，使石拐煤区搬迁有了资金的保证。

一份政协提案得到自治区党政主要领导如此重视，引发一个县级区整体搬迁，争取 10 亿国家重建家园资金的投入，是体现党的政策，关心群众冷暖、注意群众生活、重视群众生命安全的真实写照。也说明了自治区党委政府对政协紧急提案非常重视和对政协工作的支持。反映了自治区主要领导安全意识很强，对尚未发生的地质灾害事故将造成的损失，有相当准确的判断能力和坚决要除去包头市石拐区重大安全隐患的决心。同时也昭示着，在我国现行的社会主义市场经济体制中，人民政协机关是与党委政府相互沟通的平台，遇有重大急特事件可以直接向党委政府反映真实情况，使复杂的程序得以简化，提高工作效率。要参政为民，言为民声，关注民生，维护群众利益作为履行职能、建言献策的出发点和落脚点，这是时代赋予我们政协的神圣职责，需继续发扬光大。因此，自治区政协人口资源环境委员会提交《关于尽快搬迁包头市石拐煤矿滑坡、塌陷区居民的紧急提案》获 2003 年度自治区政协优秀提案奖。

时光流逝，5 年过去了，重建石拐区资金在一笔笔落到账户，新楼房一批批拔地而起，居民危房改造搬迁工作正在有序地进行着。值得庆幸的是，自从拆掉平碉滑坡区 60 户危房到今天，包头市石拐区没有发生一起因地质灾害引起的伤人事件，而一个现代化的石拐新区将逐步展现在人们眼前。

留 住 草 原

——内蒙古政协草原生态专题调研活动琐记

格日勒图[*]

1994 年,我从工作了 40 多年的第二故乡锡林郭勒盟调至自治区政协工作,先后担任自治区第七届、第八届政协副主席,直到 2003 年 1 月退休。在这 10 年间,自治区政协始终把履行职能的工作重点放在围绕中心、服务大局方面,围绕促进我区经济社会全面协调可持续发展做了大量富有成效的工作。特别是八届政协期间,我有幸组织实施和参与了关于内蒙古生态环境保护与建设的专题调研和专题议政活动,它给我留下了终生难忘的记忆。

20 世纪八九十年代,伴随着改革开放的步伐,全国各地兴起了大开发、大建设的浪潮。内蒙古也不例外。无疑,这是一个非常难得的发展机遇,对整个经济社会的向前发展是一种巨大的推动力。但也伴生了一些负面的影响。比如,有些地方为了追求眼前的经济利益,或大片垦荒毁林种地,或盲目超载放牧,使原本十分脆弱的生态环境雪上加霜,加剧了草场沙化、森林退化、水土流失的趋势,给内蒙古经济社会的可持续发展和农牧民的生产生活甚至生存带来了严重后患。这个问题引起了自治区党委的高度重视,也引起了广大政协委员的极度关切。吸纳大家的意见,自治区政协八届二次常委会议郑重作出《关于把改善生态环境列为今后几年参政议政重要议题的决议》。之后,自治区政协主席会议专门就内蒙古的生态问题进行讨论,研究

* 作者时任政协内蒙古自治区第七届、第八届委员会副主席、党组成员。

组织了"草原森林"、"生态农业"、"城市环境"三个调研组。乃登同志任"生态农业"组组长,夏日同志任"城市环境"组组长,由我担任自治区政协生态调研领导小组副组长,并兼任"草原森林"小组组长。我义不容辞地接受了这个任务,感到了肩上责任的重大。

草原森林组负责调研阴山北麓、大兴安岭西麓、黄河、西辽河流域的防治草原退化、沙化和草原林区乱垦滥伐等问题。在历时一年多的时间里,我们草原森林组先后走过全区 25 个旗县、5 个林管局、4 个苏木乡、72 个嘎查。西从阿拉善的巴丹吉林荒漠草原,途经巴盟乌拉特中后旗的半荒漠、典型草原,乌兰察布盟的半荒漠、典型草原,锡盟的半荒漠、草甸草原,东到大兴安岭的森林草原等,到处都留下了我们的足迹。当我们顶着烈日和酷暑来到阿拉善盟牧区时,那里的牧民激动不已,握着我们的手说:"多年了,我们这儿几乎很少有人来过,你们这是第一批。"听了这话,我们既感动,又不免有点惭愧。

记得那是在 1998 年春夏之交,我和草原森林组一行赴锡盟调研。当时锡盟南部已经持续好长时间没下雨了,宽阔雄浑的锡林郭勒大草原被干旱笼罩着,很难见到茂盛青绿的草场,老鼠和蝗虫灾害严重,草原失去了她原有的秀丽风光,丝毫唤不起我"归乡"的喜悦。一路上,大家始终心情沉重,无不为锡盟草原的生态现状忧心不已。可能是天作之合,我们前脚刚到镶黄旗,一场雨水接踵而至。绵绵细雨,将一行人几天来的低落情绪冲刷得无影无踪,当地的领导和老百姓也非常高兴。在热情欢迎我们时,畅快地称我们给草原带来了一场"及时雨"。我长期工作在锡盟,对草原怀有深厚的感情,也十分清楚下雨对草原意味着什么。这里位于高海拔的内陆地区,降雨量少,蒸发量大,地表水和地下水资源贫乏,而土壤多为沙性钙质土,肥力差,极易沙化退化。周期性干旱是锡盟草原植被破坏的主要因素之一,因此,雨水对锡盟草原显得极为重要,改善锡盟草原的生态环境也需要做好"水"字这篇大文章。我真的希望我们的这次调研能够化作锡盟草原的"及时雨",能够引起国家和自治区党委的足够重视,能够增强锡盟人民的水资源保护意识,加强水资源的生态保护,优化水资源配置,合理分配水量,以水定发展，确保锡盟草原和农区的生态用水；能够唤起全体农牧民自觉地加入到改善草原生态环境建设中，使这一世界典型的温带草甸草原重现她美丽富饶的原貌。

1999 年 7 月 12 日至 31 日，我们调研组一行 8 人展开了本组调研以来最漫长最艰苦的一次考察。从呼市到通辽的开鲁，经过科尔沁中、右旗到乌兰浩特，再到阿尔山、新巴尔虎左旗、海拉尔，然后南下扎兰屯，折回乌拉盖草原，一直到锡盟的苏尼特右旗，全部行程算下来达 5500 公里左右。一天，调研组来到兴安盟大兴安岭腹地的阿尔山调研。吃过早饭，我们由乌兰浩特起程，向阿尔山进发，平坦宽阔的柏油路很快走完，进入茂密的白桦林，呈现在我们面前的是一条坑洼不平的黑土路。由于黑土黏性强，车走在上面像陷入泥泞中似的，越来越重，越来越慢。再往前走已经分辨不清是否还有路，密不透风的树林几乎使我们窒息。两边的树枝也跟着凑热闹，"噼里啪啦"拍打着车窗，仿佛是在迎客，更像是要谢客。或许树林也在考验我们的意志吧，随行的两辆车，先后被扎破三条轮胎。我们的随车备胎也用完了，无奈之下只好与盟里联系。时任盟委书记的郭子明同志得到消息后亲自为我们协调，由进入阿尔山往外运送木头的小火车给我们调来了轮胎，我们才得以继续前行。总共 280 多公里路程，竟然走了十几个小时。在认真听取了当地有关部门的情况介绍后，想到一路上的曲折周转，深刻体会到这儿农牧民生活的艰辛，一致认为草原生态环境建设刻不容缓，交通、通讯等基础设施建设同样不容忽视。只有两方面都得到改善，农牧民的生活状况才能得到真正意义上的好转。

离开兴安盟，我们随即赶往呼伦贝尔新巴尔虎左旗。在我的心目中，这儿应该是内蒙古目前保存最好最完整的草原，一尺来高的草没过膝盖，在人们的视野里无尽延伸，郁郁葱葱，一副生机勃勃的景象，完全可以与诗中描述的"天苍苍，野茫茫"的风光相媲美。但是，事实上出现在我们面前的草原并不是那样，有的地方不再长草，取而代之的是一片又一片的油菜或小麦；好多刚开垦没有耕种的土地，裸露出刺眼的黑土；有的已经种不了什么，完全退化为沙地。当地的干部群众讲，政府以十分低廉的价格大批出租给当地农牧民甚至是外地开发者耕种，主要是为了增加财政收入，同时也为了解决农牧民的生活。据调查了解，20 世纪 90 年代以后，在大兴安岭岭东岭西林缘草地有 2000 万亩草甸草原被开垦，致使大片草原变为荒地。总共十几厘米的地表土壤层，开垦几年后便失去肥力，进而沙化，如此循环往复，草原很快就将彻底消失。就这个问题，我们与当地政府进行了诚恳的协商与交流，希望他们能努力克服现实困难，处理好眼前利益与长远利益的关系。我们也表示，回去以后将积极向自治区党委、政府如实反映这一现实问题，建议有关方面加大对这一地区的政策倾斜、资金支持力度，帮助他们渡过难关。我们还建议有关方面进一步加强和充实草原监理队伍，理顺关系，建立健全依法监理机制，加大执法力度，切实保护草原生态环境。

可以说，历时一年多的调研行程是骄阳与风雨相伴，辛劳与汗水共济。然而，最让我揪心的是，多少万年才形成的滋养世世代代牧民生存生活的大片草原，如此快速地沙化、退化下去，怎么得了！调查回来之后，我们迅速将调查掌握的第一手材料进行整理，深入思考、论证恢复生态保护环境的相关问题，有针对性地提出意见和建议。1999 年 11 月 1 日，自治区政协八届六次常委会议专题研究生态环境问题，会上，我将凝结了草原森林小组全体成员心血与汗水的调研报告提交给会议，并作了大会发言，引起与会人员的强烈共鸣。这次会议形成的《关于加强我区生态建设和环境保护若干问题的建议案》，报送自治区党委，提交自治区政府后，引起高度重视。党委、政府多位领导作出批示，责成有关部门研究采纳和落实建议案提出的相关建议。我们的调研成果还引起了党中央和国务院的重视和关注。新世纪初始，国家实施西部大开发战略，决定在农区退耕还林的基础上，在内蒙古牧区率先试点推行退牧还草的政策。自治区党委、政府也在生态建设方面加大了力度，先后实施了退牧还草、围封转移、划区轮牧等政策措施。草原由此得到了休养生息，草原生态环境开始逐步好转。

我自 2003 年退休后，心中仍放不下全区的生态建设和环境保护问题。令我欣喜的是，近几年，国家继续在政策上扶持、资金上支持，相继实施了京津风沙源治理、退耕还林、退牧还草、天然林保护、三北防护林、水土保持等多项生态建设重点工程，加快了内蒙古草原生态环境的保护与建设进程。自治区党委、政府大力调整生产力布局，把生态建设与农牧业结构调整结合起来，把农牧民增收、扶贫开发以及生态移民同实施"围封转移"战略结合起来，实现了生态效益、经济效益和社会效益相统一。通过几年的努力，内蒙古生态环境恶化的趋势得到总体遏制，局部地区得到明显改善。一些牧民的观念也有很大转变，眼光不再局限于眼前，而是想着长远。有的牧民说的好：我们不图眼前这点儿小利，图的是给子孙后代留下永续利用的草原。

8年过去了。现在回想起来，八届政协组织的生态环境保护与建设的调研，其重要意义不只在于党委、政府采纳了大量的意见和建议，更重要的是以其历时之长、规模之大、范围之广、效果之明显而唤起了人们对生态环境的危机意识和忧患意识，引起全社会对生态环境的重视与关注。我作为参与者，为此而感到由衷的欣慰。

十年磨一"建"

乃　登*

2010 年 4 月 4 日，一个风和日丽的星期天。我怀着极大兴致来到了大学东路原胸科医院旧址，想亲眼看看正在建设中的内蒙古国际蒙医医院。

工地上，车来人往，机器轰鸣，一派繁忙景象。据介绍，主体工程已经完成，现在正在抓紧进行内外装修，预计今年年末就可以投入使用了。听到这番话，我不由地心潮澎湃，思绪万千。

建立内蒙古国际蒙医医院，是自治区政府于 2006 年 11 月做出的决定。那天，刚刚参加完通报会议的斯琴其木格教授从会场一出来，就异常兴奋地给我打来电话，像报喜一样报告了这件事情。

是啊，自治区政府能够做出这个决策，每一个生活在内蒙古的人，都会为之高兴的。特别是我们这些"政协人"，尤其感到欢欣鼓舞。因为，为了推动成立和建设这所医院，政协委员们整整付出了长达十多年的努力。

早在 1995 年内蒙古政协七届三次全体会议上，斯琴其木格、陈玉良等多位医药界颇有影响的政协委员联名提出一份提案，呼吁尽快在呼和浩特成立内蒙古自治区蒙医药研究院和蒙医医院，以更好地保护、利用、发掘我国医学科学宝库中极其宝贵的民族医学财富，使之发扬光大，造福于各族人民。会后，这份提案被政协提案委员会作为重点提案提了出来。当时，我是协助主席分管日常工作并分管提案工作的副主席，所以这份提案最早放到了

＊ 作者时任政协内蒙古自治区第七届、第八届委员会常务副主席，党组副书记。

我的案头上。我看了以后，近乎是拍案叫绝。于是，在我们的提案督办过程中，自然也就把它摆到了重要位置。

蒙医是蒙古民族在长期的医疗实践中逐渐形成与发展起来的传统医学。其历史悠久，内容丰富，是蒙古族人民同疾病作斗争的经验总结和智慧结晶，也是一门具有鲜明民族特色和地域特点的医学科学。在许多疾病的诊治中具有药量少、疗效好、经济、简便等特点。蒙药是蒙医防治疾病的有力武器。药源有植物、动物、矿物，仅典籍所载已达 2000 种以上。在临床应用中大部分采用中药材，但在加工制作方法和用法上与中医不同。蒙医主要以蒙医基础理论为指导，依据蒙药药理学原理配伍制剂。其药物具有三小（毒性小、副作用小、剂量小）、三效（高效、速效、长效）、四方便（采集、生产、携带、服用方便）的特点。

内蒙古的蒙医药工作一直以来走在全国民族医药的前列。近年来，区内外的患者自不用说，仅到内蒙古接受蒙医药治疗的蒙古国、俄罗斯、韩国、日本等国患者，每年就有上万人次。

遗憾的是，在我们内蒙古的区级医疗机构中，蒙医一直是和中医合并而建为一家医院的。由于没有自治区级的"领头羊"机构，区内的蒙医医院和蒙医研究始终没有形成合力，导致蒙医医疗、临床、药学等多年来发展缓慢。

在以往的工作基础上，如果再单独建立一所蒙医院，既有利于蒙医的保护、挖掘、开发、利用，又可以给中医的发展留出更大的空间，岂不是一件利国利民的大好事！

我与发展民族医药事业早就结下了剪不断的情缘。早在锡林郭勒盟做盟长的时候，我曾带着旗县和处局的负责同志到四川的阿坝藏族自治州考察。在一家藏医院，一位老藏医介绍说，他们已经研究出好几种最新藏药，其中有一种药叫"珍珠 70 味"，是提炼了 70 多种植物之药用成分研制而成的。我把两本资料带了回来，亲自交给了锡盟蒙医研究所的老院长，请他们学习借鉴。

还有一次，我在青海参加一个会议的时候，会议组织我们参观了青海的藏医学院、藏医研究所和藏医制药厂。那次参观，我看得非常入迷，留下的印象也很深。那里的同志介绍说，藏医药已经打入美国等国际市场。

这几件事，对我震动很大。蒙医药同样历史悠久，同样有着神奇的疗效。在我们内蒙古，蒙医药的发展基础十分深厚，开发利用前景十分广阔。可是，作为全国最早成立的少数民族自治区，号称中国北方"蒙药之都"的呼和浩特，解放这么多年了，竟然连一所像样的蒙医医院和研究所都没有。说起这个事，谁的心里不落牵挂！拿着手里的这份政协委员提案，我越发感到它的分量不轻。这是专家学者的心血，这是各族人民的意愿，当然，也是我们"政协人"的责任所在！

带着主席会议的嘱托，带着政协委员的期待，艰难而又漫长的提案督办旅程就这样开始了。

我首先找了当时的自治区主席乌力吉。乌主席卸任后，我又找了新任主席云布龙。云主席不幸逝世后，我又找了乌云其木格主席。应当说，历届政府对于这件事情还是比较重视的，主要领导都曾做出过专门批示，仅一位分管副主席就先后批示16次，发改委、编办、卫生等部门也曾进行过专题调研。但是，由于种种原因，具体操办起来并非一帆风顺。好事多磨。根据主要领导的意见，我们分别同分管主席及有关部门协商、沟通，交换意见，不断取得新共识，不断推动事情的进程。

同提案督办结伴而行，提案的提出者们也在不停地前行。他们连续9年提交同一内容的提案，每一次提案都有新内容、新建议。自治区政协几乎每年都把这一提案作为重点提案加以追踪督办。与此同时，1996年初，已故著名蒙药专家、全国政协委员罗布桑受我区医疗卫生界人士之重托，把这份提案提到了北京。更有意思的是，在两级政协的优秀提案表彰名单上，都出现了这份提案的名字。

人民的意愿不可违。终于，2006年深秋，自治区政府做出决定：建立内蒙古自治区国际蒙医医院，同时，将内蒙古医学院中蒙医系分设为中医药学院和蒙医药学院，并成立内蒙古蒙医药研究院。随后，自治区政府专门成立了筹备工作领导小组，各项工作有序展开。

　　正在建设中的蒙医医院于 2008 年开工，坐落在大学东路内蒙古胸科医院旧址，总投资近两亿元，总建筑面积 3.52 万平方米。其中，综合楼 2.8 万平方米，辅助用房 4150 平方米，蒙药制剂房 3000 平方米，住院部设置 500 张床位。这所功能齐全、结构合理的现代化蒙医医院建成后，不仅将成为内蒙古蒙医药医疗、临床教学、科研、制剂的指导中心和依托基地，而且对全国八省区的蒙医药医疗、临床教学、科研工作必将产生带动、指导和示范作用。

　　站立在火热的大楼工地上，我如同置身于建设者的行列，久久不愿离去。举目而望，蔚蓝的天空下，风儿轻轻地吹来吹去，鸟儿自在地飞来飞去，万千条树枝在微风中欢快地摇曳。她们似乎也把这件事当成喜讯，相互传递，共同祝福，祝福草原绿色常驻，祝愿人间幸福安康！

情　结

傅守正[*]

随着年龄的增长，对往事的回忆也多了起来。我一生经历没有离开过"农"字，当然所思所想比较多的也就是"三农"问题了。2006年4月5日我重访了1964年"四清"工作过的地方——临河市新华镇胜丰五社。随同我去的有镇党委书记刘向阳，还有这个村的朱村长。

通往这个自然村的路还是我那个时候经常去大队和公社开会的路，只是比过去宽了许多，据说是2005年用扶贫资金修的。要想富先修路，可能就是这个初衷。

走在进村的路上，思绪就回到了过去。那是一个寒冷的冬天，临河县被确定为华北局"四清"试点县，抽调了大批干部进行大会战，一般一个生产队六七个干部。那年我才20岁，从五原老家农村"借干"被分配到临河胜丰五社搞"四清"，一住就是8个月，和乡亲们结下了深厚的友情。

这次乡亲们听说我来，已经在社长白利刚家的屋里屋外等候了一个多时辰。屋内坐的大多和我同龄，屋外也有看热闹的年轻人，想看看父辈们常说起的当年在队里搞"四清"的"借干"小傅。见了面，大家嘘寒问暖。一晃40多年过去了，当年的小后生现在已经满头白发。乡亲们热情地和我围坐着拉起了家常。首先说起"四清"时的人和事。在那个大讲阶级斗争的年代，"四清"主要解决的问题当然是基层领导权在不在共产党手中，在不

---

* 作者是政协内蒙古自治区第九届委员会副主席、党组副书记。

在坚持走社会主义道路的人手中，这就免不了出现"极左"，许多基层干部都被视作"四不清"干部或是阶级异己分子被整下了台。在座的张桂先当时是生产队会计，工作队反复查了他的账，没发现任何问题，就因为与所谓的"四不清"干部画不清界线和对"四清"工作有抵触情绪而被撤换。我向他道歉，他爽快地笑着说："那些失误是大形势下造成的，与你们没有关系，以后再不瞎折腾就好了。"农民真是通情达理。过去一个接一个的政治运动伤害的人太多了，耽误了不少发展经济、提高农民生活的大好机会。

话题说到村里这些年的变化。社长白利刚说："最近几年政府先是给我们取消'三提五统'，去年又免了农业税，种粮还给补贴，种地养畜有了自主权，庄户人自在了。日子过得好坏，户与户之间还是有差距的。有些户收入高，盖了新砖房，购买了农机具，添置了家用电器，有些户还住着土坯房，生活也不宽裕。"张憨小笑着对我说："那会儿，你给我读毛主席的《为人民服务》，让我当队长，我说什么也不干，说实话我倒不是干不了，就是看着那些干部挨整，我怕，当个社员好好劳动省心，安然。现在我家里，三十多亩地，还养了100多只羊，年收入现款就有两万元左右，眼下种地养畜是增收的一个好路子。"大家你一言我一语地讲述着他们的生产和生活，看得出农民对党的政策是拥护的，但他们也还有困难、期盼和忧虑。比如，这个村大约有三分之二的农户春天种地还需要贷款，甚至借高利贷，也就只能维持简单再生产。

我问大家，现在生产生活有没有困难，对政府有什么要求。一位年过花甲的老人说："你知道我们这个村是渠梢地，水缺时浇不上适时水，水多了挨淹，土地盐碱化严重，要想让地多产出还是得把排干疏通。"老李接着说："农产品的价格还是低，涨点价也是一毛钱、一毛钱地涨，生产资料可是一块、几块、几十块地往上涨，光靠种地挣不了多少钱。"一位40多岁的村民说："农村现在也重视孩子上学了，指望孩子上大学出来找个好工作，老人年龄大了可以进城享福，可是农村教育质量差，考上大学的孩子没几个，有的家省吃俭用供了个大学生，毕了业又很难找工作。"老常讲："现在，40岁以下的年轻人都不想当农民，大都出去打工了，家里留下老人、妇女、小孩子，靠这些人把农村建设好指望不大。"一位中年妇女拿着计划生育有关文件对我说："我是计划生育独女户，但一直没能享受政策补贴，你能给镇里的领导说说话，把我的政策落实了。"在座的刘向阳书记当即表态，这件事我让计生办的同志马上给你办。社长白利刚说："我们这儿老是种葵花，产量不高，病害也严重，请你帮我们贷点款，每户盖个大棚种韭菜，收入一定能提高。"我问："韭菜好卖吗？"他说："离我们这很近的镇上农民种韭菜已形成规模，而且还有专业运输户，出售不愁……"

　　时间过得真快，两个多小时过去了。我起身说："想到几家看看。"大家抢着领路，争着让我到他们家。我先到了张桂先家，老两口很热情，老张让我多坐一会儿，说了一些心里话："'四清'后我说什么也不再当干部了，学了兽医，还算可以。没想到得了高血压和心脏病，现在重活干不成，日子很难过，农村像我这样因病返贫户不少。新型合作医疗是件好事，但报不了多少钱，手续还挺麻烦，政府要能把这个事办好，那可就给老百姓解决了大问题。"从张家出来，我特意去看望了80多岁的姜大爷。对这位老人我记忆很深，他家是解放初从河南移民到这个村落户的，"四清"时因为他是外来户，和村里成分高的户以及干部都没有亲戚关系，按当时的要求，很长一段时间工作组的同志只能在他家和另外三户吃派饭。那时生活很困难，他像对待亲人一样想办法让我们吃饱。现在老人身板很硬朗，还能下地干活割草、喂羊。临走时，我给他放下几百元钱，老人再三不要，说还能过得去，而且非要留我在他家吃饭。

　　夕阳透过云层和迷漫的沙尘，把河套大地照耀得浑然一体。告别了乡亲们，在回镇的路上，我沉默了，想起了朱镕基同志对李昌平有关"三农"问题"上书"的批示："'农民真苦，农村真穷，农业真危险'，虽非全面情况，而又不能误信基层的报喜，忽视问题的严重性。"现在中央非常重视"三农"问题，又提出要建设社会主义新农村。农村工作重在务实，好政策真正落到实处才能给老百姓带来实惠。农民不会讲那么多的大道理，谁给他们带来利益，谁尊重他们的自主权，他们就拥护谁、听谁的。中国什么时候把农民的问题解决好了，社会和谐也就有希望了！

当晚，我住在了新华镇。这是我 10 多年来第一次在乡镇住宿，本来就有失眠的毛病，今晚更严重，翻来覆去怎么也不能入睡。农民的实在、淳朴、勤劳和他们对过上更好日子的期望历历在目。但是，实现这种美好期望的主人是他们自己，他们对生之育之的大地的感受、情绪以及自我角色的认同如何，对应的是村庄是否具有吸引力，农民是否满怀劳动和建设农村的激情。我叫来刘向阳书记，和他谈了帮助这个村办几件事的想法，他赞同。我当即给自治区扶贫办、市扶贫办的同志打电话，请他们给解决点扶贫款，帮助胜丰五社建大棚种韭菜，增加收入。事后我了解，事情很快就落实了。

2007 年 4 月初，我回到家乡五原，又想去在五原搞过"四清"的隆兴长镇二马庆圪旦看看，但不知什么原因没有成行，也许是道路泥泞难以入村，也许我担心乡亲们还会在热情和欢迎之余，向我提出一些问题，我还有能力给他们解决吗？

春 华 秋 实

韩振祥[*]

乌兰察布盟一直以来是内蒙古自治区的贫困地区。自然生态条件极为恶劣，10年9旱，灾害频繁，多灾并发。由于60年代大面积的垦荒种粮，破坏了草原植被，风蚀沙化，降雨量减少。1993年，乌兰察布盟地区粮食总产量为8.07亿斤，人均（农村）口粮270斤。

以察右后旗三井泉乡为例，该乡历年"种一坡，收一车，打一簸箕，煮一锅"。1993年特大旱灾，种10亩地打10斤粮，人均收入10元钱，全乡6131人有2096人被迫搬迁外出谋生。

过度垦伐使5150万亩自然植被有2550万亩沙化退化。森林覆盖率只有6.8%。在全盟8300万亩总土地面积中，水土流失风蚀沙化面积就达到90%。特别是地处阴山北麓的化德、商都、察右中旗、察右后旗、四子王旗已形成一条长300公里、宽50公里的风蚀沙化带。相当一部分村庄到了沙进人退的地步，成为生态难民。全盟3亿元财政收入中，工业税收只占30%，人均财政收入仅为111元，全盟可用财力人均只有5102元。财政收入在内蒙古自治区12个盟市中属最后一名。乌兰察布盟所辖2市9旗县中，6个为国家级贫困旗县，3个为自治区级贫困旗，有66万人口在温饱线下苦熬，而绝大部分人口也仅是在温饱线上徘徊。

乌兰察布盟位于内蒙古自治区中部，区域面积8.47万平方公里，人口

---

* 作者时任乌兰察布盟盟委书记，是政协内蒙古自治区第九届、第十届委员会副主席。

330万，其中农村人口270万。辖2市4旗5县：集宁市、丰镇市、察哈尔右翼前旗、察哈尔右翼中旗、察哈尔右翼后旗、四子王旗、兴和县、化德县、凉城县、商都县、卓资山县。盟行政公署驻集宁市。

乌兰察布盟海拔2000米左右，阴山以南丘陵广布，间有高山和滩川盆地。阴山以北，地势南高北低，多低山丘陵。主要河流17条，湖泊35处，水面486平方公里。地处中温带，属大陆性中温气候。因大青山横贯，前山地区温暖多雨，后山地区干旱多风。年平均气温0℃—7℃，年降水量100—150毫米，无霜期95—145天。农业属北方旱作杂粮区，耕地面积2010万亩。主要农作物有小麦、莜麦、谷子、糜黍、马铃薯等。

1994年3月，我出任乌兰察布盟盟委书记。4月初至6月中旬，我对两旗县12个乡（苏木）的生态环境和农牧民的生活生产情况进行专题调查，针对全盟现状，向中共乌兰察布盟盟委提交了"念草木经·兴畜牧业"的报告，对全盟的现状与问题进行了分析论证，提出了"进退还"战略的实施。核心内容是：每建成一亩水浇地，退下二亩旱坡沙梁地，还林还草还牧。进是基础，退是关键，还是核心。

"进退还"战略是运用唯物辩证法科学思维的产物。战略的两层内涵中，由进、退、还三个要素构成。三个要素中，进是前提，没有进就无所谓退和还，只有进足才能退够、还好；退是手段，以退逼进，边进边退，以退促还，使三者紧密联成一个整体；还则是目的，无论是进还是退，都是为了还这个最终目的。还林还草还牧，还大地一片新绿主攻建设畜牧业大盟目标，通过进、退、还"三位一体"发展战略的大农业结构调整，为建设农业现代化奠定基础。

"进一退二还三"报告得到了盟委、公署的拥护，认为，调查报告提出的念草木经、兴畜牧业，加速全盟后山地区产业结构调整步伐，把乌兰察布盟建成畜牧业大盟的基本思路和主要措施完全符合自然规律和经济规律，完全符合全盟农牧业生产的实际，具有重要的指导意义。

中共内蒙古自治区党委书记刘明祖看了乌兰察布盟盟委上报实施"进退还"战略报告后异常重视，实地考察了乌兰察布盟化德等县，认为"进一退二还三"战略是乌兰察布盟致富脱贫的根本措施，致富达小康的必由之路，完全符合全盟的盟情，批准实施这一战略。

1994 年 8 月，中共中央政治局常委、书记处书记胡锦涛来到乌兰察布盟视察，明确指出："进一退二还三"战略，是按市场经济规律操作的，是一个机制上的变化，我很赞成。乌兰察布盟现状最大与当务之急的问题是解决农民的吃饭问题，那么首先就要在"进"字上求出实效。"进"的内容是建一亩水浇地。"进"的表现是农作物的种植。"进"的效果是满足农民的口粮。为求"进"上的实效，必须对传统的种植进行革命。乌兰察布盟农作物的种植要尊重自然、经济规律，将传统的以"二麦一薯"为主的种植结构调整为"二杂一薯"。历史上乌兰察布盟土地贫瘠、缺雨干旱、无霜期短，但随着市场经济的发育，"二杂一薯"却具有被大众接受和普遍认同的比较优势。于是就在大胆实践的基础上，提出小麦革命、玉米安家、土豆立盟的思路，对十年九旱、年年春旱的旱地早春小麦革命。并给予农民强烈的信号——彻底革命。

在对丰镇市黑疙瘩洼乡发展马铃薯专业调研一周后，我提出了"土豆立盟"的发展思路。土豆有长达一个月的播种期和大量用水集中在秋季的特点，完全顺应了乌兰察布盟的春季缺雨、上半年少雨、七八月份雨水充足、雨热同期这一自然规律。土豆产量高、销售市场好，随着种植规模的形成，销售半径的扩大，市场需求的增长，价格逐年攀升；而且随着存储业的发展，可以达到季节产年销，储存成本低，增值更多。土豆还能够带动养殖业，拉动加工业，延长产业链，增加农民收入，是一种有极强市场适应能力的品种。

1994 年，乌兰察布盟种植 150 万亩土豆，收获 22 亿斤。1995 年，乌兰察布盟 300 万亩土豆丰收，总产折粮 6.4 亿斤。这是乌兰察布盟用 15.7% 的耕地产出了总产 47% 的粮食。在 1995 年的春旱、冻灾中，土豆的大面积丰收，使干部、百姓看到了"土豆立盟"的结实骨架。2001 年，乌兰察布盟马铃薯总产量达到 100 亿斤，占全国产量的 10%，种植面积占全国的 8%，已属全国最大的马铃薯生产基地，也将要发展成为中国的"薯都"。

"土豆立盟"的选择，深层高位的发展，完成了经济生产点的成就，改变了绝大部分农民僵滞沉闷的落后思想，激活了市场经济在农民保守意识中的弹跳。

"进一退二还三"中，只有土豆的进不够，乌兰察布盟必须有一个粮食相对高产的主导作物，但这主作物选择什么品种呢？这又是我长期以来思考的一个问题。

1995 年秋，乌兰察布盟遭雨涝、冻灾，大秋作物几乎全冻死。但凉城县一户种植的覆膜玉米却抵制了灾害，获得丰收。那么选择玉米作为相对高产的主导作物如何呢？如果全盟农区每人种两亩覆膜玉米，就起码可以使农民家里有了可度饥荒的粮食。再则，玉米可以转化加工，更重要的是，乌兰察布盟要建设成为畜牧大盟，就必须具备极具规模的饲草基地。玉米、草玉米的大量种植，完全可以推动畜牧业的发展。

玉米安家，又成为全盟干部、群众讨论的主题。几经中共乌兰察布盟委、行署讨论决定，玉米作为乌兰察布盟粮食主导作物进行大面积种植，针对农民的不理解，20 年前专家对玉米阴山北麓是种植的禁区等问题，各级干部共 11000 余名深入到乡村农户家中进行宣传、帮扶工作。

后山地区不能种植玉米的原因主要是因无霜期短，而薄膜的性能就是解决这个问题。退一步讲，即使后山地区种植玉米失败，但产草量却超过其他植物。如果发展畜牧业，通过科技手段把秸秆充分利用，其转化效益十分明显。关键的问题是怎么种，也就是科技地利用地膜覆盖及换茬轮作。

1996 年 4 月，乌兰察布盟百万亩覆膜玉米的战役打响，以"双百万工程"为龙头的种植业结构大调整全面展开，在实施覆膜玉米种植面积 100 万亩的过程中，全盟 5300 多名干部深入田间工作，2400 多名农业科技人员轮番培训干部、群众 55 万人次。

以 100 万亩覆膜玉米的价值算，平均单产 500 斤，是旱地春小麦的 5 倍。秸秆青贮每亩可舍饲育肥两只羊，效益又是小麦的 8 至 9 倍。单产 500 斤，1 万亩就是 5 百万斤，270 万农民仅 100 万亩每人就可获得 18.5 斤粮。

更重要的是，它彻底打破了禁区，为明年更大面积的种植奠定了坚实的基础，一举结束粮荒的历史，从而幅度更大地带动起畜牧业的发展。

1999年，玉米扩种到256万亩，人均1.5亩，玉米总产量达到13亿斤，230万农民仅玉米就达到了人均56.5斤。而且玉米转化喂养牲畜是上等饲料。同时，玉米秸秆产草量高，也是好饲料。由此又极大地拉动了养殖业。1999年，乌兰察布盟共有牲畜头数1109万头（只），比1994年纯增54.8%。农牧民从畜牧业中获得人均纯收入占全部收入的比重由1994年的15%提高到了40%。

乌兰察布盟的覆膜玉米种植面积每年以50万亩的速度递增，到2001年达到293万亩，总产量达到6.1亿斤，是当年粮食总产13.5亿斤的45.19%，加上饲用草玉米，当之无愧地撑起了乌兰察布盟粮食生产的半壁江山，为建设畜牧业大盟打下了坚实的基础。

对于土豆、玉米的种植成功，我很感慨。农民对传统种植观念突破了、商品意识和对科技接受力增强、提高了。学会了瞄准市场种田、调整结构赚钱，从真正意义上结束了"吃什么种什么、种什么吃什么"的小农经济的束缚，大踏步地走向了市场。

玉米安家的意义又表现在"进"上做了文章，"还"也有了内容。使"进退还"战略更加充实，富有实效。1999年，内蒙古自治区乌兰察布盟遭受了特大旱灾。许多农民讲，今年的旱灾比1989年的大旱还厉害。从气象资料看，今年干旱时间之长，范围之广，程度之深，属60年罕见，同时还不同程度地遭受到虫灾和雹灾的袭击，然而秋后一算账，大灾之年，全盟粮食生产仍然达到了21.46亿斤，人均粮食1100斤。其中占全盟粮播面积46.8%的马铃薯，玉米精种高产田就产出了占总产80%的粮食。较之1989年增加了14.7亿斤。基本达到了中共乌兰察布盟盟委确定的大灾之年粮食要稳定在20亿斤以上的计划目标。粮食这一头稳住了，农村的天空就晴朗起来了。

国土资源部公布的调查数字显示，截至2005年10月31日，我国草地面积世界排名76位，森林面积107位。人均占有森林面积0.128公顷，世界排名居80位之后。

乌兰察布盟地处阴山北麓，距北京 300 多公里，据中科院测定，京津、环渤海地区风沙飘尘主要来自内蒙古高原。乌兰察布盟 8300 万亩总土地面积中，水土流失风蚀沙化面积就达 90%，特别是地处阴山北麓的化德、商都、察右中旗、察右后旗、四子王旗已形成一条长 300 公里、宽 50 公里的风蚀沙化带，成为北京受沙尘污染的主要原因。

对此，中共乌兰察布盟盟委、行署开始实施"进退还"的第三步方案——还草还牧。提出"立草为业"的根本方针。

1999 年 7 月 6 日，乌兰察布盟种树种草会议在察右后旗召开。提出四个问题：1. 为什么 50 年代乌兰察布盟年景是 5 丰 3 平 2 灾，80 年代则 5 灾 3 平 2 丰；2. 为什么 50 年代平均降水量 400 毫米，80 年代减少到 352 毫米；3. 为什么重灾区的兴和县的森林覆盖率 61% 的苏木山林区降水较全县平均降水多出 110 毫米，无霜期延长 15 天。中旗面积 27 万亩的灰腾梁年降水较全旗平均降水多出 100 毫米；4. 为什么搞"进退还"生态工程的地方一片绿洲，而未搞的赤地千里。

同时，为了遏制阴山北麓严重恶化的生态，按照因地制宜，突出重点的原则，在阴山北麓的严重风蚀沙化带，建设一条东西长 300 公里，南北宽 50 公里，横跨四子王旗、察右中旗、察右后旗、商都县、化德县五个旗县的生态"绿色屏障"。在阴山南麓，则主攻小流域治理和 10 万公顷沙棘基地，产 10 万吨沙棘的"双十万"工程。

1999 年，乌兰察布盟退耕种树种草和"三荒治理"累计投入劳动工日 5500 多万个，投劳折款 2.75 亿元，占总投入的 56%。乌兰察布盟每年从财政拿出 1200 万元，无偿为农民提供苗木草籽，由村集体统一种植、管护，见效后拍卖给农户。

乌兰察布盟生态建设的实绩，得到国家的肯定和支持，1999 年《全国生态环境建设规划》把乌兰察布盟纳入其中，全盟 11 个旗县市，10 个被列入国家级生态治理工程。上级许多领导对乌兰察布盟生态建设都给予了高度评价。曾一度想放弃乌兰察布盟"三北"防护林体系建设列项的国家林业局"三北"防护林建设局局长郭涛，1998 年来到乌兰察布盟视察，看到乌兰察布盟生态治理的规模、质量和效果后，高度评价说："乌兰察布盟的林业近年来走上健康发展的路子，关键是把林业放在国民经济的大盘子里和大农业的范畴通盘考虑的结果。不久的将来，真正成为生态建设的一面红旗，为全区'三北'地区乃至全国的生态建设起到积极推动作用。"

"进退还"战略实施已取得了显著的效果，"三位一体"的观念已被乌兰察布盟270万农民毫无例外地接受。玉米种植面积的不断扩大，由1996年的100万亩，于1999年发展到了256万亩，人均1.5亩，总产量达到13亿斤。种草种树面积也逐年扩展，从1994年到1999年种草种树1200万亩，人工造林面积706.4万亩，森林覆盖由70年代的5.1%发展到7.73%。

使位于阴山北麓跨后山地区五旗县的风蚀沙化带，强风大风天气比历史平均日数减少15.6天，幅度为37%。1999年乌兰察布盟在遭遇特大旱情中，后山五旗县1—10月份降雨量比前山地区增加49毫米。据卫星测绘，内蒙古阴山北麓出现大片绿色，地形地貌明显改变……

乌兰察布盟2400万亩耕地，退下1200万亩种树种草，还林还牧；剩下的1200万亩耕地建成水浇地和高产高效高标准的农田，其中的800万亩成为精种高产田。全盟800万亩有林面积将得到精心保护和改造，只能增，不能毁。全盟4700万亩草场将得到科学改造、合理利用以增加植被，提高林草蓄积。从1995年以来，全盟每年筹集1200万元资金，用于退耕种树种草，其中700万元用于草籽、苗条基地建设。经过6年的奋斗，全盟林草面积已达到1200万亩，草籽1000多万斤，林草覆盖率由1994年的28%提高到现在的42%，草业已成为乌兰察布盟一个新型的产业。还建设了一道长300公里、宽50公里的绿色屏障，横亘于乌兰察布草原，阻挡了刮向北京的风沙。

2000年8月，内蒙古自治区退耕还林还草现场会在乌兰察布盟四子王旗召开。前来参加会议的各大班子领导、各盟市委书记等看到人工种植的沙打旺、草木樨、柠条和封牧后茂密生长的碧波万顷的草海，纷纷赞叹。专程参会的中央农业部副部长刘成果盛赞"进退还"战略是写在乌兰察布大地上的一篇优秀哲学论文。

到 2001 年，乌兰察布盟累计退耕种树种草 1320 万亩，占总耕地面积的 50%还多，粮、经济作物、草种植比例达到 37：13：50，其中见效林草地达 700 多万亩。在此基础上，又不失时机地进行了畜牧业的"白色革命"和 "种子革命"，1996—2001 年全盟牲畜饲养量连续 6 年以 10%的速度递增。2001 年大旱，粮食大减产，畜牧业仍获得了大发展，农牧民人均收入近 50%来自畜牧业。

中共内蒙古党委政研室于 4 月初对乌兰察布盟"进一退二还三"战略实施情况进行了调查，重点深入到乌兰察布盟的察右后旗、察右中旗、察右前旗、四子王旗、凉城 6 个旗县，15 个苏木乡镇、30 多个嘎查村、40 多个牧户，进行了历时半个月调查认为：

"进退还"战略的实施，使农牧业改变了由过去广种薄收、粗放经营的状况，向精种高产、集约化经营的方向发展。1994 年与 1997 年相比，粮食亩产由 130.47 斤提高到 217.8 斤；科技贡献率由 22.8%提高到 30%。在耕地减少 700 万亩的情况下，1996 年粮食总产达到 24 亿多斤。比 1994 年增长 11.6 亿斤。1997 年在遇到严酷自然灾害的情况下，粮食总产仍达到 21.74 亿斤。畜牧业发展速度也实现了新的突破。1997 年牧业年度牲畜总头数年递增速度均达到 7.56%以上，凉城县、察右前旗、察右后旗更高一些。分别达到 19.7%、19%、17.46%，突破了长期以来徘徊在 2%—25%的低速度增长，1994—1997 年纯增牲畜 96 万头（只）。畜牧业正在成为乌兰察布盟经济发展中最具有活力的增长点。

农业产业结构趋于合理，向专业化、规模化发展。为农牧业产业化奠定了基础。在种植结构上，改变了过去"两麦一薯"的单一格局，实现了由粮、经二元结构向粮、经、饲草三元结构的转变。

1997 年乌兰察布盟农牧民人均收入达到 1517 元，比 1994 年纯增 762.5 元；与 1996 年相比，在粮食减产 2 亿多斤的情况下，农牧民人均纯收入较上年纯增 226 元；实现了减产不减收。财政收入大幅度提高。财政收入达 5.25 亿元，比 1994 年增加 2.78 亿元，比 1995 年增加 2.52%。1997 年有五个贫困旗县实现了整体解决温饱。

改善了生态环境。为乌兰察布盟走可持续发展道路创造了极为有利的条件。大面积的种树种草，使风蚀沙化的势头得到了遏制。察右中旗已控制水土流失面积 68 万亩，占水土流失总面积的 42.5%。控制风蚀沙化面积 117 万亩。占风蚀沙化总面积的 49.37%；有 30 万亩农田得到保护。察右后旗三年种植多年生牧草 40 万亩，改良草场 5 万亩，完成流域治理 36 万亩，水土流失面积减少 48 万亩。

人类经济的发展史共经历了三个基本阶段：天然经济，自然经济，社会经济。而社会经济是人类经济选择发展的必由之路。社会、社会人有广泛的潜在需要，要求经济发展给予满足。导致新的产业出现并快速发展起来，从而形成社会分工，形成市场交换的格局。再则，社会环境中巨大的潜在资源并没有得到利用，只有在社会分工的基础上，通过交换社会实现社会人相互资源共享，也符合了选择的最大最小原则。乌兰察布盟的"进退还"战略实施，也正是使乌兰察布盟的社会经济飞速发展之举。

蒙医药事业发展的一个重大里程碑

斯琴其木格[*]

我当了两届政协委员。在这 10 年的参政议政工作中，感受最深也使我最感欣慰的一件事，就是通过提案促成了自治区政府作出建立"内蒙古自治区国际蒙医院"的决定。现在，总投资 2 亿多元的内蒙古自治区国际蒙医院主体工程内外装修已接近尾声，即将投入使用。关于在呼和浩特市建立内蒙古自治区蒙医院、蒙医研究所的提案于 1994 年第一次提出。1995 年，我又与已故我区著名蒙医，第七、八两届内蒙古政协委员陈玉良先生商量，在第七届内蒙古政协第三次全委会上再度提出，同时联络了在呼和浩特工作的 13 位主任医师及蒙医老大夫，联名写了一封关于成立内蒙古自治区蒙医医院、蒙医研究所的倡议书，并送交内蒙古党委、政府、人大、政协各有关领导。1996 年初，我与已故第八届全国政协委员、我区著名蒙药专家罗布桑先生商量，并提供提案草稿，由罗委员在 3 月份召开的八届全国政协第四次会议上向全国政协提交了提案。同年，该提案就被全国政协评为"优秀提案"。在 1997 年的内蒙古政协七届五次会议上，该提案也被评为"优秀提案"，受到表彰。

一件提案被两级政协所肯定，极大地鼓舞了我们的信心与士气。1998 年初，我被推举为第九届全国政协委员。5 年当中，我肩负着内蒙古蒙医界专家学者的重托，一如既往地通过提案积极促成这件事情的落实。

---

[*] 作者系内蒙古医学院教授、主任医师，是政协内蒙古自治区第七届委员会委员、全国政协第九届委员会委员。

政协委员是光荣而神圣的，肩负着党和人民的重托，参与国家大政方针的协商、制定。提案则是其参政议政的主要方式，也是履行职责的重要手段。本着这样的精神，我积极参加政协工作，每次全会时都带1—3份较有质量的提案。"关于在呼和浩特成立内蒙古自治区蒙医院、蒙医研究所的提案"，我连续不断地提了10年。2006年底，当成立自治区蒙医院这一为之呼号了10年的大事终于尘埃落定时，我与同事们激动的心情难以言表。回想在这10年当中，这件作为国家、自治区两级政协的优秀提案迟迟得不到落实，我也曾有过消极瞬间。是政协委员的责任感和使命感，是蒙医界专家学者的鼎力支持，使我坚持了10年。

我是内蒙古医学院蒙医本科第二届毕业生，可以说是新中国成立以来蒙医事业的亲历者，曾经伴随着蒙医药事业的兴衰变化而高兴过，也沮丧过。蒙医药事业是我区医药卫生工作的特色，也是优势。总的来讲新中国成立后蒙医药事业有了翻天覆地的变化。教育由原来的寺院教育变成了现代的学校教育；学生由原来的喇嘛徒弟变成了现代的正规大学生；教材由原来的寺院经卷变成了现代的教科书；大夫由原来的喇嘛医生变成了接受现代正规教育的蒙西医结合式医师；医疗机构由原来的个体医或寺院变成了现代的各种仪器设施齐备的新兴医院。一句话，从一个濒临灭亡的民间医术，变成为当代欣欣向荣的医学体系。这些都是在中国共产党的领导下发生的，特别是20世纪五六十年代，是蒙医药事业蓬勃发展的黄金时期。对此，我们蒙医药从业人员心里都有一本账，都感觉到没有中国共产党就没有当代的蒙医药事业，没有新中国就没有现代蒙医药学。然而进入80年代以后，与各行各业在改革开放大潮中奋发图强、与时俱进的现实形成反差，蒙医药学的现状却让我们忧心忡忡，陷入了深深的沉思之中。

现在，随着社会的进步、人民生活的提高，全世界民众都有一种"返璞归真"、"回归自然"的心态，尤其是"寻求自然疗法"已成为一种巨大的潮流和发展趋势，传统医学再度由此成了人们关注的焦点。蒙医药学作为传统医学的一个体系，自然而然地成为国际医学界较感兴趣的领域。所以，20世纪90年代始各国学术界人士不断来我区参观、考察蒙医，了解蒙医理论与临床，了解蒙医发展和研究概况。其中蒙古国的情况引起了我们的极大关注。原本在 20 世纪 20 年代基本消灭了蒙医的蒙古国，在极短的时间内采取有力措施，全面恢复了蒙医药事业。他们 1991 年恢复蒙医高等教育，从我区分批次的邀请专业教师前往讲课培养学生，同时，还派遣学生来我区学习。医疗机构则在全国范围内雨后春笋般地涌现，大有后来者居上之势。当时学术形势对我们的压力很大。现在看来我们的担心是对的。目前蒙古国蒙医情况已经今非昔比，不仅有了一大批大学本科生，也有了一定量的硕士与博士。我国的蒙医药人员不断有人前去学习蒙医药学博士学位。

在国内，我们也看到了中医学与藏医、维医等传统医学的快速发展与巨大变化。我不敢说他们在学术上有什么突飞猛进的成果，但就政府部门为其设置的组织机构而言，明显优越于我们。早在新中国成立初期，党中央和国务院对中医中药的发展考虑得很周全，20 世纪 50 年代在首都北京就成立了"中国中医研究院"，下设 13 个研究所，集中了高层次的科研人员 3000 多人。部属中医高等院校北京中医药大学也设在首都。进入 80 年代后，又专门成立了"国家中医药管理局"。中医药学的这种中央级的机构及人事安排有力地保障了中医学的有序前进。与此同时，内地各省市也相应地投入了不少人力物力，几乎每省都有自己的中医学院与中医药研究院。连少数民族较集中的青海省与新疆维吾尔自治区也在首府城市西宁与乌鲁木齐设有省（区）中医院。乌鲁木齐市于 20 世纪 80 年代还成立了新疆中医学院（2002年并入新疆医科大学）。各省市政府的这种安排与中央的机构上下呼应，紧密相连，有一种无懈可击的感觉。

号称我国三大少数民族医学中的藏医与维医情况也很有起色。省级藏医院早在 20 世纪 60 年代就在西藏自治区首府拉萨市成立，进入 80 年代后又进行改扩建，规模、档次都有相当的提高。第一次全国民族医学工作会议以后，也就是 20 世纪 80 年代，拉萨市也成立了西藏藏医学院。青海省虽不是藏族自治区，但藏医学的发展程度不亚于西藏，早在 80 年代首府西宁市就分别成立了省藏医院和省藏医学院。甘肃省和四川省在首府城市兰州和成都，在省中医学院内都设有藏医系。新疆也于 20 世纪 80 年代在省会乌鲁木齐市成立了维吾尔医院、维吾尔医研究所，是一所具有相当规模的医疗与科研机构。

三大少数民族医中的蒙医情况则相当可怜，不仅与中医没办法相比，与藏医、维医相比也让我们深感惭愧。20 世纪 80 年代第一次全国民族医学工作会议召开后，随着其他少数民族地区积极筹办或提高民族医疗机构设施之际，我区也将建设区级蒙医院列入了"七五计划"，然而此项重点建设项目最后却以流产而告终。作为模范自治区的内蒙古，至今在首府地区没有独立的省级蒙医院、蒙医研究所，也没有独立的省级中医院和中医研究所，只有 1958 年成立的内蒙古中蒙医院（含中蒙医研究所）。由于体制的原因，蒙医始终处在从属地位，得不到应有的重视。到我们开始提交提案的 1995 年，内蒙古中蒙医院 30 多年的历史当中只有一名蒙医大夫被任命为副院长，由此可见蒙医的地位。80 年代成立的另一个省级蒙医学术机构是内蒙古蒙医学院，可却建在了远离首府的通辽市。具有领头羊作用的学术机构不在首府地区，其影响力是大不一样的。就是这样一个经过千辛万苦建立起来的正厅级蒙医高等学府，也在 2002 年的全国大学合并大潮中被降格为内蒙古民族大学的正处级二级学院。

与自治区一级相比，盟旗级情况要好得多。我写这篇文章时，我区各盟市都有了自己的蒙医院或蒙医研究所，也有的如海拉尔、赤峰市设置为中蒙医院。蒙古族较集中的旗也相应成立了蒙医院。然而，这样的好事却因自治区没有强有力的学术研究与指导中心而遇到了诸多不便，进修提高无处去，学术研究无人指导，各地各自为政，分散经营，犹如一盘散沙。

蒙医药学是蒙古民族优秀的文化遗产，也是祖国传统医学当中的一颗璀璨明珠。它历史悠久，内容丰富，疗效甚佳，有相当的群众基础，尤其在蒙古民族主要居住的八省区广大农牧民群众当中，蒙医是其他医学无法比拟的。当然，由于历史的原因，蒙医药学的不足之处也很多。一方面，蒙医药学的诊断技术、治疗手法比较落后，可用制剂口感不好或疗效的不确定性较高，理论难以让人接受并与其他民族交流困难等等。另一方面，蒙医药从业人员的严重缺乏也是个大问题。1998 年内蒙古卫生厅公布的数字显示，全自治区包括乡村医生在内的蒙医药从业人员共 4777 名。对于一个独立的科学技术体系来说，这么一点人是远远不够的。可以说蒙医药学的发展遇到了很多困难，学术基本上处于原始的、停顿的状态。蒙医药学存在的这些问题，需要我们脚踏实地、一步一个脚印地去解决，需要我们群策群力、坚持不懈地去努力。学术界要团结协作，奋发图强，从多学科、多层次、多角度深入细致地进行研究与提炼，使蒙医学术有一个根本性的改变。作为内蒙古自治区政府，完全有义务在全国率先保护好、扶持好、发展好蒙医药学，有必要从政策、财税、人力物力等各方面给予保障，为其发展创造良好的外部环境。建立区级医疗与研究机构就是其中的重要一环，也是其他个人无法替代的工作。正因为这样，促使我 10 年坚持不懈地提交这份提案；也正因为有了这十年的坚持，终于有了一个圆满的结局。

这件提案从提出之初就得到了社会各界很多有识之士的认同和支持，尤其得到政协组织的全力支持。1999 年 6 月，九届全国政协提案委员会领导组织国家中医管理局负责同志和有关方面的专家专程来内蒙古进行过跟踪办理。自治区政协更是在这十多年里始终不渝地利用各种渠道与方式，力促尽早落实。历届政协主席、分管副主席及有关领导予以了高度关注。乃登副主席为提案的落实办理多次找自治区主要领导约谈，多次组织现场协商、跟踪督办。2001 年 4 月份，格日勒图副主席受王占主席的委托，专门召开有关方面参加的座谈会，具体商讨这件事情，等等。内蒙古党委、政府领导也很重视，分别在我们的提案、意见书及有关部门的报告上多次批示。我记得 20 世纪 90 年代末期与本世纪头几年的政府主管副主席宝音德力格尔同志就有批示多达 16 次。根据领导指示，自治区政府办公厅牵头，计委、编办、卫生厅参加的调查小组于 90 年代末做了一次长达一个月的调查研究，在此基础上形成了一个调查报告，提出了三条成立内蒙古蒙医院的方案。之前，1995 年自治区卫生厅也曾发出"关于拟成立自治区蒙医院的请示"的文件。因复杂因素，内蒙古自治区蒙医院始终未能建立起来。进入 2004 年以后，情况有了根本性改变。自治区政协继续将此提案列入重点提案进行追踪督办，加之政协委员、人大代表的连续敦促，各界群众与干部认识的进一步统一，自治区财政收入连年大幅度增加等，从而大大促进了自治区党委、政府领导的决心。时任自治区政府分管副主席的乌兰同志就此利用很多时间深入各盟市、旗县进行调查论证后，在内蒙古政协九届四次全会期间，与自治区蒙中医药管理局局长乌兰专门邀请医卫界与有关界别的政协委员进行座谈，广泛听取意见。内蒙古卫生厅、计委等单位积极配合，共同推动，这件事情很快有了眉目。

2006 年是蒙医药学术界最开心的年份。大家盼望已久的在呼和浩特成立内蒙古自治区蒙医院、蒙医研究所的决策，终于正式出台了。自治区政府决定：运行半个世纪多的内蒙古中蒙医院一分为二，分别成立内蒙古自治区中医院（含中医研究所）和内蒙古自治区蒙医院。其中蒙医院将选址重建。与此同时，自治区政府在 2006 年 11 月召开的全区蒙中医工作会议上作出了一系列决定，诸如成立内蒙古自治区蒙中医药管理局，在内蒙古医学院内成立内蒙古自治区蒙医药研究院，蒙医院人员经费实行全额预算，中医院人员经费补助达 80%以上，等等。这个一揽子措施极大地改善了我区蒙医、中医从业人员的外部环境，不仅机构设置补上了空缺，而且生活费用上也解除了后顾之忧。我深信，凭借这些机构与政策法规，自治区蒙医药事业必将迎来一个更加灿烂的明天。

草原上的水利明珠

——黄河海勃湾水利枢纽工程与尼尔基水利枢纽工程概述

冯国华*

20 世纪 90 年代末，内蒙古列入国家西部大开发战略实施范围，水利建设进入了"快车道"，先后建成一大批水利工程项目，为经济社会建设提供了有力的水资源支撑和有利的水利条件，尤其是"黄河海勃湾水利枢纽工程"和"尼尔基水利枢纽"堪称草原水利工程建设之中的草原明珠镶嵌在黄河和嫩江内蒙古河段上，分别为内蒙古西部和东部广大区域的经济社会建设提供着有力的水利支持。

黄河海勃湾水利枢纽工程

黄河海勃湾水利枢纽工程位于黄河上游内蒙古段，是国家、自治区重点水利建设项目，也是黄河内蒙古段唯一的一座调节控制性水利枢纽工程。海勃湾水利枢纽工程为大（2）型Ⅱ等工程，土石坝、泄洪闸、电站等主要建筑物为 2 级，次要建筑物为 3 级，工程任务为防凌、发电等综合利用。水库正常蓄水水位 1076 米，死水位 1069 米，土石坝最大坝高 16.2 米，坝顶长度（含泄洪闸和电站）6906 米，水库总库容 4.87 亿立方米，枢纽电站装机 90 兆瓦，年发电量 3.817 亿度。工程批复总投资为 27.41 亿元，实际完成

---

* 作者系内蒙古自治区人大常委会农牧业委员会主任，政协内蒙古自治区第十一届委员会委员。

总投资 46 亿元。

考虑到治理黄河和环境、生态的改善，以及充分利用黄河水资源，国家和自治区对于在黄河上游内蒙古段乌海境内建设调节控制性水利枢纽工程一直很重视。早在 1954 年，国家《黄河综合利用规划技术经济报告》中，就已将海勃湾水利枢纽（三道坎坝址）列入其中的第 17 级梯级开发项目；1997 年水利部黄委会编制的《黄河治理开发规划纲要》，将黄河上游梯级枢纽工程调整为 26 级，海勃湾水利枢纽位居其中第 25 级。

自治区政府也十分重视黄河的治理和发挥其充沛的水能，20 世纪 90 年代将黄河海勃湾水利枢纽工程列入自治区建设规划后，一直给予重点关注和支持。尤其是乌海市历任领导对黄河海勃湾水利枢纽工程非常重视，因此工程特有的经济、社会、生态、文化和环境效益列为全市的重点项目，多年来，坚持完善前期工作为工程的顺利上马提供了十分有利的条件。

工程报批　十年历程　十年收获

特别是国家西部大开发战略开始实施后，黄河海勃湾水利枢纽工程建设明显加速。2001 年底，在自治区水利厅正式委托水利部天津水利水电勘测设计研究院（2003 年更名为中水北方勘测设计研究有限责任公司）和自治区水利水电勘测设计院，联合开展海勃湾水利枢纽工程项目建议书阶段设计工作。

2002 年初，第一批外业测量人员进驻现场，标志着项目前期工作进入了实质性实施阶段。

2002 年 11 月，海勃湾水利枢纽工程项目建议书（初稿）编制完成并上报水利部。

2003 年 10 月，黄河水利委员会致函水利部，建议将海勃湾水利枢纽列入国家基本建设程序；2003 年 10 月 20 日，水利部水规总院在北京召开了黄河海勃湾水利枢纽工程项目建议书勘测设计任务书审查会，经水利部水规总院、黄河水利委员会等专家审查，通过《黄河海勃湾水利枢纽项目建设书阶段前期工作设计任务书》。

2004年11月和2005年7月，水利部水规总院分别对项目建议书进行了审查，并上报水利部。2005年9月，黄河水利委员会、清华大学、中国水科院、南水北调中线局等单位的泥沙问题专家对枢纽工程泥沙专题报告进行了评审。

2006年10月11日，黄河水利委员会泥沙专题组王玉峰主任一行来乌海现场实地踏勘。

黄河海渤湾水利枢纽鸟瞰图

2007年4月6日，《黄河海勃湾水利枢纽工程项目建议书》通过水利部部长办公会议审批，标志着海勃湾水利枢纽工程完成了项目建议书技术审查工作。2007年4月，乌海市水务局委托中水北方勘测设计研究有限责任公司和黄河勘测规划设计有限公司（原水利部黄河水利委员会勘测设计研究院）共同承担可行性研究报告和初步设计以及水库移民、环评、水保、地质、文物调查等专题报告的编制工作。

2007 年 5 月 11 日，水利部以水规计〔2007〕170 号文件向国家发改委报送了项目建议书审查意见。2008 年 4 月，国家发改委以发改农经〔2008〕1043 号文批复了海勃湾水利枢纽工程项目建议书。

2008 年 12 月，黄河水利委员会以黄许可〔2008〕1 号文签署了《黄河流域水工程建设规划同意书》；2008 年 11 月，黄河水利委员会以黄水调〔2008〕51 号文批复了水资源论证报告书；2009 年 1 月，国家环保部以环审〔2009〕26 号文批复了环境影响报告书；2009 年 2 月，水利部、自治区人民政府以水规计〔2009〕121 号文批复了移民安置规划大纲；2009 年 3 月，水利部以水保〔2009〕145 号文批复了水土保持方案；2009 年 7 月，国家发改委以发改农经〔2009〕1885 号文批复了项目可研报告；2010 年 4 月，水利部以水总〔2010〕114 号文批复了项目初步设计报告；2010 年 5 月，国家林业局以林资许准〔2010〕091 号批复坝区建设项目使用林地审核同意书，2011 年 3 月，自治区水利厅以内水建〔2011〕72 号文批复了工程的开工报告；2011 年 12 月，国家林业局以林资许准〔2011〕364 号批复库区建设项目使用林地审核同意书；2011 年 12 月，国土资源部以国土资涵〔2011〕897 号文批复了项目坝址及管理区建设用地。

至此，海勃湾水利枢纽的前期设计和报批工作历时 10 年，取得全部支持性批复。在工程申报过程中，乌海市与自治区水利厅密切配合，共同推进了工程前期工作，同时，也得到自治区发改委、国土资源厅、环保厅、农牧业厅、林业厅等厅局和阿拉善盟的大力支持与帮助。

另外，针对黄河特有的冰凌泥沙现象和海勃湾水利枢纽工程涉及西鄂尔多斯国家级自然保护区实验区、黄河鄂尔多斯段黄河鲶国家级水产种质资源保护实验区等问题，还完成了《黄河海勃湾水利枢纽防凌防冰规模与库尾冰凌专题研究报告》《黄河海勃湾水利枢纽库区泥沙设计报告》《海勃湾水库防凌防洪减淤等问题研究报告》《海勃湾水利枢纽工程对西鄂尔多斯国家级自然保护区环境影响及其防护方案专题报告》《胡杨岛防护工程初步设计专题报告》《黄河海勃湾水库回水变动区胡杨岛保护方案》《海勃湾库区胡杨岛防护工程正态动床概化模型试验报告》《黄河海勃湾库区胡杨岛保护方案模型试验初步论证报告》《海勃湾水利枢纽工程对黄河内蒙古段水生生物影响评价报告》等专题报告。解决了黄河海勃湾水利枢纽工程涉及的冰凌泥沙、自然保护区、水产种质资源保护等问题。

2008年11月5日，自治区人民政府以内政字〔2008〕223号文件同意《黄河海勃湾水利枢纽工程项目法人组建方案》，项目由乌海市负责，项目法人名称为黄河海勃湾水利枢纽工程建设管理局，兼挂黄河海勃湾水利枢纽工程水利水电开发公司牌子，项目法人代表为赵忠武，机构性质为公益性事业法人单位；2012年8月15日，自治区机构编制委员会以内机编发〔2012〕70号文《关于设置黄河海勃湾水利枢纽管理局的批复》，批复黄河海勃湾水利枢纽工程建设管理局升格为副厅级事业单位，名称为黄河海勃湾水利枢纽管理局。

2008年8月18日，乌海市政府与大唐国际发电股份有限公司签订了《关于投资建设海勃湾水利枢纽项目合作框架协议》；2010年7月，签订了《黄河海勃湾水利枢纽工程合作开发协议》，正式委托大唐国际发电股份有限公司负责工程施工建设；2010年10月11日，内蒙古大唐国际海勃湾水利枢纽开发有限公司挂牌成立。

工程施工 五年建设 五年成就

2010年4月26日，在处于黄河上游内蒙古段的乌海市举行了大坝奠基及工程开工仪式，临时工程导流明渠开工建设，2010年11月26日竣工；2011年3月23日黄河主河道成功截流，进入泄洪闸和电站的建设阶段。2013年4月，泄洪闸标段、电站标段及土石坝标段基本具备过水和挡水条件。2013年5月25日泄洪闸过水，2013年5月29日黄河主流第二次成功截流，2013年8月28日通过初期蓄水验收，进入蓄水和发电机组安装阶段。2013年9月1日首台机组发电。2014年8月12日四台机组全部并网发电，主体工程全部竣工。2014 年 2 月 12 日，黄河海勃湾水利枢纽工程正式分凌蓄水，蓄水高程 1073 米。

在工程施工初期，一度遇到水利工程建设史上未曾遇到的许多问题和困难，由于电站基础地质条件复杂，加之流沙严重、地面下沉，使工程一度受阻，影响了施工进度。但在各参建单位及施工人员的共同努力下，克服困难、加班加点，科学施工，抢回了进度，争取了时间。同时，乌海市、阿拉善盟库区移民安置工作积极稳妥，出台了《水利枢纽工程征地和移民安置指导意见》和城乡一体化居民就业安置、住房、社保、低保、对口帮扶、土地流转等 7 个《办法》（简称 6+1 文件），确保库区移民生活有保障、住房有改善、收入有增加，共搬迁安置库区移民 7308 人，有力地保证了工程建设进度和如期蓄水。

海勃湾水利枢纽的作用

一是调控黄河流量。海勃湾水利枢纽位于内蒙古凌汛多发地段的首部，通过在封河期和开河期按照防凌安全要求控制进入下游的流量，实现平稳封河和平稳开河，保证防凌安全；同时，如内蒙古河段发生重大洪（凌）灾害，可应急滞洪，减少洪（凌）灾害损失。如果万一黄河堤防决口，可以减少出水量，缩短堵口时间。

二是利用黄河水能发电。水利枢纽的发电每年可为蒙西电网提供 3.82 亿度电量，既可以节约内蒙古西部地区的煤炭消耗，并可有效减少二氧化碳排放，有利于区域气候条件好转。

三是合理调节黄河水资源。海勃湾水利枢纽可以利用开河期，蓄存封河时槽蓄水量，使水库尽可能多的蓄存宝贵的水资源，以便在四五月份下游地区用水最紧张时向下游补水，缩短灌区引水时间，满足内蒙古沿黄灌区用水要求。还可在水道拐断面引水流量不足时，适时加大下泄流量，为"黄河不断流"提供应有的保障。

四是可以改善生态环境。水利枢纽工程建成蓄水后最大可以形成 118 平方公里的水面，调节温度、湿度，将使库区周边的生态环境发生根本性变化。

五是提升城市品位。由于水利枢纽发电水流的温度影响，枢纽下游河段会形成30公里左右的冬季不封河段，形成独特的景观带。并会在两岸形成一个集黄河、沙漠、湿地为一体的特色自然景观，这对于沿库区的乌海市和阿拉善盟调整经济结构和经济转型，拉动旅游业，带动第三产业发展发挥重要作用。

尼尔基水利枢纽

尼尔基水利枢纽是1994年国务院批准的《松花江、辽河流域水资源综合开发利用规划》中推荐的一期工程，是国家"十五"计划重点项目，也是国家实施"西部大开发战略"标志性工程之一。

图为尼尔基水利枢纽工程建设现场

嫩江发源于大兴安岭伊勒呼里山，由北向南流经黑龙江、内蒙古、吉林三省（自治区），在黑龙江省肇源县三岔河汇入松花江，干流全长 1370 千米，流域面积 29.7 万平方公里。嫩江流域属于寒温带半湿润大陆性气候，由于独特的地理环境及气候因素，嫩江水流急，季节性降水量大，经常会发生洪水等灾害，给嫩江两岸人们的生产生活带来十分不利的影响。特别是在"98 特大洪水"之后，国家、自治区水利部和黑龙江省政府都将嫩江水利枢纽工程建设确定为重点工程项目。

综合考虑嫩江流域有关情况，经过国家有关部门的反复测评和计算，决定在内蒙古自治区莫力达瓦达斡尔族自治旗尼尔基镇和黑龙江省讷河市工克浅行的位置建设水利枢纽，定名为尼尔基水利枢纽。

尼尔基水利枢纽位于黑龙江省与内蒙古自治区交界的嫩江干流上，坝址右岸为内蒙古自治区莫力达瓦达斡尔族自治旗尼尔基镇，左岸为黑龙江省讷河市二克浅乡，下距工业重镇齐齐哈尔市公路里程约 189 千米。

工程任务和规模

尼尔基水利枢纽是以防洪、城镇生活和工农业供水为主，结合发电，兼有改善下游航运和水环境，并为松辽地区水资源的优化配置创造条件的大型控制性工程。工程正常蓄水位 216.00 米，校核洪水位 219.90 米，设计洪水位 218.15 米，防洪高水位 218.15 米，汛期限制水位 213.37 米，死水位 195.00 米，水库总库容 86.1 亿立方米，其中防洪库容 23.68 亿立方米，兴利库容 59.68 亿立方米，总装机为 25 万千瓦，多年平均发电量 6.387 亿度。

工 程 作 用

1. 提高防洪标准。工程建成后，可使齐齐哈尔市防洪标准由 50 年一遇提高到 100 年一遇，枢纽至齐齐哈尔河段的防洪标准由 20 年一遇提高到 50 年一遇，齐齐哈尔以下到大赉段的防洪标准由 35 年一遇提高到 50 年一遇。

2. 保护工农业供水及湿地。在设计水平年时，水库为下游城市工业生活供水 10.29 亿立方米；农业灌溉供水 16.46 亿立方米，可使下游灌溉面积发展到 454 万亩；向湿地供水 3.28 亿立方米，保持和恢复湿地面积，改善生态环境。

3. 发电。尼尔基水电站装机 250 兆瓦，在最大负荷时刻承担调峰容量 180 兆瓦，占系统调峰容量的 3.5%，占水电调峰容量的 9.8%，可有效增加黑龙江省电网调峰容量，缓解电网调峰容量紧缺和水火电比例严重失调问题。

4. 航运。松花江航道是东煤西运和进、出口至俄罗斯远东地区的重要运输线，随着上游工农业用水的增长，河道内径流势必减少，尼尔基水利枢纽建成后，多年平均为船运补水 8.2 亿立方米，可使哈尔滨控制断面保证率 90%的船运流量由 201 立方米/秒提高到 550 立方米/秒，为松花江船运发展创造有利条件。

5. 保护水环境。嫩江的齐齐哈尔段和松花江干流的哈尔滨江段是松花江流域的主要污染区域，江水受到各种污染物污染，特别是枯水季节尤为严重。在采取污水治理措施的同时，保持一定流量，对缓解水质污染问题十分必要。尼尔基水利枢纽建成后，设计水平年可为水库下游提供补偿水量 4.75 亿立方米，使齐齐哈尔江段流量不小于 35 立方米/秒，哈尔滨江段流量不小于 250 立方米/秒。

工程施工情况

工程建设得到了水利部、黑龙江省和内蒙古自治区政府及相关部门的关怀和支持。工程施工总工期为 5 年，准备工程于 2001 年 6 月开始施工。施工导流采用两期导流，第一期为左岸明渠导流，第二期为厂房安装间坝段临时底孔导流。2001 年 11 月 8 日实现一期大江截流，于 2004 年 9 月 15 日实现二期截流，2005 年 9 月 11 日下闸蓄水，2006 年 7 月 16 日首台机组并网发电，2006 年 12 月底主体工程全部完工。

完成主要工程量：土石方开挖 609.8 万立方米；土石方填筑 916.7 万立

方米；混凝土浇筑 104 万立方米；沥青混凝土 3.25 万立方米；水工金属结构制作安装 7000 吨；启闭设备安装 19 台套；水轮发电机组安装 4 套；主变电设备安装 2 台套。

工程概算总投资为 76.59 亿元，其中枢纽工程投资 28.72 亿元，水库淹没处理补偿投资 46.81 亿元，水土保持工程投资 4634 万元，环境保护工程投资 2310 万元，电站送出工程投资 3738 万元。出资方案为中央投资 52.87 亿元，黑龙江省投资 8.53 亿元，内蒙古自治区投资 1.8 亿元，银行贷款 13.39 亿元。

征地移民安置

为把水利枢纽建设涉及的移民工作做到群众满意，让移民移的出，稳得住，没有后顾之忧和其他问题，尼尔基水库征地移民工作实行"省（区）政府领导，县（市、旗）政府实施，业主参与管理，水利部行业指导"。建设单位主要负责征地移民工作协调、进度控制、计划管理等工作，对移民监理工作的督促检查和指导工作。

自 2001 年 5 月至 2006 年年底，库区 217 米动迁线以下的移民全部搬出库区，库底清理验收工作已完成，满足了工程蓄水发电运行要求。库区共新建移民安置点 72 个，实际共累计动迁安置移民 14980 户、55616 人，其中：黑龙江省侧移民 9667 户、35150 人，内蒙古侧 5313 户、20466 人。共新建新村道路 324.67 千米，供电线路（10 千瓦）501.74 千米，电信线路 287.73 千米。另外，移民安置收尾工作在 2007 年全部完成，共需动迁 217 米高程以上浸没影响移民 406 户、1427 人。既充分考虑了移民群众的合理权益，又顾及到了库区少数民族群众的想法和诉求，实现了和谐移民、顺利移民。

创新工程管理

尼尔基水利枢纽实行"建管一体"管理体制。工程筹建和建设期间，建立主管部长、省长、自治区主席联席会议制度，发挥政府职能，协调解决工程筹建和建设中的重大问题。联席会议由水利部召集，松辽水利委员会为联席会议办事机构。按照水利工程建设管理体制改革要求，经水利部批准，松辽委和黑龙江省、内蒙古自治区联合组建嫩江尼尔基水利水电有限责任公司，负责该工程建设和建成后的运行管理。公司设立董事会、监事会、总经理及三总师、若干中层管理部门（建设期间为7个处室，目前为11个处室）。

一个挂职干部眼中的和林格尔

杜 轶 鑫[*]

写下这个题目，也再次确认了内心深处的一个感觉。

西部大开发15年，给内蒙古的"物态民风"带来了深刻变化。我以为和林格尔县的巨大变化就是内蒙古成功实施西部大开发战略的一份注解和缩影。

短短十几年不足以从总体上改变历史，我们可以说，地方还是那块地方，人也还是那群人；短短十几年却也足以从局部改变很多，尤其是当生产力和生产关系以肉眼可见的速度持续发生改变，城乡面貌和人的精神风貌，特别是这块土地上的政风民风、个体群体的思想意识发生"颠覆性"转变，我们不得不说，当今的和林格尔，物已易、风已移，物不似、人也非。

上中学时就有来自和林县的同学，在交往中对和林格尔形成了和自己家乡一样贫瘠的初始印象。如今当我作为一名挂职干部置身和林格尔，以一个"外来人"的视角，用"第三只眼睛"看和林，身临其境，仰观俯察，从一个相对超脱的位置"丈量"和林"风物"，却有了一种完全耳目一新的感觉。

和林之变，首先变在外物，而且有目共睹。

西部开发之前，这里是国家级贫困县，如今已华丽转身，成为西部百强县。西部开发之前，这里是典型的农牧业县，如今已是"中国乳都核心

---

* 作者系内蒙古自治区政协文史资料委员会专职副主任兼研究室主任。

区"、呼和浩特市的工业重镇、自治区的现代服务业增长极。蒙牛集团总部安家在和林，中国移动、中国电信、浪潮、淘宝、阿里巴巴等诸多大名鼎鼎的通信运营商和电商的数据中心，都已落户在名不见经传的和林。

西部开发之前，和林只有一个不足万人的城关镇，横直两条街道，房舍陈旧，物资匮乏，产业萧疏。自治区政协黎丽大姐在和林度过新婚第一个除夕，跑遍县城欲买一听罐头而不得，"此恨绵绵"，至今记忆犹新。如今的和林，除一个占地38平方公里、三横两纵街道的县城，还建成一个25平方公里的盛乐开发区，和一个27平方公里的现代服务业集聚区。三个城区楼宇俨然，街道宽畅，设施齐备，商务繁荣。再看和林人的居所，城镇人均居住面积已达39平方米。再想吃点什么，和林已有900多家餐饮店头，田秀田慧两兄妹，已经让和林炖羊肉的招牌远近闻名。

西部开发之前，和林全县只有一条209国道，共40公里油路里程。西部开发以来，和林境内形成了纵横四条高等级公路和两条铁路，其中还有一条专供运煤车辆使用的重载高速。全县公路总长900公里，对外牵手了左邻右舍，对内实现了乡乡通油路、村村通公路。呼和浩特白塔机场正在规划迁建和林，并以和林境内的北魏故都盛乐命名。和林格尔，蒙语意指"二十间房子"，本是由晋入蒙、西出杀虎口的一个交通驿站。从当前势头看，和林一定程度上正在恢复并超越历史上交通要道的地位和荣光。

西部开发之前，和林的生态环境敏感脆弱。和林处在内蒙古高原向黄土高原的过渡地带，靠南的山区缺水，靠北的川区盐渍，自然生态的底子不厚。白二爷沙坝自1982年起历经十几年，凭借12万亩沙漠的治理规模，成为全国闻名的治沙造林成功典范。西部大开发以来，和林不仅巩固了白二爷沙坝和境内天然林的生态保护成果，而且在城镇和园区实施了20万亩绿化，全县森林覆盖率达到35%左右，高出全自治区平均水平50%。沿交通干线的绿化工作成效显著，夏秋时节，沿金盛路、和盛路驱车，道旁鹅黄嫩绿的金叶榆虽然形容尚小、身量未足，但株株都让人赏心悦目。

与西部开发之前相比，和林物质上的变化还有很多。比如，人均收入从数百元到过万元；绝对贫困人口从万人降至3000人；从自行车出行到家用轿车代步；从节衣缩食省钱到热衷网络购物，不一而足。这些现象无一不在表明，借西部开发之力，这块土地和土地上的人民，正日益趋向富足繁荣。

和林之变，更变在风尚，需要用心体察。

体会和林人的发展观。西部开发之前，温饱是多数和林人最大的追求。西部大开发的前10年和林人注重追求生态保护、基础设施建设和产业发展，后5年，已经开始关注人的发展和基本公共服务均等化，不仅要在县内统筹，而且要向首府看齐。以前和林人往来首府，喜欢称"上呼市、下和林"，尊卑之序昭然。如今更多提倡同城化发展，选择2014年8月18日开通了与首府间的101、105路公交专线，而且自认是"首府南花园"。这等眼光和气魄，西部开发之前不曾有过。

体会和林人的开放观。西部大开发以前，和林与其他旗县一样封闭、自足。西部开发给和林带来了机遇，但和林缺少西部旗县普遍富有的矿山资源，有的只是开放的胸襟和共赢的坦诚。与西部开发政策同岁的蒙牛，当年创业之初，曾四处寻找立足之地，土左旗和武川县都曾是备选，但最终只为和林吸引和接纳，成就了一段企业发展的传奇，也在荒滩上为和林开辟了首个园区。虽说如今的和林人对蒙牛的税收、就业、造福奶农有着更高的期望，但不能否认的是，和林人形成的开放心态，使蒙牛因和林而兴，也使和林因蒙牛而名。

体会和林人的市场观。和林人世代放牧务农，包产到户以来也以小农经济为常态，自产自销，自给自足。用和林县政府研究室主任邰泽的说法：吃什么就产什么。西部开发以来，和林县培育和引进规模以上加工企业40家，上市公司就有12家，不少是产业化龙头企业，不仅有了蒙牛，很快又有了蒙羊、蒙草。和林人很快学会面向市场，企业和市场要什么，就种什么养什么，不是在养殖奶牛、肉羊，就是在种植优质牧草。15万农牧民，90%以上参与了产业化经营。全自治区产业化经营成气候的地方屈指可数，不过是通辽、巴彦淖尔、呼和浩特周边；要论农牧民对市场化生产经营参与之广之深，可能还要首推和林。

体会和林人的创业观。西部大开发以前，20亩地一头牛，老婆孩子热炕头，多数和林人自适而知足。西部大开发为和林人打开了一扇财富之门，多数人日渐变得"不再安分"。和林出了个王巨团，20世纪末带个包工队在城里营生，西部大开发以来借助城镇化热潮，实现了向房地产商的转型，有两个既成的事实，一是呼和浩特市有很大的区块叫做"巨海城"，二是在和林造成浪潮一样的创业示范效应。在和林城关镇九龙湾党支部督导专题组织生活会时，干部群众提到，要么创业，要么就得给创业者打工；如果村村都出一个王巨团，可能也不用牛根生来和林。沉舟侧畔千帆过，有一个现象是，如今和林的个体户和合作社遍布城乡，一如雨后春笋。

体会和林人的利益观。西部开发以来，和林人开了眼界，权利意识觉醒，不再逆来顺受、懵懵懂懂。房屋拆迁、土地征用、社保资格、索要待遇、落实身份，等等，和林人的权利主张五花八门。和林干部戏称，县委县政府楼前，上访的人比上班的人都要正点准时。挂职期间也经常接到电话，操着普通话的和林人询问某件"不平事"该谁来管，或直接打听某位分管县长的行踪。其中多数人主张的是合法权益，但也见过不少靠缠闹牟利的人，听其言，于法于理于情尽在己侧，但动员其去打稳赢的官司，却又百般不肯。部分和林人可能并不知道什么叫做民粹主义，但已然认定政府就是慷慨的财东，想法"榨一榨"，总有一些油水可得。诚实劳动半辈子，不及政府赔一笔。问题出在"民智已开"还是法治缺失，当下不好妄论，但和林人同时又绝对不乏乐善好施精神。2014年9月4日，我亲见县红十字会在盛乐广场为救治舍必崖乡柴六营村一断臂女童募捐，干部群众慷慨解囊倾力相助，已经说明和林百姓心中仍是公益永在，善念长存。

体会和林人的生活观。西部大开发以来，多数和林人衣食无忧，"阔"起来之后，酒、赌、黄、毒容易浸染人们的生活。不好的风气和林不是没有。县委常委会通报全县禁毒情况，称有一个年逾古稀身患绝症的老太太，三个儿女尽数服刑，自己仍屡教不改，生命不息、贩毒不止，考虑其风烛之年，竟无法采取刑事强制。但我更多看到的是和林人向上的一面。与少数失足堕落者相比，多数和林人更爱好文化娱乐和运动健身。天暖的时候，县政府对面盛乐广场上每晚都是彩灯闪耀，人声沸腾，男女老幼，各展歌喉，娱人悦己，夜半方歇。初时颇嫌喧闹，忽一日天凉人散，反倒很不习惯，好像和林的夜晚欠了我点什么。一日上午，广场上人头攒动，冒着细雨搞各乡镇中老年广场舞大赛，一首好听的旋律几十遍回响。好奇之余百度了一下，居然叫做《我欠草原一首歌》！谁欠谁已不重要，关键在于欠下的"标的"是"歌"。也许这就是现今和林人的立世姿态，高歌盛世，笑对生活。

和林的风尚变化，还有很多。比如和林人的改革观。为转变政府职能，在呼和浩特市属旗县区中第一家"晒"出了行政权力"清单"，亮出权力家底，接受各界监督。和林的政务服务中心建设运营，也在学习呼和浩特政务服务中心的基础上，搞得中规中矩、有声有色。而呼和浩特政务服务中心，曾得到过时任国家副主席习近平同志的亲自肯定。比如和林人的环境观，西部开发十几年，和林人对脏乱差"大嘎查"水平的人居环境日益不能容忍。曾在"洁净和林"行动中检查小街巷卫生，正撞见一个小姑娘往路中间倒了点垃圾后，低头疾走。能够看出那绝不是惧怕来人，而完全是自知做了错事后的羞耻反应，说明爱干净讲卫生树公德的观念其实已经深入人心。

时间尚短，阅历尚浅。作为匆匆过客，我既无法穷尽和林格尔的变化，也无从判断和林格尔，物质和风尚的变化，哪一项更根本，哪一种更深刻，哪一类更具历史价值。或许，把历史的结论交给历史才算明智。毛泽东主席说过，"风物长宜放眼量"。唯有用大的尺度、远的时光，才能准确评价西部大开发的意义和影响。能就眼前所见所思所得絮咕几句，我已经完全尽力、知足。

沙绿了 人富了

——白双喜16年种树种草治沙3260亩

郭元朝　郭　尧*

白双喜，73岁，浑善达克沙地牧民。家住古锡林郭勒盟正镶白旗伊克淖苏木察汗乌拉嘎查白音查干小组，距旗政府所在地明安图镇75公里。

白音查干小组原有牧民5户，31口人，有草牧场7485亩。1983年，牧区实行牲畜承包到户责任制，牧民养畜积极性猛涨。到1996年，全小组的牲畜由承包时的260头（只），发展到1500多头（只），增加近6倍。沙地草场的生态本来就脆弱，遇上气候干旱，牲畜超载，植被越来越少，沙丘开始活化，流沙几乎把人逼得没有生路。

从1996年开始，每年春天流沙都要把牧民的住房和棚圈掩埋一半，到5月中旬，人们拉走沙子才能正常生活。由于草场退化沙化，全小组平均每户每年死亡牲畜30多头（只）。3户牧民面对满眼黄沙，万般无奈地摇摇头，举家离开，远走他乡。

1996年，嘎查落实草牧场承包责任制，白双喜分到了3260亩草场，全部是沙地。看着春季饿死的牲畜，他陷入沉沉思索，曾经是"柳灌丛生、淖尔广布、水草丰美、牛羊肥壮"的沙漠绿洲，怎么变成了这个样子，生活怎么办，牲畜怎么养，出路在哪里？

1997年来了转机。记得，那天他和大儿子用铁丝网围封自家草场，看

---

　　* 作者郭元朝系锡林郭勒盟正镶白旗发展和改革局主任科员，农艺师；郭尧系锡林郭勒盟正镶白旗发展和改革局能源开发股股长。

到旗林水局的技术人员在邻近嘎查沙地上播种锦鸡儿、沙蒿。他求了个情，旗林水局的就在他家草场最西边网圈内机播了一垄混合灌木。一年后，这些灌木活了7成多，他一下子看到了希望。这以后，他带领全家老小开始在房前屋后种植黄柳、红柳、沙蒿等。到1999年，他家房子的周围出现了大片的绿草地，牲畜竟能吃饱了。他彻底开了窍，找到了致富的金砖——种树种草，治沙养畜。

2000年5月，国家紧急启动京津风沙源治理工程，旗林水局实地察看了白双喜种的黄柳、红柳、沙蒿，特意为他家无偿打了两眼管井，帮助他建设五配套高产饲草料基地两处共20亩，还送来了杨树苗。白双喜本打算弄一些灌木和草籽，眼看送来了杨树苗，他挠着头皮直犯嘀咕，沙地能种活杨树吗？这可是活了快60年遇到的头件稀罕事。他心里说，旗里那么支持，得把这些树种活。他在树坑中放一些羊粪，既增加有机质，又保持水分，把树苗连根带土一起种下，外露一寸长枝条，浇饱头茬水。这一年，他带领全家种下杨树200多棵，第二年春，活了9成。又一个天大的惊喜，看着泛了绿的小杨树，一种幸福和收获感浮上脸庞。如今，2000年种的杨树有碗口粗了，10多米高，不仅站成了防沙固沙绿色林带，而且解决了他家植树造林的苗条，杨树落叶年复一年把大片沙地养成了沃土。

多年治理，白双喜探索出一种成功率更高的防沙治沙方法。先用网围栏围住沙地，春季在低洼处种植杨树和红柳，秋天在恢复好的低洼地向沙丘上种黄柳，播沙蒿，治理一亩，固定一片。3年后，像沙蒿、褐沙蒿、沙生冰草、沙打旺、防风、披碱草等牧草越长越旺，这片沙地就在自然修复中绿了起来，固定下来，变成了勃勃生机的草场。同时，在恢复了生机的沙地上划出禁牧草场、打草草场和放牧草场，既利于养畜，又利于草长，取得了生态效益、经济效益双丰收。

从2000年到2013年，白双喜先后投资30多万元，全家种树种草治沙，让承包的3260亩沙地都得到了治理，其中形成生态林460亩。治理后的沙地，牧草生长茂盛，郁郁葱葱，形成了沙地乔灌草结合的小生物经济圈和家庭生态牧场，远远望去，满目生机，一片绿洲，很难相信这里曾经是裸露的沙地。由于生态环境的恢复，植被覆盖率的提高，失去踪迹的野生狍子、狗獾、赤狐、沙狐、灰鹤、鹌鹑、沙鸡、蒙古百灵、云雀等又回到了他家的草场上。

2007年正镶白旗遭受了百年一遇的干旱，由于他家草地形成了生态良好的小生物经济圈，干旱未造成大的影响，当年打贮草10万多斤，养殖优质夏洛来繁殖母牛43头，产犊34头；饲养绵羊120多只，产羔100多只，秋季出栏肉牛和小公牛20头，肉羊100只，全家实现收入10多万元，纯收入5万元，人均纯收入8000元。

2008年，他花10万元建起了100平方米的砖木结构住宅和200平方米的标准化暖棚，人住上了大房，牛羊住上了暖圈，幸福生活一年强过一年。

2009年5月到9月，正镶白旗遭受了百年不遇的持续干旱，少雨天气达5个月，但他家的450亩打草草场，仍然打贮草10多万斤，全家的牲畜由上年的253头（只）发展到310头（只），秋季出栏肉牛和小公牛35头，肉羊100只，全家实现收入15万元，纯收入8万元，人均纯收入达到1万多元。

为了保护草地生态环境，实现草畜平衡，2010—2012年牧业年度，他家的牲畜保持在250头左右，其中肉牛80多头，肉羊160多只。出栏肉牛和小公牛35头，肉羊80只，全家实现收入20万元，实现纯收入10多万元，人均纯收入15000多元。

2013年牧业年度，他家养牛93头，其中繁殖母牛58头、种公牛2头、犊牛33头，养羊185只，其中繁殖母羊100只、种公羊5只、羔羊80只。预计出栏牲畜收入达20万元，人均纯收入15000元。

白双喜也有遗憾，种树种草治沙前，家境不好，连每月7.5元的学费也掏不出，没让大儿子上好学。治沙致富后，他家培养出3个大学生，跟着父亲治沙的大儿子无怨无悔，说起上大学的弟弟，满脸骄傲。

白双喜走上了致富路，没忘了乡亲，总是想着把自己治沙造林种草的经验传授给更多牧民，让他们也一样脱贫致富。2012年5月，他在家举办了治沙造林种草培训班，前来取经的有20多人，不仅有嘎查附近的牧民，而且有旗委宣传部、林业局、苏木党委政府领导和工程技术人员，嘎查书记和嘎查长都来了。

2013 年，白双喜荣获"国家京津风沙源治理工程先进个人"称号，受到了国家人力资源社会保障部、发展和改革委员会、国家林业局、农业部、水利部五个部门的表彰奖励。

防沙治沙十三年

魏 均[*]

"沙子堆平房，毛驴上了房"，"三天不刮风，不叫三盛公"，这是乌兰布和沙漠前十几年的真实写照，而我的祖辈都生活在这样的环境中，爷爷曾经用尽了毕生心血没有完成沙漠治理，去世后，我把爷爷安葬在他亲手治理过的沙漠之中；我的父母仍继续着前辈的足迹，历尽千辛万苦换来沙漠的点点绿色。面对家乡如此严峻、恶劣的环境，我从小就怀着对家乡的眷眷之情，立志要以自己的实际行动为改变家乡恶劣的生态环境做一点力所能及的事情。

为了治理沙漠，我毅然辞去了稳定的工作，1996 年在沙金苏木前进嘎查取得了 5000 亩沙漠治理权，一心投入到治理沙漠中。这期间，为了解这个地区的地质、水源、风沙、植被等第一手资料，白天和父老乡亲们植树造林，晚上制订规划，还要挤时间学习、记观察笔记，把实践中的点滴心得记下来，仔细比照研究，从中获得知识，积累工作经验。为改善沙区植被现状，提高植树造林和沙生植物的成活率，我进行了详细的实地考察，对流动沙丘、固定沙丘、沙层厚度、适应哪些植物生长等情况进行了系统、翔实的调查，掌握了第一手资料，搞清了植被成活、生长环境的主要因素。在父母、乡亲们和当地政府的大力支持下，我营造了防护林 13.5 万株，饲草基地 1500 亩，种植各种沙生灌木 1500 亩，治理面积达 5000 多亩，周围的生

* 作者系政协磴口县第八届委员会委员。

态环境得到明显改善。

开发式沙漠治理新模式

从 2003 年开始，我运用在治理沙漠中取得的成果和积累的经验，将治理重点转移到了沙漠化较严重的温都尔毛道嘎查架子滩，并取得了 2 万亩沙漠治理权。2006 年，我投资创建了内蒙古王爷地苁蓉生物有限公司，注册资金 1000 万元，确定了"构建绿色生活空间，提升人类生命质量"的企业宗旨，践行着"先思、诚信、坚韧、创新"的企业精神，迈出了治理沙漠，发展沙漠循环经济，开发生态治理新模式的重要一步。

为了尽快遏制沙漠化的延伸和危害，早日摸索出一套成形的生态治理新模式，我带领公司同事们进驻温都尔毛道架子滩，风餐露宿、克服种种困难，积极开展节水灌溉与防沙治沙相结合、沙生灌木育苗与栽植、防沙林网建设等试验、示范工作。同时运用积累的经验和所学知识，坚持农林牧结合、生态治理与节水灌溉相结合的原则，实行"乔、灌、草、药"和"带、片、网"结合的方式，大规模开展林、草、药治沙工程，形成了沙生中草药产业及沙漠生态环境治理的循环经济新模式。先后开发种植面积 5800 亩，修筑各种作业道路 13 公里，架设高低压输电线路 183 公里，建机电井 13 眼，地埋输水管道 7.5 公里，新建各类建筑物 900 平方米，栽植各类防风林 5750 亩，其中大杆杨树 2150 亩、梭梭 3500 亩、红柳 100 亩，培育天然牧场 5000 多亩。

用科技手段再造沙漠绿洲

我在治理沙漠的过程中，不断调整思路，把眼光放在发展不与其他产业争地、争水的沙产业上来。梭梭是沙漠中天然生长的防沙、治沙的优质沙生植物，分布面广，具有很强的抗旱性。荒漠肉苁蓉寄生在梭梭的根部。如利用现代技术将天然生长的荒漠肉苁蓉变为人工种植培育，并大面积在沙漠中推广，就会使广阔的沙漠变害为宝，成为既能保护生态环境，又能增加农民收入，而且推动了当地经济发展。

王爷地公司从 2004 年开始聘请中国科学院新疆生态与地理研究所刘铭庭教授作技术指导，并与中国农业大学中药材研究中心合作，通过四年的科学试验示范，掌握了苁蓉的寄生定植、人工接种、管理管护、种子采收、原药加工等一系列技术。为今后大面积推广苁蓉人工接种奠定了基础；2007 年在王爷地公司架子滩人工接种肉苁蓉产业推进及高产技术测产现场会上，我请来北京、自治区的专家教授现场采挖称重，达到了每亩产鲜苁蓉（管花肉苁蓉）330 公斤的高产；经中国医科院药用植物研究所、上海中医药大学、中国农业大学对王爷地公司架子滩基地产的荒漠肉苁蓉成分测定：松果菊苷含量为 20.17%、毛蕊花糖苷含量为 7.12%，总含量为 27.22%，含量高于药典标准。2008 年 1 月 24 日向中绿华夏有机食品认证中心申报了有机苁蓉基地。

在治理沙漠的同时，我又摸索出一条"近期要草，远期要林，林草结合"的思路，以草为业，种草养畜，不仅使荒漠治理得到巩固，而且见到了效益，达到了以草养林的长远目标。2003 年，抓住蒙牛乳业进驻磴口的有利时机，引进奶牛、肉牛和肉羊养殖项目，大胆科学地在舍饲养畜上做文章。投资 40 万元建立了高标准的奶牛、肉牛养殖小区，建起"三化两贮"窖池 3 处，带头推广青贮、微贮等技术，使生态治理及村民的农牧林业生产实现了良性循环。

随着防沙治沙技术的提高和治理面积的扩大，2006 年我对内实行科学规范化管理，对外招商引资。公司与北方药都签订了甘草种植合同，投资 86 万元，种植甘草 2000 亩。甘草市场价格稳中有升，经济效益显著；两年来与中国治理荒漠化基金会多次接触，基金会派人前来考察论证，充分肯定了我在沙漠治理上取得的成果，双方签订合作协议：基金会以项目扶持、共同发起一种认领沙地治沙的投资模式，对乌兰布和沙漠进行科学治理，并将公司架子滩基地命名为"中国治理荒漠化示范基地"。同时又开发了沙漠旅游业，筹建沙漠旅游胜地"王爷地庄园"。到 2008 年已建成"沙地生态循环经济圈"两处，共计 2.5 万多亩，有效控制沙漠化面积达到 5 万多亩，让昔日望不见边际的乌兰布和沙漠披上了绿装。

用沙产业收益回报生态建设

把生态建设与相关产业培育结合起来，实现生态效益与经济效益相统一，才能获得持久支撑力。我在开发苁蓉产业中，通过产业的发展壮大，逆向拉动生态建设，但是如何把治理沙漠投入的资金由"输血功能"转变为"造血功能"，增加科技含量，把治理沙漠转变为"经营沙漠"，寓环境保护于科学开发之中，形成沙地生态循环经济模式，实现产业发展与生态建设的良性互动，这才是防沙治沙的根本。

肉苁蓉的人工接种投入少、耗水少、收益大，并且可充分利用沙荒地资源，是一项值得大力发展的荒漠高效生态产业。人工接种肉苁蓉，可实现一次种植收获 15 年以上，并且接种的第二年后即进入生产期，亩产鲜肉苁蓉在 100 公斤以上，最高可达 300 公斤，产值在 1000—3000 元/亩（按鲜品收购价 10 元/公斤计算）。在架子滩基地，已成功人工接种肉苁蓉 3000 亩，2008 年将规划建设《乌兰布和沙漠 10 万亩人工接种肉苁蓉荒漠化治理示范基地》项目，此项目自治区发改委已批复，项目竣工后，将为乌兰布和沙区开辟一条治沙与致富齐头并进的新途径，为乌兰布和沙漠的综合治理与科技型沙产业的循环经济发展提供样板和模式；为磴口县发展 30 万亩苁蓉，在人工接种、苗木供应、良种繁育、采挖回收等关键环节提供了技术服务；为乌兰布和沙漠筑起一道坚固的绿色防风固沙屏障。

肉苁蓉的更大价值是在产品深加工的附加值，公司注册"王爷地"这个历史品牌为产品商标，2007 年 1 月 8 日，首批"王爷地"苁蓉茶已成功上市。2007 年 12 月 25 日王爷地公司与中国营销策划机构第一家美国上市的采纳品牌营销机构北京分公司正式签约，达成战略合作伙伴，采纳对"王爷地"品牌实施整体策划。2008 年 4 月 20 日王爷地公司与中国农业大学食品科学与营养工程学院组成研发团队，对肉苁蓉的精深加工工艺及标准进行广泛的科学试验并形成最优配方，开发 21 世纪第四代新型保健食品——肉苁蓉提取物功能性饮品，新产品很快在全国上市，打造中国有机苁蓉第一品牌——"王爷地"苁蓉，采纳营销总部设在北京，结算中心建在磴口县。按新产品方案测算，2008 年销售收入可达 5000 万元，将为县财政增加年税收 1200 多万元。公司将在磴口经济开发区建设年处理 5000 吨鲜苁蓉、1000 吨鲜甘草的保健食品加工厂，2008 年公司已购进一条初加工生产线，调试完毕后开始试生产。

2008 年 2 月，我与甘肃省武威老区达成了劳务移民协议，实行生态移民。这样既可解决以肉苁蓉、甘草为主的沙产业开发中出现的人力不足的问题，也使广大移民在防沙治沙、肉苁蓉人工接种等实践中，由被动变为主动、由输出劳动到掌握技术、由生态移民变为产业工人，为老区人民和本地农牧民摆脱贫困走向富裕提供了广阔的空间。

十几年中，我在防沙治沙，开发沙产业、草产业的实业中虽然取得了一些成果，但我始终没有忘记回报社会，也没有忘记曾帮助过我的乡亲们。1999 年我筹资 20 万元修建了穿沙主干路 12 公里，投资 8 万元修建了水泥桥两座，架设高压线路 8 公里，低压线路 5 公里，安装 80KVA 变电台四座，使附近 50 多户农牧民受益。又投资 13 万元铺设自来水管 5 公里，使沿途 19 户农牧民喝上了自来水。每年从春季植树开始到秋天收获、青贮，我就近雇佣村民、租用农机具、购买麦草等几项就投入近 20 万元，每年为 60 多户农牧民人均收入增加近千元。

13 年的辛勤耕耘，得到了不少回报，换来了累累硕果，也获得不少社会殊荣。2003 年，沙金苏木架子滩基地被磴口县团委命名为"青年生态建设示范基地"，2006 年被中国治理荒漠化基金会命名为"中国治理荒漠化示范基地"，2008 年成为自治区防沙治沙协会人工接种苁蓉示范基地，磴口县苁蓉人工接种示范基地；2003 年我被评为磴口县首届"十大杰出青年"；2004 年被评为"全区青年生态建设带头人"；同年又被评为磴口县首届"五四青年标兵"，并正式当选磴口县青年联合会常务委员；2008 年当选政协磴口县八届委员会委员。

亿利资源战略的践行者们

袁红雁　孙　甲[*]

　　亿利资源集团成立于 1988 年，从治理内蒙古库布其沙漠艰难起步，逐渐成长为致力于从沙漠到城市的生态修复、直至走向生态文明的中国百强民营企业。2015 年亿利集团荣获国务院"定点扶贫先进集体"荣誉称号，董事长王文彪曾获"全球治沙领导者奖"。在库布其沙漠腹地，亿利资源集团在这里用 26 年的时间，走通了修复沙漠生态，发展绿色经济，引领百姓致富之路；从生态自觉、生态觉醒走向生态文明。在库布其大漠中，我们看到了一群亿利资源集团成功发展，努力实现生态文明梦想的践行者，他们创业发展、成长成熟和观念的改变，正是伴随着亿利资源集团成长发展的历史过程，他们的奋斗精神和心路历程令人感动、令我震撼……

高毛虎的种树积德观

　　"种树是件积德的事"高毛虎种树种出了这样的心得。

　　这个 54 岁的汉子，一脸阳光，库布其的风沙在他的面额留下了硬朗的线条。他当过 5 年村长，一直保有农民身份，和亿利结缘很深。在村里种地那些年，他春种秋收两季务农，夏冬两季到亿利的盐场打工，夏天捞盐，冬天淘硝。那些年，一家 4 口 20 亩地，一年收成交了公粮后光够个吃。还是

---

　　*　作者袁红雁系政协内蒙古自治区文史资料委员会办公室主任；孙甲系《沙漠世界》杂志副主编。

跟着企业走有奔头，打两个月的工就能过个好年。

20 世纪末，亿利资源集团花大价钱在库布其沙漠种树，要改变家乡的生态，建设沙漠绿洲。对这个事，上了岁数的人点头的少，摇头的多，都说大沙祖祖辈辈不长毛，没听说荒沙地里能种活树。30 岁的高毛虎算的是另一笔账，跟着亿利打工种树，种 1 穴沙柳挣 2 毛钱，种一棵杨树挣 8 毛钱，手快一点，1 天能挣 30 多元，还不误种地，挺划算。从 1999 年开始，高毛虎跟着亿利种树，一直走来，越干越有劲头。

2001 年，亿利推行精品化种树，划区种植，打井，上电，硬管滴灌，成活率稳步上升。2003 年，亿利组建民工队，实行合同承包种树，责任保活。2004 年，高毛虎当上了承包种树的工头，每年雇工一二百人，承包种树几千亩。树越种越多，越种越好，收入也越来越高。高毛虎年收入由 2 万，到 5 万，再到 8 万，2008 年突破了 12 万，2011 年达到 20 万。种树 15 年，挣成个百万元户。

种树也是有风险的，需要一些担当。高毛虎成了种树大户后，肩上的担子越来越重。新技术出来了，人们看高毛虎用不用，成功了，大家跟着上，有个闪失，就当为大伙交了学费。开辟新沙区种树，修路很要紧，路通人才能进。而值不值得修路，需要探索。高毛虎往往探路在先，风险也就担得多一些。

今年，亿利要开辟 3500 亩梭梭实验林地，嫁接肉苁蓉，培植新的沙漠经济产业链。这项技术在阿拉善沙漠上大获成功，但到了库布其沙漠服不服水土，人们心里还真没底。大漠种树人，大多是农牧民出身，好讲个眼见为实，种不种梭梭，很多人又在看高毛虎怎么动作了。

高毛虎就是高毛虎，关键时刻再次挺身而出，带头承包 1500 亩沙地，试种梭梭，嫁接肉苁蓉。有人问："你就不怕砸进去？"高毛虎反问："这些年，咱们种树人谁没挣过亿利的钱？好挣的钱就往前凑，有风险的事就往后退，心里能过得去？"在高毛虎看来，亿利坚持 26 年治沙，是种树积德，自己跟着亿利种树，也要现世积德，为后人留福。

积德，这一种树新理念，带来的不仅仅是绿树成荫，更是重义轻利传统道德的衍生。

库布其有个"挑战者"

闫利宽，42岁，杭锦四队的农民，有7亩地，种不出体面的生活，索性把主要精力用在了打工上，早些年，在盐场干活。为保护生态，那边一些污染严重的厂子关门了，他转而跟着亿利种树治沙。从2011年开始，种了4年树。2012年还参加了亿利资源集团组织的通辽科尔沁沙地库伦旗生态治理会战，他承种了2220亩沙地，挣了5万元。

约好见面那天，傍晚从七星湖沙地平茬沙柳回来，连饭都没吃，他就来找我。他说，我就是个种树的，有甚采访头呢？我说，你比我时髦，微信玩得挺好。他的微信昵称挺冲——"挑战者"，个人签名"办法总比困难多"。

我说他是个爱动脑筋的人，他笑了，说，治沙种树也是个技术活，得多琢磨。他种树年头不算长，技术上动心思却不少。

前两年，干法种沙柳，汽油机带螺旋钻杆打穴，1米1的苗条插起来很顺当，但要把穴填满捣实就不容易了。捣不实，就活不了。最初用锹把捣，慢不说，质量没保证。他琢磨来琢磨去，不知道试过多少回，终于造出个铁家伙。一根铁杆，头上按了个东西，像农村孩子玩的陀螺。这个小发明比锹把好用多了，捣得又快又实。2013年，亿利资源沙漠生态建设总经理韩美飞在种树治沙民工大会上推荐了闫利宽的这项技术，当年32万亩沙地种树普遍应用。效果真叫个好，人们对这个敦敦实实的汉子刮目相看。

后来，他又琢磨出了电动的，垂直捣穴每分钟3000下，种一棵沙柳，利索人30秒就能搞定。他希望再被看上，推广开来。我说，你再给韩美飞看看，我也给你喊一喊。韩美飞看了他的电动钻，关心1分钟捣3000下，会不会伤着苗条。他说，杆头安了特殊装置，反复试验过了，伤不着。

汽油钻也好，电动钻也好，打的都是6厘米穴，只能种灌木，要种杨树之类的乔木，穴得放大到30厘米。闫利宽捣鼓成功6厘米电动钻后，又动上了适用30厘米穴电动钻的脑子，琢磨有一阵子了，为这个新家伙，他花了上万元，已经成形，就差实地试验了。他说，等忙过春季抢种，就着手实地试验，实验成了再向领导汇报。他要把事做实了。

这个农民出身的"挑战者"，只念过 5 年书。文化浅，也误不住他动脑子。他说，怎么种树，种树的人最知道，得实打实地干，还得不停地琢磨，得有点挑战精神。他坚信，办法总比困难多，老琢磨，办法就出来了。

库布其真是个悟道的地方，这位挑战者让我想了很多，好像摸到了亿利资源的一条成功奥妙：有爱琢磨的员工，就有有智慧的团队。

高娃"花开第一枝"

库布其沙漠腹地有七片漠中湖，湖湖相望，形如北斗，人称七星湖。七星中有一星，叫扎哈刀图，近几年得了个浪漫的美名——爱情湖。牧民们说，来这里旅游的年轻人，喜欢在湖边搭情侣帐篷赏景，人们就口口相传，把"爱情湖"这个名字叫开了。

为了优化生态，减少人类活动对七星湖的侵扰，地方政府号召散居湖边的牧民生态移居，向亿利资源集团出资建设的七星湖牧民新村集中。

高娃响应号召，从爱情湖边移居到牧民新村。她家原有沙地 2000 多亩，其中有天然甘草地 400 亩、种树 600 亩，生态移民，以租赁方式一次性流转给了亿利资源集团，亿利用以种树治沙。原来的甘草地收益依然归高娃，每 3 年收一茬，每茬收入 2 万元。

高娃的丈夫朝克图当过民办教师，1 天只挣 1 元钱，后来，农牧区学校合并减员，他就退了下来。生态移民后，单凭甘草收益，难以维持生活，他们需要创业谋生。干什么好呢？熟悉沙漠旅游行情的高娃，想到了旅游餐饮，牧民出身的她，有一把做传统手把肉的好手艺，开个特色牧民饭店，心里还是有底的。

2006 年移居牧民新村，2007 年高娃就在新村里开了第一家牧民旅游饭店。有沙地流转的 20 万元垫底，他们在后院搭起了餐饮蒙古包，开张就拿手把肉叫座。鄂尔多斯手把肉本来就别具一格，高娃的手艺又有自己的特色，吃过的人赞不绝口。开饭店，往往靠的是一招鲜，高娃手把肉把她的饭店一下子就带火了，开张第一年就挣了 12 万。两口子勤快，自己动手，不雇小工，成本低、收益高，日子过得越来越滋润。

高娃和丈夫都有音乐天赋，两人都是七星湖民间文艺队的成员，丈夫朝克图还是队长。文艺队节假日集中演出是免费尽义务，如果分小组做婚庆礼仪之类的服务，就走市场。库布其旅游餐饮，每年 5 月开始走热，到10 月就进入淡季。余下的时间里，高娃和丈夫也做礼仪服务，收入上万元。

高娃开了头，挣上了钱，跟着做的人一年年多起来。七星湖牧民新村36 户人家，现在开餐饮的就有 16 户，成了沙漠人家的特色产业。

去年，中央"八条"出台后，大大遏制了公款吃喝风，餐饮还能不能干下去？高娃心里也犯嘀咕，觉得，公款吃喝风应该刹，看中央的劲头，不会松手，这对餐饮业的影响不会是一阵风。但转念一想，另有天地，沙漠旅游业一年比一年红火，这才是牧民餐饮最大的市场，盯住这个市场做文章，路会越走越宽。高娃有个老主意，做良心事，挣良心钱，总会有好报。

孟克达来的创业哲学

这个蒙古族汉子，敦敦实实，和人说话总是带着笑，看得出，小日子过得不错，心情蛮好。他是刀图嘎查大刀图柴登人，这个村子的名字取自它的自然面貌，意思是，一片绿草地的周围都是大沙漠。

被沙漠围住的日子不好过，祖祖辈辈靠畜牧生活，生态矛盾很突出。养牛养羊，养得少了维持不了生活，养得多了草原受不了，荒漠化越来越严重。20 世纪末，大刀图柴登的生态恶化到了人类不宜生存的地步。

幸亏，亿利资源集团回到库布其治沙，被大沙困住的农牧民才有了新生路。2006 年，亿利出资在七星湖建成了牧民新村，大刀图柴登整体生态移民，牧民们搬进了牧民新村。原驻地实行禁牧，腾出 4 万亩草地和沙化地自然恢复生态。

移居七星湖牧民新村的农牧民，选择了新的生活方式。少数人依然从事养殖业，但不放养了，改为圈养牛羊；更多的人从事旅游服务，开办牧家乐；还有人承包种树，参与治沙。

孟克达来移居牧民新村后，告别了畜牧，和妻子干开了餐饮，主要接待沙漠旅游者。在旺季，1 天能接待 200 人。开始时，年收入 7 万多元，后来就远不止这个数了。餐饮之外，孟克达来还和父亲合伙保种了 1000 多亩树，年人均收入也有 3 万多元。此外，他还养了两辆装载机，在亿利的治沙工程上干活，收入也不少。去年，他家收入 30 多万元，餐饮和工程税就交了 4 万多元。

孟克达来移民创业，不仅自家富了起来，还创造了不少就业岗位。他承包种树，需要雇季节工 15 到 20 人，日工 150 元，在突击种树的季节里，1 个种树民工的月收入在 5000 元左右。经营餐饮也需要聘用服务员，月工资也是 5000 元左右，由于冬季基本没有沙漠旅游的，餐饮服务员 1 年干 6 个月，半年能挣到 3 万元，不比普通公务员的工资低。装载机手的月工资 4500 元，1 年能干 8 个月。粗粗算下来，孟克达来创造的就业岗位，每年的工资总额最少也有 20 多万元。这份贡献，社会意义也不小。

最近，孟克达来有个新想法，准备尝试沙漠旅游餐饮联营。这几年，沙漠旅游餐饮发展得比较好，但多数是一家一户的小店，服务档次不算高。如果四五家合作联营，形成规模化、规范化经营，服务品质肯定会大大提高，开拓市场和抗风险的能力也会增强。

孟克达来对自己的这个新想法挺上劲，正在跑前跑后地筹划。这个想法，听起来确实不错，干起来却不是一件容易的事。孟克达来笑呵呵地说出了一句很辩证的话："干什么也不容易，不干最容易，但不干，能成了什么事？"

女硕士绿色情缘

在库布其采访，常能碰到一些年轻的大学毕业生，他们投身沙漠治理，工作得很辛苦，也很愉快。企业很看重这批生力军，人们说，他们像旱沙生植物，是沙漠里最宝贵的资源，是绿色的希望。

王欣就是其中的一员。去年访问沙旱生态植物园，她还是那里的一位普通技术员，今年见面，已经是沙漠生态研究所的副所长了。我衷心祝贺，她满脸绯红。单从这点看，她少有新生代大学生的潇洒，但一谈到工作，立马滔滔不绝，自信满满，像变了个人。

她毕业于东北林业大学，是专攻园林植物观赏园艺专业的硕士研究生。去年采访时就看出，她对观赏植物情有独钟。印象很深的是，植物园里培育着多种石竹，有地被石竹、五彩石竹、少女石竹，美得让人浮想不已。王欣说，石竹的最大优点是耐旱，耐践踏，美化环境，与草坪相比，每亩能节约投资5000元。我记住了这种植物，后来，无论在哪儿见到它，都觉得十分亲切，马上会记起库布其的沙旱生态植物园。

这方绿园，是库布其的绿色心脏，沙漠树草良种在这里繁育，凡亲近沙漠的人，凡关心治沙的人，凡心系沙漠草产业的人，都关心着这片绿园。园里有一种植物吸引了我的目光，丛生的叶像胡萝卜的缨子，花开四瓣，色如黄菊，美得朴素静雅。王欣说，它叫花菱草，是内蒙古农业大学校长到山东出差时特意带回来的。

这个植物园对本土品种的繁育也很重视，像正在繁育的百里香，就是从塔拉沟挖回来的。这种地被植物，叶子带香，整株可以提取香精，是加工食用调料的良材。它很皮实，茎爬在地上就能再生枝杈，繁殖力极强。也是羊喜欢吃的优良牧草。因为生于本土，适应本地环境，繁育得好，可以成为快速产业化的良种。

王欣告诉我，今年集团在发展沙漠经济上优化战略调整，植物园的工作重点由观赏植物繁育转向与生产对接，要适应沙漠经济产业化需要，创建有特色上规模的生产育苗基地，加大寒旱种苗的繁育和推广。现在，他们把良种繁育的重点放在了沙冬青、沙地柏、欧李等品种上。当然，柠条、胡杨、霸王也是持续关注的对象，梭梭、肉苁蓉要做大面积引进实验。采访中，她说到育种和生产的对接，激情洋溢，眉宇间透出亿利人特有的钟情于创新的气质。

我突然想到，她会把自己比作沙漠中的哪种植物呢，随口问道："想过没有，你的性格像沙漠中的哪种植物？"她嫣然一笑，说，这倒没想过，不过大学时做过一个类似的作业，题目是"你喜欢哪种植物"。有意思的是，她选择了从未见过的重阳树。

"为什么是重阳树呢？"

"重阳是我的生日。"

资料上说，重阳树属常绿乔木，高可达40米。树叶繁茂，树冠圆盖形，树姿壮观。材质优良，坚硬耐用，供建筑桥梁、造车造船用。是栋梁之材啊，这倒暗合了亿利人的秉性。

华夏古海　生命秘境

杨·道尔吉[*]

　　20 年前，我在伊克昭盟地方志办公室编修志书。1988 年夏天，我们办公室 6 个人在盟志办主任、修志专家梁冰先生的带领下，去西部四旗考察，我们乘坐一辆老式丰田越野车，当时叫"巡洋舰"，是伊盟行署办公室的车，据说是盟长坐过的车，越野性能很强。我们 6 个人挤在这辆"巡洋舰"上，兴高采烈地出发了。我是第一次到西部旗，自然更是异常兴奋。我们的车行走了大半天，才到达乌审旗政府所在地达布察克，和乌审旗旗志办的同仁们座谈了半个下午，然后就是宴会。那时乌审旗还是畜牧业旗，羊肉很丰盛，我们都吃得很饱。第二天出发到乌审旗西部。虽然我从小生活在沙漠里，但是走这么漫长的沙路对我来说还是很新奇，结果在穿越陶利的一个便道时"巡洋舰"被窝在沙里。开车的张师傅是一位老司机，有经验，我们就近揪了一些沙蒿之类的植物，垫在车轮胎下，折腾了一气，才冲了出去。

　　夕阳西下时，我们到达了巴图湾水库。我的心怦怦地跳起来：我觉得自己在做梦，在那漫漫沙滩的尽头，怎么会有那么大的"明湖"？再往近走，左侧的无定河河谷更是有几许说不出的神秘感。巴图湾水库管理处招待我们，我生平第一次吃到甲鱼。管理处的领导兴奋地向我们讲起了甲鱼，说巴图湾的甲鱼是进贡的最好礼物。可是我还是觉得巴图湾的美丽更让人着迷，特别是夜晚，繁星满天的时候，一个人悄悄地爬到大头峁上，远眺与明星辉

---

　　* 作者系内蒙古中华文化学院副院长，鄂尔多斯学研究会专家委员会副主任委员，是政协内蒙古自治区第十届委员会委员，政协鄂尔多斯市第一届委员会委员。

映的沙湖，倾听树影摇曳发出的婆娑声……那一夜我睡得很晚。

转眼过去了15年。2003年我又去了巴图湾，当时我是鄂尔多斯学研究会秘书长，受邀为巴图湾策划旅游。巴图湾搞旅游太好不过了。我当时觉得巴图湾是鄂尔多斯市（2001年9月28日，原伊克昭盟改为鄂尔多斯市）最美的所在，它的东边四公里还有深陷在沙漠里的大夏国国都——统万城，又使这里罩上了许多古韵的奇丽。但是当时巴图湾水库管理处只是想兼搞旅游，作为另一个产业延伸。我在巴图湾住了几天，兴奋之余给巴图湾取了十景名字：源头寻古、甘沟问泉、秋风牧笛、画舫览胜、千鱼竞游、古堡远眺、神龟默祷、水帘洞幽、大漠古都、湖映沙漠。并且草草地做了一个策划文本就离开了。

2005年冬，我和中央美术学院教授任世民共同主持一个策划课题，名为《内蒙古鄂尔多斯市东胜区城市有形文化策划与研究》。前期文化访查中，我们又一起来到乌审旗，这时主持乌审旗工作的是一个年轻的领导团队，他们提出了现代农牧业、生态、文化和工业齐抓并重的施政理念。我们同样是在一个残阳如血的傍晚来到巴图湾。初冬时节，树叶已经散落了，湖水异常安静，只剩下无定河水倾倒的哗哗声……后来任世民教授告诉我，《内蒙古鄂尔多斯市东胜区城市有形文化策划与研究》的创意大部分来源于那夜，他说，那夜听到了大自然的呼吸，到了春天，这里该会有多么美好呀！

我们一行是悄悄地来的，没有惊动任何巴图湾的人。我们不知道此时巴图湾方面已经拉开了进入旅游建设的序幕。就在2005年，一个以巴图湾和萨拉乌苏为主要旅游资源禀赋的内蒙古萨拉乌苏旅游文化发展有限公司已经注册，并已开始全面启动运营。

2008年，我又被邀请来到巴图湾，为萨拉乌苏旅游区修订2005年编制好的控制性旅游规划。从5月到9月的4个月里，我曾先后九次出入萨拉乌苏和巴图湾。这以后我更多地思考这里的美丽神奇资源如何开发？如何拓展？

巴图湾是无定河上游的一个水库，库容1.1亿立方米，在中国西部黄河流域小有名气。1958 年兴建，当时主要想着灌溉防洪；1962 年建水电站，有了发电功能；20 世纪 70 年代进入扩建，当时是内蒙古最大的水力发电站；20 世纪 80 年代开始零星搞些水产养殖，这就是 20 年前我们乘坐"巡洋舰"来这里吃甲鱼的来由；到了本世纪初，这里的美丽神奇才被关注，巴图湾水库管理处开始探索着搞旅游。

巴图湾村落虽然是蒙古语名称，但这里的村民大部分是汉族。1925 年，由陕北军阀井岳秀从横山移民 30 户到这里，为其军垦，这些人便定居下来，成为这个黄土高原与毛乌素沙漠交汇之处的新主人。陕北老乡憨厚而淳朴，但骨子里也很有些浪漫的冲动，站在高峁上，一曲信天游可以从白唱到黑……

萨拉乌苏主要由清水沟湾、滴哨沟湾、杨树沟湾、大沟湾、范家沟湾、杨四沟湾、米浪沟湾、三岔沟湾等八大沟湾连接起来的，长 34 公里、宽 3 公里左右的河谷绿洲，剖面深度为 60 米左右。弯弯曲曲的一条绿带，在黄土梁与沙漠之间蜿蜒盘旋。1922 年，有一位法兰西科学家，天主教传教士桑志华来到这里，发现了许多哺乳动物化石。第二年，桑志华又请来另一位法国著名古生物学家德日进，一起来到萨拉乌苏沟湾里，让那位兼是天主教徒的科学家德日进激动不已，他诵道："主啊！我要把萨拉乌苏作为祭台，向您献上弥撒。愿主保佑您普天之下的子民……"两位科学家找到一枚人类牙齿化石，据此发现了"河套人"，发现了萨拉乌苏文化。这是中国史前考古的第一次，因为这是首次在中国有确切出土地点、有确切出土层位的考古啊！此后的几十年中，这里又有许多发现，萨拉乌苏成为揭示古人类活动、古地质、古气候的一个窗口。

萨拉乌苏是蒙古语，意为"黄色的水"。沟湾里散居的几十户人家也大多是蒙古族。岁月流逝，而他们仍然隐居在沟湾里，守护着那些古老的生命信息。

萨拉乌苏和巴图湾成了一个旅游区的两个景点，这个旅游区的名称叫萨拉乌苏。萨拉乌苏之所以能够成为旅游区，第一是因为这里的神奇、美丽；第二是因为这里有古人类文化遗址，意蕴深远；第三则是因为改革开放以后社会发展了，周围都是资源开发。人们富裕了，就有闲情欣赏美。

我在那一带转悠了几个月，才给这里定下了一个主题：

"华夏古海、生命秘境！"

我希望巴图湾景区能成为中国西部最好的休闲度假旅游地；我希望萨拉乌苏景区能够成为国际知名的文化体验旅游地。真的，我希望！

撇氏兄弟：沙滩上"种"出个酒庄来

李沫馨[*]

仲夏，来到汉森葡萄酒庄园，在葡萄藤前徜徉，杨树荫下乘凉，品着葡萄美酒，看游鸭戏水，听蛙鸣蝉唱，几乎忘却这是在大漠观光。

撇建平，乌海人，从小看惯了"大漠孤烟直，长河落日圆"的苍凉景象，创业中品味出了另一番诗意。回忆不免忧伤，撇建平说，1999 年开始，大哥撇升平频频请专家来海勃湾，尝试在沙漠中大规模种植葡萄，发展葡萄酒业。

国家实施西部大开发战略，乌海迎来了调整产业结构的机遇。发展沙漠葡萄业是个新命题，乌海的气候条件和沙地土壤很适宜葡萄种植，日照充足，昼夜温差大，葡萄糖分高，品质好。不过，沙漠毕竟是沙漠，变化无常，刚种下的葡萄，一场大风刮来，沙移垄毁，连苗木都找不到了。几年下来，一茬茬的葡萄种下去，却没见到收获。2004 年，一场车祸，大哥撇升平带着遗憾，永远离开了这片沙地。

当时，撇建平的事业中心是房地产项目，收益可观。大哥的离去改变了他的生活，看着大哥投入毕生心血的事业搁置一旁，太不甘心了。撇建平咬咬牙，将手中赚钱的产业全部整合到沙产业上，沿着大哥的路坚持走下去。2006 年，他拿出自己的所有资金，承包了海勃湾最北端的 3700 多亩荒漠，继续种植葡萄。他接受大哥的教训，先种固沙防护林，但困于浇水，首批

---

* 作者系《沙漠世界》杂志编辑。

400 亩防护林成活率不到 50%。撖建平不气馁，不停地补种，同时开始育植葡萄苗。沙土前期固定性弱，葡萄苗与草套种好固株，但得增加成本。从平整土地、修路、铺设管道，到葡萄苗种下去，一亩地要上万元的投入。几个亿投进去，三四年内根本看不到效益。撖建平笑称："治沙，是一项进去了就退不下来的事业。"他选择了进，就没打算退。

不退，也不是蛮干。撖建平有自己的想法，他说，治沙绝非一时之功，要改变单纯投入几无回报的输血型治沙，必须选择有回报的沙生植物来发展，形成产业规模，强大自身，持久发力。

八年坚持，八年摸索，撖建平终于带着他的团队找到了出路，实现了"树木成林，葡萄成垄"的梦想，还总结出了"防沙与栽培并重，葡萄与牧草间种"的种植模式。种活了葡萄，发展葡萄酒业就顺理成章了。如今，汉森葡萄酒庄就像一座博物馆，收藏着说不完的沙产业、酒产业的故事。汉森酒业带动起乌海市三区及周边地区酿酒葡萄种植 3 万多亩，2008 年汉森被评为"自治区林业龙头企业"和"沙草产业先进企业"，2010 年被评为"国家级 AAA 级景区"、"国家级休闲（观光）农业示范区"，2012 年"汉森"牌商标被评为中国驰名商标，2013 年获得自治区主席质量奖，被确定为"工业循环经济试点示范园区"。

目前，汉森乌海地区葡萄年产量大约 500 吨，亩产 500 公斤左右，葡萄收购实现经济增收 200 万元，葡萄酒销售实现增收 2 亿元，产品销往北京、上海、福建、四川、成都、宁夏、浙江等 15 省市。

有人把撖氏兄弟的沙产业、酒产业之路总结为：先治沙，后发展，沙产业奠基，酒产业立标，种下改善生态之树，收获生态、社会、经济三效并举之果。

撖氏兄弟靠智慧和辛劳，在沙滩上"种"出一个闻名遐迩的酒庄，海勃湾多了一个新地标。

张吉树：治沙有时得付出鲜血

唐　哲[*]

张吉树的家乡在科尔沁，出门不到 5 公里就是科尔沁沙地，对沙漠一点也不陌生。命里与沙漠有缘，他大学学的就是沙漠治理。听说亿利搞库布其沙漠生态修复，他毫不犹豫就来了。

其时，张吉树走出大学校门已经 10 多年。

刚到库布其，条件特别艰苦，穿沙公路刚刚开通，路两边初步把防沙沙障工程做起来，栽了一些树。那么大面积的沙障全靠人工操作，一根一根的沙柳，捆成捆运到现场，再截成段儿，三五十公分一段，然后立着插到沙里，形成网格沙障。后来发明一种更简便的方法，把沙柳截杆打成小捆捆，平铺到沙上形成网格。老方法一人一天做四五分地，费工费时；新方法快多了，一般情况下一人一天能做两亩。工序简化了，效果还非常好，因为沙子主要在地表 30 公分以内流动，平铺沙柳捆足够挡沙。

2000 年 7 月，库布其沙漠生态项目部刚成立，单位派车到沙漠里搞调查规划，没有 GPS，用罗盘仪导向，一走一天。1993 年那批比张吉树更老的人，就是看太阳。到他这会儿起码还有罗盘仪和测绳，测绳在沙子里拖起来特别重，拖一会儿就拖不动了，沙丘高低不平，测绳全部陷进沙里。现在比较先进了，从 2003 年之后，开始使用 GPS 定点定位，非常准确，而且直接能在图上标注出来，很现代化，搞设计轻松多了。

---

　　* 作者原为内蒙古沙产业、草产业协会会员。

开始施工的时候，一般早晨 6 点起来吃早饭，每个人带一两个饼子，一两瓶水，去沙漠里监工、管理、技术指导。中午大约休息 1 小时，晚上一直工作到 8 点钟。春季工程紧，有时候为了抓进度，工作时间特别长，几乎没有休息时间。开始没有交通工具，后来配了一台车，工地多，车少，十几个人挤一台 2020。有时候车坏了，你就得想办法在农牧民家里住。

张吉树当初在库布其北缘施工，推的是简易沙石路，这样可以把苗条运进沙漠，人员也可以接送进来。牧民多数都是本地的，一般骑摩托车或者开三轮车，干完活当天晚上回去。现在施工作业条件比原来好多了，野外有帐篷。最初没有井，后来打组合井，各个工地都有，吃水、做饭、住宿都很方便。2000 年的时候，水喝没了，就得想办法找低洼的地方挖个坑，水就一点点渗出来，上面清醇的水可以喝。

一直在沙漠一线，时间长了张吉树就和沙子有了感情。自己的付出确实有回报，沙漠变绿了，心情挺舒畅。他最大的乐趣就是每天看沙漠一点点增绿。种的树成活率特别高，特别吸引人。

每天在沙漠里很单调。人在这种环境下，到一定程度就会郁闷。没有其他发泄方式，偶尔大家聚一聚，喝点儿酒，扯开嗓子吼一吼家乡的戏或者流行歌。沙丘是最好的听众，它就那么默默地看着你，看着你快乐，也看着你忧伤。你躺在沙漠里敞开四肢，能感到它无限的包容。如果你仔细听，沙漠也有声音，有呼吸，有深沉的爱。

沙子开玩笑会开得非常大。正在施工，突然漫天遍野的沙尘暴来了。春季每天的风沙都很大，大家也没办法，为了赶工程进度，只能顶着狂风作业。风特别大，就没法施工了。通常情况，三四级风沙就起来了，你在这儿种树，它在那儿刮。你在那儿吃饭，它就刮到嘴里来。不小心还迷了眼睛，搞得大家每天都灰头土脸的。

2006 年搞调查，去了 5 台车。张吉树坐的那台车，司机可能没听清前面车的指挥，直接就开过去。没料到前面是一道很深的沙壑，车上到十几米高的沙丘顶之后突然就直接飞下去了。结果，张吉树的腰椎压骨折了，在家躺了两个多月。

张吉树说："那是很惨的一次。这种事情特别危险，车里好几个人，当时汽车好像飞机起飞，没飞起来就落在沙谷里。在沙漠工作，除了艰苦，有时候还得付出鲜血。"2003年春，负责飞播的奥文祥乘坐的飞机在半空中突然失去动力，坠落在沙漠，幸运的是除了一些擦伤外并无大碍。人们说"是上天在保佑我们这些做好事的人"。

防沙治沙主要是生物治沙和工程治沙。工程治沙就要先设沙障。有了沙障，飞播造林成活率就高。飞播林速度快，成本低，播种的全是适沙性的沙生植物，像沙蒿，发芽率特别快，降水量几毫米就能够发芽。羊柴、花棒、柠条，都是非常不错的飞播植物。

说到种植，张吉树说："以前我们用的是铁锹挖穴，挖60公分深或者是一米来深，把高杆杨树、沙柳栽种进去，费工、费时、费力。现在是水冲造林，1米多长的沙柳、杨树插条水冲，工效特别快，大约十几秒，就可以把树种好，同时浇好水。这事在过去真不敢想象。过去我们都是在沙漠低凹的地方种树造林，每年的风蚀量很大。沙漠的风蚀量大约每年是40到60公分，插穗长度如果低于40到60公分，可能种进去之后，一年就会被风连根给吹出来，死去。现在的技术，成活率和保存率都非常高，而且可以对整个沙丘进行造林。至于其他新的种植技术，目前正在研发的还有几种，尚处在试验阶段，现在还不方便说。"

张吉树现在是亿利资源集团沙漠研究院院长助理，对未来的前景，他有两点期待，一是把沙漠治理好，让沙漠先绿起来；二是进一步开发沙产业，从最初的种植到产业开发，后续的产品加工利用，通过科技增值，进一步拉动防沙治沙，形成良性循环。

张吉树的期待，也是治沙人的共同向往，亿利正在实践中。

杜仲义：沙地修炼成正果

张　敏[*]

在乌海市，众多民营企业家中，杜仲义不是最有名气的，可说起他的治沙，却是无人不知，无人不晓。新世纪起步，他在茫茫沙海，创造生态传奇的同时，把自己修炼成了勇于担当的"绿色"企业家。

今年 42 岁的杜仲义，出身贫寒，自小吃苦耐劳。20 岁时，他创办乌海仲兴工贸有限公司，在建筑行业摸爬滚打，实力逐步壮大，成为人人羡慕的成功人士。成功也好，成就感也罢，在杜仲义看来，如果没有"达则兼济天下"，就算不得完美。他有一个心念，要做一番造福后代的实事大事。

2002 年，机遇来了。西部大开发，生态建设首当其冲，政府发出打造海勃湾北部生态区的号召。杜仲义看准这是造福后代的实事大事，带着自己艰辛打拼来的血汗钱，走进海北生态区荒漠，打井、种树、治沙……要在这片不毛之地上发展现代化新型农牧业，为此注册了乌海岱山林牧业有限公司。

理想固然美好，现实的路却是崎岖的。一踏入沙漠，座座沙丘连绵，大风一来，漫天飞沙打得人连眼睛都睁不开。没有路，没有水，没有电，没有一点点现代化建设的基础条件。有人劝他："杜总，你也算功成名就，有必要拿全部身家来做无法估量的事情吗？你这是要当当代的'愚公'？"杜仲义嘿嘿笑着，啥也没说，依然每天泡在沙地里，和工人一起就着沙子啃馒

　　* 作者原为防沙治沙学会会员。

头，别人都睡了，他还在拿着图纸圈画着，谋算着。

时间一天天过去，沙丘一个一个变为平地，一排排杨树在这片连虫子都不来的荒漠上生根了，发芽了。十多年努力，杜仲义的企业从点滴做起，终于在一无所有的荒漠上初步完成了海北生态区的基础设施建设，种植了乔灌木防风固沙林带，开通了区域内道路，建成了水塔、机井、黄河灌溉系统、电力设施、输电线路，兴建了葡萄酒庄、沙生植物园、高效日光温室园区，物流园基础设施、办公科研中心到了位。现在，岱山绿化苗木苗圃已形成约300万株（棵）的规模，引进的都是适于本地防风治沙及城市绿化的节水耐旱、防病虫害树种。"岱山"已经成了乌海的播绿符号。

作为荒漠治理龙头企业，岱山公司与中国农业大学、南京林业大学、中国科学院新疆生态地理研究所、内蒙古梭梭肉苁蓉研究所等科研机构达成了战略合作协议，在项目规划设计、经济作物种植加工、生化深加工、废弃物环保利用等领域全面开展合作，积极探索在西部荒漠化沙化干旱地区绿化环境、恢复生态、实现循环可持续发展的现代农业产业化发展模式。如今，国家农业信息中心、中国/以色列农业培训中心、农业部设施农业生物环境重点开放实验室、中国农业大学荒漠化研究中心等国内农牧业顶级科研机构，已经正式进驻岱山公司项目区，从规划、设计到产品、技术研发，全面展开工作。该项目已经列为中国农业大学与内蒙古自治区省校合作重点项目。

谈到后续发展，杜仲义说，下一步，企业将重点规划以葡萄、蔬菜瓜果、苁蓉为农林主产业，并根据市场需求逐步延伸产业链条，发展葡萄酒加工、绿色有机蔬菜加工配送、苁蓉保健品深加工、葡萄庄园观光旅游、现代农业观光旅游、汽车旅游露营基地、公路物流园等项目，把生态产业做强，把绿色事业做大。

杜仲义的绿色梦想随着时间在延续，在一一变成现实。

大美乌海湖

郭 婧[*]

出宁夏，入乌海，进入黄河内蒙古段 800 多公里的第一站，随着黄河海勃湾水利枢纽工程的紧张推进，一座 118 平方公里的乌海湖已然跃入祖国版图，乌海作为黄河金腰带的新城，如今，由于乌海湖的"姿容"更加璀璨夺目、分外耀眼，大漠出平湖的亮丽风景已真真切切"闯"进了我们的视野。

从 2010 年 4 月 26 日黄河海勃湾水利枢纽工程开工以来，短短 4 年时间，实现了一个个新突破，迎来了一个个新节点：工程已逐步下闸蓄水，部分机组开始发电……这一刻，乌海地区乃至全区人民牵挂了逾半个世纪的"水利梦"已然实现。

为之激动、为之兴奋、为之欢呼、为之雀跃……面对这一个个重要时刻，我们一时无法形容。

黄河海勃湾水利枢纽工程，承载了几代人的梦想，也寄托了几代人的希望。

作为国家实施西部大开发战略和自治区"十一五"发展规划的重点建设项目，作为黄河内蒙古段唯一一座调节性控制工程，作为国家发改委 2010 年重点建设项目，作为乌海市功在当代、利在千秋的最大民生工程，随着黄河海勃湾水利枢纽工程的收官，其特有的防凌防汛、改善环境等功能

---

* 作者原为乌海市文联会员。

正渐渐显现。

一座城如一个人，有着自己的梦想；一座城又代表了一群人，承载着一个群体的梦想。

对乌海这座年轻而朝气蓬勃的城市而言，对于生活在这座城市中的每一个人来讲，建设黄河海勃湾水利枢纽工程的梦想，由来已久，并为之努力争取了半个多世纪。

乌海市地处黄河上游，东邻鄂尔多斯市，西接阿拉善盟，北靠巴彦淖尔市河套平原，南与宁夏石嘴山市隔河相望，是华北与西北的交汇处，也是"蒙宁陕甘"经济区的结合部。

这里的自然环境十分恶劣。乌兰布和、库布其、毛乌素三大沙漠在此交汇，气候干旱，降雨稀少，最近 10 年，年均降水量不足 100 毫米，而蒸发量却高达 3400 毫米；风大沙多，土地沙化，草场退化，生态失调严重，是我国荒漠化治理重点地区之一。

然而，大自然并没有忘记这片土地，在三大沙漠交汇之处，105 公里母亲河黄河缓缓穿市而过。这对于一个严重干旱的城市而言，犹如天赐之福。

可是，在乌海人的记忆中，多年以来，虽身居黄河两岸，却未感受到母亲河太多的呵护，留下更多的是黄河凌汛灾害所带来的隐隐伤痛。

时至今日，乌兰淖尔镇居民仍对 2001 年黄河乌兰木头段决口事件记忆犹新。

这年的 12 月 17 日，黄河乌兰木头段民堤溃决，一贯平静、温柔的黄河喷涌而出。乌兰木头等 5 个嘎查（村）所有农田被淹，所有农电和水利设施被冲垮，所有农用机械都泡在了水里，700 多亩农作物绝收，4900 余头（只）牲畜死亡……

受灾面积 50 多平方公里，受灾人口近 4000 人，造成直接经济损失约 1.3 亿元。

"2 栋温室大棚、6 间新瓦房被冲塌，粮食、饲草料连同牲畜、家禽被洪水卷走"。瞬间，该镇居民郭金奎辛苦打拼了几年的家底荡然无存。

事实上，不仅仅是郭金奎，也不仅仅是乌海市居民，长期以来，居于

800 公里黄河内蒙古河段两侧的居民同样饱受着黄河凌汛灾害的"折磨"。

由于黄河宁蒙河段地理位置的特殊，造成了该河段封河自下而上、开河自上而下的特殊现象，极易形成冰坝冰塞，凌情不断。据统计，在天然条件下，黄河内蒙古段每年都有凌汛灾情发生。

1993 年磴口南套子段和乌拉特前旗西柳匠段两处决口。

1994 年凌汛期五原县复兴大坝、白彦赤老段告急，同年达拉特旗的乌兰段又发生决口。

1995 年巴盟磴口县、五原县、杭锦后旗和临河市等先后出现重大险情。

1996 年 3 月凌汛期间，达拉特旗境内又有两处堤防决口，使 5 个村庄近千户、5000 多人遭受水灾，直接经济损失达 6900 万余元。

2008 年 3 月 20 日，鄂尔多斯市杭锦旗独贵塔拉镇遭遇了一场数十年不遇的黄河凌灾。该镇奎素段黄河堤防溃堤，河水、凌块夹杂着泥石冲毁了整个独贵塔拉。水淹面积达 106 平方公里，1 万多名群众的家园被汹涌的凌汛河水吞噬……

1988 年至 2008 年的凌汛资料显示，较大范围的淹没损失平均每两年一次，其中堤防决口 5 次。

"黄河流经内蒙古 800 多公里，长期以来没有一座具有一定调节能力的骨干控制性工程，防凌形势非常严峻。"乌海市从事防凌防汛工作的人士年年都讲。

为减少凌灾损失，政府部门每年都要组织部队和群众防凌抢险，投入大量人力、物力、财力用于防凌减灾，给国家和地方增加了沉重的经济负担。

由是，建设一个调节控制性工程，防治凌灾，控制水土流失，改善生态环境，让黄河发挥更大的作用不仅是乌海人民之盼，乌海的经济社会发展之盼，更是全自治区人民之盼。

经过自治区和乌海市的不懈争取，2010 年 4 月 26 日，承载着几代乌海人强烈企盼和梦想的黄河海勃湾水利枢纽工程正式开工建设。

乌海段作为黄河流经内蒙古的首站，特殊的地理位置使其成为建设水利工程的绝佳选址。

"黄河海勃湾水利枢纽工程是一项防凌、发电、改善生态环境的综合性工程，承担的首要任务就是防凌。"市水务部门负责人介绍说。该工程建成后，不仅可以提高黄河内蒙古段的防洪标准，而且可以配合上游龙羊峡、刘家峡水库的防凌调度，适时调控凌汛期流量，减轻黄河内蒙古段的防凌压力。

除此之外，黄河海勃湾水利枢纽工程蓄水后，将形成118平方公里的乌海湖，可以大大改善乌海地区的小气候，提高自然生态修复功能，促进区域生态环境改善，同时枢纽电站也可利用水能发电。

半世纪的筑梦路

建设水利枢纽，承载了乌海人民的太多梦想，乌海人也为此付出了半个多世纪的努力。

从1954年工程列入国家规划算起，到2010年开工建设，足足用了56年的时间。

有关资料显示，1954年国家编制的《黄河治理规划》中，在黄河上游规划了19个梯级枢纽工程，海勃湾水利枢纽为其中的第17个梯级开发项目。1997年，水利部黄委会编制的《黄河治理开发规划纲要》中，将黄河上游枢纽工程调整为26级，海勃湾水利枢纽工程为其中的第25级。

2008年1月编制的《全国大型水库建设规划》中，黄河海勃湾水利枢纽作为"根据国家和地方财力情况择优安排审批建设项目"列入其中。

2008年7月，国务院以国函〔2008〕63号文件批复的《黄河流域防洪规划》中指出：要适时修建海勃湾水利枢纽工程，进一步减轻黄河宁蒙河段的防凌负担。

企盼与日渐浓，梦想正逐步走向现实。

黄河海勃湾水利枢纽工程作为一项大中型水利水电工程，周期长、任务重、协调难等特点显得更为突出。

早在1958年至1977年间，自治区就先后在黄河海勃湾段多次进行了勘探、测量及规划工作。随后的 20 多年中，内蒙古自治区和乌海市陆续做了大量前期工作。

2001 年，一场黄河凌灾再次显现出建设黄河海勃湾水利枢纽工程的迫切。

这一年，按照自治区党委、政府的统一部署和安排，乌海市委、市政府重新启动这一项目的前期工作。

在地方财政特别紧张的情况下，乌海市千方百计筹措资金，委托水利部天津水设院和内蒙古水设院开始项目建议书的编制工作。同年 11 月完成了项目建议书的编制工作，并上报了黄委会和水利部。

自治区党委、政府高度重视项目的前期工作，并将该项目列为自治区水利项目的首位，列入上报水利部的"十一五"水利发展规划。

乌海市历届领导班子全力以赴，举全市之力推进枢纽工程前期工作。

从 2001 年到 2010 年近 10 年间，乌海市先后编制完成了《项目建议书》《可研报告》《初步设计报告》，完成了《环境影响评价报告书》《建设项目用地预审》《建设征地和移民安置规划大纲》《建设征地和移民安置规划报告》《水土保持方案报告书》《胡杨岛的影响及其保护方案专题》《水利枢纽工程对黄河内蒙古段水生生物影响评价报告》《防洪评价报告》《水资源论证》《工程建设规划同意书》等专题报告的编制工作，并经过权威专家的论证，取得了国家水利部、国土资源部、环保部、农业部、黄委会等国家部委和自治区政府及发改委、国土资源厅等有关厅局的多个批复文件。

2007 年 4 月，项目建议书通过了水利部部长办公会的审批，并上报国家发改委。

2008 年 4 月 25 日，国家发改委对《黄河海勃湾水利枢纽工程项目建议书》进行了批复。

2008 年 12 月 22 日，水利部黄河水利委员会签署了《黄河流域水工程建设规划同意书》。

2009 年 1 月，国家环境保护部批复了《环境影响报告书》。

2009 年 3 月 25 日，国土资源部通过了《建设项目用地预审意见》。

2009 年 7 月 16 日，国家发改委正式批复黄河海勃湾水利枢纽工程可行性研究报告，标志该项目正式立项。

2010 年 4 月 1 日，国家水利部对黄河海勃湾水利枢纽工程的初步设计报告进行了批复，标志着项目具备了开工条件。

2010 年 5 月 5 日，国家林业局批复了使用林地审核同意书。

2011 年 12 月 3 日，国土资源部批复了黄河海勃湾水利枢纽工程坝址及建设用地。

移民大纲、规划、水保、防洪评价、水资源论证及坝区林地征占等也按法律法规要求先后取得审批手续……

这一个个重要节点，凝聚了乌海几代人的心血；这一份份重要文件，成就了乌海几代人的梦想。

2010 年 4 月 26 日，黄河海勃湾水利枢纽工程正式开工奠基，临时工程导流明渠和导流明渠桥开工建设。

2011 年 3 月 1 日，内蒙古水利厅批复了主体工程开工报告，主体工程全面开工建设。

与此同时，乌海市也积极与阿拉善盟开展征地拆迁和移民安置工作，并努力争取上级部门的大力支持；市水务部门积极协调勘测设计单位，如期完成一大批设计成果。

乌海市在充分征求库区移民意见的基础上，集中出台了"1+6"文件，包括 1 个意见——《水利枢纽工程征地和移民安置指导意见》和 6 个办法——城乡一体化居民就业安置、住房、社保、低保、对口帮扶、土地流转办法，千方百计安置 6600 多名库区移民，帮助他们解决就业、住房、社会保障等问题，确保库区移民生活有保障、住房有改善、收入有增加。

工作一直在紧张进行，步伐始终在加速推进。

聆听建设者的脚步

工程虽然已取得重大进展，胜利竣工指日可待，但我们却不能忘记那些为了工程顺利推进而披星戴月、迎风冒雪、战天斗地的建设者们。

黄河海勃湾水利枢纽工程建设任务是防凌、发电等综合利用，工程为大（2）型Ⅱ等工程。

水利枢纽工程分为土石坝、泄洪闸、电站三大工程。

坝址以上河段长约2837千米，控制流域面积31.34万平方公里。水库正常蓄水位1076米，死水位1069米，总库容4.87亿立方米。

枢纽由土石坝、泄洪闸、河床式电站等建筑物组成，土石坝布置在黄河左岸，坝长6906米，顶宽7米，最大坝高16.2米；泄洪闸共16孔，布置在黄河主河槽中左部；水电站布置在河床坝段右岸，装机4台，总装机容量9万千瓦，多年平均发电量3.82亿度。

工程开工以来，建设单位就遇到了极端气候和复杂地质条件的内外双重考验。

"主要困难还是在于碎石桩的处理和防渗墙施工，原始河床底都是粉细沙，不是基岩，这种粉细沙底在所有水利工程当中比较少见。"黄河海勃湾水利枢纽工程建设管理局局长赵忠武说。特殊的地质环境，要求施工中必须通过碎石桩来加强基础承载力，用碎石桩置换原始的粉细沙底，而碎石桩大概在开挖面以下10米到20米。难度可想而知。

最开始的碎石桩实验前后经历了将近4个月。正常情况下打一个桩大约需要45分钟到1个小时，而75千瓦的振动器在这里却需要3—4个小时。为此，建设方及时进行了设备调整，把75千瓦的功率提升至150千瓦，在设备构筑上也进行了改进。

"同类工程150千瓦的震动器国内很少用。"一位建设人员告诉记者。

为减少水流沿坝基底渗漏，施工单位在土石坝、河床枢纽各坝段坝基设置了塑性混凝土防渗透墙。

在电站基坑开挖过程中，由于地质情况复杂等原因，基坑中出现集中涌水夹沙现象；在地基处理振冲碎石桩施工中，遇到了振冲器造孔不返水、抱钻、卡钻、无法穿透坚硬地层等难题……

困难没有减缓建设者的脚步，而是更加激发起他们前进的斗志。而每一个难题的攻克，都融入了建设者无数的汗水和辛劳。

在基础防渗墙施工过程中，由中国水利水电第五工程局主导完成的"交替沉模地下连续墙新技术"填补了国内空白；在以风积砂地层为主的薄壁防渗墙施工中，完成了槽孔深度达 49.6 米的防渗墙施工，创造了国内同类地层中薄壁防渗墙施工深度最大的纪录……

不断调整、调度设备，不断强化施工队伍，不断采取科学施工方法……建设高峰期，工程施工现场最多达 2500 多名施工人员，按照要求夜以继日、只争朝夕加快进度、保证工期，数九寒冬依然在施工。

保进度更要保质量。

为确保工程质量，工程建立健全了各项质量管理制度和质量保证体系，成立了工程质量管理委员会，各参建单位也组建了各自的质量管理机构，设置了专职质检员，负责质量的监督检查和验收工作。

工程也建立了专家技术咨询制度，对建设中存在的难点和重点问题出主意、理思路、想办法，保证工程建设技术方案可行、科学合理，同时还加强了日常质量的监督检查和验收工作，坚持工程质量验收制度，对每道工序在施工单位自检合格的基础上，再组织有关方进行验收。这一切，都为工程建设筑起了一道道牢固的质量防线。正是因为有了这一支支优秀的施工队伍，工程才得以顺利推进。

2011 年，主要完成各标段的开挖和基础处理工作；2012 年，基本完成坝体填筑和砼浇筑施工；2013 年 5 月底，导流明渠封堵，成功截流；2013 年 9 月，工程开始试蓄水；2014 年 5 月，三台发电机组发电……

今天，当那一轮胜利的曙光即将摆脱地平线的束缚喷薄而出时，建设者们那铿锵有力的脚步声仍深深印刻在我们的脑海。向他们致敬！为他们祝福！

即将改写的城市未来

有人预言，一座水利工程的兴建，有可能改变一个城市的未来。随着黄河海勃湾水利枢纽工程的建成蓄水，"水"必将对乌海市乃至周边地区产生积极而重大的影响。

由于自然环境的特殊，一直以来护"绿"爱"水"的乌海人对水有着独特的情感。

或清晨，或日暮，或风清日丽，或沥沥雨后，漫步乌海湖畔，与黄河水亲近，和大自然互融，看水面荡漾，听湖声拍岸，正成为当前每个乌海人的生活习惯。

作为全国资源衰退型城市的乌海市，经济和城市转型大幕早已拉开。而水利枢纽的兴建必将对"两个转型"产生深远影响。

"水"正逐步改变着乌海的发展，推动着乌海的变化。

——对黄河水能资源利用、优化配置和河道综合治理起重要作用，提高黄河内蒙古段防洪标准，有效缓解凌汛灾害，同时可以利用天然水能发电，年均向蒙西电网提供 3.82 亿度绿色能源，每年发电节省约 13 万吨标准煤，减少二氧化硫、烟尘排放，进而改善城市环境。

——小气候正在形成。市气象部门专家结合海勃湾气候要素的历史变化规律，采用相似类比途径分析发现，118 平方公里的乌海湖形成后，由于大面积陆地变为水体，乌海的极端最高气温会有所下降，极端低温会有所上升，库区周边平均相对温度会相应提高。

——对林业生态建设必将起到至关重要的作用。不仅为造林绿化提供充足水源，而且还可以提高自然植被的自我修复能力。乌海市已被评为全国绿化模范城市，被列为全国水生态文明试点城市。依托水利枢纽这个大平台，按照规划，到 2015 年，乌海市环境污染和生态脆弱趋势将基本得到控制，沙漠化荒漠化程度将得到缓解。

——为加快城市转型提供了最好契机。《乌海市城市总体规划（2011—2030 年）》提出，乌海市将依托黄河海勃湾水利枢纽工程和乌海湖，规划建设环甘德尔山水系、环城水系、城区内部水系；利用山体沟壑，规划建设人工水库；改造城中泄洪沟，形成城中带状水系景观；保护现有黄河湿地和沿黄景观带，共同形成环山环湖水系景观系统，打造塞外水城。

——给旅游业发展搭建了大平台。市旅游局有关负责人介绍，黄河海勃湾水利枢纽工程全部建成后，旅游产业主要围绕"大汗、大漠、大湖、大河、大湿地"，重点打造以乌海湖、乌兰淖尔生态园、龙游湾湿地、汉森酒庄和机场路观光葡萄长廊等为主体的休闲度假游，以乌兰布和沙漠、金沙湾景区、龙游湾湿地公园、四合木生态文明景区、森林公园、奇峡谷等为主体的生态观光游，以"中国书法城"、桌子山召烧沟岩画、满巴拉僧庙、蒙古族家具博物馆等为主体的文化体验游……

积极效应无法一一列举。

2013 年 3 月 20 日，自治区党委书记王君在乌海市调研时明确指出，要把乌海打造成"沙地绿洲、水上新城"。

新要求催生新动力，新目标激发新活力。

机遇无限，时不我待。

乌海人热爱"绿"，但更渴望"水"。

要做好"绿"和"水"的文章，水利枢纽工程功不可没。

"前 50 年在'煤'上下功夫，后 50 年我们将在'水'上做文章"，乌海市已进一步明确今后发展，并开始付诸行动。

我们坚信，随着水利枢纽工程的建成，乌海市贯彻落实习近平总书记"把祖国北部边疆这道风景线打造得更加亮丽"的重要讲话精神和贯彻落实自治区"8337"发展思路，深入实施"一个中心、两个转型、三个率先、五个乌海"发展战略的步伐将加速推进，"水在城中、城在水中，依水而居"的城市格局指日可待，打造"沙地绿洲、水上新城"的目标也与我们渐行渐近……

日新月异的通辽公路交通

朱万昌[*]

通辽市位于内蒙古自治区东部,东连吉林省,南临辽宁省,西接赤峰市,北与兴安盟和锡林郭勒盟毗邻,总面积 59535 平方千米。距大连、营口、锦州、天津等港口城市 300—700 千米,距东北最大的中心城市沈阳 270 千米。通辽既属东北经济区和环渤海经济区,又是中国西部大开发区域中的东部地区,优越的地理位置为开放的新通辽提供了得天独厚的投资条件。

随着经济的不断发展,通辽市的公路交通建设日新月异。经积极申报,多方筹措资金,公路交通事业取得了可喜成绩。国省干线技术等级全面提升,通达深度快速拓展,公路交通对经济社会的支撑和保障能力显著提高,改善了基础设施状况和投资环境,促进了各种生产要素的优化配置,拉动了相关行业发展,加快了产业布局调整和城镇化建设步伐,推动了区域经济融合对接和协调发展。公路建设投入自 1991 年完成 2626 万元起每年维持在几千万的水平,至 1998 年一跃上升至 5 亿元,而且逐年攀升,2003 年突破 10 亿元,2005 年更是突破 30 亿元,高投入带来的是公路等级的大幅度提升,至 2007 年,四通八达的公路网络延伸到市内各乡镇苏木,形成了以高速公路、国道、省道干线公路为骨架,县、乡、村道路为支线的公路运输网。

"八五"末期,哲里木盟(现通辽市)公路里程达到 3201 千米,按路

---

* 作者系通辽市交通科技研究所所长。

面类型分，次高级黑色路面 1566 千米，中级沙石路面 58 千米，低级路面 520 千米，土路 1057 千米；按公路等级分，二级以上公路 27 千米，三级以上公路 1367 千米，四级公路 861 千米，等外公路 946 千米。全盟列入养护里程 3141 千米，其中国省道 1005 千米/6 条，县道 1568 千米/19 条，乡道 568 千米/31 条。全盟共有公路桥梁 265 座、6587 延长米，其中大中桥梁 48 座、3984 延长米。每百平方千米拥有公路 5.33 千米。

"九五"期间，通辽市的公路交通建设通过各级交通部门的积极努力取得了长足发展，并实现了历史性突破。"九五"期间公路基础设施总投资达 22 亿元，是"八五"期间的 11 倍。2000 年，全市公路总里程达到 7719 千米，公路密度达到每百平方千米 12.95 千米，是"八五"末期的 2.13 倍，为全区平均水平的 2.3 倍。五年间全市累计新改建一级公路 100 千米，占全区的 1/3，其中国道 G304 线好力保—通辽段 88.35 千米一级公路是当时全区连续里程最长的一级公路。新建二级公路 240 千米，在建二级公路 360 千米。与此同时，全市路网深度也有显著增加，在 1998 年全市基本实现乡乡通公路、乡乡通汽车的基础上，"九五"末期，全市通油路的乡镇苏木达 103 个，占 53%，通公路的村（嘎查）2299 个，占 85%，全市村屯通汽车率达 99.6%，基本实现村村通汽车。通辽市规划"三纵、四横、五出口、一绕城"的"米"字形公路网基本形成。

"十五"期间，通辽市交通借助西部大开发和振兴东北老工业基地的政策优势，积极实施"大交通"战略，开创交通事业跨越式发展的大好局面，为全市经济社会持续、健康发展提供了先行保障。5 年间，通辽市累计完成公路建设投资达到 68.5 亿元，是"九五"时期投资总额的 3.1 倍。其中重点公路建设和干线公路建设投资 52.3 亿元，农村公路建设投资 16.2 亿元。实现了全部乡镇（苏木）、村（嘎查）通公路，其中 97 个乡镇（苏木）通了油路。公路工程质量有了显著提高，全市公路综合好路率达到 86%，比"九五"末期增加了 12 个百分点，其中干线公路好路率达到 93%。5 年中，通辽市共完成次差路改造 154 千米，危桥改造 11 座；完成干线公路两侧绿化带 1045 千米。公路已经形成了点成景、线成荫、片成林的绿色通道。国道 304 线通辽至好力保段、国道 111 线通辽至奈曼段以路况好、环境优美、管理规范、服务优质，成为全区公路养护管理的样板路。2005 年 5 月初，通辽市境内的第一条高速公路——通辽至下洼（通辽赤峰界）段高速公路正式开工建设。

苍茫的科尔沁沙地，过去"穷在沙上，困在路上"，是沙区人民生活贫困的真实写照。为了让肆虐的沙漠驯服，彻底改变沙区人民的生存环境，从 1999 年开始，市委、市政府在科尔沁沙地治理上跳出单一就生态建设进行治沙的思维方式，制定了"修路、林业生态建设、扶贫开发"三位一体的综合治沙规划，揭开了通辽市穿沙公路建设、生态建设和扶贫开发工作的新篇章。从"九五"末期开始至"十五"期间，通辽市沙区干部群众通过几年的不懈努力，在科尔沁沙地上先后修通了横贯塔敏查干沙漠，北起 111 国道，途经奈曼旗东明、奈林，库伦旗的茫汗、三道洼、六家子、平安地、扣河子至 111 国道与辽宁省 205 省道交汇，贯穿南北、连接东西的全市最长的（120 千米）穿沙公路。与此同时，余粮堡至库伦、固日班花至朝古台、哈日干吐至阿古拉、巴胡塔至阿都沁至欧里、大沁他拉至奈林等 11 条穿沙公路也在"九五"末期和"十五"期间先后建成通车。使全市穿沙公路总里程达 1000 多千米。这些纵横交错的穿沙公路，不但改善了沙区交通状况，也为繁荣沙区经济创造了重要条件，为科尔沁沙地荒漠化逆转奠定了基础。

"十一五"的 2006—2007 年，全市交通建设累计完成投资达到 70.5 亿元。2007 年底，全市有公路 119 条，公路通车总里程达到 11218 千米，公路密度达到每百平方千米 18.7 千米。公路技术等级全面提升，有高速公路 202.26 千米，一级公路 410 千米，二级公路 1130 千米，三级公路 617 千米，四级公路 3351 千米，等级路面里程达 5508 千米，国省干线公路全部达到二级以上公路标准，全市 8 个旗县市区全部实现了以二级以上高等级公路相连接，除霍林郭勒市以外，全市建成了两小时经济圈。2007 年，通辽市第一条高速公路——通辽至赤峰高速公路建成通车，标志着通辽市实现了高速公路零的突破，也揭开了通辽市高速公路快速发展的序幕。通油路乡镇（苏木）131 个，全市乡镇（苏木）通油路率达到 85.6%；通公路村（嘎查）

888 个，行政村（嘎查）通油路率达到 34.4%。

通辽市人民政府还通过发展多种运输经济成分，建立多层次、多渠道的交通投资体制，支持公路运输行业的发展，使公路交通运输业发生了质的变化。1991 年至 2007 年的 17 年间，哲里木盟（通辽市）的交通运输业发生了巨变，在交通运输工具方面，营运客车由 218 辆增加到 4940 辆，增长了 22.7 倍；货车由 298 辆增加到 26297 辆，增长了 88.2 倍；在运输量方面，客运量由 616 万人增长到 2530 万人；客运周转量由 34257 万人/千米增长到 152823 万人/千米；货运量由 762 万吨增长到 7285 万吨；货运周转量由 16695 万吨/千米增长到 417123 万吨/千米。现在分别是原来的 4.1 倍、4.5 倍、9.6 倍和 25 倍。这些数据的大幅提升，充分展示了交通运输业发展的变迁，印证了通辽市经济社会发展步伐的加速、城镇化水平的提高及人民生活方式的变化。

"八五"末期，全盟拥有营运车辆 6848 台，客运营运线路 203 条，营运里程达 15888 千米。五年间完成客运量 2498 万人，客运周转量 11 亿人/千米。

"九五"期间，累计完成客运周转量 16.89 亿人/千米、货运周转量 76.88 亿吨/千米，分别为"八五"期间的 3.43 倍和 9.88 倍。

公路运输的主导作用和基础性地位日益增强。四项运输指标（客运量、客运周转量、货运量、货运周转量）在综合运输体系中均占到 70% 以上，通过公路转运、外运煤炭占到全社会运量的 80%。为农牧民出行和农副产品交易带来了极大的便利，也为打造内蒙古自治区和东北地区重要的农畜产品生产、加工、集散基地打下了坚实基础。

截至 2007 年，通辽市已拥有各种营运汽车 3.16 万辆，其中班线客车 1059 辆、出租车 3490 辆、营运货车 25800 辆、危险品运输车 124 辆。通辽市客运班线总数 653 条，营运车辆 1386 辆。其中跨省区客运线路 71 条，车辆 74；市级班线 44 条，车辆 54 辆；县级班线 187 条，车辆 307 辆；总营运里程 41000 千米，形成以通辽市为中心，辐射东北、京津地区的公路交通运输网。旅游客运有了新的发展，规范了通辽—大青沟、通辽—珠日河、通辽—开鲁大榆树旅游线路。

公路建设是基础、养护是保障、运输是目的。在服务经济社会发展的全局中，公路养护部门以"畅、洁、绿、美、安"为目标，坚持科学养护，通过开展"两改两加强""一消灭两改造"活动，实行"三雨上路"和病害限期修补，使公路通行保障能力不断增强。

道路运输监管体系日臻完善。多年来，通过发展多种经济成分，建立多层次、多渠道的交通运输投资体制，促进交通运输业的发展。截至2009年，通辽市已拥有各类营运汽车3.17万辆，其中班线客车1460辆、出租车4160辆、营运货车26000辆、危险品运输车70辆。全市有汽车客货运站场76个。机动车维修业户1516户，驾驶员培训机构22家。全市客运班线总数718条，年平均日发班次1967个，总营运里程45000千米，形成了以通辽市为中心，辐射东北、华北及京津地区的公路客运网络。

"十一五"期间，全市累计完成全社会客运量1.2亿人次，旅客周转量79亿人/千米，货运量2.5亿吨，货运周转量295亿吨/千米。在综合运输体系中，客货运量分别占75%和55%，公路运输在综合运输体系中的主导地位显著增强。

现代物流业从无到有，目前，我市有较大的物流园区9处，承担着公路铁路货运代理、公铁联运、货运信息配载、集装箱中转运输、货运零担班车、理货配送、修理、包装搬运、仓储等业务，并实现了多功能配套的一站式服务，通辽市不仅成为内蒙古东部地区重要的物流枢纽，也成为全国为数不多的"无海有港"的城市之一。

安全生产是交通工作的生命线。近年来，结合反恐、迎奥运、六十周年大庆等活动，为及时应对重大突发性事件，我们组织了多次反恐演练和交通突发事件应急预案实战演练，公安、消防、卫生、环保等多部门联合参加，协同作战，使应对突发事件能力显著增强，安全意识明显提高。同时，通过科技创新，加大对安全生产的监管。我们自主研发了"公路客运安全站务监管信息化系统"并在全市二级以上客运站全面推广应用，落实"三关一监督"，实现了站务监管的信息化。全市所有危险品运输车辆及客车全部安装了 GPS 监控仪，各运输公司建立了监控平台，并由交通指挥中心统一进行监控和信息输出，有效防止了重特大道路交通事故的发生。

相继开展安全生产隐患排查治理、安全生产百日督察、安全生产年等活动，全面排查并治理各类安全生产隐患。加快安保工程建设及灾害治理步伐，提高公路的安全性能。加强公路应急保障能力建设，提高抗灾保通能力。五年来，全市干线公路发生水毁 20 余次，1000 余千米公路遭受不同程度破坏，局部冲毁桥梁涵洞 20 多处，发生雪阻 15 次，面对灾情，交通部门迅速反应，主动应对，及时完成抗灾保通任务。

从严治理超载超限运输，连续开展三年的集中治超行动和华北五省联合治超行动，有效控制了超限运输上涨势头。强化路政巡查工作，对违章建筑、私开道口和乱设非公路标志等违法行为集中整治。提高路政许可审批工作水平，落实路政许可审批工作"四个禁止"制度，使我市路政执法人员服务意识和执法服务水平明显增强，受到了广大群众的好评。

围绕践行"三个服务"，市交通运输局领导班子，以科学发展观为统领，以"抓班子、带队伍"为总抓手，按照"建设大交通，服务大发展"的总体思路，广泛开展"当好交通先行官，服务通辽促发展"这一活动主题，开拓思路，创新前行，在实际工作中，不等不靠，主动出击，走出了一条不同寻常的促进交通事业超常发展的轨迹。2002 年，经积极汇报争取，自治区政府从其他方面为我市调配了 1 个亿的交通建设资金，从而一举顺利完成了国道 111 线和国道 304 线因 1998 年洪水毁坏重建的路段，畅通了通辽西部和北部的交通。2003 年，经市财政担保，由通辽北方路桥公司贷款，进而完成了通辽北出口哲里木特大桥及 22 千米一级公路的建设。这一工程的实施，保证了我市"一河两区"及"北扩西移"战略的实施，也为主城区房地产开发扩容创造了条件。近年来，更是超前运作，使我市多条线路顺利列入国家高速公路网规划，争得了公路建设快速推进的发展空间，开创了全区在一个地级市同时建设 2—3 条高速公路的先河。

市交通运输局领导班子注重抓好执法队伍的自身建设。全市运政、路政、通行费征稽等行政执法、执收部门，坚持"依法行政、执法为民"的理念，紧紧围绕"抓管理、带队伍、树形象、创一流"的总体目标，认真践行"三个服务"理念，全面提升服务质量和执法水平。始终坚持加强对行政执法人员的教育和培训，开展执法岗位大练兵，进一步完善和落实行政执法责任制、行政执法责任追究制，认真落实交通部推行的《交通行政执法禁令》和《交通行政执法忌语》，实施行政许可、行政执法、站场建设"阳光工程"，加大执法行为监督力度，全面提高行政执法工作的规范化和文明程度。

2013年，通辽市向南以国道304线通辽至好力保段一级公路为辅道，建成沈阳至通辽高速公路好力保至通辽段，实现与沈阳、大连、营口、锦州以高速公路相接；向东通过通辽至双辽高速公路，实现与双辽、四平、长春以高速公路相接；向西通过赤峰至通辽高速公路，实现与北京、天津的高速公路相接。在干线公路建设方面，南北方向提高国道304线好力保至通辽至鲁北至霍林河交通干线的等级建设，将省道干线逐步建成一级以上公路标准，建成科尔沁区一级环城公路，形成以科尔沁区为中心的"米"字形交通网络。规划的骨架公路网将全部以二级以上高级公路贯通，干线公路网将全部由三级以上公路贯通，真正实现乡乡通油路、村村通公路的总体目标，形成"高速对接周边、一级完善干线、高级构建两环，油路连乡、公路通村，人便于行、货畅其流"的公路交通格局。预计2020年，全市将完成公路建设投资400亿元，公路总里程将达到20000千米，公路密度将达到每百平方千米有公路33千米。全市各旗县市与主城区均以一级公路相连，旗县间以二级公路相通，旗县到乡镇通等级油路，乡镇到村屯通油路和等级公路。通辽市向外将以高速对接周边，形成以科尔沁区为中心的"一米两环"放射与互联形公路交通网络。道路运输方面，到2020年将实现农村班车公交化，县市级班车职能化，省区际班车高速化，充分满足人民群众安全、便捷、快速出行的需求。

治理大白沙　黄柳第一功

孙　甲[*]

　　秋天，沙原上，能与阿拉善胡杨的迷人色彩媲美的，唯有浑善达克黄柳了，而提到黄柳就不能不先说说大白沙。

　　锡林郭勒盟正镶白旗的大白沙，留给我的记忆十分深刻。那是 10 多年前，我曾三访白旗，写下过动情的文字，都与大白沙有关。

　　大白沙是当地人对浑善达克流沙的称呼，白旗人深受其害，说起来无不摇头叹息。大白沙丘寸草不生，几乎与生命绝缘，让人望而生畏。更可怕的是，大白沙见风就动，流到哪里，哪里就被洪荒淹没。白旗农牧民的生存史，在很大程度上就是与大白沙的博弈史。

　　10 多年前的三访白旗，留下了深刻记忆。第一次，旗委书记带头种树防沙，把写有自己名字的标牌立在包干沙地前，让群众监督；第二次，访旗政协的一位退休干部，他回到牧区在沙地上种出了反季节西瓜，带领乡亲治沙致富；第三次，旗府所在地明安图小流域治理大见成效，理顺了水，种活了树，有效阻挡了大白沙的侵袭。

　　这次来到白旗，是要拜访治沙模范白双喜老人。在赶往他家的路上，我看到一道道金黄色的灌木林围成网格，站在沙原上，灌木林下七彩朦胧，沙地植被映出斑斓秋色。好一幅动人画卷，画卷上最亮的金黄色灌木，就是浑善达克沙地黄柳，白旗人称它是治沙功臣。

＊　作者系《沙漠世界》杂志副主编。

中国有四大沙地，都在内蒙古。浑善达克沙地从西到东横贯锡林郭勒盟的苏尼特右旗、苏尼特左旗、阿巴嘎旗、锡林浩特市南部、镶黄旗、正镶白旗、正蓝旗、多伦县北部，直到赤峰市克什克腾旗西部，东西长约 420 公里，南北宽约 125 公里，总面积 5 万多平方公里。它是距北京最近的沙源地，东缘直线距离只有 180 公里，是京津风沙源治理的重点之一。

浑善达克沙地原本是中国最美的多水沙漠，20 世纪 50 年代还有"沙漠绿洲"之称，柳灌丛生，骑马、骑骆驼、乘勒勒车都难以进入。但 20 世纪 80 年代以来，发生了惊人的变化，由于气候干旱，再加人口急剧增加，牲畜超载过牧，采樵活动频繁，植被遭到严重破坏，造成沙丘活化，大白沙肆虐，一天天威胁着人们的生存。

治理风沙源，难在大白沙。浑善达克沙地不缺水，溪流绵延，淖尔广布，湿地星罗，生态自然修复能力很强。凡是大白沙没有连片成丘的地方，只要严格控制过牧滥采，实行封育，三五年就能自然修复到柳灌丛生，绿漫四野。这是沙地治理的基础。而大白沙，不仅没有条件自然修复，而且还会借风流动，侵扰其他，因此，只有攻克大白沙这个难点，沙源治理才能成功。

所谓封育，就是将沙地草原以网围封闭，实行禁牧、休牧、轮牧，先修复，后利用。沙地封育的先决条件是要有地表种源，一般来说，沙地上只要有一棵植株，就可以自然繁殖，给周围方圆 50 米的生态以良性影响，也就是说，有天然植被的沙地适宜封育。连片成丘的大白沙因没有种源，就不能靠封育来自然修复，要靠飞播撒种，人工繁育，植绿固沙。

在连片成丘、见风流动的大白沙上飞播植绿，首先需要设沙障，控制风沙流动，保护种子落脚发芽。沙障的最好选材就是黄柳，它是浑善达克沙地的原生态植被。黄柳生性耐寒、耐热、耐沙埋，易繁殖，生长快，喜欢生长在草原地带地下水位较高的固定沙丘和半固定沙丘上，与大白沙有天然的喜缘。

在去白双喜家的路上，我们看到了两片大白沙飞播地，一片 2 万亩，一片 4 万亩。近几年，白旗封育和飞播草原沙地 200 万亩，其中飞播 70 万亩，找到了有效的沙地治理模式，这就是：政府统筹农、水、牧和沙源治理工程资金，以政策补贴、种苗资助、技术指导为引导，扶助农牧民封育沙地，修复生态，理沙致富。与此同时，政府统揽沙地飞播，攻坚克难，从根本上遏制沙丘活化，以人工繁育促自然修复。与库布其"政府+企业+沙区农牧民"治沙主体不同的是，这里的治沙主体是"政府+沙区农牧民"，尚无企业参与。

无论是在封育区，还是飞播区，最亮的秋色莫过于黄柳云锦。

在封育区，黄柳和原生态植被"兄弟"红柳、小叶锦鸡儿一起，还有那些我们叫不上名来的牧草，把年胜一年恢复起来的沙地草原打扮得五彩缤纷，生机盎然。黄柳无言，默默奉献，但那标志性的金黄，在秋天里是收获的象征，分外夺目。

在飞播区，远远望去，金黄成带，红黄成片，绿意漫地。金黄是人工黄柳沙障的身影，它挡风固沙，给大白柠条、沙蒿、羊柴这些外来飞播种子创造一个落脚生根的小环境，而后它与它们共同生长，进入自然繁育。由于是土生土长，黄柳在大白沙丘上的繁育适应性更强。三五年间，由一条条繁育成了一片片，成片黄柳好像更深沉一些，泛出红黄，暖透人心。

我们爬上一处飞播沙丘，看到黄柳繁茂，柠条丛生，锦鸡儿广布，几乎看不到裸露的大白沙了，沙生植物覆盖度在 80% 以上。抓起腐殖质丰富的沙土，有了沃壤之感。10 年不见，大白沙丘退去了白，已经是绿意漫漫。治沙功臣黄柳就在眼前，拿起相机，拍不够。

相机里还有一幅美不胜收的景致。路上，我们看到沙湾里有一处人家，院子周围的黄柳长得分外茂密，成行的、成片的，如墙、如云，风过处金光浮动，撩人遐想。带路人告诉我们，这是一位牧区教师的家，老先生 80 多岁仙逝，留下这一湾树，是他亲手种植。问了好几个人，都知道这处黄柳拥抱的院落，却记不清植树人的名字了，只知道老先生是蒙古族，人们称他"阿老师"。

没问清楚就没问清楚吧，朦胧有朦胧的美。就让老先生和他的黄柳化作一行朦胧诗，刻在心屏，留成再访白旗的念想……

蓬勃发展的通辽市物流产业

张云哲*

我参加工作就在市商务局物流业发展科，主要业务就是抓物流产业建设。因工作关系我有幸参与了通辽市物流产业发展规划制定、项目实施，见证了"西部大开发"以来通辽市物流产业迅猛发展的全过程。

通辽市位于内蒙古自治区东部、松辽平原西端、科尔沁草原腹地，辖8个旗县市区和1个自治区级经济技术开发区，总土地面积59545平方公里，总人口320万，是全国蒙古族人口最集中的地区。2013年，全市地区生产总值1812亿元，财政总收入149亿元，社会消费品零售总额372亿元。

通辽市是东北区域物流中心、东北一级物流节点城市、全国流通领域现代物流示范城市，也是我区建设向北开放"桥头堡"和沿边经济带重要支撑点，发展陆港经济条件优越，潜力巨大。

通辽市发展物流产业具有得天独厚的五大优势：

一是区位优越。通辽市地处东北、华北两大经济区结合部和内蒙古与辽宁、吉林三省区交汇处，与沈阳、长春构成经济发展的"金三角"，是东北地区乃至东北亚物流体系重要节点。

二是交通便捷。境内有九条铁路通过，通辽站是全国38个铁路枢纽大站和14个货物编组大站之一。公路四通八达，有4条国道、1条省际通道和4条高速公路在此交汇。民航机场可起降大中型客机，开通了至北京、上

---

* 作者系通辽市商务局副科长。

海等十几个大中城市航班。距满洲里、二连浩特、珠恩嘎达布其等边境口岸和大连港、营口港、盘锦港、锦州港等沿海港口比较近，货物北上南下、出关达海便捷。

三是地上地下资源富集。通辽市拥有丰富的农牧业资源和矿产资源，农牧业具备了年产120亿斤粮食和50万吨肉类的生产能力。境内已探明煤炭、石油、硅砂等矿产41种，矿床和矿点190多处。是国家重要的商品粮基地、畜牧业生产基地和新型能源续接基地，发展大宗物流前景广阔。

四是市场需求强劲。2013年，全市社会物流总额约5400亿元，商贸物流业增加值249亿元，外贸进出口总额2.1亿美元，外商投资企业发展到37家，到境外投资、承包工程及劳务合作企业发展到12家。

五是发展环境优良。通辽市既享受国家西部大开发政策，又享受振兴东北地区等老工业基地政策和扶持少数民族地区发展的特殊政策，尤其是国务院出台《关于促进内蒙古经济社会又好又快发展的若干意见》，形成了多重优惠政策叠加的特殊优势。

通辽内陆港及通辽保税物流中心建设情况：

通辽内陆港是通辽市政府与沈阳铁路局战略合作项目，由大连沈铁港口物流集团、通辽开发区管委会和营口港共同投资建设，由大连沈铁港口物流集团通辽内陆港物流有限公司具体运营，于2009年4月启动建设，到2010年7月全部工程竣工。其位于通辽经济开发区综合物流园区内、通鲁一级公路东侧，规划占地面积800亩，一期建成区占地面积340亩，总投资1.19亿元，建有两条1050米铁路专用线、17万平方米集装箱场站、3万平方米生活附属设施和4500平方米联检大楼，一次最大装车能力60辆，年发送能力近20万标准箱，是蒙东及东北地区最大内陆港。2013年实际集装箱吞吐量3万标箱。

通辽保税物流中心是通辽内陆港功能互补的配套项目，位于内陆港南侧，规划占地面积500亩，一期"通辽内陆港物流公用型保税仓库"于2012年8月启动建设，到2013年6月竣工，2013年10月通过验收。建成区占地面积100000平方米（150亩），总投资10140.82万元。其中海关监管区占地面积50000平方米，集装箱场地39160平方米。房屋及构筑物有：保税仓库2052.24平方米，联合办公室186.14平方米，消防泵房234.95平方米，门卫33.57平方米，消防水池400立方，主卡口2个31.5平方米，隔离围墙1230平方米，铁艺围墙865平方米，副卡口1个27平方米。目前，正在积极与通辽兴合化工、长川制靴等企业洽谈入驻及运作保税物流业务，确保保税仓库尽快投入运营。市政府有关部门和开发区管委会也在大力招商引资，积极引进相关加工贸易企业，并给予相应扶持政策，尽快做强做大保税物流业务，为申报建设保税物流中心奠定基础、创造条件。

在通辽保税物流中心南侧配套建设1.23公里铁路专用线，占地面积6万平方米，其中硬化场地面积2.2万平方米，非硬化场地面积2.8万平方米，拥有52个货位，用于装卸粮食、木材、农用物资等，于2013年底投入运营。

沈阳铁路局决定进一步整合通辽市主城区铁路货运资源，关闭相关铁路货场，集中做强做大通辽内陆港，相关规划和业务衔接工作在积极推进。

通辽内陆港及保税物流中心建成运营，标志着通辽市实现无水有港、海铁联运功能，是发展国际物流、建设区域物流中心的重要载体和平台。未来将成为连接东北沿海港口与俄蒙边境口岸铁路通道、新欧亚大陆桥的重要枢纽和区域国际物流中转、加工、储藏、集散基地，对加快通辽市物流业发展、做强做大陆港经济、促进产业转型升级、扩大对外开放具有重要意义。

通辽内陆港及保税物流中心运营存在的突出问题：一是国内经济处于下行趋势，物流需求不足，货运量大幅下降，内陆港作用发挥不够；二是由于货运量不足，运营成本居高不下，再加营改增短期带来的不利影响，企业经济效益不理想。

2011年7月，市委、市政府责成有关部门和满洲里海关驻通辽办事处共同研究申报建设保税物流中心事项，并聘请权威机构帮助策划论证，拟定了初步建设方案，确定申报设立"通辽保税物流中心（B型）"，并向自治区政府有关领导专题汇报。2011年11月，市政府向自治区政府上报《关于设立通辽保税物流中心的请示》。2012年2月，自治区政府印发《关于同意申报通辽保税物流中心的批复》。此间市政府组团专程到山西、陕西进行学习考察。

2012年4月和7月，市政府有关领导带领市商务局、通辽开发区管委会、满洲里海关驻通辽办事处及相关企业负责人先后两次赴满洲里海关专题汇报。满洲里海关高度重视，大力支持。双方达成共识，即从保税仓库建设起步，逐步扩展保税物流业务，为保税物流中心建设奠定产业基础和项目支撑。2012年8月，满洲里海关印发《关于同意设立通辽内陆港物流公用型保税仓库的批复》，通辽保税仓库项目正式启动建设。

通辽保税物流中心一期"通辽内陆港物流公用型保税仓库"，从运营主体、注册资本规模到占地面积、建设标准均一步到位，达到保税物流中心标准要求，目前所有申报文件全部备齐，拟于近期呈报满洲里海关审核，争取尽快上报国家海关总署。

2013年，通辽市出口骨干企业通辽梅花生物科技有限公司向满洲里海关提出建设出口海关监管库的申请，并获得批复，开始启动建设，2014年5月份将验收运营，成为满洲里关区首家企业自用型出口海关监管库。

2014年，通辽市委、市政府提出建设国际航空港的目标，有关论证、规划等前期工作正在积极推进。

记忆中的 2003、2004 年

林占军　李春光[*]

没有永远先进的地区，也没有永远落后的地方。

人们印象中以传统畜牧业为主体经济的锡林郭勒，2004 年几项主要经济指标增速不仅高于自治区平均水平，而且一举夺得了固定资产投资和地方财政收入增速第一、财政总收入增速第二、GDP 和工业增加值增速第三的佳绩，初步跟上了自治区快速发展的步伐。这种"飞"一般的发展速度，这种跨越式的发展势头，让锡林郭勒人有了久违的喜悦和振奋，也让发达地区的人们有了几分诧异和惊奇。

回眸跨越，审视发展，不难发现是经济转型为锡林郭勒的经济超常规、跨越式发展插上了腾飞的羽翼。

锡林郭勒，一片游牧民族千百年来赖以生存的热土，一个以美丽草原闻名于世的地方。在 21 世纪的晨钟余音未尽之时，由于连续几年遭遇特大自然灾害、工业化水平不高等原因，锡盟经济发展落在了全区的后面：GDP 增速缓慢、财政收入水平较低、居民收入水平得不到提升等现象，形成了与自治区各地竞相发展的局面极不相称，与自己拥有的资源优势和区位优势极不相称，与人民群众尽快致富达小康的迫切要求极不相称的被动局面。三个"极不相称"及与先进盟市存在的巨大差距，让锡盟各级干部在全区"争名进位"中感到了前所未有的紧迫与压力。面对差距，正视症结，通过反思，

* 作者林占军系锡盟政协文史委主任；李春光系盟委宣传部理论科科长。

人们深刻认识到，形成这三个"极不相称"的根本原因是生产经营方式落后、经济结构不合理、总体开放程度不够。

针对问题存在的根源，面对锡盟经济发展的机遇与挑战，2003 年，盟委、行署果断作出决策，通过抓好转变、调整、开放这三个重要环节，利用三年左右的时间，初步实现全盟经济转型的雄伟目标，进而使国民经济进入良性发展的"快车道"。经过多次思想发动和强势舆论引导，锡盟干部群众冲破了封闭、等待和困惑的思想禁锢，生态意识、市场意识、竞争意识和开放观念明显增强，形成了"一心一意抓项目，聚精会神搞转型"的浓郁氛围，锡林郭勒草原变成了沸腾的热土。

针对长期靠天养畜、盲目追求牲畜头数、草原沙化退化不断加剧、农牧业生产条件日益恶化、农牧民增收举步维艰这一状况，锡盟人开始了以改善生态环境和增加农牧民收入为双赢目标，转变农牧业的生产经营方式的艰苦尝试，这也是我们通常所说的"转变"。"转变"的主要"抓手"是我们熟悉的以围封禁牧、收缩转移、集约化经营为主要内容的"围封转移"战略，这是一个以退为进、寓进于退的发展之策，也是一次前所未有的绿色革命。按照这一战略，在 20.3 万平方公里的锡林郭勒草原上，根据不同的实际情况，轰轰烈烈地搞起了围封禁牧、围封轮牧沙地治理、退耕还林还草；生态极度恶化地区的农牧民被转移到了镇市周边，搞起了舍饲圈养，集约化经营；草畜平衡制度的实施推广，把牲畜头数限制在了一个合理的幅度内；禁牧、休牧、轮牧制度的普遍实施，使草原得到了休养生息，使生态环境有了改善和恢复。同时，发展奶牛、优质肉牛、寒羊、接冬羔、黄牛冷配、肉羊杂交等具体措施的实施，使畜牧业生产开始由数量扩张型向质量效益型转变；围栏、畜棚、灌溉饲草料地、水浇地等农牧业基础设施建设进一步加强，在发展避灾畜牧业方面迈出可喜步伐；以肉、乳、绒毛、蔬菜、饲草料为主导产业的不断发展，进一步增强了农牧业产业化程度。2004 年，全盟完成沙源治理工程、基本草牧场建设、退耕还林等各类生态建设 367.5 万亩；牲畜的繁殖成活率、母畜比重、良改比重、冬羔早春羔比重、当年仔畜出栏比重均有了大幅度提高，出栏率达到了 86.9%。转变的成效，牧民们看得最真切，正镶黄旗宝格都苏木扎布拉呼嘎查的书记额尔登呼雅阁有这样的感慨："几年前，按照传统的畜牧业经营方式，全嘎查62户牧户，几千头（只）牲畜常年放牧，到了秋天眼睁睁看着啃得光秃秃的草场，欲哭无泪，没办法只能贷款买草过冬。现在，抓生产经营方式转变，搞草畜平衡、休牧轮牧、科学养畜，我们62户人家有一半以上的牧户能卖草挣钱……还有政府鼓励接冬羔，到了休牧期，羔子正好接完，省下许多成本，和没休牧一样，因为有草，母羊膘情好，羔子6月份大部分就能出售，为牧民增收不少。这样的转变，我们太需要了，牧民们举双手欢迎。"

针对锡盟经济发展慢的关键原因是三次产业结构的不合理，工业经济的实力太弱太小这一问题。人们意识到，要想尽快发展，必须以发展壮大工业经济为突破口，大力调整经济结构，把"工业强盟"战略落到实处，这就是我们通常所说的"调整"。一位盟领导曾经这样道出锡盟人发展工业的心声和决心：只要把沉睡多年的资源开发利用起来，锡盟就能成为一个工业大盟、工业强盟，各地要重视工业，要有工作激情……再困难也要找到闪光点，再困难也要找到突破口。症结和方向找到了，对策也很快出台：以"煤、电、油、化、肉、乳、矿、建"作为今后锡盟发展的八大主攻方向，做大做强能源原材料工业和农畜产品加工业，努力构建特色经济框架和优势产业集群。于是，锡盟的地上地下资源开始放射出它特有的光芒，照亮了自己，也吸引了别人。2003年，神华集团、中电投、伊利集团、北方联合电力等12家较大型企业纷纷在锡盟落户。2004年，振奋人心的消息接踵而至：全盟投资500万元以上的开工项目有274个，同比增加114个，当年完成投资92.8亿元；投资1000万元以上的开工建设项目235个，同比增加85个，当年完成投资86.6亿元；亿元以上的开工项目33个，当年完成投资54亿元；推进的项目55个，同比增加13个。一批重大的代表性项目尤为抢眼，上都电厂一、二期、锡林2×30万千瓦等项目相继开工建设，白音华金山电厂等正在推进的8个电力项目的核准工作基本落实；胜利和白音华煤田3个露天矿建设开工，正在推进的煤田开发项目达到了11个。锡市—蓝旗—多伦、白音华—乌拉盖两大能源化工产业带和二连边境经济技术合作区、锡林郭勒经济技术开发区、西苏旗朱日和工业园区等八个工业园区已初具框架。真正让锡盟暗中蓄力、为后续发展奠定基础的是一大批重大项目前期工作取得的突破性进展：锡盟已列入国家规划的大型煤电基地之中，白音华和胜利煤田列入国家规划矿区，上都二期、胜利和白音华坑口电厂列入国家"十一五"电力发展规划；国家电网公司紧急启动了锡盟地区坑口电厂向华北和东北送电的输电系统规划设计工作；5 个风电场已列入自治区规划；白音华矿区总体规划已得到国家发改委批复；自治区已同意争取将蓝丰铁路、珠恩嘎达布其至白音华铁路列入全国铁路网规划。这一系列规划的实施，将会使已走上快车道的锡盟经济越走越快。锡盟不仅要成为天堂草原、京北的绿色生态防线，还要成为绿色畜产品加工基地、京津北能源基地。

打破相对封闭的状态，连接国内外市场，在更大范围、更宽领域和更高起点上配置资源，是锡盟经济转型的另一个着力点。全盟各地在以加强基础设施建设、改善投资环境为手段，发展开放型经济方面取得了骄人的业绩。在硬件上，公路、铁路网络的建设力度的不断加大，更便捷、更高质量地解决了连通问题和重要工业项目的运输通道问题；超高压供电线路的建设与运行和城网改造工程的实施，对高载能项目发展提供支持的同时，也为融入国内大电网奠定了基础；重点水利项目建设，为全盟的可持续发展创造了条件；城市基础设施建设力度不断加大，提升了城市品位，完善了城市功能；两个口岸建设，促进了进出口贸易总额的迅速增长。在软件上，"人人都是投资环境，事事关系开放形象"已经成为多数公民的自觉意识和行为准则；各个部门的行政服务效率和水平有了进一步提高；招商引资作为"一把手"工程，已形合力，拓宽了招商引资领域，提高了招商引资实际成效。看到这些变化，很多来锡盟的客商都深有感触："锡盟变化太大了，这样的速度、这样的资源、这样的政策、这样的服务和这样的热情，想不投资也难啊！"

为了助力锡盟经济社会发展，盟政协也积极行动起来，就相关问题开展了一系列调查研究和建言献策。诸如《立足优势、突出重点，全力推进工业经济快速健康发展》《工业富盟需要抓好的几个问题》《全力推进工业化进程，促进整体经济发展》《严格草畜平衡管理，实现畜牧业可持续发展》《对禁牧和生态移民工程中存在问题的思考》《推进工业化优化环境是保证，重点项目是抓手》《经济转型观念问题》《加快经济转型步伐，增加农牧民收入》《农村牧区剩余劳动力向城镇转移从事二、三产业》等一大批建议，通过政协会议发言、委员提案、调研报告等形式，反映到了盟委、行署及有关部门，并被吸纳到了各部门具体工作之中，推动了相关工作的有序开展。

2004 年"年终盘点"时，人们欣喜地看到：锡盟全年生产总值完成133.46 亿元，增长 28.1%，比"十五"前三年的平均增速高出 15 个百分点。三次产业比例调整为 24∶47∶29，第二产业比重较上年提高了 5 个百分点，工业增加值历史上首次超过第一产业增加值和第三产业增加值。固定资产投资完成 99.3 亿元，增长 88.3%，是"九五"时期的 1.4 倍。财政总收入完成 12.27 亿元，增长 59.5%，一年增加 4.58 亿元，相当于 1997 年的全盟财政总收入；其中地方财政收入完成 8.01 亿元，增长 72.8%，增幅创历史新高。城镇居民人均可支配收入达 6655 元，增长 18.4%；农牧民人均纯收入达 2568 元，增长 15.7%。这些成绩与经济发达地区相比，也许算不了什么，但对于长期以来以单一的畜牧业为主，工业经济基础薄弱，相对封闭、落后的锡林郭勒草原来说，可谓是一个飞跃。当时人们预计，锡林郭勒将继呼和浩特、包头、鄂尔多斯"金三角"之后，成为推动自治区经济快速增长的一个重要支点。

阿拉善的治沙流年

曾令飞[*]

高高的阿拉善台地

海子似珠

戈壁如玉

这便是故乡闪光的身影

这首古老民歌描写的是曾经美丽如画的阿拉善，然而，这种美景被1993年5月5日掀起的一场席卷大半个中国的沙尘暴所湮没。由此，一项以生态环境治理为重心的会战在阿拉善全面展开。

人退带动沙退

曾经的阿拉善，苍茫辽阔的大地上分布着沙漠、海子、草原、湿地。居延绿洲、贺兰山次生林以及连绵800公里的梭梭灌木林带，构成了阿拉善独特的生态植被系统，并成为河西走廊、宁夏平原、河套平原和华北地区的天然屏障。但是20世纪五六十年代以来，随着人口的增加，以及不合理的垦荒、过度放牧和樵采，致使这里的生态系统遭到严重破坏，草场严重退化、沙化，绿色在渐渐消失。

1980年阿拉善建盟后，特别是进入21世纪，阿盟盟委、行署把生态建

---

* 作者原为阿拉善文联会员。

设摆上突出位置，提出了以"适度收缩、相对集中"为核心的"转移发展战略"，确立了"保护就是最大的建设""人退带动沙退"的发展思路，大力实施退牧还林还草工程。

30多年来，阿拉善盟转移牧业人口5000多户、近2万人，减少32%的载畜量。以"人退"带动了"沙退"。

2004年，国家在阿拉善盟启动森林生态效益补偿基金，全盟2280.25万亩公益林面积纳入中央财政补偿，年补偿基金达2.7亿多元。阿拉善盟还将这项政策与社保结合起来，惠及更多农牧民。

2011年，国家启动草原生态保护补助奖励机制，阿拉善盟年获资金6亿元，使2.56亿亩林草植被进一步得到休养生息。

阿拉善打破了年降水量不足200毫米的荒漠地区不能飞播造林的论断，坚持飞播造林30多年，在腾格里沙漠东南缘建成了一条长250公里、宽3公里的绿色林带，创造了"用绿色锁黄龙"的奇迹。此外，阿拉善盟每年投资1000多万元进行城镇绿化，实施"身边增绿"工程，基本遏制住了三大沙漠"握手"的趋势。

月亮湖宣言

阿拉善生态恶化引起了国内外众多环保人士关注，不少仁人志士来到阿拉善，参与生态治理。

2002年，澳大利亚援助中国阿拉善生态恢复5年期项目启动。

2002年11月6日，阿拉善军分区和深圳证券交易所首次"握手"，签订了在通古勒格淖尔生态基地共建"青年世纪林"合作项目。从此，深交所的员工连续13年到阿拉善植树，1万多亩沙化土地的植被得到全面恢复。

2003年，阿拉善盟生态文明建设和黄河文化经济促进会与日本国绿化世界沙漠协会合作，在腾格里沙漠东缘建起了一个集防沙治沙、科技培训、科学实验于一身的合作基地。经过10多年造林治沙，在腾格里沙漠东缘建起了南北长11公里，东西宽1—2公里，造林面积达11800亩的防沙治沙绿色屏障。

2004 年 6 月，中国百名企业家聚首阿拉善月亮湖，共同发表《阿拉善宣言》，联手出资成立"阿拉善 SEE 生态协会"，宣布全方位综合治理阿拉善沙漠，遏制沙尘暴扩张，逐步修复人类生态家园。这百位企业家承诺每人每年捐资 10 万人民币，连续 10 年，作为协会运作的公益基金。

2004 年底，苏和主动申请从盟政协主席岗位上提前退下来，来到黑城脚下植树造林。他一干 10 年，在黑城边缘栽下了 9 万株梭梭苗，建成了长 3 公里、宽 500 米的绿色屏障。

这样的行动一直有人在续写着，播绿增绿的故事不断线……

治沙又致富

在沙漠里种植经济作物梭梭，在梭梭根部再嫁接经济作物肉苁蓉，实现治沙与致富双赢，是阿拉善盟林业科技工作者和牧民成功探索出的一条新路子。

2006 年，阿拉善左旗巴彦淖尔公苏木苏海图嘎查支部书记沈永财卖掉自家的全部牲畜，在沙漠中种植了梭梭和肉苁蓉，当年收入达到 3 万元。如今他们嘎查的梭梭种植面积达到 10 万亩，户均年收入 3 万多元，他个人仅挖苁蓉一项年收入就超过 20 万元。

为鼓励社会力量参与造林治沙，阿拉善盟出台了优惠政策，造林面积达到或超过 500 亩，成活率在 70% 以上，政府将对每亩林地一次性补助 60—70 元。

治沙又致富，沙产业染绿了沙漠，也点燃了牧民心中的希望。目前，阿拉善盟人工种植梭梭和肉苁蓉的面积已达 100 多万亩。

2012 年，阿拉善盟委、行署全面启动黄河西岸乌兰布和沙漠 1000 平方公里综合治理一期工程，并与乌海市共同斥资 19.7 亿多元，计划利用 10 年时间，建设黄河西岸防沙治沙产业园区。到 2021 年完成沙漠治理面积 105.5 万亩，通过防沙治沙工程保护和改善生态，通过沙产业逆向拉动防沙治沙可持续发展，达到生态、经济和社会效益相统一，造福两地人民。

随着时间的推移，阿拉善绿锁黄沙惠及民生的大业将留下一页页辉煌的纪录。

"三化"联动　点沙成金

全觉民[*]

夕阳下，晨光中，广场上，公园里，在今天的海勃湾区随处可见人们起舞翩翩、欢歌盛世的场景。海勃湾区作为乌海市政治、经济、文化、教育中心，始终坚持以科学发展观为统领，以"生态立区"为发展战略，以防沙治沙为重点，立足于构建内蒙古西部区域中心城市，加快城市转型，坚持高起点规划、高标准建设、高效能管理的原则，着力构建城市、园林、水系三者融合的一体化生态发展新格局。把近70%的沙地和裸岩山地作为突破，改善了生态环境，走出了一条绿色发展特色之路。

治沙布局网格化

近年来，我们植入"三化"联动，变得环境美了、街道宽了、心情美了。一是建设"绿色腰带"——绕城水系环绕周边。现在海勃湾区以黄河海勃湾水利枢纽工程为依托，建设了甘德尔河、凤鸣湖、如意湖等多个城郊蓄水工程，并对老旧的排洪渠与排水管道进行清淤疏浚，将城郊蓄水工程与人民公园、植物园等城内蓄水景观区相连接，形成环环相扣的绕城水系。截至目前，累计建成人工湖面积 93.76 万平方米，铺设管网 19.3 万米，不仅有效缓解绿化用水问题，还可每年节约地下水资源 600 万吨。实现城在水

---

* 作者时任乌海市海勃湾区委副书记、政府区长，现任乌海市市委秘书长。

上、水在城中、"大美乌海·宜居海勃湾"的美丽构图。

二是打造"绿色城墙"——城区外环绿化。我们计划投入资金 15 亿多元，在城区外环交通横纵线实施造林防沙工程，同步完成人工湖周边绿化，加大树木种植和管护力度，提高绿化覆盖率。目前，经过几年的建设，我们完成了 110 国道、机场路、林荫大道等多条外环主要路段的铺绿植绿。如今外环绿化为城市树起了一道道绿色"城墙"，为城区居民遮风挡沙，更适宜居住。

三是植入"绿色盆景"——城区中心绿化。一直以来我们采取"见缝插绿"、"立体绿化"的思路，从点、线、面着手，投入资金 16 亿元，提升改造了人民公园、"十分钟休闲圈"等景观绿化工程。建成了神华墨玉广场、乌珠慕公园、明珠广场等多个主题公园和活动广场，撑起一座座绿色伞盖，便于人们休闲娱乐健身。目前海勃湾区森林覆盖率、城区绿化覆盖率分别达 22.4% 和 42%，人均公共绿地面积达 18.4 平方米，被评为内蒙古自治区重点区域绿化先进单位。

治沙主体全民化

生态兴则文明兴。我们海勃湾区越来越重视引进民间资本治沙，在政府的鼓励、倡导和扶持下，越来越多的企业与个人参与到治沙工作的队伍中来。企业资金的注入，为治沙工作带来了新的活力，其中汉森、岱山、云飞等龙头企业，已成为生态治沙的排头兵，带动一大批企业进入沙区，治沙用沙，发展沙产业。

我们的目标始终以政府为引导，积极鼓励农区集体、企业等投入防沙治沙，逐步形成了投资多元化的防沙治沙新局面。坚持"引进来"、"走出去"相结合的道路，将生态效益与经济效益有效结合。"引进来"，就是广泛吸纳社会各界的治沙资金、技术、经验，使之转变为我们的治沙资本；"走出去"，就是努力打造"生态城市"名片，以葡萄产业、旅游业、新型观光农业为重点，全力推动沙产业发展，推动绿色经济成果走出去。

治沙成果经济化

另一特色产业——葡萄产业正在蓬勃发展。海勃湾的气候条件非常适宜葡萄生长，因此我们始终将葡萄产业作为特色主导产业。通过政策引导，鼓励企业规模化种植，打造了葡萄观光长廊，推动了葡萄产业化进程。目前，全区葡萄种植面积达到 1.4 万亩，年产葡萄约 3600 多吨，产值约 5600 万元，葡萄酒年生产能力达 1.5 万吨，资产千万元以上的葡萄种植龙头企业14 家、葡萄酒酿造公司 2 家。通过几年的努力，鲜食葡萄已创建了自己的品牌，知名度逐年提高，先后荣获第二届中国农业博览会金奖、奥运会安全优质葡萄等多项荣誉称号；葡萄产业实现了由群众自发零散种植，到由政府决策引导大规模种植，直至如今的产业化发展。

打造旅游产业转型亮出名片。我们以现有沙漠资源为依托，结合自然人文景观，发展沙漠生态旅游业。利用了甘德尔山、乌海湖、龙游湾湿地和金沙湾等资源，打造出了"山水沙共舞，情墨画同书"的自然人文相结合的特色旅游品牌，很好地展现了沙漠水乡风姿。同时吸引社会力量，引导和培育一批以生态休闲旅游、沙漠旅游为主的服务企业。秀出家乡的魅力，引外地游客度假观光。

现如今，我们采取的"一产三产联动"发展思路。以"转移、减少、集中、富裕"为方向，累计流转土地 5164 亩，高标准规划建设了高效农业示范区，现已建成集中连片温室、大棚 1000 多栋，着力发展葡萄、果蔬、花卉育苗及农家乐产业，引进田野农科、云飞科技等 10 余家产业化龙头企业。全力发展休闲观光农业，先后建设汉森葡萄酒庄园、田野和云飞生态农庄，推动传统农业向休闲观光为主的庄园经济转变。积极打造具有鲜食与加工、观赏与采摘、贮运与酿造、生态建设与旅游观光并举，一、三产业有机相融的现代产业。多项沙产业的创新发展，不仅为企业站稳脚跟提供了条件，也为百姓创业就业提供了全新平台，实现就业再就业 1.2 万人，发放各类涉农补贴近 3000 万元，居民增收渠道进一步拓宽。同时，拓展经济渠道，构筑海勃湾特色经济体系，拉动内需，利用社会上一大部分滞留资金，形成新的经济链条。

好风凭借力，奋飞正当时。转型升级正孕育着巨大的发展活力，海勃湾区正乘着新一轮西部大开发和西部经济区建设的时代东风，改革创新，锐意进取，坚定不移推进两个转型，建设区域中心城市，不断谱写科学发展和两个文明建设的新篇章！

宜居海勃湾

一个育种专家的"养羊"梦

——记内蒙古农牧业科学院研究员、副院长、总畜牧师荣威恒

张 楠*

初次听说荣威恒这个名字，是在参加内蒙古政协文史资料的文稿征集工作中。一份"关于推荐荣威恒同志为中国工程院院士候选人的公示"资料显示，这位绵羊育种专家40多年来一直工作在畜牧科技一线，坚持深入基层从事绵羊遗传育种与繁殖科学研究和技术推广，先后获得国家科学技术进步奖和自治区科学技术进步奖等多个奖项，特别是在西部大开发进程中，培育了我国第一个具有自主知识产权的肉用绵羊新品种，开创了肉羊发展史上的新篇章。

按照纪念西部大开发15周年史料征集工作安排，在一个阳光明媚的上午，笔者走进内蒙古农牧业科学院，采访了荣威恒研究员。从他朴实的话语中，让我看到了一个更加真切、更加可敬的"养羊"专家。

荣威恒，1952年出生。从16岁响应毛主席号召，到锡林郭勒大草原下乡开始，就与羊结下了不解之缘。

那是1968年，正值青春年少的知青荣威恒来到锡林郭勒盟苏尼特左旗下乡。三年时间里，他主要从事的就是畜牧养殖业工作，平日除了放牛、羊、马之外，到了秋季还要打草储草，为牲畜越冬度春做好储备。他虽然是蒙古族，但只会一些简单的日常用语，给生产生活带来很大困难。为了尽早

---

* 作者系内蒙古自治区政协杂志社编辑部主任。

融入这片大草原，他和当地牧民一起同吃同住同劳动，经过刻苦的学习和锻炼，终于掌握了蒙语，同时也向当地牧民学会了不少关于畜牧生产方面的知识。三年艰苦的劳动学习，不仅磨炼了他的意志，也使他喜欢上了养羊。1971 年恢复高考后，他如愿被招入内蒙古农牧学院畜牧系的畜牧专业。通过几年的专业学习，他更是从当初单纯喜欢养羊升华到了专业研究层次。毕业后分配到当时的内蒙古畜牧兽医研究所（后更名为内蒙古自治区畜牧科学院），至今一直从事养羊的科研和推广工作。

参加工作后，胸怀梦想的荣威恒深入农村牧区的各个农场、牧场，一头扎在绵羊遗传育种繁殖工作中。但工作了几年后，他在实践中渐渐感觉到自己由于刚参加工作，工作经验还不足，而且在大学里所学到的书本知识也不够用了。于是他被推荐到甘肃农业大学进修一年，后又转回内蒙古农牧学院继续深造了一年。期间，他还加强外语的培训学习，通过到北京参加外语考试，取得了出国留学资格，随后前往新西兰梅西大学留学一年。在进修学习和留学的过程中，他得到了导师的启蒙和引导，这给了荣威恒很大的启发。通过国外的学习和自己在国内掌握的知识，他的专业知识得到了进一步拓展，回国后他一直坚持从事养羊科技工作。1985 年，荣威恒从新西兰留学回国后，开始积极参加中外合作科研项目和学术活动。他组织从澳大利亚引进澳美公羊，并采用先进技术措施扩大种公羊利用率。他还研制新的饲料加工技术，使秸秆利用率提高 29.4%，饲料成本降低 18.7%。由于当时的工作环境极为艰苦，吃住条件极差，荣威恒住在当地的兽医站，有时吃食堂有时只能自己做饭，他走遍了多半个内蒙古的旗县市区，从杂交改良开始入手，经过与同事们一起技术攻关，改造提高了 8 个旧型细毛羊品种，研究出培育优质细毛羊的系列配套技术，使羊的羊毛长度、净毛率、羊毛综合品质等方面均取得突破性进展，并先后荣获了自治区科技进步二等奖和国家科技进步三等奖。荣威恒的科研成果，给牧民们带来了实实在在的经济效益。他主持的"优质细毛羊选育及良种繁育体系建设"项目，通过项目技术集成与推广，在项目区推广优质种公羊，仅提质增毛一项就新增经济效益 2.6 亿元，间接效益达 4.78 亿元，提高了细毛羊主产区农牧民的收入。同时，荣威恒又延伸研究成果，将动物营养学这个紧密围绕动物生产又直接为养殖业服务的一门科学，与绵羊营养结构研究联系在一起，重点研究动物生存和生产所需的营养素。针对内蒙古牧业生产实际，他采用先进方法和手段，对赤峰市敖汉地区放牧绵羊机体组织及牧草中 15 种矿物质元素进行检测，确定了该地区的主要限制性矿物质元素。随后，研究人员通过系统整体调控，补加当地限制性矿物质元素，使育成母羊在体重、羊毛品质和等级等方面都得到了提高和改善，每只羊每年纯增经济效益 23.51 元。他的突出事迹引起了国家和自治区新闻媒体的广泛关注，当时的《光明日报》《科技日报》《内蒙古日报》相继对他进行了采访报道。

进入 21 世纪初，随着国家西部大开发战略的开始启动和实施，给我国农牧业的发展带来新的机遇和挑战，随着形势的发展，畜牧业产业结构中肉羊业、肉牛业、奶牛业的比重和地位随着国内外消费市场的改变在日益提高，特别是 20 世纪 90 年代以来，羊毛市场疲软，羊肉需求量猛增，尤其是优质羔羊肉的需求量增加迅猛，养羊业面临由毛用向肉毛兼用、肉用羊养殖方向快速转变和转型的市场要求。这种迅猛发展的新趋势，让荣威恒对自己的研究方向产生了深深的思考。是继续延续传统模式，吃老本走老路，还是主动适应新形势新市场，及时调整科研方向？经过大量调研和深入分析，他带领自己的研究团队把主攻方向转向了主动适应农牧业发展新动向，及时调结构、转方式，把下一步目标瞄准到养羊业上，努力推动肉羊业快速发展，促进产业发展与市场接轨。

目标一旦确定，就要真抓实干。作为自治区养羊业领域的专家和学科带头人，荣威恒敏锐地意识到种源建设对产业发展的关键作用和特殊重要意义，针对我区的养羊业实际，提早开展了项目规划和布局。他作为博士生导师和学科带头人，通过国家现代肉羊产业技术体系的建立，重新组建了科技团队，他带领团队成员 10 多人，经常深入基层，搞科研示范开发推广工作。1999 年至 2002 年，他在内蒙古地区率先通过国家"948"项目引进国外良种肉羊品种进行扩繁推广，该项目在 2000 年从澳大利亚引进无角道赛特肉用种羊 230 只，采用了高新技术，通过两年的纯繁和胚胎移植，到 2002 年种羊发展到1065只，数量增加4.6倍。2002年到2006年的四年间，荣威恒主持内蒙古自治区"十五"科技攻关暨牲畜"种子工程"重点项目，通过大量推广优质种公羊，新增纯收益6838.586万元，总经济效益16009.714万元。通过项目的技术集成与推广，在项目区共推广优质种公羊6981只，累计配种母羊3000多万只，改良羊达2880万只。这两期项目的实施为我区肉羊业的快速发展奠定了重要的种源基础。

一个难关攻克了，但另一个难关随即又显现出来。虽然从国外引进优良品种通过杂交选育是培育专用新品种的重要途径，但是不能解决我区乃至全国肉羊种源短缺的根本性问题。种源作为产业发展的核心，培育适合于地区环境特点的地方专门化肉用羊品种具有重要的意义。为此，荣威恒带领团队在巴彦淖尔市开展了"巴美肉羊新品种培育关键技术研究与示范"项目，这个项目是专门针对我国专用肉羊品种缺乏、地方品种羊生产性能较低的现状，开展的蒙古羊杂交改良和以德国肉用美利奴为父本、细杂羊为母本的级进杂交，通过二代以上横交固定和选育提高，最终形成了遗传性能稳定、体形外貌一致、生产性能较高、适应性强的新品种。在育种过程中，为了提高质量，他做了大量细致的工作，经常深入育种区进行检查鉴定，指导农牧区开展实验。在选育过程中，他采用了传统育种方法和现代生物育种技术相结合的技术模式，创新并集成了繁殖调控技术，制定了1项标准和1项技术规程，创新了肉羊新品种培育的育种技术，最终成功培育出了这个被命名为"巴美肉羊"的新品种。为了推广这一新培育的品种，他们加大对新品种的宣传力度，并经常深入育种区开展技术培训和鉴定，宣传如何能把"巴美肉羊"再上一个新台阶，提高生产和繁殖性能，努力让广大农牧民知道它的用途和益处，让更多的老百姓接受这一新事物。在过去的十几年里，这项成果已经推广到辽宁、山东、宁夏、新疆等10多个省、市、自治区，取得了显著的经济效益，缓解了我国优质肉用种羊严重不足的压力，同时促进了我区肉羊良种繁育体系建设和肉羊的产业化发展。近年来，在国家现代肉羊产业技术体系的推动下，农业部又把"巴美肉羊"确定为全国主推品种，这项成果显著增强了我国肉羊供种能力，加速了低产羊改良进程，建立了以

"产、学、研"为基础的"科技研发——科技成果"转化模式，弥补了我国专用肉羊品种领域的不足。2013年起，内蒙古巴彦淖尔市政府确立了以创立"巴美肉羊"品牌为依托，以在"十二五"期间新增1000万只肉羊为目标，全力打造国家级肉羊商品基地，向建设全国肉羊产业强市目标奋进。其他养羊优势盟市也在利用这项技术大力发展肉羊产业，全区养羊业形势大好。由于这项成果贡献突出，也得到了社会和科技界的认可，同时获得了内蒙古科技进步一等奖。通过几年的示范和推广后，产生了巨大的经济效益，2013年这项成果又获得了国家科技进步二等奖，目前又在国家科技部重点开展的成果转化项目。作为项目主持人的荣威恒参加了2013年度国家科学技术奖励大会，受到习近平总书记、李克强总理的亲切接见。

"巴美肉羊"的研发成功，成为自治区畜牧业在西部大开发期间的一项重大科技成果，不仅获得了国家级荣誉，也极大地鼓舞了荣威恒团队的科技创新热情。

在抓紧肉羊业基础设施建设、种子工程建设的同时，他们把着眼点放在了畜牧业科技进步对产业发展的推动作用上，特别是把现代生物学技术、信息学技术等技术创新和知识产权保护以及规范化、标准化生产作为对支撑产业链延伸、保障产业可持续健康发展的重要保障来抓。2007年，他们进一步完善了"巴美肉羊"新品种的育种扩繁技术，使我国培育的第一个肉羊新品种通过了国家畜禽遗传资源委员会审定并获得新品种证书。在优质肉羊快速扩繁技术与现代绿色饲养技术集成研究示范项目中，制定出了科学合理、简便的"绿色肉羊生产规程"，创建了以养羊业为主的"畜牧信息资源数据库"，建立了全国性的羊业种源、饲养管理、疾病诊断等10万个数据的数据库，已获得国家专利。基于国产LINUX软件自主研发了"种羊管理专家系统"，在国内首次实现了边远牧区远程无线上网。这些把传统畜牧业与现代技术的融合、创新与推广应用，极大地方便和提升了我区广大农牧民掌握肉羊品种选择、疾病防控、饲养管理及饲料营养搭配的技术水平和生产水平，使农牧民足不出户便知养羊"经"。期间还对蒙古羊与多胎绵羊BMPs基因的多态性开展了研究，克隆了蒙古羊的BMPl5、BMPRIB、GDF9

基因序列，并提交 NCBI 网站。用抑制性消减杂交技术（SSH）成功构建了产单、双羔蒙古羊的正反向差减 cDNA 文库。分别获得了 768 个阳性克隆，发现了 249 个新基因，这些利用现代生物学技术对高产个体分子遗传特征的研究和分析，将为培育具有多产、高产性状的优良肉羊新品种奠定重要的理论和技术基础，其技术的形成和推广应用对于提高肉羊生产能力将发生质的飞跃。

在采访过程中，笔者翻阅了荣威恒各项科研成果档案，那一个个科研奖项无不凝结着他的心血和智慧。从事畜牧业研究 40 余载，他始终坚持深入农村牧区开展科学试验和技术推广，主持完成国家级、省部级科研项目 30 多项，在家畜遗传育种与繁殖领域取得重要科技成果 20 余项，先后获得国家科学技术进步二等奖 1 项、三等奖 1 项，省部级科学技术进步一等奖 3 项、二等奖 4 项，获得其他科技奖励 10 多项，授权国家发明专利 1 项，制定地方标准 2 项，发表学术论文 180 余篇，出版专著 6 部。培养博士、硕士研究生 30 多人，建立了一个具有创新能力的科研团队。特别是西部大开发的 15 年来，他通过项目建设组织完成了一批国家和自治区的重大科研项目，不仅取得了一系列重要的畜牧业科研成果和创新技术，同时通过技术引领和技术支撑对我区的肉羊业在产业升级、产业链延伸、产业化开发各个方面发挥了应有的技术保障作用。

十五年磨一剑。荣威恒研究员带领他的团队及时把握机遇，勇于面对各方面的压力和挑战，积极投身到西部大开发的洪流中，取得了突出的业绩和成果，他本人也由此获得了国家西部大开发突出贡献个人奖。他把自己的心血和智慧全部奉献到了"养羊"事业上，用科技创新的力量，写就了无悔人生。

三沙合围处　冒出水城来

孙　甲　王兴军[*]

西部大开发，一项生态工程改变一个地方命运的事不少见，乌海市就是一例。

沙和水，与这座塞外新城有不解之缘。乌兰布和沙漠、库布其沙漠和毛乌素沙地对乌海形成合围之势，乌海人有过荒沙每年以 7 公里的速度向城区逼近的可怕记忆；这里，是黄河进入内蒙古的第一站，滔滔河水穿市而过，经流 105 公里，乌海人也有过黄河流凌成灾的沉痛记忆。

恐沙畏水成了老辈乌海人的习惯思维，这个思维因一条拦河大坝而终结。

黄河海勃湾水利枢纽工程改变了乌海的命运，实现了乌海人半个世纪的生态优化梦。

时间表是那样的漫长，1954 年工程列入国家规划，2010 年开工建设，足足用了 56 年，乌海人期盼半个多世纪。时间表又是这样的紧凑，2010 年 4 月工程开工，2011 年完成各标段开挖和基础处理，2012 年完成坝体填筑和砼浇筑，2013 年 5 月导流明渠封堵截流，2013 年 9 月开始试蓄水，2014 年 5 月 3 台发电机组发电……

人们好像还没有做好准备，突然之间，在三大沙漠"握手"处就冒出一座水城来。枢纽工程起坝蓄水，将形成 118 平方公里的水面，有 20 个杭

---

* 作者孙甲系《沙漠世界》杂志副主编；王兴军系《沙漠世界》杂志摄影师。

州西湖那么大。现在蓄水不到 1 年，漫漫乌海湖已经初露姿容，坐游艇在湖上游曳，感到桀骜不驯的黄河平静了下来，自古浑浊的黄河水变清了，水天一色，分外怡人。

还在枢纽工程开工之初，内蒙古党委书记王君就将乌海的前瞻景象概括为：沙地绿洲，水上新城。

乌海市委书记侯凤岐做了这样的展望：百年乌海，前 50 年已经在"乌"字上做足了文章，后 50 年要在产业做文章的基础上，进一步做好"海"字的文章。

这让人想起一个温馨的传说。据说，1976 年乌海由乌达和海勃湾合并建市时，报到国务院审批。在确定市名时，周恩来总理说，既然是乌达和海勃湾合并建市，那就各取首字，叫"乌海市"吧，那里盛产煤炭，煤炭是乌金，乌金之海嘛。这个传说无从考证，但乌海人更愿意信以为真。

将近 40 年过去了，乌海的创业实践给这个温馨传说注入了新的内容，尤其是这个"海"字，因乌海湖的出现，有了更丰富的内涵。

枢纽工程建成蓄水，"水"必将对乌海市及周边地区产生重大生态影响，也将深刻地影响人们的思维。乌海人要彻底告别恐沙畏水，转而亲沙亲水。

这里，我们不妨摘录《乌海日报》的报道，透过对黄河海勃湾水利枢纽工程影响的梳理，可以看到大漠水城的新思维。

——优化水能配置和河道综合治理。提高黄河内蒙古段防洪标准，有效缓解凌汛灾害，同时利用天然水能发电，年均向蒙西电网提供 3.82 亿度绿色能源，节省发电用煤，减少二氧化硫、烟尘排放，改善生态环境。

——形成区域小气候。气象专家分析，118 平方公里的乌海湖形成后，由于大面积陆地变为水体，乌海的极端最高气温有所下降，极端低温会有所上升，库区周边平均相对温度会相应提高。

——对林业生态建设必将起到至关重要的作用。不仅为造林绿化提供充足水源，而且还可以提高自然植被的自我修复能力。我市已被评为全国绿化模范城市，被列为全国水生态文明试点城市。依托水利枢纽这个大平台，按照规划，到 2015 年，我市环境污染和生态脆弱趋势将基本得到控制，沙漠化、荒漠化程度将得到缓解。

——为加快城市转型提供了最好契机。我市将依托黄河海勃湾水利枢纽工程和乌海湖，规划建设环甘德尔山水系、环城水系、城区内部水系；利用山体沟壑，规划建设人工水库；改造城中泄洪沟，形成城中带状水系景观；保护现有黄河湿地和沿黄景观带，共同形成环山环湖水系景观系统，打造塞外水城。

——给旅游业发展搭建了大平台。黄河海勃湾水利枢纽工程全部建成后，旅游产业主要围绕"大汗、大漠、大湖、大河、大湿地"，重点打造以"乌海湖"、乌兰淖尔生态园、龙游湾湿地、汉森酒庄和机场路观光葡萄长廊等为主体的休闲度假游，以乌兰布和沙漠、金沙湾景区、龙游湾湿地公园、四合木生态文明景区、森林公园、奇峡谷等为主体的生态观光游；以"中国书法城"、桌子山召烧沟岩画、满巴拉僧庙、蒙古族家具博物馆等为主体的文化体验游。

当然，我们不能忘记，乌海市毕竟地处三大沙漠"握手"处，这里黄河河床地质条件复杂，施工的难度前所未见。主要困难是，原始河床底都是粉细沙，不是基岩，必须以碎石桩来加强基础承载力，这是水利工程从未遇到的难题。近 4 个月的实验才摸到解决办法。施工中，中国水利水电第五工程局主导完成的"交替沉模地下连续墙新技术"，填补了国内空白。槽孔深度达 49.6 米的防渗墙施工，创造了国内同类地层中薄壁防渗墙施工深度最大纪录。是科技的力量和艰辛的劳动，让水城站在了大漠之上。

乘乌海湖游艇，极目远眺，神驰之间，我们看到了这样的画面：118 平方公里的乌海湖跃上祖国版图，黄河金腰带上的乌海新城以大漠出平湖的亮丽风姿展示着生态之美，爱美的人们拉长着自己的思维，向生态文明迅跑……

中国梦　健康梦　伊利梦

潘　刚[*]

2014 年，伊利股份的总营收达到 544 亿元，在中国实现全国乳制品综合市场、奶粉市场、冷饮市场、液态奶市场以及儿童奶市场五个市场占有率第一，与我们设定的"2020 年进入全球乳业 5 强"的目标更近了一步。23 年前，当我从大学毕业意气风发地走进伊利的前身——回民奶食品总厂的时候，做梦也想不到会有今天的成就。此时此刻我深切地感到，20 多年的艰苦创业，20 多年的不懈拼搏赢得了今天的荣耀，而我们还需要继续前行，我们更加美好的前景还在远方。

伊利在 20 多年前还只是一个卖冰棍儿的小企业，在呼和浩特也排不到前面，就是在 10 年前，我们也才刚刚成为中国乳品第一。伊利完全依靠自身内生式的发展，成为全亚洲唯一一家进入全球乳业 10 强的乳品企业，靠的是全体员工的艰苦奋斗，靠的是我们心中那个让中国人获得营养与健康的梦想。

街道小厂艰苦的起步

伊利是中国最早、历史最久的乳品企业之一。它的前身是 1956 年呼和浩特回民区成立的养牛合作小组。后来随着时代的变迁，先后用过"呼市

---

* 作者系十二届全国政协委员，全国工商联副主席，内蒙古伊利实业集团股份有限公司董事长兼总裁、党委书记，是中共十七大代表、十一届全国青联副主席、第九届内蒙古自治区人大代表。

回民区合作奶牛场"、"呼市国营红旗奶牛场"、"呼市回民奶食品加工厂"等名称。

1992年，我大学毕业就分配到了当时的回民奶食品厂。当时回民奶食品厂是一个很普通的小厂，连个职工宿舍也没有，刚毕业的我只好回到学校的学生宿舍借宿了一段时间。时至今日，我已经在伊利工作23年了，回想起来，往事依然历历在目。

1996年3月12日，"伊利股份"在上交所挂牌上市，成为全国乳品行业首家A股上市公司。至此伊利完成了转型和发展的重要两步——改制和上市。一股"追梦"的勇气，成就了今天一个年销售数百亿元、全国人民家喻户晓的品牌。

引领中国乳业进入"液态奶时代"

在20世纪90年代初随着居民收入水平提升，尤其是南方沿海地方，人们对于牛奶的需求明显增加了，那时一些进口牛奶虽然很贵，但卖得非常好，我们国内的牛奶产品远远满足不了需求。

经过大量的市场调研和可行性论证，在1997年我们作出了进军液态奶市场的重大决策，1999年伊利大规模引进当时世界最先进的利乐无菌灌装生产线，利用其先进的超高温灭菌工艺加上领先的无菌包装技术将原来7—15天的保质期延长到了6个月以上，极大地扩大了牛奶的运输半径和销售半径，让远在内蒙古的天然好牛奶可以走进广州深圳、到达青海西藏，使得更多消费者能便捷地饮用牛奶。随着先后推出伊利纯牛奶、麦芽奶、伊利优酸乳等利乐包产品，内蒙古的好牛奶走上了全国人民的餐桌。当时我就是液态奶事业部的负责人，经历了这个历史性的巨变。

这是中国乳业里程碑式的事件，从此中国乳业由"奶粉时代"进入"液态奶时代"。这个里程碑的意义在于，将牛奶从北方的奶源基地运到几千公里外的南方市场，让牛奶这种过去只有少数人才能享用的产品变为广大老百姓日常生活中的必备消费品，将日常必需的"柴米油盐酱醋茶"扩充为"柴米油盐酱醋茶奶"。

引进事业部制，打造中国乳业航空母舰

1996 年伊利上市后，在战略不清晰的时候盲目进入了许多新业务领域，包括蒙药、房地产、速冻食品、奶食品、矿泉水、牛奶等，一时间伊利四面出击，但结果碰壁的居多，到了 1998 年底没有几个是赚钱的，而且规模也没有发展起来，导致经营情况恶化，更要命的是原来核心业务——冷饮，首次遭遇到了负增长和亏损，奶粉业务、牛奶业务在经营上也都出现了问题。整个公司内部人心涣散、士气低落、管理混乱、人员动荡，局面非常危险，公司管理层对未来发展方向也犹豫不决，集团走到了严峻的关口。这时集团公司急需摆脱困境，找到解决方案。于是集团公司专门成立了一个项目组，由我出任项目组组长，组织研究公司发展战略并解决困扰公司发展的组织管控问题。

当时我聘请了一家知名的咨询公司来与我们共同开展工作。先是对公司内部进行问题诊断，之后又对公司外部进行了研究，包括行业发展趋势、竞争对手研究。经过大量的内外部研究之后，通过一个完整、科学的战略规划过程和与咨询公司的充分沟通，我们为伊利未来发展理清了思路、清晰了目标、找到了路径。最终确立了以液态奶为核心带动集团整体发展、以其他品类为补充、以原奶为支撑的新的战略思想，形成了以液态奶、奶粉、冰淇淋、原奶为主的发展格局。这些业务虽说都是乳业，但是从运营角度看，差异性又很大，尤其体现在物流、市场和销售这几方面，同时这几项业务发展速度也不均衡，所处的发展阶段也不同。公司总部又没有足够的综合性管理人才，使得集团总部无法发挥在管理和运营方面的作用。当时综合考虑到业务特性、公司文化、核心能力、人力资源、竞争情况，对比分析了全球流行的几种组织管控模式，包括直线职能制、矩阵式职能制、事业部制等，最终确立了伊利事业部制的组织架构，成立液态奶、冷饮、奶粉和原奶事业部，并且这一体系一直沿用至今。此举也开创了国内乳制品企

业实行事业部制的先河，吸引了其他企业的陆续效仿，带动了乳制品行业的整体繁荣。

事业部制可以给予各业务单位足够的灵活性和自主性，以保障其业务快速发展；事业部同时是公司生产和经营的运转核心，产供销一体化运作，是虚拟的利润中心、独立核算的单位，相当于一个独立的公司运作。

1999 年底，由我牵头组建了液态奶事业部，并担任液态奶事业部总经理。事实证明，伊利成立液态奶事业部的决策非常正确，最重要的是，此举奠定了企业发展壮大的重要根基，并开启了伊利的"黄金十年"。

液态奶事业部组建前公司液态奶类产品的收入是 6000 多万，2000 年组建液态奶事业部后，当年收入就突破了 5 个亿，2001 年突破 12 个亿，2002 年突破 24 个亿，此后的 2003 年，依托液态奶的高速成长，伊利一举超越光明，成为了中国乳业第一。2005 年，伊利集团主营业务收入已经突破 100 亿元大关，成为首家突破百亿元的中国乳品企业，也成为第一家真正有能力同时覆盖全国市场的全品类乳品企业。

成功牵手奥运的前前后后

2001 年北京申奥成功，国人非常振奋，民族激情高涨。我们意识到，有了这种机会，伊利是绝对要积极参与的。所以在第一时间，我们就积极地开展申请成为奥运会合作伙伴的工作。

但是申请过程中却并非一帆风顺，先是公司内部认识不统一，好不容易统一了认识，却由于内部原因一度停滞搁置了两年。2005 年初重新启动这项工作时，已经变成了不可能完成的任务，当时我下定决心一定要全力以赴拿下奥运赞助商，那一年我几乎磨破了嘴，游说了几乎涉及奥组委的所有人，只要有一点点机会我就和他们讲伊利，讲伊利的发展、伊利的管理、伊利的产品、伊利的质量等。

功夫不负有心人，慢慢的伊利申奥的工作开始出现了转机，不可能完成的任务正逐渐开始走向了可能。在这过程中也发生了一件"有意思的意外"，但现在回忆起来也是个"愉快的意外"。

2005 年 7 月 31 日，我正在安徽出差，接到了公司副总的紧急电话，他当时说："潘总，不好了，国际奥委会的执行委员、国际奥委会市场开发部的主席海斯博格，还有北京奥组委市场开发部的很多人到呼市了，要到我们企业考察，你不在可咋办呀，赶紧回来吧。"听了他这个话，我笑了笑说，我就是安上翅膀也不能马上飞回去。我跟他讲，这不是不好了，这是太好了，因为这些客人是我们想请也请不来的。我对他说，你一定要让大家全面看多多地看，争取时间再长一点，我们这么好的企业还怕看？我们的奶牛、牧场园区，挤奶过程、生产过程，看得越细，对我们越有利。

海斯博格是国际奥委会市场开发部的主席，全球奥运会的合作伙伴都要经过他的评估，当他在伊利走到一半的时候，他已经控制不住自己激动的情绪。他讲，我真是没想到中国有这么好的企业，伊利完全符合奥运会的标准，伊利就是我们要选择的奥运合作伙伴。

当然并不是说海斯博格一句话，伊利就成了合作伙伴，我们又经历了多次严格的考评，最后以一个低于竞争对手很多的报价拿到了奥运赞助商的资格。奥组委的领导后来和我说，奥组委在乳制品赞助商的选择上，赞助金额是排在第二位的，排在第一位的是产品质量和服务水平，以及可持续发展能力，在这一点上伊利值得我们信赖。

2005 年 11 月 16 日，对伊利来说是个难忘的日子，伊利正式成为 2008 年北京奥运会赞助商。结缘奥运的这些年来，伊利以奥运精神、奥运品质严格要求自己，产品品质不断提升，伊利品牌深入人心。在相关机构的调研中，在国内各种企业和奥运的关联度上，伊利是最高的。

借着奥运营销的成功，伊利在品牌营销上又再接再厉连下三城。第一个是成功牵手上海世博会，使伊利成为国内唯一一家符合世博标准、为 2010 年上海世博会提供乳制品的企业，得以在奥运品质的基础上，再加上世博的品质；第二个是与著名的迪士尼集团结成了战略合作伙伴关系，成为乳品行业唯一的授权商；第三个是公布了新的品牌标识、品牌主张和企业愿景，伊利的品牌形象不断提升。

让不能喝奶的人喝上奶

多年来，我们在产品上不断创新，推出了多款引领行业发展、满足消费者需求的产品。其中，伊利营养舒化奶诞生的故事，值得一提。

亚洲人的体质原因使得我们中有不少人是不适应喝牛奶的，喝了牛奶轻者腹胀重者还会腹泻，原因就是他们体内缺乏一种乳糖酶，不能有效分解牛奶中的乳糖，导致喝牛奶后产生"乳糖不耐受"的现象，这会直接影响对牛奶中营养的吸收效果。针对这个问题，伊利历时4年多，研发出了营养舒化奶，产品一经推出就借势奥运营销发力，在短时间内就成为大受消费者喜欢的一款产品。

2014年初，习近平总书记视察伊利，总书记在参观我们的产品展示墙时问我"为什么很多人喝不了牛奶，一喝牛奶肚子就不舒服"，我向总书记详细地解释了原因，并向总书记汇报了我们有一款营养舒化奶，专门针对"乳糖不耐受"症状研发，有效解决了这个问题。当天下午在自治区党委的汇报会上，习近平总书记特别指出了伊利基于国人体质的需求不断创新，研发出的营养舒化奶和婴幼儿奶粉等产品值得肯定。同时讲到像伊利这样的科技创新型企业，今后应该加大宣传力度。我们从来都不敢称自己是科技创新型企业，总书记的重新定义是对我们创新成就的充分肯定。

全球织网，推进全球战略

如今，中国已经成为世界经济增长的源动力，跨国公司对中国市场给予越来越多的重视。跨国公司的优势在于全球资源的整合，以及雄厚的研发力量。在资源和创新都全球化的今天，我们该怎么办？只能直面挑战，让自己成为本土的"国际化"公司。通过诸如在西方发达国家建立研发中心和开设生产基地，利用当地的技术和资源，反哺本土的市场需求，只有这样才能保证我们能够始终向着最具增长力的方向发展。

在国内布局基本成形之后，我们开始着手推进海外战略。伊利的海外战略被称为"全球织网"，包括三个层面：资源的互联互通、市场的互联互通、智慧的互联互通。伊利通过推进全球织网战略，分别结盟意大利乳业巨头斯嘉达，和美国最大牛奶公司DFA联手建设全美规模最大的奶粉厂，在新西兰布局全球最大的一体化乳业基地——伊利大洋洲生产基地，和荷兰瓦赫宁根大学、新西兰林肯大学、美国康奈尔大学分别达成科研合作，建立海外研发中心，努力构建覆盖全球的资源体系、创新体系、市场体系网络。

中国梦　健康梦　伊利梦

2014年初，习近平总书记视察伊利，这极大地鼓舞了所有伊利人和我自己。总书记当时对伊利提出了殷切期望：生产好产品，为中国乳业承担起更大的责任。我也不断思考，如何更好地实现总书记的期望？

中国乳业是一个既"小"又"大"的行业。从GDP占比角度看，乳业是比较小的，约占GDP的5‰；但从健康生活角度，乳业又是巨大的，几乎关系着每一个人，现在伊利每天销售的单体产品就在1个亿左右，每天就为上亿人补充营养、增进健康。

尽管目前我国城镇人均乳制品年消费量已接近30公斤，但横向比较，却仅为世界平均水平的1/3。随着我国民众收入水平的不断提升、城镇化水平的不断提高，人民群众对乳制品的需求量必将不断加大，乳品对全民的健康将发挥更加重要的作用，而国人健康是"中国梦"的重要组成部分，我把这理解为"健康梦"。因此，发展中国乳业，为伟大的中国梦、健康梦作出贡献，这就是伊利未来的重要奋斗目标。我也相信，这样的努力舞台巨大，这样的奋斗意义非凡！

伊利的不断发展，让我们深怀思恩。思字有田，让我们时刻铭记自己是一家食品企业，和土地关联，和数百万奶农、数十万合作伙伴和员工关联；恩字有因，让我们时刻知道归因，知道一切成绩的取得来自消费者的信任，来自国家和自治区各级党委、政府给予的支持。在未来逐梦的路上，伊利人也必将不辱使命，以更好的成绩回报社会，向着"成为全球最值得信赖的健康食品提供者"的目标不断前行！

蒙牛崛起

张治国[*]

"在一片荒地里埋下一块奠基石，在一张白纸上画下一幅'行军图'，在一杯牛奶前许下一个百年愿，蒙牛起航了……"这是我给蒙牛所写的解说词中的一段。

如果把西部大开发比作经济文化领域的一场"造山运动"，那么，蒙牛无疑是其中一个耀眼的峰角。

难产的巨婴

1999年4月1日，我骑车上街采访，忽然发现一些主街道两旁新冒出一溜溜的红色路牌广告，上面高书金黄大字——"蒙牛乳业，创内蒙古乳业第二品牌"。

蒙牛是谁？工厂在哪儿？声言创"第二品牌"，是吹牛，还是真有这么大的本事？——没人知道。

正当这件疑案快要淡出人们视野的时候，一个意外事件，又让它重新沸腾起来。5月1日，一夜之间，有几十块服务蒙牛的路牌，被不明身份的人抡着棍棒砸得稀烂。

大约一周后，经过一番辗转，我和张伟采访到了蒙牛创始人牛根生。采

---

* 作者系蒙牛商学院院长。

访老牛是一场艰苦的战役。先是找不到。好不容易找到了，却又被"挡驾"。因为直到这一天，牛根生还是一个"隐形人"，没有任何一家媒体透露过蒙牛与牛根生的关联。等到冲破封锁，终于见面，他又说："既然来了，就见个面，但是我从来不接受记者采访。"记者急了，抛出了一连串质询。牛根生若有所思。最后，在开出"可以提蒙牛，但绝对不能提牛根生"的先决条件后，终于得以采访。牛根生为什么要做"隐形人"？后来的事实证明，这不是故作深沉，蒙牛面世遭遇了前所未有的围追堵截——砸牌、倒奶、封账、告密……所以，我曾写道："世上难产的东西有两种，一种是'死胎'，一种是'巨婴'。蒙牛恰恰被逼成了后者……"这是后话。

这是一次有趣的采访。我问一次，他答一次。他语速非常快，表情特别丰富，有时候近乎在吼，仿佛面对的不是我们三个人（牛根生的秘书赵欣也在场），而是一礼堂的听众！牛根生集中表达了四个观念：一是同行不是冤家，竞争"双赢"。企业企图垄断，政府应该反垄断，取缔竞争就等于取缔消费者的检验权，就等于取缔"看不见的手"。二是内蒙古乳业应做全国老大。我们要根据自己的特点去做全国，只有找准"强项"，才有可能走向全国；如果不幸捡起"弱项"大做文章，那就可能费力不讨好。三是"我的志向是建'百年老店'"。四是"为自己负责"方能"为别人负责"。

采访完，由于种种原因，又没处发表。一直拖了两个多月后，1999年7月21日，《内蒙古日报》率先刊发了其中的部分内容。当然，这个时候，牛的名字已经没有保密的必要了。

西部大开发，让发展成为内蒙古各界的共同愿望。正是在这种背景下，1999年下半年，新生的蒙牛在新生的盛乐经济园区扎了根。牛根生在一次内部讲话中曾说："要是没有改革开放的好政策，没有西部大开发，哪有蒙牛！"

此后，我又采访过一次蒙牛。正是在这次报道中，我写出了那句著名的预言："初创的蒙牛，除了几颗人脑袋，别的就一无所有了。但这大概是中国乳业最硬的几颗脑袋。"

2000年第四季度，牛根生托我帮忙起草一篇讲话稿，交代文中要将

2005 年的年度销售目标确定为 60 亿元。又过一年，2001 年确定五年战略时，把 2006 年的年度销售目标确定为 100 亿元！这是一个什么概念？5 年"放卫星"到 100 亿，相当于中国乳业 2000 年总销售收入的半壁江山，这可能吗？当时许多人认为不可能，但后来，100 亿的目标居然提前一年实现——真所谓，说能得能，说不能得不能——这也是后话。

冲天的飞船

2001 年 9 月，当策划人孙先红邀我到蒙牛工作的时候，我起初是拒绝的。为什么？在报社是"写天下"，进蒙牛是"写一家"，大丈夫如椽之笔理当挥毫天下，岂能囿于一门一户！

几经思量，2002 年 1 月，我正式到蒙牛工作，从事的是企划工作。

我参与的第一个策划行动，是 2002 年 4 月推出的《选择蒙牛的五个理由》。传播重点是在终端堆头上放置宣传单。

说老实话，那几年，终端送宣传单的举动屡见不鲜，但效益很低，消费者要么不拿，要么就是拿了之后，才走三五步，就一丢了之。传单散在地上，既影响公共卫生，又影响企业形象。怎样克服这种现象？我提出在宣传单的背面留一点让人"爱不释手的文字"。经过反复比较，参考有关资料，我精心编写了一篇小品文《女人不美，男人要负一半的责任》—— 一位名人说过，一个人要为自己的相貌负责。我想，对于女人来说，相貌长成什么样，自己只能负一半的责任，另一半则应由男人来负。

未出嫁的姑娘，就像苗圃里的树苗，一个个俊俏挺拔。出嫁了，与一个男人终日厮守，男人就成了女人的气候、土壤、环境。男人脾气暴，整日不是狂风暴雨，就是"零下一度"，女人一定憔悴无光；男人修养高，日照朗朗，和风细雨，女人一定热情奔放。养颜乃养性，好男人让女人心境好、心态好、心灵好。

我们总是追求我们所爱的。一个女人爱上什么样的男人，她往往就会变成什么样的人，所谓"跟好人学好人，跟着神汉会跳神"。

所以，女人如果不美，男人至少要负一半的责任。

一个本来很清纯的女人变得越来越恶俗，一定是她的男人档次不高，她"近墨者黑"。相反，一个本来很一般的女人，相貌越来越可爱，眼睛越来越灵光，说话越来越文雅，举手投足越来越有风度——不用说，她有一个好男人。

男人千万不要以为美与丑只是女人自己的事。她长得美，你有一半的功劳；她不好看，你也有一半的过错。

《选择蒙牛的五个理由》由此得到巨量传播！超市里采购牛奶的主要是家庭主妇，她们拿住这个单子，正好带回家与丈夫交流；即使是男士拿到了这个单子，也可以带回单位与同事交流。直到 3 年后，有位新当老师的朋友还对我说：我们学校的老师还在谈论蒙牛前几年发的宣传单《女人不美，男人要负一半的责任》，有个老师说他那时候拿了一沓子，给办公室老师一人发了一张……

2002 年蒙牛销售收入达到 16.69 亿元，是 2001 年的 2.3 倍！这其中，"五个理由"功不可没。《选择蒙牛的五个理由》在中国营销界产生了深远的影响。国内一些顶级企业、顶级杂志乃至领潮网站，后来都曾讲过"选择××的理由"或"选择××的五个理由"，可谓"英雄所见略同"。

我参与的第二个策划行动，是"航天员专用牛奶告知行动"。

当有关部门邀请蒙牛成为航天事业合作伙伴的时候，蒙牛最激动的一个人就是牛根生了。他大会小会讲："对于国家来说，这是开天辟地的大事；对于企业来说，这是本世纪以来最大的一笔垄断性资源。"为什么？数不清的宣传机器将关注它，中国的，外国的；数不清的人群将谈论它，中国的，外国的。"有什么事件，会调动这么多的媒体？有什么信息，会牵动这么多的人心？这是花几百个亿都没法达到的规模和效力。要是有企业能够'搭上'这趟飞船，脱颖而出的高度何止一千米、一万米？"

所以，在具体实施时，我作为主策划人之一，提出把"为中国喝彩"纳入蒙牛的传播范畴。这一主张得到策划团队的集体认可。

2003 年 10 月 16 日 6 时 46 分，北京指挥控制中心宣布：中国首次载人航天飞行取得圆满成功！

一声令下，举国沸腾。候车亭在行动，超市在行动，电视台在行动，报纸在行动……一日之间，伴随着"为中国喝彩"的口号，"航天员专用牛奶"的讯息铺天盖地，蒙牛的品牌"飞"起来了！正如媒体所言："中国首次载人航天的成功让人们记住了'神舟'五号，记住了'杨利伟'，同时也记住了'蒙牛'。"

据 AC 尼尔森发布的统计数据，从"神舟"五号飞天当月起，蒙牛液态奶销量第一次登上了"全国销量冠军"宝座，从此节节高涨，开始了自己在中国液态奶行业的领跑历程。直到 2015 年，液态奶销量冠军仍是蒙牛。

蒙牛·中国牛·世界牛

2002 年 2 月，我到蒙牛工作的第二个月，消协的同志找上门来，想让蒙牛在《3.15 特刊》上刊登一幅广告。

一番斟酌，我写就一篇标题为《蒙牛·中国牛·世界牛》的短文，其中最核心的内容为：

"蒙牛"已成为"中国牛"，并在向"世界牛"迈进。牛根生认为，乳业是国家的弱项，却是内蒙古的强项；"天苍苍，野茫茫，风吹草低见牛羊"的草原文化是古人留给内蒙古的最大的一笔无形资产，内蒙古要做中国的"乳业龙头"，呼和浩特要做"中国乳都"。

2002 年 3 月，该文连同标题一同发表。从此，"蒙牛·中国牛·世界牛"成为代表蒙牛"战略三部曲"的一张名片、一幅自画像，漂洋过海，昭告世界。有时候，也会把词句稍微变换一下：草原牛·中国牛·世界牛。

蒙牛如何从"中国牛"走向"世界牛"？2003 年，我提出了"企业生态圈理论"。那时候社会上流行的说法是"产业链"，我觉得叫产业链有点太硬太线性，实际上企业内部、企业与企业之间、企业与社会之间除了这种硬对接，还有很多看不见的软对接，企业本身是一个生态系统——借用"生态圈"的概念，可以赋予它活的灵魂，还原它"混沌"本性。

"企业生态圈"理论，首先是一个共赢的理念，在蒙牛包括原料圈、资本圈、制造圈、市场圈、品牌圈、文化圈等；其次是一个同盟的理念，也就是统一战线的理念。蒙牛最早上市的时候，就引入了摩根士丹利，因为经摩根审计过的企业都是可靠的，通过这个同盟，国外的投资者认同了蒙牛，以致在中国香港上市的成功。所以我经常说一句话："月亮要是不反射太阳的光辉，那它就漆黑一团！"

2007 年，阿里巴巴 CEO 马云来蒙牛参观的时候，看到很多文化标语，最后把这个"企业生态圈"看作是蒙牛的一号文化。马云先生是非常善于整合的，回去后即在自己的企业播种了生态圈理念。

如今，企业生态圈理论已经成为整个企业界的共识、常识。

奶源圈是蒙牛生态圈的战略环节之一。为了推进奶源升级，2004 年，牛根生在考察了美国、澳大利亚等多国牧场后，创建了中国第一个"万头规模国际示范牧场"——澳亚国际牧场。2005 年，在管理层售卖了部分股票后，牛根生又推动管理层集体出资创立了"现代牧业"——现在，它已发展为中国十大牧业公司之首，也是蒙牛最重要的供奶企业之一。2012 年，蒙牛又成立了富源牧业。

产品是企业生态圈共同作用后产生的最重要的成果之一。为了便于区分，我把蒙牛的产品发展分为三个阶段即"三子阶段"：锥子阶段、旗子阶段、靶子阶段。

锥子阶段。譬如墙上穿洞，举着椽子没戏，抱着檩子费力不讨好，拿根锥子最好。企业弱小时，要集中火力做有限的几个拳头产品。牛根生讲过的一个故事我至今记忆犹新：

刚开始那几年，我们只做六七个产品。2000 年 10 月，去酒泉参观一家乳制品企业。这个企业也是 1999 年创办的。在展览室里，陈列着 40 多种产品，可谓琳琅满目！于是，随行的领导语带责备地说："你们才做六七种。"我没说什么。等宾主双方在会议室里座谈的时候，酒泉的那位厂长喜滋滋地说："去年我们销了 5 万多元，今年的发展态势非常好，估计能做到 48 万元！"阿弥陀佛，他 40 多个产品全年才销 48 万元，我的六七个产品那时已经销到 2 个多亿了！

当然，这里面最重要的锥子产品是利乐枕。2000 年的时候，国内市场上的牛奶包装主要是两种，一种是保质期为 48 小时的巴氏塑料袋，另一种是保质期长达 8 个月的 UHT 利乐砖。蒙牛推出保质期居中（45 天）、价格居中的中国第一袋利乐枕产品，走了一条差异化的中间路线，一时间所向披靡。

2013 年，孙伊萍提出"品牌聚焦"理念，聚焦明星产品，淘汰边缘产品，取得突出效益。

所以，可以用一句形象的话来概括蒙牛的产品研发策略：生下虎一个，赛过鼠一窝。

旗子阶段。就是亮旗子，铸大品牌。蒙牛的第一个旗子产品，就是特仑苏。它一度占到中国高端奶市场份额的 70% 以上。

旗子为什么这么重要？我先讲一个亲身体验：2011 年正月初三，我去了常州的"中华恐龙园"，当天进园人数是 6 万人；第二天正月初四，我去了芜湖的"方特欢乐世界"，当天进园人数是 5000 人。我的感觉，中华恐龙园可以玩的设施其实不算多，而方特欢乐世界一整天都玩不完，但是为什么两个地方的人流会差这么多呢？有一个原因可能是恐龙园有多年了，但是根本的原因是中华恐龙园有一面旗帜，就是"恐龙"；而方特欢乐世界的旗帜不够鲜明。所以做品牌一定要亮旗，要有一面旗帜，让大家盯着你。

靶子阶段。就是瞄准个性化需求，有的放矢。2014 年，在第三任总裁孙伊萍的带领下，蒙牛在巩固既有的"动物蛋白"领域的同时，毅然跨入"植物蛋白"领域——植朴磨坊由此诞生！这就是瞄准个性化需求者，跳出牛奶、豆浆孰是孰非之争，用行动代替辩论，让动物蛋白爱好者有特仑苏喝，让植物蛋白爱好者有植朴磨坊喝。

综观而言，在蒙牛崛起的路上，说"是"的声音没有间断，说"非"的声音也时常出没。但冲浪的人，把全副心思放在听潮上。

有些历史是"火中炭"，想看清它须赶在未燃尽之前；有些历史是"冰中石"，想看清它须等到消融之后。而在看清与看不清之间寻找驰车之路，在火与冰之间捕捉驭船之流，这就是历史当事人的两难处境。

伊泰集团的奋斗之路

张东海[*]

1988 年，我的父亲辞官下海，在鄂尔多斯高原这片昔日丘陵荒漠交织的贫瘠土地上，仅凭借 5 万元开办费起家，创立了伊泰集团。经过 20 年的辛勤经营，如今，伊泰集团总资产已经超过了 200 亿元，成为一个以煤炭生产、经营为主业，以铁路运输、煤制油为产业延伸，以生物制药、房地产、太阳能开发等非煤产业多元互补的产、运、销体系化运营的大型企业集团。跻身中国企业 500 强、列全国煤炭百强第 21 位。

2001 年，鄂尔多斯市委、市政府决定，将伊泰投入 7.6 亿元巨资建设的占有近 95% 股份的蒙西水泥有限公司从集团分离出去，企业实力大减，伊泰大伤元气，面临着四面楚歌的险境，一时间，人心涣散，风雨飘摇，伊泰集团这艘巨舰驶入了一片险滩。在经历了四年多煤炭市场极度疲软的严峻考验后，历史又一次将伊泰推向了风高浪险的端口。

2001 年 11 月，伊泰改制顺势而行。5.3 亿元国有资本全部退出，员工全员持股，转换身份。也就是在最艰难的 2001 年，已经在伊泰经历了 10 年历练的我走上了伊泰股份公司总经理的岗位，和大家一起撑起了伊泰的天空。

上任伊始，我感到干部职工们因为蒙西分立而情绪低沉。天靠地托着，人靠气活着，伊泰需要鼓足士气。根据公司党委董事会的决议，我提出了

---

* 作者系伊泰集团有限公司总经理，伊泰煤炭股份有限公司董事长、总经理；是政协内蒙古自治区第九届委员会委员，政协鄂尔多斯市第一届委员会常委、第二届委员会委员。

"工业总产值三年翻一番"的战略目标，经受严峻考验的伊泰人，将以挥血洒泪的苦战奋斗和一往无前的开拓创新精神再度坚强地崛起。

蒙西分立，社会舆论也是纷纷扬扬。集团公司党委适时提出"四个不变"治企原则：坚持和加强党对企业的领导，集团公司党委是领导集团各项事业的核心力量不变；坚持合法经营、照章纳税，两个文明协调发展的方向不变；坚持依靠广大职工，充分尊重广大职工主人翁地位的宗旨不变；坚持为地方和国家的社会主义建设积极作贡献的指导思想不变。"四个不变"的方针落实在企业的每项决策中，见诸在企业的各项经营管理中，深入到了每一个员工的内心。于是，"我的伊泰，我的家"提炼而出。它成了一种文化，它质朴简单，但它承载的内容却是博大浩渺、是很难用语言来解读的。

发展是硬道理。我带领班子成员开始了市场征战，并提出了要以质量、品牌建设促进市场开拓。伊泰开始增加了对市场产品研发的投入，加大科技投入与开发，加快产业结构调整。公司根据不同用户的需要，将煤炭分为电力、冶金、化工、高炉喷吹煤、造气煤、民用煤，并通过配煤满足用户的新需求。这些举措使用户获得了好的效益，而伊泰也在行业最紧张的时期，拥有了上电、宝钢等一大批稳定的优质客户。一时间，"伊泰洁净煤"响遍大江南北，在宝钢原料采购评审中获第二名，被国家工商总局评为"重合同守信誉"单位。

付出就有回报。2005年，伊泰集团的煤炭运输计划在国家发改委、铁道部成功单列，公司进入了煤炭企业的"国家队"。截至2004年，伊泰共有国家煤炭运输计划405万吨，这个数字在内蒙古所有地方煤矿已经是绝对第一，2005年，煤炭运输计划增加到726万吨，2006年，再次蹿升到1510万吨。2005年，又跻身铁道部100家运输大客户行列，这是其中唯一一家股份制企业。

在外拓市场的同时，一场触及企业灵魂的内部改革也同步展开。压缩机构，精兵简政，干部人数由原来的473人减少为214人，精减下来的人员全部充实到生产一线；狠抓管理，挖潜增效。2001年，我出任总经理的第一年，仅成本管理一项就增收1200万元。我主持制定的《生产经营单位经济责任考核办法》，把管理提上了制度化、长期化、规范化的新高度。新体制带动了新机制，伊泰启动了一套崭新的成本运营控制模式，实行管理与开采分离，伊泰生产的原煤成本比旧体制下生产的原煤成本下降了 40%。在开放性竞争环境中，这种成本优势很快地巩固了伊泰的竞争地位。与之相伴的是劳工制度上的累累硕果。以伊泰如此宏大的规模，至少应有职工 3 万人，而实际上伊泰当时只有 2000 多人，其中机关人员不到 200 人。精兵简政，这是延安的传统，也是伊泰屡试不爽的管理法宝。在成绩面前，我没有飘然自傲。

2004 年 6 月 8 日，伊泰集团党委委员和董事会董事齐聚一堂，伊泰的新老交替就在这一天实现。从 1988 年到 2004 年，父亲在伊泰总经理的位置执掌了 16 年，历经沉浮荣辱，而今，他像一位老战士，退出了经营战场，大家一致推举我出任总经理。其实最初的接班人选也不是我，但也许是命运的冥冥选择，也许是付出的必然回报，重任还是落在了我的肩上，我接过了父亲的事业。面对父亲和全体伊泰党政班子成员，我说，我能走上伊泰公司总经理这个位置，有我父亲严格要求和德高望重的影响，但更主要的是通过我的人品、业绩和能力争取来的。父亲创办企业，历经艰辛，我从小就十分关心，因为它关系到全家的生存。后来我到公司上班，看到公司一天天发展壮大，感觉到了有一种归属感、安全感。我对公司的感情和责任心就这么一天天培养起来了，无论在哪个岗位上我都会非常尽职尽责。我认为自己已经初步具备了担当总经理的能力。随着年龄的增长、经验的积累，驾驭市场的能力和组织管理水平也会不断提高，我有信心在这个岗位上，与伊泰这个优秀的团队精诚合作，为企业、为社会多作贡献。我将用自己的言行来诠释自己生命的最高价值取向，定会传承父亲的坚定信仰和永不言败的精神。

随着煤炭市场的节节攀升，新矿井建设和老矿井技术改造已经成为伊泰一项核心工作，我清楚地意识到，企业急需一大批专业人才。所以自己亲自在社会上广罗人才，于是，一大批高精尖技术专家聚集在了伊泰的旗帜下：

翟德元，山东科技大学教授，博士生导师，通过一段时间的技术合作，为伊泰事业的广阔前景所鼓舞，毅然加盟伊泰，担任伊泰集团副总，成为伊泰生产和决策的技术后盾。

马茂盛，原神华集团神东公司副总工程师，也被伊泰宽广的舞台所吸引，以其深厚的技术功底和丰富的实践经验担当起了伊泰总工程师的重担。

近年来，企业聘请和招收了 200 多名各类专业人才和管理人才，提高了伊泰的团队水平，铸就了伊泰新世纪的又一次辉煌。伊泰再度迎来了超越历史纪录的产销两旺的大好局面。2007 年销售额突破 100 亿元，实现利税 33 亿元。

我常想：鄂尔多斯号称煤海，但煤炭资源毕竟是不可再生的，煤海终有一天会枯竭。如何才能增强伊泰的抗风险能力？高原的大业难道只有煤炭吗？伊泰是探索自己新的发展之路的时候了，伊泰需要第二次创业。

不少成功的企业家都深谙未雨绸缪的战略。然而最成功的企业家不仅要有未雨绸缪的意识，更要有准确定位未来的能力。我觉得，伊泰二次创业，应该立足于高原，扎扎实实地向生产的深度和广度进军，应把握时代脉搏，由传统产业向高新技术产业转轨。人们常说，伟大的企业家和平凡企业家的差别在于：平庸者易于自足；奋进者却居安思危、未雨绸缪，最终才能成就其伟大。犹如一个跳高运动员，我喜欢每一次都向一个崭新的高度冲击，而且似乎每一次冲击的高度，都是在别人眼里看起来不可能成功的。我深信，优秀的企业家总是能把不可能变为可能。

对于中国世纪之初的煤炭产业而言，煤转油计划将要挑战的似乎是一个根本不可能完成的任务。正因为如此，大多数煤炭企业选择了一条捷径，把煤炭能源转化为电力能源。而对于煤制油产业，关注的也多是采用了跟随战略。从一开始，当我们决定要把伊泰集团的战车驶向煤转油轨道的时候，压力和警告就接踵而来。一些多年从事研发和建设煤基合成油工业化项目的专家告诉我，这个项目存在着极大的风险：一是技术放大风险，煤基合成油技术虽然已取得了中试成功，达到了国际先进水平，但从中试到工业化，国内尚没有成功的工业操作运行经验，在技术上有一定的风险；二是技术集成风险，项目所涉及的汽化技术、气体净化技术、合成油技术、油品加氢技术的集成存有一定的风险；三是由于本项目仍不属于规模效益，下一步必须扩大产能。但在未来发展中随着国家政策变动、产业调整，可能会出现新的政策性调整因素的影响。我当然清楚这些风险意味着什么。一旦决策投资失败，这将给集团带来 7 亿到 8 亿元的经济损失。但我也更清楚以目前企业的实力完全可以承担这样的风险，我愿意带领伊泰人承担这样的风险，自觉肩负起这份国家责任，为了巨大的产业前景，为了光荣的历史使命，在我举起右手向党旗庄严宣誓的那一天，就已经是信仰在胸、使命在肩了，为此我不能停步。伊泰的精神就是抓住机遇，永远向前。伊泰作出的就是这样一个难度极高的抉择。伊泰要高起点进入煤制油行业，这不仅需要巨额的资金，还需要全新的技术乃至全新的经营理念。

2006 年 5 月，国内首家拥有完全自主知识产权的间接煤制油项目——内蒙古伊泰煤制油产业装置，终于在鄂尔多斯伊泰集团总部隆重奠基！我国完全利用自有核心技术实现煤制油产业，将从鄂尔多斯高原的伊泰集团正式向未来启航。

我认为，伊泰不论是国有企业、股份制企业还是民营企业，坚持共产党的领导都不能变，伊泰改制了，但我们的党委依然是企业的领导核心，我们 10 个董事会董事中 9 个是党委委员，企业重大决策都要经过董事会和党委会。我们 700 多名党员依然是企业的中坚力量，在各自的岗位上起着先锋和模范作用。

作为国有企业，伊泰是鄂尔多斯市和自治区的纳税大户。作为民营企业，伊泰依然是市区两级纳税大户，伊泰已经连续七年列居鄂尔多斯市第一纳税大户。依法纳税，合法经营是每一个公民应尽的义务，每一个企业，不论它什么性质，都要诚信为本，服务社会，尽一个企业的社会责任。

我们办企业的初衷，就是要为养育我的高原和人民实实在在地干点事情。伊泰人抓住每个稍纵即逝的机遇，不断奋进，不断挑战自我、超越自我，企业才没有小富即安，而是把创造的财富全部投入到企业的再发展。随着企业的发展和企业实力的增强，伊泰自然把目标投向了产业报国上来，这是伊泰肩负的光荣使命。

热心公益事业，倾情回报社会，努力构建和谐企业，是伊泰集团永远的指针。伊泰集团对社会公益事业的支持是一贯的、积极的，企业发展的最终目标就是服务社会、回报社会国家。据统计，公司创立 20 年来，累计上缴税金 60 多亿元，为社会各项公益事业无偿捐资超过 1.8 亿元，其中一次性为鄂尔多斯市中心医院捐款 5000 万元。

捐资助学，发展民族地区教育事业，是一项功在当代、利在千秋的事业，是中华民族扶危济困传统美德在新时代的发扬光大，是在社会主义市场经济条件下同道德行为相结合的一个善举，它所产生的积极影响是广泛而深远的。为人们提供良好的教育环境和上学机会是全党、全社会的共同事业，是我们社会各界义不容辞的责任。伊泰集团先后累计为教育事业捐款达 3000 多万元，用于改善办学条件、更新教育设备和资助贫困大学生。

2008 年春节期间，我国南方遭受了几十年不遇的冻雨雪灾，集团公司积极响应国家号召，千方百计加大生产，组织煤源，信守承诺，不涨价、不发国难财，倾力支援南方，各大用户企业的感谢信纷至沓来。

2008 年 3 月，黄河杭锦旗奎素段溃堤，致使杭锦旗独贵特拉镇、杭锦淖乡一万多人口受灾，损失巨大。集团公司领导及时赶到灾区，看望群众，问寒问暖。伊泰及时组织 128 万元的食品和生活用品运往灾区，随后紧急调运煤炭，支援灾区，并拿出 1000 万元现金用于灾后重建和生产自救。

2008 年 5 月 12 日，四川省汶川县发生 8.0 级强震，灾情严重。一方有难，八方支援，是我们中华民族的传统美德，国家利益至上，人民利益至上，灾害无情人有情。时间就是生命，伊泰集团有限公司在第一时间，通过中国红十字会总会向灾区捐赠 2000 万元人民币，用于抗震救灾，重建家园。并号召集团公司全体员工迅速行动起来，踊跃捐资，广大党员积极带头，代表着 4000 位伊泰员工的 134 万元捐款和 2000 多件衣物，及时送往灾区，受到了国家及社会各界的高度评价和广泛赞誉。

2007 年以来，伊泰集团积极响应市委、市政府的号召，认真落实市直机关单位帮扶乡苏木镇嘎查发展现代畜牧业工作的要求，责成专人负责，公司领导亲自深入帮扶点杭锦旗呼和木独镇东红柳村和巴音温都尔嘎查，协同镇村领导制定科学的帮扶方案、年度计划及长远规划，合理安排资金进度。到 2007 年 12 月，伊泰集团累计直接投入资金 13.54 万元。通过帮扶建设，这两个村的农牧业生产取得了显著成效。

2006 年，杭锦旗吉日嘎朗图镇乃玛岱村被鄂尔多斯市确定为首批新农村新牧区建设试点村，2007 年，市里决定由伊泰集团公司重点帮扶，搞企村共建。公司按照市里的统一安排部署，积极行动。2007 年 3 月，公司领导就深入到乃玛岱村，会同杭锦旗新农办、镇村领导，根据立地条件，反复研究，确定了新农村工作思路。到 2008 年，伊泰集团先后投入 100 万元帮扶资金。鄂尔多斯市对此做了典型报道。

随着公司煤矿技改和新建大型机械化矿井，以及与之配套的铁路、公路的大规模建设，矿区移民新村建设同步进行，结合新农村建设，投资近 2 亿元，把原来的居民搬迁到生态环境条件好的地方，并对有条件的适龄人员全部安排就业。伊泰集团的煤矿、集装站、铁路、公路以及生态基地大都建在了鄂尔多斯，由于煤炭、甘草产业的带动，有效地解决了当地就业难的问题。据统计，两地直接和间接从业人员超过 5 万人，当地农牧民由此摆脱了贫穷，达到了小康，为带动地方经济发展作出了积极贡献。

伊泰是每位员工的家，企业改制后，职工入股，广大职工成了企业真正的主人。职工为企业工作，也享受着企业发展的成果。2004 年至 2008 年，企业拿出 1 亿多元奖金发放给普通员工，现副部级以下普通员工的年均收入超过了 6 万元。这是企业的人本管理，而尊重生命是最基本的人本管理，自集团转制以来，原煤百万吨死亡率 0.026%，达到了发达国家的水平。铁路运输实现了第六个安全年。

多年来，伊泰集团公司得到了社会各界的认可，也曾获得了许多荣誉。2005 年 4 月 30 日，在父亲接过全国劳动模范勋章的 10 年之后，我也佩戴上了全国劳动模范勋章，受到了党和国家领导人的亲切接见，这既是我个人的荣誉，也是伊泰全体员工的骄傲。我常常这样思索，对于一个企业家来说，可以用无数种模式来创造财富，赢取胜利，成就辉煌；然而，只有那些忠诚于最高信仰的企业家才能最终成就伟大。伟大的不是功业，而是一种神圣的道德皈依。当一个企业、一个人的事业，真正和国家、民族、人民的利益相交融的时候，他总是能获得最广泛、最长远的喝彩。

搞企业就得创新发展

乔玉华[*]

我于 1986 年从伊克昭盟（现鄂尔多斯市）财校毕业后到棋盘井水泥炼铁厂工作，1987 年调到伊克昭盟鄂托克旗工商银行工作，1991 年调回棋盘井水泥炼铁公司先后担任财务部长、总经理助理、副总经理等职，1996 年出任水泥炼铁公司总经理。

在担任总经理期间，面对国有企业经营亏损和长期"大锅饭"制度形成的制约企业发展的经营现状，带领广大干部、职工从两方面入手：一是管理上积极倡导先进的管理理念，引入竞争机制，激励企业创新；二是销售工作上一改原来等厂家上门订货的工作方式为主动送货上门。通过一系列的改革措施，一方面充分调动了职工的工作积极性，另一方面也加大了产品的销售渠道。使得企业的整体面貌大为改观，经营状况也于当年实现扭亏为盈。在鄂旗地区掀起了一股"远学邯钢、近学精诚"的企业典范之风。1998 年，我被任命为伊盟精诚（集团）股份公司总经理。

2000 年，借着改革开放的全面深入推进和国家实施西部大开发的有利时机，按照当时盟委鼓励公务员下海创业的政策精神，我辞去了伊盟精诚（集团）股份公司总经理职务，开始创业。

2000 年 7 月，我在刚刚建园的棋盘井工业园成立了鄂托克旗双欣化工有限公司，12 月，第一台 10000KVA 电石炉投产，2001 年 3 月，电石二期

---

* 作者系内蒙古双欣资源集团有限公司董事长，政协内蒙古自治区第十届委员会委员。

生产线开工建设。

2001 年 7 月，我成立了鄂托克旗地区第一家以开发和生产结晶硅这种高新技术材料为主的企业——鄂尔多斯市新华结晶硅有限公司。生产结晶硅的主要原料是硅石和木炭，当时国内大部分结晶硅生产厂家均采用木炭作为还原剂冶炼结晶硅，成本高、木炭消耗量大，要知道，森林资源是有限的。针对这种情况，我们提出"寻找木炭替代品，实现科技创新"的思路，并由我牵头成立了"技术攻关研制小组"。经过多次探索、研究、试验和论证，2002 年，由玉米芯替代木炭作还原剂冶炼结晶硅试验取得成功，同期投入试生产。2003 年，经过一年多的试生产，我们全面掌握了利用玉米芯替代木炭作还原剂冶炼结晶硅技术。这项技术于 2004 年正式通过科技部有关专家的科技成果鉴定，被有关专家认定为："具有国内领先水平的新技术产品，并成功填补了国内结晶硅冶炼行业技术空白。"2003 年 12 月，我公司投资 1.112 亿元将这项技术应用到公司正在建设的 6×12500KVA 环保型结晶硅项目中，项目建成投产后运行良好，不仅结晶硅生产成本每吨降低了917 元，而且每年可为当地农牧民创收 1650 万元，节省木材 143 万立方米，取得了显著的经济效益和社会效益。2004 年这项技术荣获内蒙古自治区职工"经济技术创新工程"活动重大创新成果奖，同年 8 月，这项技术正式通过国家知识产权局专利技术鉴定，并于 8 月 18 日颁发了专利证书。

自 2003 年以来，结晶硅、电石产业受电力供应紧张的影响非常严重，为切实解决电力供应紧张局面，我们提出了建设自备电厂的设想，在组织专业人员经过一年多的考察调研后，我们得出结论：如果建设当时国内普及的燃煤发电机组，不仅运行成本高，且在同行业中无竞争优势，如能利用鄂旗地区大量废弃的煤矸石作为燃料发电，不仅可以变废为宝，而且降低了生产成本。

2006 年 3 月 9 日，双欣 2×200MW 煤矸石发电项目正式通过了国家发改委的核准，2007 年 3 月建成投产发电。这个项目一方面充分利用了当地及周边地区废弃的煤矸石资源作为燃料发电，既解决了煤矸石自燃造成的环境污染问题，又实现了废弃资源的再利用；另一方面，电厂投产后所形成的电能一部分供给公司内部使用，充分保证了电力供应，另一部分可供给棋盘井及周边地区其他企业使用，有效缓解了当地电力供应紧张局面。同时实现了"煤矸石—电力—结晶硅/电石"一体化生产。

2007年，公司已基本形成了以开发当地丰富的石灰石、硅石、煤炭、煤矸石资源为出发点，以科学技术为依托，以就地转化和综合利用上述资源为切入点和落脚点，以建立循环产业基地为最终目标的产业框架和发展规划。同年，公司被列为自治区60家重点企业之一。

创新和发展并没有停步，公司从2007年开始大力推进产业的纵向延伸和横向发展，依托当前已经形成的"煤矸石/石灰石—电—电石"、"煤矸石/硅石/玉米芯—电—结晶硅"两条产业链，着力开发下游产业：一是公司正在蒙西地区建设年产100万吨PVC、80万吨烧碱及配套等规模的PVC型材/板材/管材等异型材料深加工基地。这个项目已于2008年3月经自治区发改委批准立项。项目分两期建设，一期年产40万吨PVC、32万吨烧碱及配套资源综合利用项目预计总投资50亿元，计划于2010年底建成投产；二期预计总投资53亿元，2012年前建成投产。项目选用国际先进的回转窑生产石灰、25500KVA环保密闭炉生产电石、电石干法反应生产乙炔气、离子膜法生产烧碱、配套电石渣综合利用新型干法水泥熟料生产线。并将石灰生产与电石生产整合在一起，利用电石炉炉气煅烧石灰石，产出的高温石灰直接送给电石生产线，电石就地生产乙炔气供给聚氯乙烯、离子膜烧碱生产线使用，电石渣供给配套的水泥生产线制作水泥熟料，产出的PVC粉末就地深加工为各种异型材料。既节省能源，又减少了废弃物排放，符合国家鼓励发展循环经济和节能减排的产业政策。二是为进一步做大做强结晶硅产业，延伸产业链条，完善产品结构，提升产业层次，公司计划投资10亿元建设年产1000吨太阳能级多晶硅生产基地。项目利用公司现有的结晶硅资源和电厂提供的稳定可靠的电能资源生产多晶硅，生产技术选用国际上较为成熟的改良西门子法，并采用多硅芯大型节能还原炉，尾气回收采用干法回收。既可降低电耗、提高产量，又可使尾气不接触任何水分，将其中的各种成分——分开，不受污染地返回系统重复利用。项目建成后，将实现"硅石/煤矸石—电—结晶硅—多晶硅及其下游产品"第二条循环经济产业链。

预计到 2012 年，公司将形成年产原煤 700 万吨、石灰石 200 万吨、发电 40 亿度、石灰 150 万吨、电石 150 万吨、PVC100 万吨、烧碱 80 万吨、水泥 250 万吨、结晶硅 10 万吨、多晶硅 1000 吨，年销售收入突破 200 亿元，实现利税 40 亿元的西部大型循环经济示范企业集团。

在事业发展的同时，我们始终牢记不忘回报社会。我将扶贫帮困视为己任，在企业优先安置了 1000 多名下岗职工和贫困农牧民；同时，积极参与各种公益事业，截至 2008 年，用于扶贫、教育等社会公益事业的款项已达 300 多万元。作为一名基层党员、作为企业的"领头雁"，我始终恪尽职守、求真务实，以对党和人民事业的强烈责任感和使命感，带领职工与时俱进、开拓创新，在全面建设社会主义和谐社会的进程中，继续书写事业发展的新篇章。

再造河套工作纪实

郑宝清[*]

我在北京读书时就知道，在状如雄鸡的祖国版图脊梁中央，有一束色彩斑斓的羽毛，那就是内蒙古自治区西部美丽富饶的巴彦淖尔市，在巴彦淖尔腹地黄河几字形拐弯的西部，又有一颗璀璨的明珠，那就是"黄河百害，唯富一套"的河套平原。1968 年我到河套落户，并亲自参与了再造河套工作。

河套地区有两千多年的农耕文明史和土地开发史，其始于秦汉。及至 1949 年 9 月，巴彦淖尔解放，土地开发利用进入了一个崭新阶段，农业生产中最基本的生产资料——土地，得到了合理开发和利用。特别是从 1959 年 6 月至 1961 年 3 月，数万河套民工和水利专业人员共同奋战，建成了一座以灌溉为主，兼有航运、公路、发电及工业用水的大型水利工程，即黄河三盛公拦河坝工程，开挖了 180 公里长的总干渠和 14 条主干渠引水工程，扩大了耕地面积。使河套水利进入了人工控制水位、引水灌溉 800 万亩农田的新时期，极大地促进了河套地区农业的发展。

改革开放以后，巴彦淖尔农业生产发生了巨大的变化。但是，经过一个超常发展期之后，农业生产一些深层次的矛盾开始暴露。巴彦淖尔的党政领导经过认真调研分析后认为，农业经济要上一个新的台阶，实现跨越式发展，仅在现有的土地范围内和现有的经济水平内打圈子是不行的，必须立足

* 作者现任巴彦淖尔市政协副巡视员，是政协巴彦淖尔市第一届委员会副主席。

资源，面向市场，向农业生产的深度和广度进军，走河套农业综合开发的路子。

1986 年 7 月，时任中共巴彦淖尔盟盟委书记的杨志荣同志，带领农、林、牧、水、科技、农管局六个部门和磴口县的领导对乌兰布和沙区进行了为期 5 天的调查研究，我当时也参与了这一实践工作，同时召开了论证会，初步提出了"建设第二个河套"的设想。20 世纪 90 年代初盟委书记张国民同志带领各级干部和群众把这一设想变成现实。1991 年 5 月，自治区人大副主任刘震乙同志，巴盟副盟长朝路同志赴北京向国务委员陈俊生同志汇报"河套灌区盐荒地开发利用项目"。8 月，受陈俊生同志委派，农业部农业项目咨询组副组长林干和农业部规划司张德永两位同志来巴彦淖尔盟河套地区调研，并编写了《关于内蒙古河套灌区农业综合开发的调配报告》，陈俊生同志批示同意立项，1992 年国家一次性投资 500 万元。

1993 年 2 月，中共巴盟委员会、巴盟行政公署正式下发了（巴党发〔1993〕19 号）《关于加快巴盟土地资源开发的意见》。文件明确了土地开发的指导思想和原则，即以中共十四大精神为指针，以改革开放为动力，紧紧围绕农民提前达小康的总体目标，以提高农业综合生产能力和农副产品商品率为重点，加速土地资源的综合开发。要做到广度开发与深度开发相结合；规模开发与效益开发相结合；近期开发与长期开发相结合；经济效益、社会效益、生态效益相结合；以开发促发展，带动农业经济的全面振兴，实现再造一个河套的目标。

随即成立了《巴彦淖尔盟农业综合开发领导小组》，我当时任盟委副秘书长，成为领导小组成员，并亲自参与了规划的制定及实施。文件认为：河套地区有下面几个得天独厚的开发条件，一是可开垦土地面积大。河套平原的形成在迄今 135 亿年前的侏罗纪晚期，由黄河迁回改道内陆湖泊淤积而成，河套内总面积 1471 万亩，可耕地面积 1100 万亩，实际耕种不足 600 万亩，尚有 500 万亩可供开发。而西部乌兰布和沙区、东部低山丘陵区亦有 200 万亩，总共可开发土地 700 万亩。二是地上有黄河、地下有甘泉，水利是农业的命脉，也是河套农业的生命线。新中国成立以后国家在河套地区共投资 7 亿多元兴修水利，现每年引黄河水 50 亿立方米自流灌溉，同时又有地下水 22.7 亿立方米和每年地表降水 1.4 亿立方米，只要合理利用，是取之不竭的甘泉。三是这里有仅次于世界屋脊的光热资源，农业就是把太阳的能量通过生物变成人们所需要的产品。河套地处中纬度地带，地势高，太阳辐射强烈，日照丰富，日温差大，四季分明。全年平均日照时数 3100 小时，太阳辐射总量 146—152 千卡/平方厘米，仅次于世界屋脊的青藏高原，高于华北、东北、长江中下游 20%—30%。由于日照充足、日夜温差大，河套地区所生长的农作物品优质佳，具有其他地区不可替代的产品优势。四是充足的交通能源条件，包兰铁路、110 国道、主要输变电线路贯穿河套平原全境，为河套农业综合开发和农副产品的运输提供了有利条件。

巴彦淖尔盟盟委、行署的决策得到了自治区、中央的大力支持，1993 年 11 月，根据陈俊生同志的批示精神，由国家农业开发办公室副主任李绪猷等 6 位专家来巴盟考察"再造河套"问题，11 月 25 日向自治区人民政府做了汇报，自治区政府主席乌力吉同志、副主席宋志民同志出席了会议。1994 年 3 月，自治区党委书记王群同志、政府主席乌力吉同志、中共巴盟盟委书记张国民等同志赴北京，再次向国务委员陈俊生同志汇报"再造河套"农业综合开发工作。陈俊生同志批示，河套农业综合开发条件优越，国务院同意加快河套农业综合开发，要求尽快拿出一个方案，并聘请国家水电部水电科学院教授级高级工程师沈振荣教授主持编制《内蒙古自治区巴彦淖尔盟河套灌区农业综合开发规划》（以下简称《规划》）。参加这项工作的中央、自治区、巴盟上百余名专家，从 1994 年 4 月开始，历时一年完成规划报告。1994 年 8 月，国务院总理李鹏同志在内蒙古包头市听取巴盟"再造河套"汇报后指出："再造一个河套不仅是内蒙古的需要，也是国家建设的需要。农业综合开发需要大量的投入，国家应给予支持，希望把河套尽快建成新的商品粮基地。"1995 年 4 月 28 日到 29 日由中国水利水电科学研究院、内蒙古农业综合开发领导小组办公室共同邀请国家计委、国家农业开发办、国家土地局、农业部、林业部、水电部、内蒙古自治区计委、财政厅、水利厅、林业厅等有关专家和领导共 30 余人在北京对《规划》进行评审。我陪同巴盟盟长韩志然同志、副盟长周礼明同志参加了评审会。《规划》共三篇十二章，60 余万字。与会人员经过认真评审，一致认为《规划》报告是一个高水平的报告，属国内领先水平，可作为巴盟河套地区农业综合开发的基本立项依据。

"再造河套"总体开发目标：计划从 1995 年到 2012 年的 18 年间，通过中低产田的治理改造，宜农荒地的开发与治理，多种经营及龙头企业项目的建设；强化水利、电力、农业、畜牧业、林业、渔业、多种经营及龙头加工企业、科技推广服务体系、环境保护九大工程体系的建设与配套；加速粮、油、糖、肉、蛋、奶、瓜果、蔬菜、水产、药材等商品基地的建设。到 2012 年全规划区农业综合生产能力、经济发展水平、生态环境改善、自然资源利用效率、社会进步将发生巨大变化。包括：新增耕地 220 万亩，改造农田 684 万亩，其中改造中低产田 480 万亩；治理河套灌区盐碱化，降低地下水位；实现河套灌区农田林网化。开发后新增生产指标：在 1992 年的基础上实现"两高一优"农田面积、粮食产量、粮食商品量、油料产量、甜菜产量、肉类产量、蛋产量、奶产量、毛绒产量、水果产量、森林覆盖面、农业产值、农民人均收入 13 个翻番。

从 1992 年开始，巴彦淖尔的农业开发进入了历史性的转变，即由零星分散、群众自发、各自为战的自然开发，转为国家综合开发的统筹规划。进入了科学论证、长期规划、分区立项、配套实施的新阶段。河套农业综合开发是从二期开始的，每期三年。二期开发共投资 7192 万元，其中国家投资 3000 万元，地方匹配 2700 万元，群众集资 1019 万元。三年共改造中低产田 15.49 万亩，开垦宜农荒地 1226 万亩，40 个项目区农业总产值达到 1.16 亿元，增长 62%，农民人均收入达到 14.50 元，增长一倍。三期开发共投资 17158 万元，其中国家投资 6155 万元，地方匹配 4979 万元，群众集资 6024 万元。三年共改造中低产田 58.74 万亩，开垦宜农荒地 11.8 万亩，80 个项目区实现农业产值 3.2 亿元，比开发前增长 60%，农民人均收入达到 2026 元，增长 45.6%。四期开发共投资 27534 万元，其中国家投资约 8000 万元，地方匹配约 6000 万元，群众集资约 6000 万元。三年共改造中低产田 76.3

万亩，开垦宜农荒地 3.5 万亩，建设优质小麦地 12 万亩。四期开发涉及全盟 6 个旗县市的 66 个乡镇管局、13 个农场，项目区农业生产总值和农民人均收入分别提高了 23% 和 39%。进入 21 世纪，国家农业综合开发改为按五年计划编制。河套地区"十五"期间共投资 47136 万元，中低产田 80.8 万亩，建设优质商品粮基地 17.5 万亩，建设 28.9 万亩，产业化经营项目68 个。

从 1992 年到 2005 年的 14 年中，巴彦淖尔农业综合开发取得了令人瞩目的成绩，总共投资 98622 万元，是新中国成立以来 40 年国家农业投资的1.41 倍，14 年中河套地区共改造中低产田 231 万亩、开垦宜农荒地 28 万亩、建设优质商品粮小麦基地 29.5 万亩，建设生态草原 29 万亩。河套农业综合开发极大地改善了农业生产条件，形成了稳定的生产力。土地开发，排灌配套，降低了地下水位，抑制了盐碱化，提高了土地利用率；土地适度规模经营和科学技术的推广，促进了农业规模集约化和产业化，进一步提高了农业综合生产能力；大力开展植树造林和农田林网化，提高了森林覆盖率，改善了生态环境；农业综合开发，带动了能源、交通和村镇建设，改善了农民生产、生活条件。截止到 2005 年，规划中到 2012 年实现 13 个翻番的已有"两高一优"农田面积、粮食商品量、油料产量、肉、蛋、奶、毛绒产量、水果产量、农业总产值、农民人均收入共 10 项实现了提前翻番。2005年，巴彦淖尔地区农业总产值达到 66.4 亿元，比 1992 年增长 1.85 倍；农民人均收入 4265 元，比 1992 年增长 3.74 倍。①

2008 年伊始，从北京传来了振奋人心的喜讯，国家正式批准了巴彦淖尔市河套灌区 500 万亩中低产田改造建设项目，这是继 1994 年国家立项农业综合开发"再造河套"的又一重大举措。2004 年撤盟设市后，市委、市政府为了彻底改变河套地区农业生产条件，促进农业增产、农民增收，把改造中低产田作为全市重点推进的项目之一。经过不懈的努力，此项目得到全国人大、国务院有关部门的重视和大力支持。2007 年全国人大十届五次会

---

① 河套农业综合开发第一期是 1989—1991 年；第二期开发是 1992—1994 年，当时河套开发尚未列入国家计划；第三期开发是 1995—1997 年；第四期开发是 1998—2000 年。

议上，内蒙古人大代表提出的这个议案提交大会，并被列为全国人大 2007 年十大重点建议之一。经过多方协调，由国家财政部牵头，国家发改委、水利部、国土资源部、林业局等有关部门承办落实。2008 年 1 月 30 日，国家农业综合开发办公室正式批准了该项目。河套灌区中低产田改造任务共 500 万亩，项目从 2008 年起到 2017 年共 10 年，每年改造 50 万亩，当年投资 3.15 亿元，亩均 630 元。该项目涉及范围之广、实施时间之长、投资之大，在巴彦淖尔河套农业开发史上都是空前的，堪称是又一个重要的里程碑。

土地综合开发，"再造河套"，是中共十一届三中全会以来，中共巴彦淖尔市委、市政府认真解决"三农"问题的重大决策，也是利国富民的千秋伟业。我虽然工作调到了政协，但依然十分关心这项事业的发展，并为之发挥余热。

从毛乌素到库布其

呼　波[*]

从毛乌素到库布其
又是一次紧张而快乐的行走
一路风尘，一路汗水
一路感动，一路收获……

接到北京电话，说有个媒体采访活动，集团公司派我全程陪同。当时，我在库布其沙漠，正为一个接待奔波在路上。接到电话意味着手头的事还没结束，就又来了新的任务。对于这样的通知，我已习惯了，这一年，不是在出差就是在准备出差的路上，往往是上一次出差的行李还没有放下，下一次的征程又在路上了。

媒体采访活动的主题是，大美库布其，魅力黄河行。途经鄂尔多斯的5个沿黄旗县，以鄂前旗上海庙为起点，经鄂托克旗、杭锦旗、达拉特旗到准格尔旗龙口结束。

又是一次紧张而快乐的行走，一路风尘，一路汗水，一路感动，一路收获。

同一个美丽中国梦

东胜到鄂托克前旗上海庙约400公里，副圭的路线是走乌审旗一线。乌

审旗与沙漠有着很深的渊源。

乌审旗地处毛乌素沙漠腹地，古时，毛乌素沙漠又称乌审沙漠。著名作家肖亦农的长篇报告文学《毛乌素绿色传奇》将人们的视线聚焦在这片土地上。肖亦农说，2008 年的一天他接到邀请，参加鄂尔多斯市林业局组织的一场绿色信息通报会，与会的不仅有媒体记者，还有像他这样的作家。在那次会议上，时任鄂尔多斯市林业局局长讲到，鄂尔多斯境内的毛乌素沙漠森林覆盖率已达 30%，植被覆盖率已达 75%。照此发展，到 2010 年左右毛乌素沙漠将成为绿洲，长期危害的大明沙将成为记忆，在鄂尔多斯高原上消失。

有感于此，肖亦农历时 3 年多采访，完成了这部记录乌审人艰辛治沙历程的著作。这部 20 万字的长篇报告文学，简直就是 20 世纪 60 年代中期郭小川的《牧区大寨——乌审召》的续篇，面世就引起社会强烈反响，获得了全国"五个一工程"奖和第六届鲁迅文学奖。肖亦农说，与其说这是奖给《毛乌素绿色传奇》的，不如说是奖给乌审大地上千千万万治沙人的。

赶到乌审旗，夜色已经悄悄笼盖了毛乌素。看着车窗外覆盖在连绵沙丘上的绿色，有种亲切的感觉。是心曲相通吧，库布其治沙人在大沙播绿 26 年，与在毛乌素沙地播绿的历代乌审人，做的是同一个美丽中国梦，心中共同怀有着的是对生命对绿色的敬畏和渴望。从库布其来到毛乌素，这种共同的情怀把我们迅速连接到了一起。

两大沙漠绿色牵手

集团车队司机师傅常年行车，一身本事，近 400 公里的夜路走得很安稳。晚 9 时许，到达鄂托克前旗旗府所在地敖勒召其镇，离上海庙还有 70 公里，大家决定晚上在这里歇脚，天明后再赶路。

晚饭是在镇上的一户居民家吃的。这户人家是媒体赵老师的帮扶对象，女主人身有残疾，却忙前忙后，热情张罗了一顿热气腾腾的炖羊肉。

第二天一早赶到了上海庙镇大汗行宫生态旅游区。这里与宁夏银川市仅仅隔着一条黄河，30多公里，半小时车程。相传，当年成吉思汗西征时曾经在此落脚，一位姑娘仰慕于一代天骄，决定为他连夜赶制一双战靴。可战靴只做好了一只，成吉思汗就出发了。后来，当地人为这只靴子立了一座庙，名曰"沙海庙"，汉语"上鞋"的意思，后来口口相传，成了"上海庙"。2000年，亿利资源投资1800万元在这里兴建了大汗行宫，2013年又投资2160万元翻建，具备了旅游接待能力。我们的采访活动从这里正式开始。

亿利人给上海庙带来了现代化发展项目。2000年以来，在各级政府的推动下，亿利资源整合了鄂托克前旗上海庙牧场，2014年引进宁夏农垦集团等区内外企业，合作建成鄂托克前旗上海庙现代农牧循环产业示范区。第一期项目总投资12.12亿元，高标准、高科技、规模化、集约化修复生态，种植甘草和苜蓿、大白柠条等优质牧草，发展奶牛、肉牛高产养殖和冷链加工，启动绿化苗木苗圃产业。项目建成后将带动当地1200多人就业，实现年销售收入15亿元。

当地人说，亿利资源促成了库布其和毛乌素的绿色牵手，功德无量。

库布其绿成为生态文明品牌

采访进入杭锦旗，沿黄河而行，巴拉贡、呼和木独、吉日格朗图——走过，直到独贵塔拉，始终在库布其沙漠的怀抱中。杭锦旗位于库布其沙漠腹地，是亿利资源沙漠绿色经济起家的地方。许多第一次来库布其的人总会问的一个问题："你们的王文彪老总为何要治沙？"

亿利人都知道，企业治沙是被逼出来的。最初，盐场被沙漠阻隔，产品运出去需绕道300多公里，利润都耗在了运输上。修路迫在眉睫，不得不做；护路需要治沙，也不得不做。后来，在治沙中发现了甘草这个宝贝，200多万亩的甘草成就了亿利百亿规模的天然药业。治沙治出了经济效益，反过来再推动治沙，越治绿色越浓，实现了良性循环。

现在，亿利资源不仅植出了库布其绿洲，而且在这片绿洲上发展起了现代化生态植物园，建成了太阳能发电站，生产出了以沙子为原料的装饰材料，现代种植养殖业也在成长中，同时，亿利人还带着绿色技术走出了沙漠，走向了福建、山东、吉林、河北、新疆等地，做成了一项项生态修复工程和清洁能源项目。库布其绿，在人们的心中已经成为一个生态文明的品牌。

2014 年 4 月 22 日，联合国将库布其沙漠设立为全球首个"生态经济示范区"，对库布其治沙模式科学评估后，向世界上更多的被荒漠化侵袭的地区加以推广。8 月，联合国防治荒漠化公约秘书处新任秘书长首访库布其，认为库布其经验应大范围推广，可以给非洲等一些因沙漠、贫穷而战乱四起的地方带来和平。

鄂尔多斯生态植被建设之回顾与建议

王果香*

2015 年是我国实施西部大开发 15 周年。短短的 15 年是西部地区变化最大、经济社会发展进步最快的 15 年。令人十分欣慰的是鄂尔多斯抓住西部大开发的机遇，实施了资源转换发展战略，使经济得以快速发展，社会各项事业全面进步，人民幸福指数明显提高，综合实力已进入自治区前列。特别让我感动的是在这 15 年里，鄂尔多斯将一个生态环境脆弱，沙漠化、荒漠化十分严重的贫困地区建设成为生态环境优良，人与自然和谐，宜居、宜业、宜游，充满绿色的城市。由于生态环境、人居环境的改善，各项事业的发展，鄂尔多斯被中央确定为改革开放 18 个典型地区之一，先后荣膺全国治沙先进集体、全国水土保持先进集体、全国绿化先进集体、全国卫生城市、全国文明城市、全国绿化模范城市等殊荣，全国森林城市也已经通过国家预核验收。

回顾我所经历的过去，感触良多。我出生于中国第七大沙漠——库布其沙漠边缘的达拉特旗树林召乡。有记忆以来的第一印象是沙漠、贫穷、落后。参加工作以后才知道树林召虽属黄河冲积平原，但其中沙化面积占80%，此地常年风沙肆虐，农田被埋，春天种上地，一场风吹得什么也没有了。当时正值吃大锅饭，劳动生产率低下，一年下来连半年的口粮也打不下，沙进人退，人口外流，人民生活十分贫困。

---

* 作者系鄂尔多斯市政协副主席、鄂尔多斯市防治沙漠化暨沙产业、草产业协会会长。

新中国成立初期的鄂尔多斯，由于历史上的战乱，多次大规模的开垦，超载过牧，荒漠化、沙漠化程度相当严重。境内毛乌素沙地、库布其沙漠占总面积的48%，丘陵沟壑、干旱荒漠占48%，几乎占去了全部的国土面积。干旱缺水，风大沙多，自然灾害频繁，农牧业生产由老天来决定，加之交通落后，信息闭塞，是一个闻名全国的贫困地区。直到1986年国家实施大规模扶贫时，我市所有的八个旗县都是贫困旗（其中国家级的五个，自治区级的三个）。

面对恶劣的自然环境，自强不息的鄂尔多斯人与大自然展开了殊死的搏斗和长期的较量，打了一场旷日持久的生命保卫战。经过多年来坚持不懈的艰苦努力，沙漠、荒山得到有效治理，生态环境得以明显改善，城市、乡村、工矿、开发区实现绿化美化，人居环境进一步优化，有力地促进了全市经济及社会各项事业全面协调发展。特别是进入2000年以来，我市依托国家西部大开发实施的一系列生态植被建设项目，全面拉开了建设绿色大市的大幕，生态植被建设迈出了坚实的步伐。森林资源面积从2000年的1588万亩增加到3323万亩，森林覆盖率由12.16%上升到25.5%。完成水土保持综合治理面积2.84万平方公里，占国土面积的30.9%。全市新建城区绿化覆盖率达到42.07%，人均绿地面积29.05平方米。更令人欣喜的是，毛乌素沙漠70%的面积，库布其沙漠23%的面积得到有效治理和控制，全市75%的国土面积披上了绿装。现在的鄂尔多斯可以说是满眼皆绿、处处是景，一派生机盎然的景象。生态环境基本上摆脱了长期以来治理、恶化、再治理、再恶化的困扰，实现了从严重恶化到整体逆转的历史性转变，走出了一条具有鄂尔多斯特色的生态建设之路。

鄂尔多斯生态建设的伟大成就是在一个十年九旱、严重缺水、经济落后的条件下取得的，它凝聚了几代鄂尔多斯人的辛劳和智慧。总结其中的成功经验，使我感受和体会最深的是以下几个方面：

一是坚定不移将生态建设作为最大的基本建设来抓。在恶劣的自然环境面前，鄂尔多斯人没有退缩，而是迎着困难而上，不遗余力地苦干。历届党委政府以一种对子孙后代高度负责的态度，把生态植被建设牢牢抓住不放，一任接着一任，带领群众干到今天。

20世纪50年代，人民政权刚刚建立，满目疮痍，百废待举，人民的温饱还未解决。当时的领导者就很有眼光地提出"禁止开荒，保护牧场"的口号，以后的领导班子在60年代提出了"种树种草基本田"，70年代提出"农牧林水综合治理"，80年代实施"三种五少"（种树、种草、种柠条，小草库伦、小经济林、小流域治理、小水利、小农机具）。90年代提出"植被建设是最大的基本建设"，2000年则把"禁牧、休牧，建设绿色大市"作为奋斗目标。一系列生态建设的理念、方针不仅全面客观地反映了鄂尔多斯的实际，也为开展生态植被建设提供了强大的理论武装。多年来投入了大量的人力、物力、财力，开展了大规模的治沙造林，种草、种柠条的群众运动，坚持不懈，大力度推进，以一种坚忍不拔、不达目标誓不罢休的精神，夺取了一个又一个生态治理、植被建设的阶段性成果。有群众形象地比喻说：过去是沙进人退，无处安身，现在是沙退人进，满眼绿色。

二是解放思想，转变观念，创新机制，恢复生态。总结多年生态建设难以摆脱治理恶化、再治理再恶化怪圈的历史经验，究其原因是滥垦乱牧、超载过牧、掠夺性经营所造成的恶果。2000年，鄂尔多斯市委、市政府大胆提出了"牧区季节性休牧，划区轮牧，农区、半农半牧区、沙化严重、生态脆弱地区全面禁牧"的创新性工作思路，并且顶着巨大的传统思想压力，给农牧民发放禁牧补贴，强力推进。共完成禁牧面积5465万亩，休牧面积4600万亩。加上人工飞播补种，使1亿多亩草原得到自然恢复，草原植被覆盖率、单位面积产草量大幅度提高。同时大力提倡并支持发展规模化舍饲圈养，牲畜头数成倍增长，农牧民收入实现翻番。

三是制定三区规划，实行收缩转移，恢复生态。鉴于鄂尔多斯境内沙漠、荒漠、干旱硬梁、丘陵沟壑区占多数，人为开垦、过度放牧破坏生态环境严重的实际，在重新审视和认识自然规律的基础上，将鄂尔多斯的农村牧区按照立地条件、生态类型划分为优化开发区（黄河、无定河流域）、限制开发区（大部分没有开发条件的地区）、禁止开发区（沙化、水土流失、生态严重脆弱地区），将禁止开发区的全部和限制开发区的一部分农牧民整体转移到有开发条件的地区和小城镇及城市郊区，退出的土地、草场进行人工种树种草，围封保护，恢复植被。自项目实施以来，共转移农牧民 40 万人，打造恢复生态面积 2.37 万平方公里。不仅使沙化草原和荒漠地区的生态得到较大恢复，而且也为破解三农难题，解决农牧民增收致富找到了出路。

四是积极争取国家项目，带动地方生态建设。国家实施西部大开发战略以来，我市紧紧抓住国家在西部实施的退耕还林、退牧还草、天然林保护、三北防护林建设、京津风沙源治理，国家水土保持建设工程、草原生态保护及高产优质苜蓿种植工程等一系列重大生态建设项目的机遇，积极争取国家的支持，精心组织地方政府配套建设，广泛动员社会力量参与，大规模开展了人工造林、封山育林、飞播种草造林、水保综合治理等生态建设工程。累计完成人工造林 782 万亩，飞播造林 769 万亩，封山育林 413 万亩，飞播种草 1654 万亩，人工苜蓿 100 万亩。落实国家草原生态保护补奖机制 10068 万亩，实现了全市草原面积全覆盖。完成水土流失综合治理面积 4260 万亩。在国家项目的带动下，使全市生态植被建设取得了长足的进步和发展，生态环境、人居环境质量又上了一个新的台阶。

五是动员社会力量参与，企业成为治沙造林的主力军。近年来，市里在组织农牧民植树造林的基础上，广泛动员有实力的大中型企业参与生态植被建设。一批有远见、有责任心的企业家也主动出资承包荒沙，进军到治沙造林、生态移民的行列中，成为治沙造林的主力军。亿利集团在库布其沙漠采取公司加农户的方式修路、治沙造林、种甘草、开发观光旅游、兴办沙产业，共计治理沙漠达到 5000 多平方公里。伊泰集团在库布其沙漠腹地规划 300 万亩的治沙碳汇林工程项目，计划投资 10 亿元，用 5—7 年时间完成治理任务。到目前 50 万亩一期工程全面启动，已经修通公路 71.6 公里，完成造林任务 30 万亩。乌审旗引进一家陕西煤矿企业，在苏里格开发育苗基地 1 万亩，建中转培育治沙基地 2 万亩。已经投资近 5 亿元，建成育苗基地 10040 亩，培育 60 多种树苗共计约 5 亿株，为乌审旗及周边地区造林绿化提供种苗服务。东达集团为发展沙柳造板，在库布其沙漠边缘栽种沙柳 300 万亩，兴建了年产 10 万立方米的高密度纤维板生产项目，安置生态移民

2000 户，5000 人，全部从事獭兔养殖，企业统一提供住房和兔舍，免费提供种兔，并负责防疫及技术服务，包销出栏商品兔，使这些养殖户年收入在 5 万—10 万元。还有如神东集团、博源集团等企业，对井田采空区积极开展复垦造林，对工厂周边沙漠进行有效的生态整合治理。还有的企业瞄准沙漠资源积极发展沙漠旅游和沙漠生态经济。目前全市有上百家大、中、小企业参与治沙造林和生态植被建设，已经成为名副其实的生态建设主力军。

六是发展林沙产业，逆向拉动生态植被建设。鄂尔多斯在治沙造林，生态植被建设的同时，认真践行钱学森沙产业发展理论，积极探索防沙治沙，发展沙草产业的新途径、新领域，均取得了可喜的进展。近年来，围绕林、沙、草产品资源，应运而生的沙柳造板、沙柳造纸、生物质发电、沙棘制饮料、制醋酱油、杏仁制饮料、甘草制药、沙漠旅游观光、特色餐饮业、特种种植养殖、绿色食品、饲草料加工等项目，发展势头强劲，经济效益看好，开始拉动治沙造林、植被建设和林、沙、草产业链的形成。人造板年生产规模 23 万立方米，沙棘酱油、沙棘醋年生产规模 2 万吨，沙棘饮料年生产规模 11 万吨、沙棘黄酮等保健品年生产规模 5 万吨，杏仁露年生产规模 5 万吨，人工培育生产螺旋藻 2000 多吨，生物质（沙柳）发电年规模达 3.2 亿度。带动农牧民 8 万多人参与生产，年人均增收 2700 多元。同时为保证林产品加工而配套建设了沙柳工业原料基地 610 万亩，沙棘原料基地 54 万亩，山杏原料基地 29.7 万亩，葡萄原料基地 2 万亩，果品林基地 2.7 万亩。使生态植被建设这项花钱的事业，逐步变为挣钱的项目。

七是开展全民义务植树，全民参与生态建设。从 20 世纪 80 年代开展义务植树以来，广大干部群众植树造林，为绿化家乡作出了巨大贡献，每年植树在 30 万亩左右。为了保证造林质量，市里将造林绿化任务分解落实到每一个旗区、乡镇及各个企事业单位，一包三年，保栽、保管、保活，到期验收。还有各地新办了代表林、委员林、组工林、武装林、青年林、妇女林、知青林、少年林、企业林、记者林等不同造林形式，也为大地添绿，绿化家乡作出了贡献。

鄂尔多斯在生态环境治理、生态文明建设方面取得了显著成绩，极大地改善了人居环境和投资环境，为全市经济协调发展，社会全面进步提供了强大的绿色支撑。但是鄂尔多斯在生态建设上也面临着很大的难点。一是毛乌素沙地 30%、库布其沙漠 77%，约合 2 万平方公里的面积需要治理，而且都是远沙大沙，治理难度很大；二是三区规划确定的生态移民任务还很重，在经济低迷，财政收入下滑的情况下难以推进；三是森林保有面积逐年增加，管理抚育任务不断加大，管理能力、财力跟不上。如全市有各种灌木 2000 多万亩，由于平茬不及时，每年约有 50 万亩灌木退化枯死；四是林沙草产业还处于起步阶段，产品层级低，拉动作用小。

鄂尔多斯要想实现可持续发展，生态环境建设必须常抓不懈，长期坚持，这已经成为鄂尔多斯干部群众的一个共识。我认为鄂尔多斯在生态建设方面应当注意做好的主要工作是：一是坚持生态植被建设、保护生态环境指导思想不变。加强生态文明建设，优化投资环境，助推经济可持续发展，创造更加美好的人居环境，处理好国家清洁能源基地建设与地方环境保护的关系，实现绿水青山和金山银山同时要的目标。二是继续坚持禁牧、休牧、划区轮牧政策不变，继续执行"三区规划"的思路不变，坚决守住并巩固扩大生态建设的成果，把该退的人口和农牧业生产活动退出来，最大限度地为生态植被自然恢复提供足够的时间和空间。三是制定鼓励性政策，进一步吸引和鼓励企业及社会力量参与治沙造林、生态环境建设、生态经济及林沙草产业的研究开发。四是认真做好灌木林平茬抚育工作。建议国家及自治区应当将灌木林平茬抚育列入公益林抚育工程建设范围，给予资金上的支持。地方政府也应匹配一部分，以推动这项工作的开展，确保占森林总数 80% 的灌木林能继续生存，其生态功能的主体作用能继续发挥。五是在今后的造林绿化中要加大经济林的比例，在发挥绿化及生态功能的同时，为林产业开发加工提供原料，更重要的是为农牧民增收开辟财源。

乌兰察布盟贯彻落实国家西部大开发 战略保护和建设生态环境亲历记

赵世亮[*]

乌兰察布盟（2004 年国务院批准撤盟建市）地处祖国正北方、内蒙古自治区中部。全市辖 11 个旗县市区，总面积 5.45 万平方公里，总人口 270多万，是一个以蒙古族为主体、汉族居多数的老少边贫地区。如果把自治区版图比作一匹腾飞的骏马，那么这里就是骏马的心脏部位。乌兰察布区位优越，位于晋冀蒙三省交界处，地处环渤海经济圈和呼包鄂金三角结合部，是内蒙古所辖 12 个盟市中距首都北京最近的地区，是内蒙古自治区东进西出的"桥头堡"，北开南联的交汇点，是连接东北、华北、西北三大经济圈的交通枢纽。乌兰察布交通便利、资源富集、能源充足，是一片极具发展潜力的热土。在国家即将迈入辉煌的 21 世纪、西部大开发的号角即将吹响前夕的 1988 年，自治区党委决定任命我为乌兰察布盟盟委副书记、盟长。作为土生土长的蒙古族牧民的儿子，我从一般干部到领导干部，在乌兰察布盟工作了整整三十个年头，亲自经历了西部大开发战略在乌兰察布大地上的生动实践。为贯彻落实西部大开发战略，自治区党委制定了突出抓好"一线"、

---

* 作者时任乌兰察布盟盟委副书记、盟长，是政协内蒙古自治区第十届委员会常委，内蒙古自治区第八、九、十、十一届人大代表，内蒙古自治区第七、八次党代表大会代表，第十届全国人大代表。

"三区"、全面实施"十大工程"、努力实现"三大目标"的基本思路，按照国家战略和自治区基本思路，结合乌兰察布实际，盟委、行署把生态环境保护和建设作为贯彻落实西部大开发战略的首要任务、切入点和突破口，组织全盟各级干部和广大群众发扬"团结一致、自强不息、负重奋发、艰苦创业"的乌盟精神，进行了艰苦卓绝的奋斗，取得了明显的生态效益、经济效益和社会效益。回想当时五年的"亲历、亲见、亲闻"实践，我仿佛又回到了那热血沸腾的年代。

困境中的抉择

思路决定出路。科学决策是做好一切工作的前提和基础。乌兰察布盟为什么要将生态环境保护和建设作为贯彻落实西部大开发战略的首要任务、切入点和突破口呢？主要出于以下考虑：

一是国家西部大开发战略将生态环境保护和建设作为重要任务和切入点。内蒙古是我国北方最重要的生态防线，乌兰察布地处自治区中部，其生态环境如何，不仅影响全盟经济社会的发展和广大群众的脱贫致富，而且关系着永定河上游、海河流域和京津地区等生态环境的保护和改善。乌兰察布的生态环境保护和建设搞好了，就等于为祖国北疆打造了天然的绿色屏障和生态安全屏障。

二是乌兰察布的生态环境保护和建设已经有了一定的基础和条件。历史上，乌兰察布曾是水草丰美的大草原，"天苍苍，野茫茫，风吹草低见牛羊"是那里的真实写照。但是进入 20 世纪六七十年代，由于人口增加对粮食的迫切需求，大规模掠夺式毁林开荒、垦草种粮，使这一地区大面积的土地风蚀沙化，生态环境遭到严重破坏，陷入了"粮化—沙化—贫困化"的恶性循环。为了恢复生态环境，彻底解决民贫政贫的现实问题，1994 年盟委、行署在重新审视盟情、总结历史经验教训的基础上，从可持续发展的战略高度出发，作出了"进一退二还三"（每建成一亩精种高产田，退下二亩旱坡地，还林还草还牧），调整优化农村牧区产业结构，建设畜牧业大盟的战略决策。在国家没有专项投入的前提下，坚持开展大规模的退耕种树种草，恢复植被，建设生态环境。在国家实施西部大开发战略前夕，已累计退耕种树种草 1200 万亩，在耕地减少二分之一的情况下，农牧业经济得到可持续发展，取得明显的生态、经济和社会效益，开始走上生态效益型农牧业发展轨道。这是乌兰察布实施西部大开发战略的实践基础。

三是乌兰察布后山（即阴山北麓）风蚀沙化带生态建设的任务非常迫切。这段风蚀沙化区横跨四子王旗、察右中旗、察右后旗、商都县和化德县五个旗县，涉及 58 个乡（苏木），西起四子王旗大井坡、东至化德县七号，形成了一条东西长 300 公里、南北宽 50 公里的严重风蚀沙化带，总面积 1751 万亩，占五旗县总面积的 58%；总人口 58.4 万人，占全盟农牧业人口的 27.3%。长期以来，由于自然和人为的因素，该地区生态环境日趋恶化，耕地、草场退化沙化，自然灾害频发，经济发展和人民生活水平提高受到了严重制约。借助国家西部大开发战略的东风，彻底改变后山风蚀沙化区的生态环境状况，改善这里人民的生产生活条件，打造好北部的绿色屏障是全盟各级干部和广大人民群众的迫切愿望。

基于上述考虑，我建议盟委在贯彻落实国家西部大开发战略中要把生态环境保护和建设作为乌兰察布的切入点和突破口，而且必须把后山风蚀沙化区农牧交错带跨旗县生态绿色屏障建设作为乌兰察布生态环境保护和建设的重中之重。盟委决定，由我担任后山跨旗县生态绿色屏障建设工程的总指挥，全权负责协调指挥各有关旗县、盟直有关部门，举全力抓好工程建设。

艰苦卓绝的实践

决策制定后的主要任务是抓好落实。担任乌兰察布盟盟长，我深感责任重大、使命光荣。如何科学摆布工作、抓住重点、干出成效，不辜负自治区党委的期望和乌兰察布父老乡亲的重托，是我当时思考的重大问题；如何统一思想、调动一切积极因素，科学规划、制定措施，集中人力物力财力，投入后山跨旗县绿色生态屏障建设工程中去，并在短时期见到成效，是我日思夜想的重点问题。

没有调查就没有发言权。工程建设必须规划先行。1988 年 4 月下旬的北方地区，还是一个冰雪消融未尽、冷风严寒时断时续的季节，虽然有了春的气息，但寒冬仍未彻底远去。为了实施好后山跨旗县生态绿色屏障建设工程，我带领盟直农牧林水、发改、财政、统计、扶贫等有关部门负责人深入后山跨旗县进行了现场考察，详细调查了解了 300 公里长、50 公里宽范围内的基本情况，与旗县、乡镇进行了座谈讨论，听取了基层干部群众的意见建议，为制定建设工程规划收集了第一手材料，并责成有关部门尽快制定建设工程详细规划。随后，在行署常务会议上作出了总体规划目标，实行一次性规划、分步实施的办法，每年由北向南推进 15 公里，三年治理完毕，跨县连乡、连点成线，使工程基本建成框架，形成一条气势磅礴的绿色长龙，成为乌兰察布至京津地区的绿色屏障。

思想是行动的先导。为了统一思想，提高认识，聚集全盟各级干部和广大群众的力量，集中实施后山跨旗县生态绿色屏障建设工程，我撰文《生态环境是人类生存和发展的生命线、生存线、幸福线》，要求全盟上下牢固坚持可持续发展战略，从构筑经济发展的生命线、当代人安居乐业的生存线、造福子孙后代的幸福线"三线"的高度，充分认识生态环境保护建设的重要性和必要性，为实施西部大开发战略、抓好生态环境保护和建设这个首要任务和切入点奠定坚实的思想基础。我还撰写了《生态建设的五大关系》一文，要求全盟上下正确认识和处理好退耕与稳耕、退耕与还林（草）、还林（草）与发展畜牧业、退耕种树种草投入与产出、退耕与农业税等"五大关系"，用理论指导全盟的生态环境保护建设的伟大实践。又撰写了《筑绿色屏障，造秀美山川——乌兰察布盟后山跨旗县生态建设工程调查》，在总结实践经验的基础上，明确提出了全盟下一步工作的重点，就是抓住西部大开发战略的实施机遇，进一步加快生态项目区建设，提高种树种草质量，把生态环境保护建设与发展畜牧业、培育地区特色产业紧密结合起来，大力发展地区特色经济，促进地区人口、资源、环境与经济、社会的协调发展和可持续发展。还撰写了《三农问题的辩证法》《小土豆大产业——乌兰察布马铃薯特色主导产业的调查与思考》等文章，在指导全盟生态环境保护建设的同时，对全盟农村牧区工作和主导产业的培育提出了自己的思路和想法。

"一个实际行动胜过一打纲领"，"不干，半点马克思主义都没有"。在制定规划、明确目标，统一思想、提高认识的基础上，围绕贯彻落实西部大开发战略，实施后山跨旗县生态绿色屏障建设工程，我组织领导全盟上下展开了五年艰苦卓绝的实践。重点采取了以下措施：

（一）实行统一规划，分步实施。坚持从实际出发，抓住关键性问题，从上到下制定一个符合实际、便于操作，既考虑长远、又兼顾当前的治理规划，做到盟、旗县、乡镇、村层层有规划，并把生态环境保护建设纳入地区经济社会发展的年度计划和中长期规划，明确目标、具体措施和建设重点，做到总体有规划、年度有计划，按规划分步实施。同时，在实践中不断补充、完善规划，把从盟到村的各级规划衔接好，确保规划的科学化。并建立"四图一卡"（现状图、规划图、进度图、效益图和治理任务卡），坚持一个规划一支笔、一张蓝图干到底。

（二）做到因地制宜，综合治理。后山风蚀沙化区是一个农牧林交错的地区，地形地貌复杂多样，有丘陵也有滩川，有农区也有牧区，有林地也有草地，有村庄也有道路，必须因地制宜，因害设防，源头治理，整体推进，由单项治理、零打碎敲变为综合治理。

一是治理面积规模化。打破旗县、乡、村区划界线，依据地形地貌，合理划定"进区"和"退区"，在"进区"内，按照凡有一亩水地的户保留三亩旱作基本田、凡有二亩水地的户保留一亩旱作田、凡无水地的户建设五亩旱作田的标准，进行农田基本建设。在"退区"内，分年度种草种树，真正做到跨县连乡、集中连片、连片成带，实行规模化治理。

二是治理措施标准化。坚持"七个结合"：即坚持生物措施、工程措施与科技措施相结合，农田防护林体系、退耕种草种树与小流域治理相结合，灌草乔相结合，行政手段与政策调节相结合，国家投资与群众投工相结合，机械作业与人工作业相结合，生态效益、经济效益与社会效益相结合，做到因地制宜、适地适树、分区治理。对土质条件相对较好的退耕地，种植以沙打旺为主的多年生牧草，建设宽草带、窄林带、林草相间的封闭型草场；对土质较差的退耕地和荒滩荒山荒坡，建设以柠条为主的开放型草场；对沙化退化草场，进行灌丛化改造；对大风口实行源头治理、纵深绿化，与风向垂直建设灌草乔相间、带网片配套的综合防护林体系。对"进区"内的基本农田，按照田成方、林成网、井渠配套的模式推进，建设以速生丰产树种和经济林为主的农防林体系，水地实现"五配套"，旱地实现"四配套"，项目区的村庄同时进行绿化。对丘陵山区实行小流域治理，把小流域作为一个完整的单元去治理，打破区划界限，做到沟、坡、峁、梁综合治理，点、片、带、网配套组合，山、水、田、林、路一步到位，林、草、果、粮、菜全面开发，建设生态经济沟，形成农牧林结合型的特色经济。风蚀沙化区的工程道路两旁，种植以大白柠条为主的灌木，形成地区特色景观。

三是治理工作经常化。坚持过去行之有效的做法，小突击大会战与专业队常年干相结合，每年春、夏、秋组织一次种树种草大会战，确保工程如期完成。

（三）坚持生态效益与经济效益相统一，选准治理路子。坚持治理与开发相结合、当前利益与长远利益相结合、生态建设与群众脱贫致富相结合，从风蚀沙化区农牧林交错的特点出发，按照"自给性的种植业、保护性的林业、商品性的畜牧业"的思路，因地制宜，选准开发治理路子，促进生态环境与区域经济的协调发展，实现生态效益与经济效益相统一。在实践中走好七条路子：

一是走"进"上突破、以"进"促"退"的路子。在建设水旱标准农田、改善生产条件、调整优化种植结构、提高种植业水平和效益的基础上，促进大面积的退耕。四子王旗吉生太乡走了这条路子。

二是走立草为业、以"退"逼"进"的路子。实行大面积的退耕种草，在改善生态环境、促进畜牧业发展的同时，收缩种植业战线，由广种薄收转向精种高产。凉城县多纳苏乡走了这条路子。

三是走大退大还、以牧为主的路子。针对土地严重沙化退化、种植业难以维持生活的实际，大规模地退耕种草，再造新草原，再建新牧区，改善生态环境，大力发展畜牧养殖业。察右后旗的三井泉乡、化德县的三胜村走了这条路子。

四是走种养结合、为养而种的路子。围绕发展农区畜牧业，在退耕还牧的同时，调整种植结构，扩大粮饲兼用作物，大种土豆大养猪，大种玉米大养牛羊，大力推广秸秆青贮、氨化、微化和牛羊短期快速育肥技术，加速出栏，提高商品率。察右后旗西泉村、凉城县六苏木乡走了这条路子。

五是走集中连片、规模治理的路子。统一规划，打破区划界限，实行连片规模治理。四子王旗坚持集中连片、规模治理、工程措施与生物措施相结合的原则，建设了两大骨干工程。一项是西部风蚀沙化区建成了沿塔布河东岸横跨 6 个乡、南北长 200 公里、东西宽 700 米的防风固沙林草带。另一项是东部水土流失严重地段，纵贯 6 个乡、南北长 100 公里的水土保持林草带。两项工程对改善该旗的生态环境起到了很大作用。

六是走小流域综合治理的路子。察右后旗集中五个乡镇的劳力，用 3 年时间对境内的古福流域进行了综合治理，动用土石方近 100 万立方米，投入义务积累工 33 万工日，完成坡面整地种树种草 5.5 万亩，退耕种草 1 万亩，修交通作业路 42 公里，闸沟 22 条，修筑土石谷坊 735 座，减少泥沙流失量 120 多万立方米，拦洪蓄水近 60 万立方米，直接经济效益 170 多万元，极大地改善了地区水土状况。

七是走异地搬迁、封育改造的路子。在严重风蚀沙化、失去生存条件的地区，将村民全部搬迁到生产生活条件较好的地区，对原有地区实行封育改造，全部退耕还林还草，恢复植被，改善生态。

商都县将风蚀沙化严重、生态环境恶劣地区的 876 户共 3216 人，分三期移入城关镇高效农业开发园区。给每户先建 29 平方米住房，一间标准化猪舍，0.6 亩蔬菜塑料大棚。移入小区的农民除参与开发建设外，还可进城打工。从一个绝对贫困线下的农民，年人均收入达到 2220 元。四子王旗也将供济堂、吉庆、大井坡、朝克温都四个乡失去生存条件的 500 户共 2000 多人移入扶贫开发小区，种草养畜，当年解决温饱。截至 2002 年底，全盟共完成生态移民 4500 多户共 2 万多人。生态移民既从根本上实现了脱贫致富，又促进了迁出地的生态恢复，同时还促进了农村产业结构的调整和小城镇建设。

后山风蚀沙化区跨旗县生态绿色屏障建设工程是一项涉及面广、工作难度大、任务艰巨的系统工程，是改造大自然的一场硬仗，必须加强领导，完善政策，集聚各方面因素，大打攻坚战，在具体实践中做到了"六个到位"：

（一）目标管理到位。从盟到旗县、乡镇、村逐级签订责任状，对建设工程实行目标管理，纳入各级领导班子的任期目标责任制，作为干部实绩考核的主要内容。党政一把手必须亲自抓、负总责，分管领导集中精力抓，几大班子合力抓。在工程实施过程中，定期组织研究工程进展中的方针政策和需要解决的重大问题，并定期进行督促检查，严格奖惩兑现，对完成任务好的给予奖励，有突出贡献的要提拔重用，完不成年度任务的旗县、乡镇不得参评综合奖。在充分发挥盟林草开发指挥部宏观指挥协调作用的同时，充实加强五旗县及所属乡镇的林草开发指挥机构，协调农、牧、林、水、机、扶贫等各有关部门工作，在人、财、物等方面形成合力。充实精干力量，提高各级指挥部办公室的办事效率，明确责任，实行专事专人专办。

（二）激励政策到位。进一步完善有关政策，激励和调动群众投资、投劳的积极性，形成全党动员、全民动手、全社会参与的局面。一是继续落实退耕还林还草地免征农业税政策，建设工程区在册的当年退耕还林还草地一律免征农业税，对应退不退、应还不还的退耕地，征收林草开发基金；二是落实谁投入谁治理谁受益的政策，允许转让、继承。规划区内的退耕地可分户治理、分户经营、分户受益，也可集体统一治理、产权明确到户、分户经营管理，还可集中统一治理，统一管理，见效后有偿出售给农户；三是加大宜林"三荒"拍卖力度，拍卖的宜林"三荒"一定 30 年不变，允许继承转让。鼓励机关团体、企事业单位承包宜林"三荒"和退耕地，进行林草开发，兴办种养业实体；四是积极推进股份合作制，鼓励农牧民个人、集体和国家企事业单位，以土地、劳力、资源、资金、种苗、机械、技术等为股份，进行多种形式的合作开发，共同参与生态建设；五是鼓励城镇居民、国有企事业单位的富余人员和下岗职工从事生态治理和经济开发，把一条沟、一座山、一面坡、一片沙、一个小流域拍卖、租赁或承包给一个企业、一个居委会或职工个人，实行产业化开发；六是建立激励机制，对当年建设的30个乡，盟里在资金上给予倾斜。对当年保质保量完成任务的旗县，给予燃料补助费总投资40%的奖励，对完成任务好的乡（苏木）奖励一台链轨拖拉机。各有关部门从大局出发，按照"三个有利于"的标准，在政策措施上，为生态建设多开"绿灯"，充分调动广大农牧民和社会各方面参与生态建设的积极性。

（三）资金投入到位。从多方面挖掘潜力，千方百计增加投入。五旗县对各项资金进行统筹安排，扶贫资金、以工代赈资金、农业综合开发资金以及有关信贷资金，都要在认真执行国家有关管理办法的前提下，尽可能地向生态建设工程倾斜。坚持实行国家补助为辅、群众投工投劳为主的政策，认真落实自治区《关于加快沙区山区生态建设的决定》中有关资金投入的政策，每年安排生态建设资金不得低于财政支出的1%。其中新增农牧业税中，用于生态建设部分不得低于农牧业基础建设投入的15%。积极争取国家投入，充分发挥国家投资的吸引和集聚效应，大力引导农牧民群众向生态建设投资投劳，特别是增加劳动积累工的投入。在投工投劳方面，借鉴延安市的做法，以村为单位，实行"出工记账、折价入股、按股受益"的办法，把农牧民的投工与受益联系起来；在跨村、跨乡镇的会战中，坚持互惠互利的原则，采取"出工记账、以工还工、大体平衡"的办法，使各村、各乡镇都觉得不吃亏、有好处，齐心协力搞治理。对于拍卖"五荒"所得资金，要专款专用，滚动使用。积极创造条件，选择合适的项目，利用世行贷款、国外政府贷款及其他形式的国外资金进行生态建设。同时，切实加强资金的管理，努力提高资金使用效益。

（四）科技服务到位。增加科技投入，强化科技服务，提高生态建设工程的科技含量。强化以科技为重点的社会化服务体系建设。每个乡镇都要充实一批林业技术人员，搞好全程服务。认真落实行政技术双承包责任制，实现行政保面积、技术保质量，做到任务、责任、奖罚到人。各级林草指挥部办公室和农牧林水等部门要抽调技术人员，解决生态建设工程中的科学规划、精量播种、规范栽植、引种试验、播种机械、转化利用、加工机械等技术问题。大力培养示范乡、示范村，开展多种形式的科技培训，推广旱作保墒种植、地膜覆盖、宽幅高标准梯田等先进实用技术，重视机械作业，提高治理水平，确保工程质量，提高林草种植的成活率。

（五）宣传发动到位。各级宣传部门加大宣传力度，充分利用报纸、电视、广播、会议、标语等多种宣传工具，积极宣传风蚀沙化危害的严重性和生态建设的紧迫性和重要性，提高广大干部群众对生态建设的认识，激发广大群众治理生态环境的热情。同时，总结宣传生态工程建设中涌现出的好典型、好经验、好做法，充分发挥典型的辐射带动作用。

（六）管护执法到位。坚持建管并重、管重于建的原则，彻底改变过去那种重建轻管、只建不管的现象。组建专门的管护队伍，建立乡、村、组、户四级管护网，配备专业管护员；落实管护责任和管护制度，做到责任明确、有章可循；落实管护政策，调动管护人员和千家万户的积极性；落实管护手段，解决管护工作必需的设施。同时，落实好国家颁布的《草原法》《森林法》《水土保持法》《矿产资源保护法》和自治区的有关条例等一系列法律法规，强化法律监督，加大执法力度，运用法律武器来保证和推动生态环境保护建设，使之逐步走上法制化轨道。

绿染大地的回报

有付出必然有回报。抓住国家西部大开发战略的机遇，乌兰察布坚持抓生态环境保护和建设取得明显的生态效益、经济效益和社会效益，得到了丰厚的回报。

一是经过积极争取，全盟 11 个旗县市全部列入国家生态建设项目区。察右前旗等 8 个旗县市被列入国家京津风沙源治理工程，凉城等 3 个旗县被列入国家退耕还林还草示范县，四子王旗等 7 个旗县市被列入京津风沙源治理退耕还林还草工程，有的旗县被列入国家"三北"防护林四期和天然林资源保护工程。截至 2002 年，国家几大类生态建设项目累计投入资金 4.2 亿元，用于生态环境保护和建设的投入明显加大。项目区农牧民人均享受国家生态建设项目补贴 320 元，林草成活率达到 90%以上。

二是生态环境保护建设在实践中取得明显成效。截至 2002 年底，全盟累计退耕种树种草 1400 万亩，其中 900 万亩已产草见效，年产草 90 多亿斤，为生态效益型畜牧业发展提供了充足的饲草料。后山 300 公里长、50 公里宽的跨旗县绿色生态屏障建设工程基本建成。全盟林草覆盖率由 1994 年的 20%提高到 40%，水土流失、风蚀沙化得到有效控制，大风天数减少半个月以上，局部地区降雨量明显增加，形成了小气候。据国家气象卫星测绘照片显示，乌盟境内阴山北麓一带出现了大片的绿色，大地郁郁葱葱，草木青青润莽原。

三是综合经济实力明显增强。在生态环境向良好转化的同时，全盟经济建设取得长足发展。截至 2002 年底，在耕地缩减 50%的情况下，国内生产总值、粮食总产、财政收入、农牧民人均纯收入和城镇居民人均可支配收入五项主要经济指标分别比"八五"末期翻了一番多，增长速度位列全区前列，各项主要经济指标人均占有水平与全区平均水平的差距均缩小了 16 个百分点以上，其中农牧民人均纯收入缩小 30 个百分点，基本接近全区平均水平，全盟地区综合经济实力明显增强。

四是乌兰察布的知名度大幅度提升。乌兰察布生态环境保护和建设的实践经验得到了国家和自治区党委、政府及有关部门的高度重视和肯定。全国（北方片）退耕还林还草试点工作现场经验交流会在呼和浩特召开，参观考察了乌盟四子王旗、察右中旗生态建设成果。全国扶贫开发与生态建设相结合研讨培训班、全区的退耕还林还草现场会在乌兰察布召开，我代表盟委、行署在大会上作了典型经验介绍。自治区党委、人大、政府、政协的领导和国家有关部门领导多次到乌兰察布考察视察。时任国家发展计划委主任（国务院西部开发办主任）曾培炎、国家发展计划委副主任（国务院西部开发办副主任）李子彬、国务院西部开发办副主任王志宝、环保总局局长谢振华、扶贫开发办公室主任胡富国、农业部副部长刘成果、水利部副部长陈雷、九三学社中央委员会副主席、中国可持续发展研究会副理事长洪绂曾等领导和专家，都曾到乌兰察布现场考察指导。2001 年 8 月我赴京参加了全国《水土保持法》颁布实施十周年座谈会，并在会上作了典型发言。

"木欣欣以向荣，泉涓涓而始流"，沐浴着国家西部大开发战略的春风，乌兰察布大地上 270 多万人民进行了艰苦卓绝的实践，取得了大地丰厚的绿色回报。回想当年，我作为地区的执政者，殚精竭虑，兢兢业业，恪尽职守，付出了自己的心血。能为乌兰察布的生态环境保护建设和父老乡亲脱贫致富做一点实事，是我一生中倍感欣慰的快事！

从百万甘草　到百亿药业

孙　甲[*]

2014 年 7 月 22 日，库布其阳光明媚，沙漠绿洲迎来了尊贵的客人。

联合国防治荒漠化公约组织新任秘书长莫妮卡·巴布来到这里，这是她履新伊始的首访。亿利沙漠经济让她眼睛一亮，来到甘草基地，见苗木长势旺盛，她笑得满脸阳光。

西部大开发，甘草产业是亿利沙漠经济的第一链。从百万甘草到百亿药业，整个产业链令人信服地演绎着沙产业的蓬勃活力。

农历小龙年，两年一届的库布其国际沙漠论坛如期召开。这是第四届，这届论坛的吉祥物选中了甘草娃娃，亿利甘草产业又一次被放在全球视野之下。

库布其沙漠中生长着 160 多种珍稀沙旱生植物和中药材，其中，甘草十分名贵。中医有句口头禅，叫"十药九甘"，说的是，十剂中药中有九剂要配甘草，由此尊甘草为"药王"。

库布其沙漠甘草资源丰富，野生甘草有一百多万亩，沙区百姓历来有挖甘草卖钱的传统。祖祖辈辈挖下来，越来越多的甘草滩成了不毛之地。尤其是"梁外甘草"，以优异的品质蜚声四方，引得外地人涌入库布其掠夺性采挖。保护这项沙漠资源刻不容缓。

26 年前，亿利资源开始在库布其植树治沙。后来，由治沙走上用沙，

＊ 作者系《沙漠世界》杂志副主编。

在开拓沙产业上寻求可持续的发展。亿利董事长王文彪常说，库布其沙漠是我们最大的财富，甘草就是很好的资源。他提出了"以药为主，药中有林，林中有药，药、林、草、生态旅游相结合"的沙产业思路。药，以甘草打头。

亿利人发展沙产业，有独到的生态思维：先保护，后利用。他们把沙漠上的160多种沙旱生植物和中药材视为珍宝，以种植围封加以保护，待绿洲气象形成，再科学开发。

长期投资建设，目前亿利已经拥有 CAP 标准化甘草种植基地 220 万亩，其中，纳入保护的野生采种基地 65 万亩，保护利用并举的半野化种植 151.5 万亩，现代技术集约化栽培基地 5 万亩。自然野生加人工种植，甘草得到有效保护。220 万亩基地形成规模，科学采挖，有轮有休，可以保证永续生长。

有了原料资源后盾，亿利顺势而为，精心打造从种植，到加工，再到销售的甘草产业链，将沙漠资源成功地转化为企业资本，生利惠民，反哺生态。

亿利着意发展甘草医药，连续投入大量资金，完成了产业链 CMP 认证改造，成为中国甘草种苗、甘草条草饮片主要供应商。甘草原料及甘草制剂远销日本、韩国等国家和地区。2013 年，甘草产业规模达到 50 亿元。

甘草突破，百草跟进，苦参、锁阳、麻黄、苁蓉、黄芪、马齿苋等几十种沙旱生药用植物被合理有效地开发利用，亿利天然药业应运而生。

从亿利甘草产业的成功，到亿利天然药业的崛起，有一个资本整合的过程。

这个整合，是在"天然绿色"的大旗下推进的。20 世纪末，生态文明走进中国人的视野，崇尚天然、追求绿色成了人们生活的急切需求。亿利的"绿动无限"恰合大势，凭借库布其沙漠的绿色药材资源，以"天然"立旗，整合资本，壮大药业。

从 1998 年开始，亿利天然药业先后整合成立了十多家医药生产、研发和销售企业。组建了鄂尔多斯市亿利医药有限责任公司、内蒙古亿利能源股份有限公司药业分公司和内蒙古亿利能源股份有限公司甘草分公司，并通过股份改造将包头中药有限责任公司、库伦蒙药厂、包头同惠医药公司、陕西华信医药有限公司、鄂尔多斯市维康医药有限公司、北京信海丰园医药等9家分（子）公司纳入自己的绿色大旗之下。其中，包头中药是百年老厂，东胜制药建厂50年，库伦蒙药是新中国的第一家蒙药厂，他们带来了丰富的天然药生产经验和400多个批文产品，其中20多个中成药、蒙药品种具有自主知识产权。

成功在于机制，企业化运作是亿利药业发展壮大的一大成功之道。

2000年，亿利科技上市，首期募集到的人民币4.97亿元。亿利看准了绿色药业的市场前景，拿出首期募集的70%多，投入了医药产业。以上市资本撬动医药产业发展壮大。

投入有了明显的回报，亿利科技来自医药产业的收入逐年增加。2000年的医药业收入仅占当年收入的11.33%，2001年则上升到26.25%，2002年中期猛增到65.19%，医药一跃成为公司的主营业务。

2010年，规划占地300亩的亿利制药园区在鄂尔多斯市东胜区建成，这是中国西部最大的以甘草系列产品生产加工为主的高科技制药工业园区。这个总投资20亿元的园区，年销售收入计划将达到16亿元。

如今，亿利天然药业在鄂尔多斯有着220万亩优质甘草资源，在北京有两个中蒙药研发机构，下属企业的主营业务已经涵盖三大块内容：一是以库布其天然甘草为主的绿色中药材种植、加工和经营业务；二是特色中成药、蒙药的研发、生产和销售业务；三是医药商业批发、零售和配送业务。也就是说，一条从药材种植到药品生产、销售、批发、配送的完整产业链已经形成。

2012年，亿利天然药业的销售收入超过100亿元，绿色崛起大功告成。

产业链上，最能影响市场的莫过于产品。天然，绿色，是亿利药业的品牌，也是它的产品之魂。

库布其绿色，是亿利药业品牌的依托。正因为亿利人创造了库布其绿洲，亿利天然药业的绿色之路才走得如此扎实：

——2001年，凭借库布其优势，亿利药业取得了国家认证的甘草专营许可证，具备了经营甘草系列产品的专营资格，成为中国甘草条草、饮片、甘草种子的举足轻重供应商。

——2004年，亿利能源甘草公司的"梁外甘草"，通过由国家食品药品监督管理局组织的现场GAP认证。到目前，这是国内唯一一家通过甘草GAP认证的企业，从而成为国家重点农业产业化龙头企业。

——2006年，由亿利承担的《鄂尔多斯市杭锦旗"梁外甘草"农业标准化示范区》项目，通过国家标准化管理委员会验收。

——2011年，亿利甘草分公司被认定为"绿色产业示范基地"，"梁外甘草"牌系列产品被评为"消费者最喜爱的绿色品牌"。

——2012年，亿利医药有限责任公司在杭锦旗的3万亩甘草种植基地经过各项检测，不论是出口生产基地的空气环境质量，还是农田灌溉的水质及土壤环境质量，各项指标全部符合《药用植物绿色出口生产基地行业标准》，顺利拿到了出口生产基地的"绿卡"。

——2013年，亿利天然药业通过"广州国药会"，重磅推出亿利甘草良咽和亿利麝香祛痛喷雾剂两大战略品牌，有效提升品牌影响力。

亿利药业拥有全球最大的具有原产地标示的GAP标准化甘草种植基地，有开发"高端个性化"甘草产品的良好基础。借此，"甘草良咽"这匹"黑马"抢占了商场风头。

"甘草良咽"研发之初，市场取向就定在了"不为廉价而放弃产品品质和功效"上，将消费对象锁定在能够接受单价超8元的人群上，走向市场时打出了1盒9.9元的高价。这是因为，有选用优良原料制造、经过3000多次国家级实验室测试做底。

再看一个时间表吧：亿利甘草良咽，2002年5月完成研发和定位，6月组织生产和设计广告，7月拉队伍建渠道，8月推出电视广告，5个月的时间，有了48000个可控终端。10月底在全国大部分地区完成上架，12月就成为全国销量第五的咽喉药品牌。8个月，只用了8个月，就硕果累累。这就是亿利天然药业的市场开拓速度。

现在，提起亿利天然药业，人们都夸这是一张绿色名片。支撑这张名片的是，以甘草为核心的中成药产业链和蒙药产业链，链上的 110 个品种 4000 多个产品在市场上荡起无边绿浪。

扶 贫 开 发

帮助"三少"民族解困

乃 登[*]

1999 年 7 月 16 日至 28 日，我带领自治区政协视察调研组一行 8 人，对鄂伦春自治旗、莫力达瓦达斡尔族自治旗、鄂温克族自治旗进行了调研。我们听取了三个自治旗的汇报，走访了基层单位，其中有"三少"民族聚居的苏木、嘎查，民族中学、民族小学、民族幼儿园，民贸企业、猎户、牧户、敬老院、博物馆等。

7 月的呼伦贝尔大草原，风景如画，令人心旷神怡。每到一处，身着五颜六色的民族服装的群众载歌载舞，欢迎我们的到来。在猎民、牧民家，我们深入调查了解他们生产、生活的现状和面临的实际困难。通过走访调研，我们对内蒙古自治区"三少"民族自治旗经济社会发展情况及其所需研究解决的有关部门，有了比较清晰的认识。

改革开放以来，"三少"民族自治旗在党的民族政府指引下，认真贯彻落实了《民族区域自治法》和旗制定的《自治条例》，使"三少"民族自治旗经济社会和各项事业有了长足的发展和进步，取得令人满意的成效，我们感到十分高兴。

"九五"期间，鄂伦春自治旗用在公路、邮电通讯、农村电网、市政等基础建设累计投入资金 11986 万元；猎民人均纯收入 2116 元，年均增长16.5%；莫力达瓦达斡尔族自治旗，300 个行政村均已实现了通车、通电、

* 作者时任政协内蒙古自治区第七届、第八届委员会常务副主席，党组副书记。

通邮目标,农村人口住房砖瓦化率达到40%以上,有线电视延伸到全旗150个村屯,130个村接通了程控电话,26个村安装了自来水设备,有6个乡镇、135个村达到小康标准。1997年,粮食总产量最高达到10.55亿斤,年递增12.28%,财政总收入实现1.1亿元,年递增40.52%,农牧民人均纯收入2389元,年递增31.58%。鄂温克族自治旗实现了全旗所有苏木乡镇全部通电,所有苏木乡镇和50%的嘎查通了程控电话。广播电视覆盖率达80%以上。全旗牧业人口中85%以上的牧民解决了温饱,1197户达小康,占牧户总数的38%。全旗工农业总产值实现9.39亿元,财政收入突破亿元,牧民人均纯收入达到2916元,城镇居民人均可支配收入达到3789元。

内蒙古"三少"民族自治旗在改革开放中确实取得了不少的成效,但在新时期经济、政治、文化、教育和社会建设飞速发展和进步年代,与全国和内蒙发达省区市相比依然存在许多困难和问题,其主要有:

一是三个自治旗实行禁猎和退耕还林所需耕地和补助亟待解决。应对鄂伦春旗791名猎民禁猎后的补贴应在每年63.2万元的基础上,逐年再投入30万—50万元资金;对全旗113户猎民在退耕还林中尚需耕地2万亩给予解决。莫旗1998年洪水毁地16万亩,修水库移民2000人需耕地15万亩,要求从部队农场要回31万亩土地,加以解决。二是在发展民族教育上"三少"民族学生升大学的照顾不明显。"三少"民族升大学的人数很少;要求制订新的助学金标准。三是在三个自治旗内的国有和部队的林场、农场,按《自治法》和国家有关政策规定,在开采少数民族自治地方矿产资源、森林资源时要给地方适当补偿,应当依法纳税。现普遍存在着补偿很少、不补偿或不按章纳税的情况。四是为解决鄂伦春旗建旗50周年庆典的一些重点项目建设遇到的困难,自治区党委、政府和国家有关部门应在政策和财力方面予以倾斜支援。五是关于莫旗主要农产品大豆作为粮食作物限制自由贸易,严重影响了我区大豆在市场上的竞争能力,影响着群众的积极性。上述五个方面的问题和困难,已严重影响和制约了"三少"民族自治旗经济社会发展。对此,我们及时向自治区党委办公厅上报了《关于我区三个自治旗社会经济发展及民族政策贯彻情况的调查报告》。党委办公厅立即报送自治区党委主要领导，时任自治区党委书记的刘明祖及时作出批示，根据批示意见，自治区党委办公厅、政府办公厅先后与 15 个厅局沟通了解情况，根据调查了解的情况，交换了意见。2000 年 2 月 16 日下午，时任自治区党委常委、秘书长的任亚平主持召开了由自治区人大办公厅、政府办公厅、政协办公厅以及自治区有关部门的负责同志参加的联席会议，对调研组所提交的《关于我区三个自治旗社会经济发展及民族政策贯彻情况的调查报告》进行了认真研究，对《报告》中所提出的需要解决的问题和三个方面的工作提出了解决的办法，形成了会议《纪要》。2000 年 2 月 25 日，自治区党委办公厅以《纪要》文件形式，向自治区有关部门发出《通知》。要求自治区有关部门认真研究，贯彻执行。

现在，我们调研报告中提出的问题已陆续得到落实。比如三个自治旗高中毕业生报考大学问题，从 2000 年起，每年从三个自治旗高考生中线下录取 20 名（鄂伦春 4 名、鄂温克 6 名、达斡尔 10 名）三个自治旗的学生，在内蒙古民族大学试为"三少"民族预科班，解决了"三少"民族升大学人数过少的问题。从 2001 年开始，全区民族初中学制全部由现行的三年制向四年制过渡，实施完整的九年义务教育措施。其他问题也分期分批得到了落实和解决。从那次视察调研后，社会上一些人知道此事，无不称道："政协还能做这么大的事！"闻知后，我们调研组同志们感到十分欣慰。

五下兴安

包俊臣[*]

故乡，就像是陈年老酒，搁置的年代越久远，酒的味道就越醇香。

六十年前，我出生在少数民族聚居的边疆、革命老区——兴安盟的一个农民家里，喝着家乡绰尔河的水长大。自打考上大学离开家乡，转眼间在外辗转40多年，但心中那份思乡情结总是挥之不去。这其中，既有眷恋和思念，更有关注和期盼。之所以这样，主要是因为那里很穷。2003年初，我由自治区党委组织部到自治区政协工作。打那以后的几年里，受政协主席会议委派，我先后五下兴安调研，为少数民族聚居区脱贫致富奔走呼吁。这五次调研的所见、所闻、所感，至今深深地封存在我的记忆深处。

2004年，时值《民族区域自治法》颁布20周年，自治区政协主席会议把推动内蒙古经济社会全面协调可持续发展作为向党委、政府建言献策的重点。兴安盟是内蒙古的革命老区，是全区贫困面较大的少数民族聚居地区，在全区具有一定的代表性，迫切需要自治区的帮助和扶持。于是，主席会议决定由我带一个调研组赴兴安盟、通辽市实地调研。为了把调研工作搞得更深入、更有成效，我特地邀请了自治区政协民族和宗教委员会及自治区扶贫办的同志一道前往。

从三月底开始，我们调研组先后走了兴安盟和通辽市的扎赉特旗、科右中旗、科左中旗、科左后旗。这四个旗，由于自然、地理、历史等多种原

---

* 作者系政协内蒙古自治区第九届委员会副主席、党组副书记。

因，经济社会发展一直比较落后，特别是大家常说的"南三北八"，因贫困面大、贫困程度深，在内蒙古很有名。"南三"是指兴安盟科右中旗南部的3个苏木，"北八"是指兴安盟扎赉特旗北部的8个乡。我的家乡正属"北八乡"之列。我们先是来到"北八乡"，进村入户实地走访。由于这里的交通状况还没有得到改善，我们的车子行至村前就进不去了，只能下车徒步向村里行进。

眼前看到的情景真叫人感到心寒。一间间五六十年代修建的茅屋土房，破旧歪斜，许多房屋墙体开裂，几根木檩勉强支撑着整个顶棚，门窗上仅凭几块塑料布遮风挡雨。有的人家屋里除了一些简单的生活用品外，几乎一无所有，全部家当也不值几百块钱。我们走进一户人家时，女主人指着仅有的一袋苞米告诉我们，这还是向亲戚借的，加上上面给发的救济粮，也坚持不了多少日子。接着，我们又来到胡格勒图嘎查的牧民天虎家里，看到除了一个旧木箱子、几床被和一口锅外，就只有墙角放着的一袋玉米。男、女主人都患有疾病，老母亲年迈体弱，两口子又都是文盲，没什么技能，汉语也说不好，外出打工一个月只能挣回五六百块钱。全家光药费每年就得上千元，再加上小儿子每学期要交150元学费，日子十分拮据。因此，14岁的大儿子刚上完小学一年级就因交不起学费而辍学，现在给别人家放羊挣些钱来贴补家用。他们家虽有30亩地，但由于没钱引水浇地，收成也不多。天虎无奈地对我们说，"平时只能吃苞米面饽饽蘸菜汤，再过半个月就没吃的了……"听到这里，随行的同志都深受触动。我从衣兜里拿出300元钱，放到天虎的手里，心里说不出是什么滋味。是啊，我们内蒙古自治区是全国最早建立的第一个少数民族自治区，改革开放这么多年了，作为自治区少数民族聚居区的父老乡亲却依然这么贫困，真是不应该啊！

在盟市、旗县党委、政府和驻地自治区政协委员的陪伴下，我们调研组这一次共走访了15个苏木、19个嘎查、37户农牧民家庭，召开了18次由盟市、旗县、乡镇（苏木）党委、政府及财政、扶贫、教育、科技、卫生、农牧等部门负责人参加的座谈会，听取了经济社会发展及扶贫工作情况汇报，实地察看了12所中小学校和11个苏木（乡镇）卫生院，掌握了不少包括教育、住房、医疗等方面的第一手资料。同时，在调研组的努力和自治区扶贫办的支持下，事后为这些地区投入了医疗卫生、扶贫工程等几百万元的项目资金和设备。

调研结束后，调研组将了解到的情况和我们的意见建议进行梳理归纳，着手起草调研报告。经过反复讨论修改，几易其稿，最终形成了 8000 余字的《关于蒙古族聚居区经济社会发展情况的调查报告》。在自治区政协九届六次常委会议上，我代表调研组作了大会发言，引起与会同志的强烈反响。会后，经主席会议审议，将发言以自治区政协常委会议《建议案》的形式，上报自治区党委，提交自治区政府。自治区党委、政府有关领导很快在《建议案》上作出批示，要求有关部门认真研究《建议案》提出的 8 条建议，限期拿出切实可行的工作方案，力争在 2010 年前使贫困地区的面貌有一个明显的改善。随后，自治区政府办公厅将政协《建议案》和领导批示印发给发改委、财政厅、教育厅、民委、农牧业厅、科技厅、卫生厅、扶贫办、国土资源厅、交通厅等部门，政府分管副主席两次召集这些部门的领导专门研究《建议案》的办理落实。最后，政府办公厅汇总之后，将建议案落实情况向自治区政协作了通报。通报逐项提出了扶持的具体措施：在给予优惠政策和加大财政、信贷资金扶持方面——除现有国家对民族地区给予的优惠政策外，争取把一些重大项目列入国家"扶持人口较少民族发展规划"和"扶持少数民族文化教育发展规划"中；在农牧业产业化方面——自治区将帮助科左中旗等 4 个旗确立主导产业，加大项目、资金扶持力度和劳动力转移培训扶持力度，自治区每年安排专项财政扶贫资金 1200 万元，对其连续扶持 3 年；在基础设施建设方面——自治区将进一步加大投资力度，计划到 2010 年基本解决少数民族聚居区的道路交通问题，对特别偏僻的村庄和居住点，通过"整村推进"等方式进行生态移民；在教育方面——计划2004 年到 2007 年在中央财政支持下投入 6 亿元，对包括科左中旗等 4 个旗在内的 27 个"普九"未达标旗县实施"两基"攻坚工程；在科技、医疗卫生等方面——给予政策和资金上的倾斜。与此同时，还决定进一步加大扶贫工作力度，全面实施区域性扶贫战略，采取特殊优惠政策，让贫困区域和贫困农牧民休养生息。

2005年初，我被抽调到中央组织部保持共产党员先进性教育活动督导组。在为期半年的督导工作期间，我仍时常惦念着少数民族聚居区脱贫致富的进展情况。于是，我与自治区政协民宗委扎木苏主任研究了具体调研方案，并由他代表我带队再次前往兴安盟进行调研。7月，扎木苏主任带队调研回来后，我们共同研究了调研报告的建议部分，明确提出"把兴安盟整体列为贫困地区加以重点扶持"等7项建议，并经政协常委会议讨论后，形成了《关于"十一五"期间重点扶持兴安盟经济社会加快发展的建议案》。《建议案》上报后，自治区政府主席再次作出批示："请发改委重视政协的建议，尽可能将之体现到《'十一五'规划》中。在今后的项目选择、资金投入上要尽量采纳政协建议。"这一年年底，自治区党委、政府作出决定，从2006年开始，利用3年时间组织自治区137个直属机关、企事业单位，帮扶兴安盟贫困区域中的21个苏木乡镇、137个嘎查村加快脱贫步伐。自治区党委、政府的这一举措使兴安盟的各族干部群众备受鼓舞，我们调研组的同志也感到特别欣慰。

接下来的两年中，我又带着自治区直属机关工委、产业化办公室、扶贫办、地勘局、人民银行等部门的有关领导及政协有关部门负责同志，先后三次赴兴安盟等少数民族聚居地区进行了追踪式的深入调研。

在调研过程中，我们了解到兴安盟的矿藏储量比较丰富，已发现矿产地326处，矿种达54种，属国家16个重点金属成矿区带的第5个成矿带。只是由于种种原因，目前矿产勘查工作相对滞后。我觉得，兴安盟要脱贫致富，可望从这里突破，应加大矿产勘查力度，加快矿产资源合理开发利用的步伐。为此，2006年4月，我专门邀请自治区地质矿产勘查开发局的剡局长同赴乌兰浩特市，与兴安盟在家的领导共同组织召开了各旗县市和盟直机关主要负责人会议，请自治区地勘局的同志利用多媒体演示，向与会人员详细介绍了兴安盟的地质状况及勘查情况。通过这次介绍，人们更多地了解到了当地矿藏储量的实际情况，对矿产资源开发增添了信心。大家高兴地说："这回我们兴安盟可有盼头了！"刚到呼和浩特，我以书信形式，向自治区党委有关领导详细陈述了地勘部门对兴安盟矿产的勘查情况、前景及面临的困难，建议自治区从地质勘查经费中划拨专项经费，对该盟的矿产勘查予以支持。这些建议得到了党委、政府的高度重视和积极支持，决定连续三年每年投入一个亿，用于对兴安盟的矿产资源进行重点勘查。

为了使调研成果更加富有成效，2007 年初，我带着由自治区政协民族和宗教委员会、办公厅、自治区直属机关工委和扶贫办负责同志组成的调研组第五次赴兴安盟，就该盟扶贫开发工作和自治区 137 个厅局定点帮扶进展情况进行专题调研，形成了《关于进一步加强兴安盟扶贫开发和定点帮扶工作的建议》，于 5 月底再次以《建议案》的形式报送了自治区党委。根据党委主要领导同志的指示，党委组织部、直属机关工委、发改委、财政厅、扶贫办、教育厅、卫生厅、科技厅、农牧业厅、林业厅等 9 个单位提出了分工落实意见。直属机关帮扶办的同志还专门到这些部门走访调研，听取意见，提出了具体落实办法。

在党委、政府及全区人民的共同关注下，兴安盟等少数民族相对聚居地区的经济社会出现了良好的发展态势，人民生活水平显著提高，城乡面貌焕然一新，教育、医疗、住房、社会保障等涉及民生的问题得到了初步改善。到 2006 年底，全盟贫困户人均纯收入达到 1180 元，比上年增加 250 元；有 5 万贫困人口基本解决了温饱问题，绝对贫困人口减少到 26 万人。其中，仅改造贫困农牧民的危房一项，自治区财政就投入 6000 万元，到今年为止，已有 5000 多户农牧民搬进了新房。矿产开发也提上了日程，产业结构调整步伐加快，整个地区正在朝着富裕的方向迈进。

抚今追昔，在政协工作的这五年，在我的人生经历中尽管是短暂的，但却很充实很丰厚。特别让我欣慰的是，以政协副主席这个亦官亦民、相对超脱的身份，先后五次对自治区少数民族聚居的贫困地区进行专题调研，为这里的弱势群体尽早脱贫"上书"呼吁，为他们尽了一点心，出了一点力。

人们常说，一个热爱祖国的人，必然是热爱家乡的人。作为一个生在兴安、长在兴安的人来说，能够为家乡献计出力，是一件值得骄傲的事情。因为，我总是想，像家乡这样的少数民族聚居区，她的发展进步直接关系着整个内蒙古的小康社会进程，没有一个个少数民族聚居区的经济发展，就谈不上整个自治区的共同富裕，也谈不上整个国家的繁荣昌盛。民富才能国强，爱家乡才能更爱祖国。随着本届政协的到期，我就要卸任了，但我对少数民族聚居区的深厚情怀是永远割舍不断的。我深信，在党和政府的亲切关怀、大力扶持下，依靠当地干部群众的艰苦奋斗，我的家乡一定能够尽快走出困境，摆脱贫穷，同全区各地一道，朝着全面建设小康社会的康庄大道奋力挺进。

乌盟农业走出困境的探索

韩振祥[*]

　　1994年3月，我任乌兰察布盟盟委书记，成为当地首任农民出身的盟委书记。2003年元月，当我离开乌盟这片热土，告别了朝夕相处的乡亲和同事，就任自治区政协副主席时，不禁感慨万千。时至今日，许多往事仍历历在目。特别使我难忘的是，我和乌盟盟委一班人带领乌盟人民对于走出困境之路的抉择和在治贫致富道路上的艰辛探索。

　　乌盟位于内蒙古中部，大部分旗县处于阴山北麓风蚀沙化带区域，是一个十年九旱、靠天吃饭、资源匮乏的贫困落后地区。全盟11个旗县市中有6个国家级、3个自治区级贫困旗县。在我就任盟委书记时，尚有66万贫困人口，生态严重恶化，群众不得温饱。上任后，我就带领身边工作人员，驱车千里，对最贫困的后山旗县（化德、察右后旗）12个乡（苏木）进行了20多天的深入调查。这次调研，使我看到了触目惊心的生态恶化和极度贫困的现状，也看到了绿色的未来和脱贫致富的希望。给我印象最深的是化德三胜村，当时集中连片种植的林草面积已有1.4万亩，人均种草60多亩、养羊11.2只，人均收入超过1000元，种柠条不仅种出了好生态，而且种出了一个富裕村。

　　通过调查研究，使我深切地认识到：乌盟要从根本上解决贫困问题，必须从"唯农是种、唯利是粮、唯粮是食"的思维定式中跳出来，反弹琵琶，

---

　　* 作者时任乌兰察布盟盟委书记，是政协内蒙古自治区第九届、第十届委员会副主席。

调整大农业结构，把以农业为主的结构，调整为农牧林三元结构；调整种植业内部结构，把种粮为主的结构，调整为粮经草三元结构；变对抗自然规律为顺应自然规律，实现人与自然的和谐发展。基于这样的认识，在尊重自然规律和经济规律的基础上，经过多方论证和盟委会议的反复酝酿、慎重研究，我们大胆提出了"进一退二还三，调整优化产业结构，建设畜牧业大盟"的决策，即到 2000 年，全盟人均建成 1 亩水浇地（旱作区人均 2 亩稳产高产标准田），人均退下 2 亩风蚀沙化或 15 度以上坡梁地，还林还草还牧，牲畜头数、人均收入、财政收入在 1994 年的基础上分别翻一番；到 2005 年，全盟建成 1000 万亩水旱标准田，种草种树 2000 万亩，森林覆盖率由 1994 年的 6.68% 提高到 20% 以上，牲畜总头数突破 1000 万，畜牧业在大农业中的比重占 70% 以上，建成畜牧业大盟，实现农牧业生产、农畜产品加工工业良性循环。以上就是世纪之交乌盟实施"进退还"战略的基本内容和主要目标。

在"进退还"战略中，"进"是关键和突破口。为了做好"进"这篇大文章，我们采取以点带面的方法，从推广两个典型入手，选择了符合乌盟盟情的作物来调整种植业内部的结构，作出"土豆立盟"和"玉米安家"的战略决策。因为，在调查中我们发现，丰镇市黑圪塔洼乡最先跳出了"年年春旱，年年种早春两麦"违背自然规律的传统耕作怪圈儿。让马铃薯坐了正席，并同加工业与养殖业结合起来，实现了产业化。种玉米，在乌盟种植史上一直被视为"禁区"，但凉城县刘家天乡东头号村地膜覆盖种植玉米却获得成功，并带动了当地的养殖业。于是，从 1994 年开始，我亲自到这两个乡长期蹲点，总结经验，然后召开现场会，在全盟推广他们的做法。经过各级干部和群众几年的不懈努力、示范和引导，终于使马铃薯和玉米成为乌盟农作物的主导品种，并且逐步走了一条精种高产的路子。

过去很长一个历史时期，乌盟的畜牧业都是随着农业的丰歉而大起大落，传统的饲养方式又使得畜牧业处于靠天养畜、季节养殖的"副业"状态。为了改变这种现状，发展效益畜牧业，以增加其在大农业中的比重，我们狠抓科学养畜、大搞以青储、微储和胺化为主要内容的饲草料革新，大力建设暖棚，实行舍饲养，掀起了一场"白色革命"，逐步解决了牲畜过冬和"均衡栏"的问题。发展畜牧业，良种化是带有根本性的措施。为了改良牲畜品种，逐步实现良种化，我带领有关人员专门赴澳大利亚、山东省考察，并于1999年引进了第一批澳大利亚良种奶牛，使乌盟成为当时全国大批引进澳洲奶牛的第一家和全区大批引进小尾寒羊的第一家。

经过全盟上下坚持不懈的努力，六年之后，乌盟实施"进退还"战略取得了明盟的成效，引起了各级的关注和重视。2000年和2001年，全区和全国生态建设及扶贫工作现场会先后在乌盟召开，一位与会的高层领导评价说："进退还"战略是写在乌兰察布大地上的一篇优秀哲学论文。乌盟的先行实践，也为国家实施西部开发战略做了有益的探索和尝试，国务院西部开发办副主任王志宝，从甘肃到内蒙古一路寻找绿色，当他看过了四子王旗的生态建设成就之后，感到十分惊喜，深有感触地说：乌盟的"进退还"战略，使我看到了希望，这是一个富有开创性的智慧工程，是一个一切从人民利益出发的德政工程，为我们找到了干旱半干旱地区的发展之路。

现在回过头来看，我认为，当初实施"进退还"战略，说它是乌兰察布种植、养殖史上的一场革命，是建设生态农牧业、再造秀美山川的壮举，是不过分的。多年的实践也使我深深感到，决策不易，实施更难。1994年，当时全国仍处于"以粮为纲"的年代，显而易见，人们在没有把握吃饱肚子时，是难以退耕的。但当时严酷现实和困境，使得我们必须作出抉择，顺应自然规律和经济规律，寻求新的、符合乌盟盟情的出路。于是我们就果断地提出，乌盟十年九旱、年年春旱，要改变多年不变的广种薄收、唯农是种、唯种是粮、十粮九麦的耕作习惯，顺应自然规律和经济规律，大种耐春旱、效益高的马铃薯和玉米，把不宜种植的土地大量地退下来，还草还林还牧，尽快恢复比较良好的生态环境，逐步改善人们的生存条件。在粮食政策没有放开，国家无投资而全靠自筹资金（即运用调整农业税的办法，必然触动税法"高压线"），这在当时是需要有极大的勇气和冒很大的风险的。事实上，在我们作出调整之后不久，马铃薯的价格就从0.2元涨到0.5元，而旱地小麦的价格却一路下跌。在这种市场的变化之中，农民不仅得到了实惠，也看到了脱贫致富的希望。

在实施"进退还"战略五年之后，全盟2400万亩耕地中，退耕还草种树面积达到了1300万亩，加上250万亩饲用玉米，饲草料作物已突破1500万亩；土豆蔬菜等经济作物已突破600万亩，初步形成了粮、经、草三元种植结构。1996年至2001年，全盟牲畜饲养量连续6年成倍递增，并在阴山北麓风蚀沙化带建成了一道东西长300公里、南北宽50公里的防风绿色屏障。1994年8月，时任中共中央政治局常委、书记处书记的胡锦涛同志来乌盟视察时，就明确指出："'进一退二还三'战略，是按市场经济规律操作的，是一个机制上的变化，我很赞成。"

在全国粮食体制改革中，我们从乌盟的实际出发，运用经济杠杆激励农民改变种植结构。尽管当时定购政策不允许，但我们从实际出发，根据市场的变化情况，毅然决定让小麦退出定购，杂粮进入定购。在当时全区粮食行业普遍不景气的形势下，这一措施使乌盟粮食行业成为全区唯一实现顺价销售和赢利的企业。比全国实行新的调整政策早了两年，取得了主动，抢占了先机。

农业是弱势产业，又是我们的基础产业，在面临市场风险的关键时候，政府必须给予支持。1999年春，生猪价格一路狂跌到最低谷，给农民带来了灾难性的打击。为了有效应对市场的变化，保护农民的利益，缓解价格变化对养殖业造成的冲击，经过深入分析，我们认为下跌的背后是瘦肉型猪肉的短缺，所以必须保护农民养猪的积极性，同时这又是推行良种化的极好机遇。于是，果断地出台了生猪补贴的"惠农"政策，全盟当年拿出800万元，作为生猪保护价格的财政性补贴，发给养猪农户。在生猪市场低迷的情况下，这项政策使得全盟生猪饲养量不仅没有下降，反而新增80万口，屠宰税收回1600万元，农牧民增收1.2亿元，同时也为生猪市场价格回升后养猪业的大发展奠定了基础。这次实践，也成为政府指导市场经济的一个成功范例。

总之，在世纪之交的近十年的盟委书记岗位上，我力求从乌盟的具体实际出发，着眼于乌盟的长远发展，从解决群众的民生问题入手，与干部群众一道，对如何摆脱乌盟贫困落后面貌，寻求一条走出困境之路，进行了多方面的探索和实践。可以说，尽管还有许多不尽如人意的地方，但已经初步奠定了一个良性发展的基础。回顾过去，无怨无悔；是非功过，任由评说。至今，我仍然非常感谢为我不断注入工作动力的各族父老乡亲，也感谢长期支持我、与我合作共事的同事和战友们。

由于这一段工作经历对我印象至深，已经成为我人生宝藏中的一个重要组成部分，以上简要回顾，如若对于读者还有一点借鉴的意义，那我就更感欣慰了。

我在西部大开发中亲历的几件事

白长江[*]

自 1999 年国家实施西部大开发战略以来，我区经济社会发展很快，我曾在扶贫系统工作多年，见证了扶贫工作在我区的发展点滴。每当回顾这段往事，既激动和喜悦，也倍感党和国家对内蒙古的亲切关怀。

十大股村的昨天、今天和明天

2006 年 6 月，温家宝总理来内蒙古自治区考察。在农村牧区基层干部座谈会上，作为基层嘎查村负责人代表之一，巴彦淖尔市临河区白脑包镇十大股村党支部书记路明泉作了汇报发言。

当时我清楚地记得，路明泉的汇报让总理对这个小村表现出浓厚的兴趣。十大股村的变化牵动着总理的心。

事隔多年，这位 56 岁的村支书还是很容易沉浸于那份激动与喜悦中。他知道，如果不能让更多的村民致富，就对不起总理对十大股村的那份牵挂。以前的十大股村交通闭塞，土地盐碱化严重，基础设施落后。全村 70% 以上耕地为低产田，农作物单产一直徘徊在 300—400 斤，大部分土地种三五年就得轮休二三年。年复一年，恶性循环让村民们穷上加穷。

"春天白茫茫，秋天水茫茫，种地不打粮"，是当时十大股村的真实写

* 作者时任内蒙古自治区政协委员，内蒙古自治区人大常委会农牧业委员会主任，内蒙古自治区扶贫办副主任。

照。为了谋生，近 400 村民背井离乡，大量土地撂荒。那时的十大股村人心涣散，杂乱无章，赌博、上访的人不断，村民们被挡在了富裕的门外。

苦涩的回忆，翻出了十大股人不愿意提及的老账：2001 年全村人均收入仅 1000 元，人均收入 650 元以下没有解决温饱的有 110 户 530 多人，占全村人口的 62%。全村仅有 3 户盖起了砖瓦房，土木结构住房中 40% 以上成了危房。

我们来到村民张和贵家时，他正在接水饮羊。一边忙乎的他一边回忆说："以前种着几亩盐碱地，基本没啥收入，连肚子也填不饱，穷得丢人啊，出门都不敢说自己是十大股村人，说句不中听的话，以前村里人喝的都是苦咸水，还不如我现在的羊幸福呢！"

"能过上今天的好日子，十大股人忘不了政府，忘不了市扶贫办！"站在村里错落有致的红色砖瓦房前，路明泉一句沉甸甸的话道出了村民的感激之情。

2002 年，巴彦淖尔市扶贫办开始在十大股村实施"整村推进"扶贫开发工程，为他们确立了产业发展的目标。当年投入羊产业资金 20 万元，为 179 户村民建起了 84 座标准化圈舍、103 个青贮室。通过优化产业结构，推广种养业适用科学技术，提高单位效益，2010 年底白脑包人均收入已经超万元，在村里谁家购回小汽车已经不是稀罕事了。通过扶贫开发项目的拉动，使贫穷、落后的白脑包走向了和谐、快速、健康的发展轨道。

2006 年，国务院扶贫办在全国范围内开展了"扶贫开发整村推进典型百例精选评比"活动，十大股村参与了这次评选。全自治区共有五个嘎查村入选"典型百例"，十大股村以全区第一的好成绩进入该行列。

"以前村民们比赌博、比喝酒，现在却是比收入、比存款。如今的十大股村发展畜牧业势头好，政府在建设社会主义新农村新牧区，咱也不能落下"。说话间，老路透露出要发展循环经济、构建产业链条的想法。

一种一养，让十大股村人饱了肚子，盖了房子，鼓了腰包，开始规划自己的未来是理所当然的事儿。

在村委会的办公室，路明泉拿出了村里的远景规划。看了这份紧跟形势的规划，让人很难相信，它居然出自一位村支书之手。

建高标准生态养殖基地和打造农民经纪人队伍是这份规划的重头戏。老路说，发展循环经济，就是要让十大股村的村民从羊身上得到更大的收益，走一条可持续发展之路。

他为我们算了一笔账，一只30斤重的羊，如果只停留在村民的初级养殖，只能带来300元的收益。而进入产业链条后，收益可以翻番。

桌上的一份意向书为我们传递着另一个喜讯：十大股村村委会正在与山东鲁花集团洽谈合作意向，由鲁花集团提供种子、化肥、技术，保证收购，十大股村划出农田种油葵，为其提供原料。

说到以后的日子，村民史有英劲头十足。她说，要是村里的这几件大事完成了，她的买车计划就一定能提前实现。看看她新盖起来的近百平方米的房子，再看看她，我们又一次从她的眼神中读到了希望。

一场漂亮的翻身仗之后，贫困的十大股村从人们视野中消失了，取而代之的是一个充满着希望的新农村。

"百村扶贫攻坚"中的通辽市

通辽"百村扶贫攻坚工程"先于自治区"千村扶贫开发工程"创意组织实施的一项综合性的扶贫开发民心工程，深受广大农民的欢迎和支持，曾得到国家扶贫开发办表彰和奖励。"百村扶贫攻坚工程"胜利实施，促成和带动了自治区"千村扶贫开发工程的诞生和顺利实施"。自治区"千村扶贫开发工程"的实施，从方案的制订到资金的筹措，项目村的选项等环节，无不参照通辽市的成功做法和有效实践。通辽市已经成为这项工程先行者和模范区。我作为自治区扶贫办主管项目工作的负责人，亲身见证和参与组织、支持了通辽市的这项扶贫工作。

通辽市位于内蒙古东部，科尔沁沙地腹地，总土地面积5.9万平方公里，其中，沙漠化面积占总面积的54%。全市总人口为308万人，其中：蒙古族人口为138.4万人，占全区蒙古族人口的三分之一，是全国全区蒙古族人口最集中的地区。由于自然、历史等多种因素的影响，导致全市经济发展缓慢，农村贫困人口较多。国家实施"八七扶贫攻坚"以来，我们积极探索扶贫开发新思路，突出工作重点，明确攻坚目标，取得了明显成果，基本实现了国家"八七扶贫攻坚"计划目标，贫困地区绝大多数群众基本解决温饱。贫困人口由1994年的15万户、61万人减少到2003年底的3.5万户、15万人，贫困地区的基础设施建设有明显提高，农牧民收入不断增加。

为切实做好新时期扶贫开发工作，巩固"八七"扶贫成果，尽快解决全市21万贫困人口温饱问题，使40万基本解决温饱人口稳定解决温饱，我们通过深入细致的调查研究，从实际出发，确定了以村为单位扶贫攻坚的思路，从1999年9月开始，在全市确定最贫困的嘎查村实施了"百村扶贫攻坚"工程，计划资金到村，项目建设到户，督促检查到户，扶贫责任到人，集中力量，集中资金，集中扶持，限期解决温饱问题。按照"四轮驱动"战略，全市农村牧区扶贫开发工作实行三年扶贫攻坚。即：市县乡三级联动，分级管理，单位包扶与个人负责相结合，主要领导负总责，选派落实具体责任人，一定三年不变的办法，形成上下联动，齐抓共管，以点带面，合力攻坚的格局。具体措施：一是利用"十五"后三年，以实施自治区"千村扶贫开发工程"为契机，集中人力、物力、财力，使"百村扶贫攻坚工程"扩展到600个贫困嘎查村；二是选派600名县处级干部及后备干部，实行定村定人定期包扶；三是加大投入，三年内每个村扶贫资金投入不少于20万元，全市每年投入不少于5000万元，总投入将达到1.5亿元（争取国家及自治区扶贫专项资金6000万元，市级财政支出3000万元，党政企事业单位干部职工捐款3000万元，协调有关部门及社会扶贫2000万元）。四是明确三年扶贫工作目标，到期检查验收，考核评比，有奖有罚。

在实施"百村扶贫攻坚"过程中，我们始终坚持"定村、定项目、定资金、定责任人、定包联领导"的扶贫工作原则，确保扶贫攻坚有实效。

定村：按照自治区确定的贫困线标准，以村为单位，全面调查摸底，分类排队，将贫困程度最深、收入水平最低、贫困户占50%以上、未实现人人一亩水浇地的村定为重点贫困村，同时对贫困户进行建档立卡，登记造册。各旗县市区和乡镇根据实际，统一制订扶贫规划，特别是人人一亩水浇地建设规划落实到户，到地块，并确定解决温饱时限。

定项目：各旗县党政主要领导都对本旗县重点贫困嘎查，逐村搞调查，进行现场办公帮助选项目、作规划、定措施，做到了一村一议，一村一策，具体指导。对拟建的项目严格把关，做到与解决温饱无关的不审批；效益不到户的不审批；不利于生态建设的不审批，而且项目建设要坚持高标准、高起点。项目选择以种养业为重点，突出抓好贫困村的人人一亩水浇地建设和种灌种草、养殖业项目。在基本农田的开发建设上，坚持因地制宜，分类指导，平原区搞畦田建设，达到田成方、林成网、渠成系、井配套、路相通；沙区建设生态经济圈，达到必须有围栏，必须打井配套，必须造防风固沙林，必须平整土地，必须科学种植养殖；山区建设水平梯田，有田间工程，达到田面平坦，有抗旱措施，有水源工程，有农防林；低洼易涝区修建台田（条田），达到田面平坦，排涝和浇灌工程配套。

定资金：按照"统一规划，统筹安排，渠道不乱，性质不变，各记其功"的原则，我们把财政扶贫资金、生态建设资金、农业开发资金、本级财政配套资金、发动社会各界捐助资金捆绑起来集中投入到重点贫困嘎查村的农牧业基础设施建设上，使每个村的投资规模达 20 万元。为筹措资金，我们号召全市机关、团体、企事业单位的干部职工和驻通辽中区直单位及大中专院校教职工向贫困地区捐款借款。仅 2003 年，在上级扶贫资金没到位的情况下，全市采取财政超调、垫付、职工捐资等方法，筹集 4933 万元资金。市财政在非常困难的情况下，安排了 1500 万元，于 2 月底前全部拨付到旗县，及时投放到全市确定的重点贫困嘎查村的扶贫项目建设上。再加上退耕还林还草项目，以工代赈、发展畜牧业、卫生、教育、电网改造等项目资金，全年投放到 600 个重点村的各类资金达 1.6 亿元。为防止扶贫资金被挤占挪用，我们制定了《600 个贫困嘎查村扶贫资金使用管理暂行办法》，扶贫资金实行专户管理，资金投放实行报账审批制。同时，加大对资金的审计督查力度，组织力量对资金到位情况，逐村进行督促检查，发现问题就地解决，保证了各类扶贫资金及时到村到户。

定责任人：在"百村扶贫攻坚"中，我们明确了各级党委政府"一把手"要负总责。对重点贫困嘎查村的扶贫项目也确定项目负责人，苏木乡镇党政主要领导是"百村扶贫攻坚"项目的第一责任人，负责扶贫项目的论证、立项、规划、建设进度及质量、资金管理，实施对攻坚目标实行负总责、负全责的责任制度。

定包联领导：在扶贫开发工作中，通辽市普遍实行领导干部扶贫联乡包村责任制。市级领导每人联系一个贫困乡，包一个贫困村。旗县市区、苏木乡镇领导、驻通辽中区直及市直部门领导都有自己的包扶对象。重点包扶的贫困嘎查村，每个村都确定一名副处级以上干部包联，而且有考核内容，奖惩办法。对三年内确已按期完成各项任务的包村扶贫干部及其派出单位，由市委、市政府进行通报表扬，并对派出单位优先考虑为实绩突出领导班子。在包扶期间，凡第一年能够较快打开工作局面，出色完成当年扶贫任务的包村扶贫干部，发给一定数额的奖金；凡连续两年出色完成扶贫任务的包村扶贫干部，浮动一级工资；凡在第三年完成扶贫任务，经检查验收各项目标要求全部完成或达标的包村扶贫干部，晋升一级工资，并在今后干部选拔任用时，优先考虑使用。在通辽市各级班子成员中，人人参与，人人有包联责任的，唯有扶贫开发工作。

作为一名少数民族干部，回忆这些年在扶贫系统工作的每一天，深感自豪，能够亲身投入为少数民族谋福祉是我一生的幸运和福气！

携手建家园　迈向新生活

——呼伦贝尔市鄂温克旗团结嘎查扶贫开发移民扩镇项目纪实

赵海林　多　兰[*]

呼伦贝尔市鄂温克旗巴彦托海镇团结嘎查是一个以牧业为主的地方，土地总面积 7.6 万亩，可利用草牧场 6 万亩，牧户 196 户，牧业人口 730 人。由于自然条件制约，牧民们的生产生活，长期以来只能"靠天养畜"，依赖简单的畜牧业，没有形成有力的产业支撑，加之当地多年干旱少雨，生态环境恶化。同时，也由于一段时间，国家和地区扶贫政策措施的不到位，产业扶贫措施不够有力，牧民们的生活长期处于贫困状况，2005 年牧民人均纯收入 1300 元，2007 年牧民人均纯收入也仅达到 1730 元，贫困牧民 156 户，569 人，占总人数的 77.9%。更为严重和不容乐观的是 90% 以上牧户还居住在建于 20 世纪四五十年代的板夹泥住房之中，因无力支付孩子上学、老人治病等花费而形成沉重负担，生活捉襟见肘，生产举步维艰，人们心情沉重，情绪无奈，心情无望，一度成为全旗最贫困的一个嘎查，直接影响了呼伦贝尔市整体脱贫工作的进展。

对于嘎查这种情形，乡镇、旗委旗政府、呼伦贝尔市和自治区各级领导看在眼里，急在心里，动在手上，适时调整扶贫工作思路和方法，加大扶贫工作力度，强化对于扶贫工作的领导，抓住国家和自治区高度重视扶贫开发工作，转变和完善扶贫工作的政策和措施，将以往"重点扶贫"转向"精

---

* 作者赵海林系内蒙古自治区政协杂志社社长；多兰系内蒙古自治区政协杂志社记者。

准扶贫",实现"精确脱贫"的有利时机,确定对团结嘎查采取整体搬迁的方式,通过生态扶贫的方法,让嘎查牧民们早日过上好日子。

"小康不小康,要看老乡达没达小康",没有群众的小康,就谈不上全面建成小康社会。脱离贫困,实现共同富裕安康,是全社会共同的追求,没有贫困地区的脱贫致富就谈不上全国、全区的脱贫致富。

2007 年 7 月,鄂温克旗委、旗政府启动实施巴彦托海镇团结嘎查扶贫开发移民扩镇项目工程。根据当时国家和自治区有关扶贫政策,并经了解嘎查牧民的意愿,在自治区和呼伦贝尔市扶贫办的大力支持下,结合当地自然条件和发展环境,正确分析扶贫工作之中的困难和问题,将团结嘎查 100 户、311 贫困人口进行整体搬迁。

2008 年,团结嘎查被确定为鄂温克旗扶贫开发移民扩镇项目村。经过呼伦贝尔市和鄂温克旗政府的大力争取,投入扶贫开发资金 850 万元(国家扶贫项目资金 350 万元、旗政府投资 500 万元),进一步为嘎查牧民们实施了移民扩镇,经过几年不懈努力,实现了稳步推进,稳妥工作,让少数民族牧民群众住上了宽敞舒适的砖瓦房,生产生活条件得到极大改善,得到市、自治区领导好评,成为生态移民开发扶贫工作的一个典型,探索出一条城乡统筹扶贫开发的科学发展之路。

牧业解决贫困问题,移民解决生态问题,这是团结嘎查移民工程实施的出发点和发力点。群众要幸福,关键看收入。群众过得好不好,主导产业才是主力军。生态移民,扶贫开发的落脚点是让贫困群众生产稳定发展,生活稳步提高。但建好新嘎查,移民过上新生活,并不意味着万事大吉,一劳永逸。让移民们的新生活可持续、有后劲,移得出、富起来才是需要认真谋划和推进的长远工程。

团结嘎查扶贫开发移民扩镇项目总投资 937 万元,其中,自治区扶贫开发移民扩镇项目投资 220 万元,旗财政配套 497 万元,危草房改造项目投资 150 万元,整村推进扶贫项目投资 70 万元。主要建设项目为住房 4800 平方米(每户 48 平方米),建设牲畜棚圈 7500 平方米(每户 75 平方米),购入獭兔 3000 只,电力建设 5 公里,打深水井 100 眼。

高度重视、整合资源、稳步推进是生态移民成功的重要保证。为保障移民工程顺利实施，旗委、旗政府综合考虑党和国家相关政策要求及群众的意愿，及时组建了有力的工作小组，制定了周密的相关配套实施措施，旗委、旗政府主要领导亲自牵头负责，多次视察项目区，了解各项目建设进展情况，定期或不定期专题研究相关问题，努力协调解决扶贫移民项目建设资金不足、工作推进不力、人员不足、配套工作进展慢等问题，实现了项目、资金、资源的高效整合、稳步推进。特别是按照自治区要求，对移民扩镇项目旗财政配套 200 万元，但根据当地牧民的生产生活习惯和项目建设资金严重不足的情况，旗政府及时解决配套资金 397 万元，超出自治区要求的 197 万元，并将危草房改造项目资金 150 万元整合到移民扩镇项目，保证了项目建设资金需要，确保移民"搬出去、稳得起、快致富"。

群众满意不满意，经济发展才是风向标。主导产业选择是否符合当地实际，关系到移民扩镇工程能否顺利实施和达到预期目标，是"移得出、早脱贫、富得快"的基础。旗委、旗政府全面分析嘎查的发展条件和群众的自身能力及区域市场需求状况，充分利用嘎查资源优势和地域优势，反复充分论证，确定养殖高产奶牛为主，以特色养殖业为补充的主导产业。在项目实施过程中，结合搬迁贫困牧民的具体情况和生产技术水平，确定具备一定条件的 60 户贫困户饲养奶牛，条件较差的 40 户贫困户养獭兔，为贫困户拓宽收入来源、积累发展经验、掌握养殖技能提供了便利条件和发展基础。

加强项目监督，保证优质工程。为了使项目工程优质、安全，嘎查的移民扩镇工程坚持"百年大计、质量第一"的原则，严格遵循国家、自治区相关工程招投标、工程监理等法律法规和技术标准。由旗扶贫办、建设主管部门牵头，财政局等部门和建设施工企业参加，按照工程项目公开招标程序进行招投标，选择符合相关资质的施工单位承包。同时加强工程的进度监理，根据国家和自治区有关规定，选择呼伦贝尔市北星工程监理有限责任公司进行严格监理，既保证了移民扩镇工程的有序进行、正常进展，也使移民扩镇工程达到了优质工程，为牧民群众提供了满意的工程。

提高贫困群众的素质，增强自身脱贫能力，是解决贫困问题，变输血为造血的关键。嘎查的领导和有关部门的工作人员，针对贫困群众知识层次不高，视野不够开阔，农牧业生产技能不够丰富的情况，着力加强了对贫困群众的立脱贫之志，学脱贫之能，立脱贫之项目等内容的学习和培训，结合牧民自身能力和当地市场情况，对移民户进行技术培训做到了有目的、有选择、有针对性，努力加强适用技术和实用技能的培训，重点举办了多期适用技术培训班，聘请专业人员对移民户进行高产奶牛饲养、獭兔养殖方面的技术培训，保证了农牧民顺利推进奶牛、獭兔等养殖产业，切实强化了脱贫的想法，掌握了一定水平的养殖业技能，为稳步提升收入、改善生活提供了有利条件。

持续努力、科学建设是稳定脱贫的坚实基础。针对牧民群众生产项目发展的后续资金不足的情况，2009 年旗扶贫办为移民新村安排"整村推进"扶贫项目资金 70 万元，购买高产奶牛 88 头，实现扶贫开发工作配套建设和整体推进，为确保移民新村的长期稳定和可持续发展，打下了坚实基础。同时在迁入区基层组织建设方面，切实做到以科学发展观为指导，按照基层组织建设"五个好"的要求，以嘎查党支部为核心，注册成立了原野牧民协会，选出了 10 个牧民（移民户）代表，形成了引领牧民发展生产，脱贫致富的坚强有力的战斗堡垒。

目前项目区生产发展势头强劲，效益稳步提升，社会秩序稳定，移民群众安居乐业。虽然刚刚经过不到两年时间，团结嘎查已由原来全旗最贫困、后进嘎查变成了全旗最具活力、发展最快的嘎查，真正实现了生态效益、社会效益、经济效益"三效"统一，使移民群众心中有底，看到了美好生活的希望，生产干劲越来越足。

移民不是简单的搬家，移的是移民的心，提的是群众的志。移民动迁安置工作的结束不代表移民工程的结束，而只是移民持续发展、发家致富之路的开端。人们欣喜地看到："生产发展、生活宽裕、乡风文明、村容整洁、管理民主"的社会主义新牧区建设在旗委、旗政府带领下，在广大群众的不懈努力下，正在团结嘎查成为实实在在的建设成果，成为村民们的真实感受和对党、对国家的衷心爱戴。

扶贫济困是我的责任

梅莉亚[*]

"新坝新坝鬼见愁，人多地少没奔头，盐碱灾害年年有，只见下种不见收。"这几句顺口溜，曾经是20世纪80年代内蒙古自治区乌海市海南区巴音陶亥乡新坝村的真实写照。全村1000多口人，人均不足一亩盐碱地，吃粮靠返销，花钱靠救济，村民人均年收入不足100元，穷得远近闻名。但如今的新坝村却是旧貌换新颜，村民生产生活水平大为改观。村民致富的背后，有一个人功不可没，他就是刘占华，一个朴实坚韧，满怀豪情的农民。几十年来，在团结带领村民艰苦奋斗和大力无私的捐助之下，刘占华硬是闯出了一条带动百姓脱贫致富的发展道路。

建设家乡　努力脱贫

我出生在新坝村，和其他村民一样，是靠放牛、种地来维持生计的。1983年，我35岁，被选为村主任和党支部书记，从那时起，如何使贫困群众尽快脱贫致富就成了我心中一个迫切的愿望。在经过一番深思熟虑的考察研究后，我决定贷款承包一个集体煤矿。很幸运，借党和国家的好政策，经营了仅一年时间，就还清了原本需要3年还清的10万元买矿钱，还赢利了几十万元。心想：这下！手里有了钱，就可以为村民们办一些实事儿了。

---

* 作者系内蒙古自治区政协杂志社记者。

首先我想到教育，教育是脱贫致富的关键。我认为不能让贫穷阻断孩子们的求学路，要让村民们从贫穷中走出来，靠下一代创造财富。为了让村里所有的孩子上学，我捐资办起了全市第一所由农民捐资的"希望小学"，先后资助了 4 名失学儿童和 2 名大学生，为 130 多名小学生支付了 11 年的学杂费和书本费。在带领全村脱贫致富的过程中，遇到了水、电、路这三大难题。为解决这三个难题，我先把煤矿的建设项目停住，拿出资金专门搞基础设施建设，经过全村两年多的努力，修建了村级路和农田路，改造了高低压线路，兴建了农电设施，栽种了防沙林带，同时把盐碱地改造成了良田。村委会管理方面，我主张实行了村务、账务两公开，整顿村纪村风，对全体村民开展普法教育，还引进了先进的种植、养殖技术，并拿出资金帮助困难党员和群众发展种养加工产业，使他们加快了脱贫致富的步伐。

有人说，老刘赚到第一笔钱就倾其所有为全村人办实事，真是可敬可叹！我身为一名土生土长的村子里的老百姓，咱们村底子薄，我又先富了一步，要想办事，我不出钱谁出钱？从 1983 年至今，我为新坝村的改造和扶贫济困工程捐资了多少钱，自己也记不清了，也从没想要记清楚。1998 年我离开新坝村时，全村人均年收入已经由过去的不足 100 元，猛增到 4000 多元，一举摘掉了贫穷的帽子。有的村民问："你的钱也是辛辛苦苦挣来的，为啥捐款从来不心疼？"我回应大家说："如果你把自己看重了，群众就会把你看得轻；如果你把自己看轻了，群众就会把你看得重！"

企业发展　带动扶贫

2000 年，我创办了海南区明星焦化有限责任公司。在党委政府领导的关心和各有关部门的大力支持下，通过努力工作和诚信经营，我公司已拥有固定资产 5500 万元，年总产值达到 1.2 亿元，年获利 4000 万元，年上缴税金 600 万元。公司不仅吸收了家乡全部剩余劳力，使村民的经济收入趋于稳定，还通过为全村群众支付水电费和农业税，减轻了村民的负担。

企业在不同发展时期，开展了各类捐助活动。"非典"期间，向当地政府捐赠 2 万元，用于防治"非典"；2005 年，当地政府由于关停和整顿煤矿、硅铁冶炼等企业，财政一时出现了困难，向政府捐款 100 万元；向当地残联捐款 5 万元，用于农区残疾人危房改造项目……一系列荣誉也接踵而至：在全体职工的共同努力下，企业被内蒙古自治区、乌海市评为"重合同守信誉单位"，也因扶贫济困和创税业绩突出被乌海市连续 5 年评为优秀共产党员、先进工作者。我深切感受到，是党的好政策、国家改革发展让我先富了一步，这是党和人民给予我的荣誉！

新时期，要实现全面建设小康社会的伟大目标，应在农民共同致富上下功夫。带领农民致富，是对农村党员素质的要求，只有践行全心全意为人民服务的宗旨，才是党员自我价值和社会共同发展的最好体现。身为一名共产党员，我有责任帮助困难群众脱贫致富，建设新农村，让农村百姓过上富足幸福的生活，我要将敢闯、敢干的劲头延续，在发展农村经济、带领农民致富的路上继续前行！在全面建设小康社会的伟大征程中，需要我们每一个人都能热心投身其中，以自己的切实努力为社会、为国家献上一份爱，真心祝愿我们的国家更加富强、美好！

扶贫开发纪实

杨絮飞[*]

今年 5 月我与内蒙古政协文史委的同志一同走进和林和化德，这两个曾经远近闻名的贫困县。在我国实施西部大开发战略实施十五年之际，我们走近蓬勃发展的扶贫产业，感受西部大开发战略的脉动，目睹了两个贫困县的百姓"敢教日月换新天"的气概。

眼前，一栋栋明亮整洁的楼房拔地而起，宽阔平整的水泥道路连村入户，花木环绕的农家小院干净整齐，大棚里的蔬菜瓜果长势喜人……这是化德县长顺镇一个农村的掠影，风景如画，富庶安宁，犹如武陵人意外闯入的世外桃源。同样，在我到达和林的时候，绿树掩映，街路宽阔，楼宇林立，商务繁荣，一座充满现代都市气息的城镇依偎在南山的怀抱。满城芍药花呼之欲开，古钱币坛、历史与艺术达到完美融合，我实在无法将这里与"重点扶贫县"的字眼联系在一起。

2000 年 1 月，国务院成立了西部地区开发领导小组。由时任国务院总理朱镕基担任组长，时任国务院副总理温家宝担任副组长。经过全国人民代表大会审议通过之后，国务院西部开发办于 2000 年 3 月正式开始运作。乘着这股东风，和林和化德走上了脱贫致富的康庄大道。

据和林县扶贫开发办的同志介绍，和林是"八七"扶贫攻坚计划期间确定的国家级贫困县，2001 年又被列为国家级扶贫开发工作重点县。在新

---

* 作者时为内蒙古自治区信息调研处工作人员。

世纪初全县有 49 个行政村被列为自治区"千村扶贫开发工程"或整村推进重点村。长期以来，和林格尔县一直处于"农业弱县、工业小县、财政穷县"的怪圈中。党的十五大召开之前，全县主要经济指标都位居全市倒数第一。

党的十五大以来，和林格尔县委、政府紧紧抓住行政区划调整和国家实施西部大开发战略的历史机遇，以结构调整为主线，经济发展为主题，以改革开放和科技进步为动力，全力实施"1688"发展战略，并以农业、工业、生态、旅游文化四大园区为载体，加快全县产业结构调整的步伐。通过几年坚持不懈的努力，经济建设取得了重大成果。到 2002 年末，全县国民生产总值达到 18.1 亿元，是 1997 年的 4.7 倍；财政收入由 1997 年的 1955 万元增加到 1.56 亿元，增长近 8 倍，农民人均纯收入增加到 2055 元。三次产业结构之比由原来的 70：20：10 调整为 28：57：15。贫困地区生产生活条件得到显著改善，绝对贫困人口由"八七"攻坚期末的 48256 人降为 14366 人，降低了 71 个百分点，绝大多数贫困人口解决了温饱问题，向小康生活迈出了实质性的步伐。全县产业化已具一定规模，其中乳、绒、肉、薯等产业已经成为实现"两个提高"，推动经济发展的重要支柱产业，并形成了包括蒙牛、兆君、宇航人在内的 8 个产值超亿元的产业实体。在龙头企业的带动下，全县超过半数以上的农户和农民投入产业化生产，来自特色产业的收入占农民整个经济收入的 70% 以上。

转变思维方式，实现产业准确定位

和林格尔县在缺乏建设和发展资金的前提下，对现有资金进行整合、激活，努力把资源变为现实的生产力。县委、县政府在实践中进一步明确工作思路，以全面实施"1688"发展战略为主线，抓农业，使其做鲜、做活、做大；抓工业，扶优、扶强；抓"三产"，以此扩大总量、优化结构、吸纳就业。在发展县域经济中，坚持"人无我有抓特色，人小我大上规模"，突出抓奶牛、马铃薯、肉食品等六大产业，通过龙头带基地，基地促农户，努力实现产品创优、创牌，品种创新、创特，基地做大、做强，扎实推进全县产业化进程。为了解决发展资金问题，通过树立交换意识，有效配置生产资源，并采取了以市场换投资，以存量换增量，以资源换技术，以龙头企业换资源，以土地换繁荣，以诚信、服务、荣誉换投资等方法，通过这些经营手段，他们换回了资金、项目、技术、管理等这些贫困地区最奇缺的资源，发挥了资源潜在作用。如：资源换技术方面，就是利用当地丰富的奶牛资源换回大正奶牛胚胎移植亿元工程；在以土地及基础设施作资本开辟的盛乐经济园区，通过筑巢引凤，目前已有 21 家企业在园区落户，并成为全县经济的重要支撑点；在以龙头企业换资源方面，依托蒙牛、伊利及华欧淀粉公司，大力发展奶牛养殖和马铃薯种植业。为了促进全县产业化的健康发展，作为政府部门更多的是研究企业需求，改善投资环境，提高服务质量和效益，以此来吸引大批投资者参与该县的经济建设。

培育特色产业，形成核心竞争能力

根据该县资源优势和基础条件，虽然在产业定位上培育了一大批具有一定优势和市场竞争力的特色产业，但是发展特色产业也有一个不断选择、与时俱进的过程。以奶业为例，从 1999 年到现在，该县先后引进了蒙牛一、二、三、四期工程，创造了 1000 天打造一个"全国驰名商标"的奇迹，蒙牛乳业荣获 2002 年中国成长企业百强之首。奶牛业成为该县的立县产业。

如果说是蒙牛、伊利龙头企业推动了该县奶牛业的发展，但作为该县另一个支柱型产业的马铃薯种植业则走了截然不同的路子。马铃薯种植在该县历史悠久，是覆盖该县农户最广泛的产业，面积较大，但长期以来，一直以原料形式销往全国各地，缺乏深加工以实现转化增值，影响了农民收入。在这种情况下，1995 年，该县华欧淀粉厂正式成立，并逐渐发展成由中国、瑞典、丹麦以及内蒙古奈伦公司、和林格尔县三国四方组建的中外合资企业。2000 年被国家十部委确定为全国农牧业产业化 150 强之一，其产品远销国内外。

开放带动战略，企业与贫困户"双赢"

龙头企业在产业化扶贫中的作用，必须通过贫困户所得效益最终表现出来。发展产业化，基地是基础，龙头企业是关键，没有龙头企业，资源的转化增值是不可能实现的、农民增收就难以达到如期目的。解决这一问题，关键要发挥政府的宏观调控作用，实施开放带动发展战略。以该县乳业为例，他们通过提供信贷资金给龙头企业，在发展壮大龙头企业的同时，将更多的资金通过龙头企业用于贫困户基地建设，使贫困农民与龙头企业直接发生联系，加速了农民融入市场化的进程。采取这种方法，不仅有效地利用了扶贫资金，促进了资金的滚动周转，而且在一定程度上，还提高了贫困户的组织化程度，加快了农民由传统经营方式向集约经营方式转化的步伐，确保了扶贫到户目标的实现。在马铃薯种植方面，依托华欧淀粉龙头企业，积极发展"订单"农业，不仅有效地降低了农民生产经营风险，而且极大地调动了农民种植马铃薯的积极性。目前，全县马铃薯种植面积达 24 万亩，成为继玉米之后的第二大主栽作物。华欧淀粉厂不仅承担了贫困户种薯资金补贴任务，还担负着培训、推广适用科技和回收任务。农民通过经营，获得了收入，提高了经营能力和科技水平。龙头企业与农户成为利益均沾、风险共担的共同体，实现了"双赢"的目的。

调配扶贫资金，促进农民稳步增收

根据国家政策，在扶贫资金的使用上直接面向贫困户，这种做法在解决贫困户吃饭和温饱方面起到很大作用，但这种极度分散的使用方式，形不成持久的生产力，只起输血作用，形不成造血功能。为此，他们抓住"千村扶贫开发工程"和整村推进的有利时机，加快贫困村产业化进程。在资金使用上，本着渠道不变、合理分类的原则，将信贷扶贫资金专门用于有助于实现贫困村一村一业以及能够带动贫困村经济发展的产业项目上，并采取直接投入和企业贷款的方式完成对项目的投资；而财政扶贫资金及以工代赈资金则主要用于改变当地生产生活条件的基础设施建设上。同时，在扶贫开发中，积极引进市场机制，争取社会投资帮助贫困户在市场竞争中取得和增加收入。在强化扶贫到户的同时，县委、政府还因地制宜，确立了"以小区开发为突破口，加快农村工业化；以产业结构调整为突破口，加快农业产业化；以外引内联为突破口，加快经济外向化"的思路，奠定了现代化产业经济雏形，小区建设蒸蒸日上，取得了较高的经济效益。

同样是国家"八七"扶贫攻坚县，化德在西部大开发战略中的脚步也没有丝毫落后，在当地党委和政府的带领下，用"三三制"打开了农民的幸福之门。

化德县位于乌兰察布市东北部，是京津风沙源重点治理区，辖区 2568 平方公里，总人口 17.56 万人，其中农业人口 15.04 万人，属于典型的高寒、干旱、贫水区，农牧业生产条件极差。全县有近 1/2 的人口居住在风蚀沙化、水土流失严重的困境中。有 115 个村不通公路，96 个村不通广播电视，284 个村、10549 户、33757 人、88925 头（只）牲畜饮水困难，8000 多人生活在高氟缺碘地方病多发区，农副产品生产、运输、销售受到了制约，丰产不丰收现象时有发生。1994 年被国家列为"八七"扶贫攻坚县，2001 年又被列为新一轮扶贫开发重点扶持县。

近年来，在上级党委、政府及有关部门的大力支持下，全县经济社会发展取得了长足进步，但由于自然、历史等诸多原因，化德县尚有 1.3 万户、4.5 万贫困人口未摆脱贫困，成为全县经济快速发展的制约因素之一，也是全县经济社会全面进步亟待解决的主要问题。常言道："一方水土养一方人"，可是化德县的一些地方已失去了基本生存条件，农民的正常生活难以为继，如何使农民在脱离现有的生产、生活方式的基础上，在新的领域寻求有效的解决途径，成为县委、政府多年来苦苦思索的问题之一。

为了使农民脱贫致富，化德县委、政府抢抓历史机遇，紧密结合西部大开发战略，统筹城乡发展，创造性地落实市委、市政府"三三制"扶贫战略部署，实施农村人口"三三制"分流，积极探索破解"三农"难题的路径。"三三制"的主要内涵是：结合扶贫、生态移民工程，大力推进具有县域特色的"无土移民"工程，逐步将现有的农村人口分流转移。即将三分之一有一定文化的青壮年劳动力转移进城，从事羊绒絮片服装加工、重化工、建筑等非农产业，由农民变为产业工人；将三分之一有劳动技能和种养积极性高的人口，通过收缩转移，集中到农牧业生产条件较好的区域，从事高效种养业，推进农牧业产业化；将三分之一丧失劳动能力的孤寡老弱病残等农村弱势群体，逐步纳入农村低保、五保等社会保障体系中集中供养起来。

整合资源，基础设施全面完善

2010年，化德县作为全市农村人口"三三制"分流工作的试点县，在深入实施"无土移民工程"的同时，按照"三个转移、三个集中"发展思路，统筹实施拆村并点、扶贫开发、农村危房改造及新农村建设，科学调整村镇布局，大力缩减村民小组。全县成立了由政府县长任组长，政府常务副县长任第一副组长、分管农业工作副县长为副组长，发改委、政财、城建、国土、农牧业、民政、水务、扶贫等部门主要负责人为成员的"三三制"专项工作领导小组，领导小组办公室设在县扶贫办，按照"先行试点、梯次推进"的要求，不断改善农民的生产生活条件，推动人口和产业向中心村镇集中。

先后用九年的时间投资14204万元进行了生态、易地、扩镇的移民工程，搬迁了3768户14134人，其中易地扶贫搬迁1600户6036人。在全县在生存环境较好的7个地方进行了有土安置，建成住宅平房42634平方米，移民户的住房面积由原来的人均14平方米扩大到17平方米。院墙、路、电、水、有线电视线路、村委会、学校等公益事业配套完善，开发水地2850亩，改良旱地4900亩，棚圈31940平方米，围封草场25800亩。

科学规划，积极调整村镇布局

按照市委、市政府对农村人口"三三制"工作的总体要求，以实现"双减双提"和"两个集中"（减人减畜，提质提效；向中心村和乡镇集中居住）为目标，采取"集中居住、分户经营；集中养老、分户生活"的方式，结合农村危旧改造工程，有效整合生产要素，加快村镇体系规划、积极调整村镇布局，整合撤销"空巢村"、"老龄村"。实施集中搬迁、集中养老，集中发展高效种养业，促进农村人口向城镇和基础条件较好的中心村集中，逐步推进农村人口"三三制"分流，构筑城乡一体化发展格局。将全县自然村中 30 户以下的自然村（组）和生存条件差、居住地生态环境恶劣的村庄到"十二五"末撤并 93 个村，初步实现 8 万常住农村人口"三三制"。通过劳动技能培训完成 2 万人向城镇转移，实现非农就业；通过整合生产要素，加强基础建设，强化社会服务，着力打造 50 个中心村镇，实现3 万人集中就地发展高效种养业；通过完善社会保障体系，加大集中养老场所建设，实现 3 万农村老龄人口集中养老。

由于土地、劳动力等生产要素的优化配置，有效推动了城镇化发展进程，加快了农牧业产业化进程，促进了服装、重化工等龙头企业的良性互动，拓宽了移民就业领域，据不完全统计，移民就业人数达到 80% 以上，促进了市场的繁荣。

精准扶贫，"造血"能力显著增强

化德县羊绒絮片服装产业是当地的一个传统产业，经过 20 多年的培育和打造已经成为全县名副其实的富民支柱产业。目前全县有各类絮片服装加工生产厂家 260 多家，年生产规模达到 2500 多万件，产品品种逐步形成六大系列 200 多个品种 300 多个规格，远销国内 29 个省、市、自治区 300 多个大中型城市，年实现产值 10 多亿元，从业人员达 2 万多人。随着服装产业的快速发展，企业用工需求量也急剧增长，城镇缝纫机工供不应求，年需新增机工4000多人，这样就为农民进城务工提供了广阔的就业空间。

2005年化德县在全市率先实施了无土安置，到2010年在长顺镇建成移民小区3个，住宅楼32栋104350平方米。为让移民真正移出来，并能在城镇稳定下来，县委、政府还专门出台鼓励优惠政策，对进城移民进行以服装加工为主的劳动力技能培训，培训合格后，通过政府协调，安置到各服装企业从事服装生产。项目的实施极大地改善了进城务工农民的生活条件，增加了农民收入，实现了农民从一产到二产的转移。据统计，农区移民新村的移民以奶牛养殖、大田蔬菜种植、反季节蔬菜种植、大田蔬菜及马铃薯种植等为农民的增收途径，年可增加收入2500元以上。移民扩镇区移民由从事农牧业生产转向二、三产业后，收入稳步提高，年可增加收入10000元左右。

万里长风书画卷，千里沃野迎丰年。和林，正以风生水起的产业，托起人民群众致富的梦想。而化德，这片土地上人们的欢声笑语犹如一曲曲优美的田园牧歌激荡在耳边，让人久久不能忘怀。和林和化德，只是西部大开发战略的一个缩影。风好船行疾，乘着西部大开发这股东风，相信越来越多的百姓会过上富足安康的日子。

鄂尔多斯市东达生态移民扶贫纪实

王 捷[*]

走进东达新村，宽敞明亮的房屋，整齐干净的街路，树荫下童叟的笑脸，让人感到这里的百姓生活得很幸福。这里的百姓过着甜如蜜的生活，心中始终感念西部大开发政策的好，感谢东达蒙古王集团的情。

当地人告诉记者，这里曾经生态环境恶劣，人畜饮水困难。1996 年又遇天灾，达旗解放滩乡的三个村接连遭受凌水、地震灾害，房屋大部分损毁，为了帮助群众恢复生产、重建家园，东达蒙古王集团投资兴建了"东达新村"，让受灾群众住上了新居。然而，帮扶的脚步没有停下，在随后的几年，东达蒙古王集团通过深入调研，认为只靠单一的农田种植收入，没有新的产业带动，要实现真正富裕难度很大。新农村不能不盖新房子，也不能光盖新房子。自己有产业才能彻底脱贫致富。

东达集团以全新的理念，在"东达新村"的基础上又规划建设了"东达生态移民扶贫村"。通过建立规模化、产业化、专业化，进而发展系统化和现代化的产业格局，把生态移民扶贫村建设成生态型、环保型、科技型、节约型的大型农牧产业化现代集镇，使百姓过上了富足的生活。

东达生态扶贫移民村占地 53 平方公里，现已投入建设资金 20 亿元，其中基础设施建设投入资金 14 亿元，基本具备七通一平条件。初步建成 200 万只生产规模的獭兔、貂、狐狸、貉子、狼的特种养殖区；日通行

---

* 作者系内蒙古自治区政协办公厅秘书处工作人员。

8000—10000辆运输车辆的物流三产服务区、500万只加工规模的农产品深加工园区。

目前，这座沙漠中的农民城已初具规模，吸纳了十二个省份的人们来此入住，被称为沙漠中的圆梦之城，在不远的未来，或许只需短短的5—8年，这片占地面积53平方公里的土地将成为一座拥有12万人口的城市，獭兔养殖户达到1万户，年出栏商品獭兔2500万只。

东达生态扶贫移民村的主要做法是：

一是以发展龙头企业带动农牧民就业致富。东达生态扶贫移民村已从生态恶劣地区整村推进和分散移民2000余户7000余人，主要在獭兔养殖和物流三产行业就业，户均收入5—7万元。

东达蒙古王集团以"规模化养殖、产业化配套、专业化管理、系统化分隔、现代化加工、资本化运作"六轮驱动模式发展龙头企业，已建成投入运行獭兔屠宰及肉制品加工、皮毛深加工、饲料加工、包装制品等企业，产品销往全国并出口。占地1000余亩以农畜产品流通和运煤专线为主的物流服务区已初具规模，快速拉动了东达生态扶贫移民村的产业发展。万亩苗圃基地和郁郁葱葱的生态造林既绿化了家园又成为一大产业。产业支撑使农牧民移进来，稳得住，能致富。

二是以优惠的企业扶贫政策助推移民脱贫致富。东达蒙古王集团为移进来的农牧民提供"保设施，保种兔，保防疫，保饲料，保销售"扶贫政策和服务，农牧民每户可免费五年使用东达集团投资建设的价值16万—28万元的獭兔养殖设施、住房沼气池、蔬菜大棚、三产服务业场所设施、司机公寓楼等，同时成立农牧民教育培训中心为农牧民提供农、工、三产等的技能技术培训，让农牧民各有所为，各能所为。

三是以建设完美的人居环境造福一方百姓。东达蒙古王集团投资建设的学校、幼儿园、医院已投入使用。东达蒙古王集团在政府两免一补的基础上为学生全额补贴伙食费、校服费、本子费，学生上学全免费。为教师补贴交通费。为农牧民体检。自治区扶贫办投资3000万元补贴移民住宅和三产集中连片建设项目。移入居民"就业有岗位、养老有保障、看病有医保、教育有学校"。

许春青是东达生态移民扶贫新村的一位村民,在谈及以后的生活时,许春青笑了起来,语调中也洋溢着浓浓的欢喜:"自从来到咱们新村之后,我的生活就变好了,不仅吃穿不愁,一年还能净收入十万元,小小的獭兔真是我们家的福星啊!我打算继续住在这里养兔,真的挺好!"

对于曾经的许春青来说,年收入十万元实在是遥不可及的梦想,但如今却成为现实。目前,东达生态扶贫新村水、电、路、气、讯、排污等基础设施已逐步完善和扩充;截伏流工程已解决了供水问题;住宅楼、风水梁新村等全部交付使用;风水梁中心卫生院已开始接诊,学校、幼儿园已招生办学,学生享受全部免费伙食和服装等所有在校费用。

"风干圪梁"现已改名为"风水梁",这片土地成功地从黄沙漫漫变成了干净整洁的城镇,从沙漠变绿洲、绿洲变良田甚至沙漠变城市,这奇迹般的事实证明了进军甚而改造沙漠并非遥不可及,勤劳、聪明的人们终将曾经的不毛之地变成一片沃土,实现了梦想照进现实。

扶贫开发实现致富梦

王荣杰[*]

西部大开发十五年，我认为乌拉特前旗的巨大变化就是内蒙古成功实施西部大开发战略的一份注解和缩影。短短十几年不足以从总体上改变历史，可以说，地方还是那块地方，人也还是那群人；短短十几年却也足以从局部改变很多，尤其是当生产力和生产关系以肉眼可见的速度持续发生改变，城乡面貌和人的精神面貌，特别是这块土地上的政风民风、个体群体的思想意识发生"颠覆性"转变，我不得不说我们乌拉特前旗，在自治区西部、巴彦淖尔市东南端，东与草原钢城包头市毗邻，南与煤炭之乡鄂尔多斯市隔黄河相望。我旗总面积 7476 平方公里，辖 11 个苏木镇、93 个嘎查村，地域辽阔、物华天宝，既有肥沃的引黄灌溉区，又有广袤的山旱牧区，有可耕地 244 万亩、草牧场 635 万亩。在这片富饶美丽的土地上，生活着汉、蒙、回、满等各族群众 34.4 万人，其中农村牧区人口 23.9 万人。近年来，乌前旗以党的十八大、十八届三中、四中全会精神为指导，大力弘扬"总干"精神，扎实推进富民强旗进程，2014 年地区生产总值和财政收入分别完成 135.85 亿元和 16.65 亿元，城镇和农村牧区常住人口可支配收入分别达到 22038 元和 12459 元，三次产业结构演进为 24：48.3：27.7，农牧兼具、三产齐备，可谓内蒙古自治区经济社会发展的一个生动缩影。

然而，作为传统农牧业旗县，乌前旗的经济发展整体上仍处于较低水平

* 作者系内蒙古巴彦淖尔市乌拉特前旗扶贫办主任。

且发展方式较为粗放，三次产业结构不尽合理，区域发展不平衡，农牧民增收致富缓慢，贫困农牧民收入与全旗农牧民平均收入差距不断拉大，相对贫困现象比较突出，并呈现出区域性集中分布这一特点，主要分布在"一区两带"上，即山旱牧区、乌梁素海西岸贫困带、黄河北岸贫困带，这三个地区的贫困人口有1.97万人，占全旗贫困人口总数的82%。农牧业基础建设落后，农牧区公共服务滞后，农牧民思想观念陈旧、素质能力较低是这些地区致贫的共同原因。深入分析，山旱牧区气候寒凉，干旱少雨，农业生产主要依靠多打井、广垦荒的粗放原始方式，致使地下水位快速下降，土地沙化、荒漠化严重，生态环境与农牧民生产生活条件不断恶化。乌梁素海西岸、黄河北岸一线长期阴渗严重，灌排不配套，地下水位不断升高，土地盐碱化程度加剧，导致农民广种薄收甚至广种不收，大量耕地弃耕撂荒，这是"一区两带"致贫的具体原因。贫困问题日益成为制约乌前旗全面建成小康社会、影响地区社会和谐稳定发展的重要因素。

西部开发之前，受当时历史条件制约，扶贫方法也较为单一，主要是临时性、救济式扶贫，定期为嘎查村的特困户发放救济金以解决最基本的温饱问题。据我旗扶贫办干部李晓梅回忆，1989年，她到明安镇下乡调查贫困情况，慰问过当地的一户贫困农民。这家人连一套像样的土房也没有，还住在窑洞中，窗户也是用纸糊着，用来存水的瓮破损得只留下半截。类似的贫困情况在牧区同样存在，甚至更加严重。沙德格苏木有一位蒙古族妇女抚养着7个孩子，正值冬天，屋外还在下着大雪，但一家八口人所住的蒙古包内连一个火炉都没生，睡觉时全靠3张羊皮保暖……

后来，随着西部大开发国家"八七扶贫攻坚计划"的大规模深入推进，乌拉特前旗历届党委、政府也紧紧抓住这一利好政策机遇，全力以赴推进扶贫攻坚工程，扶贫工作的开展也由"输血式"转变为"造血式"，通过大力实施扶贫开发产业项目，有效改善农村牧区贫困群众生产生活条件，最终实现脱贫致富目标。

与西部开发之前相比，西小召镇的公田村，便是搭上了这班"顺风车"。20多年前，公田村曾是远近闻名的"三靠村"，由于土地盐碱化严重，地里"长不出个啥"，全村吃粮靠返销、生产靠贷款、生活靠救济。1989年，在新任村支部书记邬志刚的带领下，全村人挖排干、降盐碱，改种较为适宜的葵花，使昔日光秃秃、白茫茫的盐碱地开始有了"绿意"，庄稼里也有了收成。后来，在国家提出放活农村工商业、鼓励发展社队企业后，公田村成立了商贸公司，从收购油花葵开始，先后创办了养殖场、面粉加工厂、饲料加工厂、馍片厂和榨油厂等，形成了种养加工一条龙、贸工农一体化的村办企业体系，不仅彻底摘掉了贫困村的帽子，还将村集体固定资产发展到了3000万元，村民人均纯收入也由1980年的68元增加到现在的1.3万元。如今，公田村村民都住上了整齐宽敞的别墅式小二楼，村里铺上了柏油路，装上了路灯，接通了自来水，看上了数字电视，村办卫生室、村办小学、村办敬老院等公共服务设施日臻完善，村民享受到了与城镇居民同样优质便捷的公共服务。公田村已成为自治区西部闻名的富裕村、彻底摆脱贫困命运的示范典型，是自治区新农村建设示范村，区级基层组织示范点，2013年被国家农业部命名为"美丽乡村"试点村，2014年获评"中国最美休闲乡村"。乌拉特前旗之变，更是变在风尚，需要用心体察。

西部大开发给乌拉特前旗带来巨大的变化。进入新世纪，为加快全面建设小康社会步伐，构建社会主义和谐社会，在上级党委、政府的密切关注、全力支持下，乌拉特前旗的扶贫开发工作又提升到了一个新水平。2001年，根据《中国农村扶贫开发纲要》，我旗结合当地实际编制了《乌拉特前旗扶贫开发工作规划（2000—2010年）》，绘制了新世纪头一个十年的扶贫开发工作路线图。在这十年间，我旗先后被确定为自治区级贫困旗县、巴彦淖尔市唯一的革命老区旗。在上级各项扶贫惠民政策的扶持下，旗委、政府切实加大扶贫开发投入力度，累计投入各类资金1.5亿元，实施了28个千村扶贫项目、38个整村推进项目及5期移民扩镇项目，建设了5.6万亩高产稳产田，改造了6.4万亩中低产田，精种了1.9万亩水浇地和3.7万亩旱作基本田，覆盖了全旗9.8万贫困人口，并累计解决了3.5万贫困群众的温饱问题，贫困发生率比2001年下降了16.3个百分点。农村牧区贫困人口人均收入分别突破1560元和1800元，达到了农牧业增效，农牧民增收的目的。

21 世纪第二个十年，国家新一轮扶贫开发工作启动。中央和自治区提高了扶贫标准、深化了扶贫内涵、扩大了扶持范围，乌前旗也迎来了扶贫开发新的重大战略机遇，特别是被自治区作为新十年扶贫攻坚的主战场之一，纳入了大青山及以西阴山南北麓贫困片区。按照农村人均纯收入在 2600 元以下、牧区人均纯收入在 3100 元以下的贫困标准，全旗共有贫困人口 4.8 万，占农牧民总人口的 20.1%，绝对人口数量还非常大。为切实打好新一轮扶贫开发攻坚战，到自治区成立 70 周年时彻底消除绝对贫困现象，实现"两不愁、三保障"目标，旗委、政府全面构建完善"三位一体"大扶贫格局，扎实推进专项扶贫、行业扶贫、社会扶贫，不断转变扶贫方式，拓宽扶贫攻坚路径，依托创业就业、生态移民、新农村建设等工程，将立地条件差、缺乏"造血"功能地区的农牧民转移出来，通过发展设施农业、规模养殖和异地就业等方式，增强贫困群众自我脱贫和自我发展能力。

西部大开发带来变化的是，明安镇菅家窑子村贾全湾组便是"三位一体"大扶贫格局下的成功典型。该组是一个以旱作地为主的村落，人口最多时曾有 500 多户，但连年干旱少雨使当地农作物严重减产歉收，甚至可以说是"种一坡，拉一车，簸一簸箕，煮一锅"，现在全村仅剩不到 100 户村民。2013 年，据时任明安镇党委书记张佐卿介绍，作为乌前旗的重点贫困村之一，镇政府曾在增加水浇地面积等方面做过尝试，可当地已经打不出水井，给羊给钱虽然在短期内见点效果，却不能根治贫困"症结"。

借西部开发之力，正当旗镇两级想方设法、全力突破贫困"瓶颈"之际，自治区省级领导联系贫困旗县工作机制为当地扶贫工作带来利好政策和重大机遇，自治区政协副主席郑福田负责联系指导我旗。此项工作开展以来，郑福田副主席先后三次深入乌前旗贫困嘎查村调研，详细了解该旗各个区域的贫困现状、致贫原因、存在的困难及问题，对扶贫开发工作给予了有力指导。他特别叮嘱广大党员干部："扶贫工作就是要脚踏实地地为老百姓做一些实事、好事，让贫困群众确确实实得实惠，生活方方面面每年都有新变化"，"扶贫工作既要做好当前、更要布局长远，做到专业、行业、社会扶贫'三位一体'，通过深入基层、转变工作作风，抓紧解决扶贫工作中存在的突出问题，使扶贫工作在现有基础上有大的提升。"在郑福田副主席的密切关注、有力指导和积极协调下，在自治区相关部门的全力支持下，旗镇两级开拓思路、创新举措，以整村推进专项扶贫资金120万元作药引子，整合捆绑自治区电业局帮扶资金200万元、旗级配套资金234万元、镇村两级自筹资金260万元等各级各类资金共计814万元，新建了52栋日光温室并配套建设60平方米的砖木结构住房，安置了52户贫困农牧民，并实现户均增收6万元，一举破解了全村的脱贫问题。

同时，针对发展资金严重匮乏这一制约广大贫困农牧民脱贫致富的主要原因，我旗拓展扶贫开发思路，一方面设立了10个扶贫互助社，以"互助社小额放贷、互助户轮流承贷"的办法，向有发展产业、意向的贫困农牧户发放贴息贷款；另一方面凭借自治区每年为贫困旗县投入的1000万元政府担保金，积极实施金融扶贫富民工程，一手"强农贷"，一手"富农贷"，每年可面向广大农牧民、专业合作社、农牧业企业等发放1亿元贴息贷款，并连续五年，目前已累计发放1.6亿多元，既保证了贷款资金能真正发放给从事生产经营的贫困农牧民，又保证了贷款资金贷得出、收得回，体现了"小规模大群体"的扶贫新思路。针对全旗肉羊养殖具有一定规模，带动贫困户发展养殖效益明显的企业提供金融扶贫贷款支持，推动企业与农户互动共赢。协调农行为全旗11家种养殖专业合作社、公司发放"强农贷"资金912万元，切实发挥专业合作社带领农牧民增收致富的桥梁纽带作用。此外，同样得益于省级领导的联系帮扶，乌前旗还争取到投资3亿元的S215省道前旗过境段60公里改造升级项目；投资2600万元的2万亩土地整理项目；投资300万元的慈善医疗阳光救助项目及投资100万元的标准化棚圈建设项目。在短短一年的时间里，全旗便有6800名贫困群众稳定脱贫。

回忆西部大开发给我们带来的意义和影响，唯有从大的格局、以远的目光，才能准确评价西部大开发。我认为西部大开发战略的实施，就是让老百姓实实在在能得到实惠。

大　事　记

2000 年

1 月 16 日　国务院下发了《关于成立国务院西部地区开发领导小组的决定》（国发〔2000〕3 号）。

1 月 19 日　内蒙古自治区人民政府向国务院上报了"关于将我区列入国家西部大开发战略实施区域的请示"（内政传发〔2000〕3 号）。

1 月 26 日　内蒙古自治区人民政府下发了《关于成立自治区实施西部大开发战略领导小组的通知》（内政字〔2000〕29 号），自治区主席云布龙任组长。

2 月 22 日　自治区主席云布龙主持召开自治区西部大开发领导小组第一次工作会议，研究了《关于我区实施西部大开发战略的总体思路和近期工作安排意见》。

3 月 11 日　我区与北京市实施西部大开发战略座谈会在北京内蒙古饭店举行。

3 月 20 日　全区实施西部大开发战略工作会议在呼和浩特召开。

4 月 6 日　自治区政府在呼和浩特召开退耕还林（草）试点示范工作会议。

4 月 20 日　自治区副主席王凤歧主持召开办公会议，部署落实《内蒙古自治区、北京市实施西部大开发战略座谈会议纪要》事宜。

5 月 12—13 日　中共中央政治局常委、国务院总理朱镕基在我区就加快防沙治沙、改善草原生态环境问题进行实地考察。

5月15日　自治区党委、政府在呼和浩特召开京津周边地区内蒙古沙源治理工程会议。

5月22—25日　自治区人民政府主办的招商引资经贸洽谈会在大连举行。

5月31—6月7日　全国政协副主席、全国工商联名誉副主席孙孚凌，全国政协副主席、台盟中央主席张克辉率领的由台盟中央、全国工商联有关负责人、无党派人士及部分专家学者组成的考察团，在我区进行西部大开发考察活动。

6月1日　自治区人民政府与中国农业科学院的代表——"农业科技西部万里行"专家团在呼和浩特新城宾馆签署农业科技合作协议。

6月2—4日　农业部部长陈耀邦深入呼和浩特市、包头市、乌兰察布盟、锡林郭勒盟等地，考察草原生态保护与建设情况。

6月12日　自治区政府召开放宽政策、下放权力，促进西部大开发战略实施电视电话会议。

7月9日　内蒙古自治区、北京市实施西部大开发战略研讨会在包头市开幕。

7月10日　内蒙古自治区、北京市经济技术合作协议签字仪式在包头市举行。

同日　内蒙古自治区、北京市在包头市联合举行100所学校"手拉手"对口支援协议签字仪式。

7月18日　实施西部大开发战略的重点交通基础设施建设项目呼包高速公路二期工程开工剪彩。

7月26—29日　中共中央政治局委员、国务院副总理钱其琛在伊克昭盟、包头市、呼和浩特市等地考察工作。

8月2—4日　自治区人民政府主办的"2000年内蒙古西部大开发民营企业洽谈会"在包头市举行。

9月15日　2000内蒙古·上海实施西部大开发经贸洽谈暨项目签字仪式在上海举行。

9 月 22 日　周德海副主席在呼和浩特会见长庆油田主要领导，双方共商西部大开发中"西气东输"工程发展规划。

10 月 21 日　以自治区政府常务副主席周德海为团长的内蒙古自治区代表团在四川成都参加 2000·中国西部论坛"西部开发——协作与交流"专题会，并作题为《加强协作交流，共创美好未来》的发言。

10 月 26 日　国务院下发了《关于实施西部大开发若干政策措施的通知》（国发〔2000〕33 号），正式将我区列入西部大开发实施范围。

10 月 28 日　内蒙古自治区人民政府办公厅下发了"关于调整自治区实施西部大开发战略领导小组组成人员的通知"（内政字〔2000〕275 号），自治区代主席乌云其木格任组长。

11 月 30 日　自治区人民政府办公厅下发了"关于贯彻国务院实施西部大开发若干政策措施有关工作部署的通知"（内政办字〔2000〕251 号）。

2001 年

2 月 10 日　内蒙古自治区、青海省党政领导座谈会在呼和浩特举行。

3 月 13 日　北京市、内蒙古自治区面向新世纪实施西部大开发战略座谈会在北京举行。

4 月 25 日　自治区主席乌云其木格主持召开自治区人民政府 2001 年第 7 次常务会议暨实施西部大开发战略领导小组会议，专题研究自治区实施西部大开发战略的有关工作。

5 月 21 日　内蒙古党委、政府印发了"《内蒙古自治区实施西部大开发战略规划纲要》的通知"（内党发〔2001〕13 号）。

6 月 5 日　国务院西部开发办副主任王志宝一行来我区考察指导工作。

8 月 11 日　国道 209 线呼和浩特至和林格尔段一级公路工程项目开工奠基仪式在呼和浩特举行。

9 月 9—11 日　全国（北方片）退耕还林还草经验交流会在呼和浩特举行。

9月29日　国务院办公厅转发了国务院西部开发办《关于西部大开发若干政策措施实施意见的通知》（国办发〔2001〕73号）。

10月16—22日　自治区人民政府在香港举行内蒙古招商引资周活动。

12月28日　内蒙古西电东输最大的中心枢纽变电站——永圣域500千伏变电站竣工投产。

2002年

2月28日　全区退耕还林工作会议在呼和浩特召开。

3月10日　内蒙古自治区·北京市交流合作座谈会在北京市举行。

3月25日　乌海飞机场开工奠基，自治区党委副书记、自治区副主席岳福洪出席奠基仪式。

4月27日　内蒙古自治区人才需求信息发布会在上海市举行。

5月17日　全国政协副主席钱正英在鄂尔多斯市鄂托克前旗考察水利和生态建设。

5月26日　丹东至拉萨国道110主干线呼和浩特市至集宁段高速公路正式开工建设。

5月30日　达拉特电厂三期扩建2×33万千瓦机组工程开工。

7月17—18日　全区京津风沙源治理工程现场会在赤峰市阿鲁科尔沁旗召开。

7月28日　全区"双百万"京（津）北绿色屏障工程建设总结表彰大会在呼和浩特召开。

8月14—16日　国家发展计划委员会主任曾培炎在乌兰察布盟、包头市、呼和浩特市、锡林郭勒盟、赤峰市考察指导工作。

8月20日　"西电东送"重点项目——达拉特电厂三期扩建工程开工。

8月20日　大唐托电二期工程暨托县至北京安庆500千伏输变电工程开工。

9月15日　央视西部频道推出"内蒙古宣传周"，自治区副主席宝音德力格尔出席开播仪式。

9月15日　黄河万家寨水利枢纽工程全面竣工。

9月24—26日　中共中央政治局候补委员、国务委员吴仪一行，对满洲里市进行了考察。

9月25日　长庆气田—呼和浩特输气管道工程在鄂尔多斯市乌审旗纳林河乡长庆第二净化厂开工。

10月24日　自治区人民政府举行新闻发布会，自治区京蒙高科企业孵化器在北京建成运营。

11月19日　引黄入呼供水一期工程竣工通水。

2003 年

1月2—5日　中共中央总书记胡锦涛带领中央和国家相关部门负责人先后到通辽市和锡林郭勒盟考察工作。

2月21日　自治区人民政府印发了《内蒙古自治区实施西部大开发若干政策措施规定的通知》（内政发〔2003〕16号）。

2月23日　由国务院发展研究中心、内蒙古自治区党委、政府和经济日报社共同发起的"呼包银—集通线经济带发展战略研讨会"在北京召开。

3月11日　自治区人民政府在北京召开西部大开发招待会。

3月14日　自治区人民政府召开全区退牧还草工程启动会议，全面部署退牧还草工作。

5月10—12日　中共中央政治局常委、全国人大常委会委员长吴邦国在呼和浩特市和包头市考察工作。

5月29—30日　自治区人民政府与神华集团签署了综合开发锡林郭勒盟胜利煤田合作协议。

6月3日　内蒙古自治区人民政府办公厅下发了《关于调整自治区实施西部大开发战略领导小组组成人员的通知》（内政办字〔2003〕184号），自治区代主席杨晶任组长。

7月19日　国土资源部中国地质调查局与内蒙古自治区人民政府合作

开展的"内蒙古河套农业经济区生态地球化学调查"项目在呼和浩特市签署协议并正式实施。

8 月 12 日　内蒙古大唐托电一期工程竣工并举行典礼。

8 月 13 日　省道 206 线锦茅段一级公路正式竣工通车。

8 月 31 日　投资 27 亿元的包钢钢联冷轧薄板工程在包头市开工。

10 月 26 日　包头东华热电公司 2×30 万千瓦供热机组在包头市东河区正式开工建设。

11 月 3 日　神华蒙西煤化股份有限公司一号焦炉正式投产。

12 月 26—31 日　中共中央政治局常委、全国政协主席贾庆林先后到赤峰市、包头市、呼和浩特市等地考察工作。

2004 年

3 月 11 日　国务院下发了《关于进一步推进西部大开发的若干意见》（国发〔2004〕6 号）。

3 月 31 日　自治区人民政府召开落实国务院西部开发会议精神和重点项目工作分析汇报会。

4 月 3 日　自治区人民政府召开全区西部开发工作会议。

4 月 10 日　内蒙古自治区与河北省 6 个经济技术合作项目签约仪式在内蒙古新城国宾馆举行。

4 月 27 日　达电四期 2×60 万千瓦发电机组扩建工程开工。

6 月 16 日　汉鼎光电（内蒙古）有限公司工业项目在呼和浩特经济开发区如意区开工奠基。

7 月 1—2 日　自治区人民政府召开会议，全面部署我区兴边富民活动。

8 月 25 日　神华集团煤直接液化项目开工仪式在伊金霍洛旗举行。

8 月 29 日—9 月 3 日　中共中央政治局委员、国务院副总理回良玉在我区呼伦贝尔、鄂尔多斯市、包头市、呼和浩特市考察。

9 月 25 日　内蒙古海吉氯碱化工股份有限公司 15 万吨电石、6 万吨烧碱、6 万吨聚氯乙烯项目建成投产。

11 月 6 日　内蒙古自治区、河北省、中国国电集团公司合作会谈暨项目签约仪式在呼和浩特市举行。

11 月 18 日　2004·中国西部论坛在广西壮族自治区南宁市开幕。自治区副主席赵双连在会上作了专题发言。

12 月 26 日　上海华谊（集团）公司与内蒙古亿利资源集团合作建设年产 40 万吨聚氯乙烯（PVC）及其配套项目签约仪式在上海市举行。

2005 年

1 月 16 日　投资 10 亿元的石药集团中润制药（内蒙古）有限公司一期工程在呼和浩特托电工业园区竣工试产。

1 月 22 日　内蒙古日元贷款风沙治理项目正式启动。

3 月 9 日　国际能源和矿产资源投资（香港）有限公司在我区达拉特旗投资 100 亿元人民币建设的煤电 PVC 联产项目在呼和浩特市举行签约仪式。

4 月 1 日　国务院西部开发办副主任王金祥在内蒙古调研。

5 月 20 日　包头市人民政府、内蒙古电力集团有限责任公司和浙江省横店集团东磁有限公司在呼和浩特市新城宾馆举行年产 3000 万平方米电解化铝箔项目签字仪式。

5 月 25 日　2005 内蒙古·香港经贸合作活动周暨内蒙古投资贸易展览会在香港隆重开幕。

6 月 17—21 日　中共中央政治局常委、国家副主席曾庆红在我区考察工作。

6 月 29 日　自治区人民政府与天津科技大学举行合作协议签字仪式。

7 月 18 日　鄂尔多斯机场奠基仪式在鄂尔多斯市伊金霍洛旗隆重举行。

8 月 22 日　由国务院西部开发办、国家财政部和亚洲开发银行共同组办的中国西部地区人才资源开发战略国际研讨会在呼和浩特市开幕。

9 月 16 日　内蒙古电力（集团）有限责任公司四项 500 千伏"三站四线"输变电工程全部启动。

9 月 19 日　呼和浩特至北京高速公路集宁至老爷庙段试运行通车。至此，呼和浩特至北京高速公路全线贯通。

9月26日　我国最大的银矿——克什克腾旗特大型拜仁达坝银多金属矿正式投产。

11月16日　中国第一汽车集团公司内蒙古分公司和内蒙古一汽解放亿阳专用汽车有限公司揭牌暨投产仪式在呼和浩特举行。

11月23日　我区公路建设"三横九纵十二出口"规划中的第三个高速公路出口，东胜至苏家河畔（蒙陕界）高速公路正式通车。

11月25日　我区筑路史上最长的一段高速公路，227公里的哈德门至磴口高速公路举行通车剪彩仪式。

2006 年

3月27日　广东省—内蒙古自治区经济合作项目签约仪式在广州市举行，共有25个合作项目正式签约，协议总投资额达到381亿元。

5月11日　国内首家拥有完全自主知识产权的间接煤制油项目——内蒙古伊泰煤制油项目在鄂尔多斯市准格尔旗大路煤化工工业园区隆重奠基。

5月22日　全国政协经济委员会进一步推进西部大开发战略深入实施专题调研座谈会在呼和浩特市召开。

6月6日　联蒙化电集团（内蒙古）有限责任公司投资200亿元建设的PVC及配套工程项目在临河化学工业高新技术园区举行开工奠基仪式。

6月13日　内蒙古蒙西集团年产40万吨粉煤灰提取氧化铝项目正式开工建设。

6月14日　东胜至乌海铁路在鄂尔多斯市鄂托克旗棋盘井正式开始铺轨。

6月30日　黄河龙口水利枢纽工程正式开工建设。

7月13—17日　中共中央政治局常委、全国政协主席贾庆林先后到满洲里、呼伦贝尔、呼和浩特等地，就加快西部大开发，促进少数民族和民族地区经济社会发展进行考察调研。

8月5日　"第三届西部开发与可持续发展国际学术研讨会"在呼和浩

特市召开。

10 月 25 日　二连浩特至赛汉塔拉一级公路通车。

12 月 22 日　我区首座抽水蓄能电站在呼和浩特市大青山腹地开工建设。

2007 年

6 月 28 日　省道 203 乌兰浩特—阿尔山一级公路正式开工。

7 月 10 日　三（鄂托克旗三北羊场）新（鄂托克旗新上海庙）铁路开工建设。

7 月 15 日　赤峰—通辽高速公路贯通。

8 月 2 日　2007 中国民族商品交易会暨内蒙古第四届国际草原文化节、呼和浩特第八届昭君文化节在呼和浩特举行。

8 月 3 日　第二届中西部互动发展论坛在呼和浩特举行。国务院西部开发办副主任、浙江大学中国西部发展研究院院长曹玉书、浙江大学党委书记张曦出席并致辞。

8 月 4 日　内蒙古神州硅业年产 1500 万吨多晶硅项目在呼和浩特金桥开发区开工奠基。

9 月 24 日　我国最大的煤制二甲醚项目——鄂尔多斯 300 万吨二甲醚项目正式启动。

9 月 26 日　内蒙古大陆多晶硅太阳能产业集群有限公司一期工程——年产 2500 吨多晶硅项目在托克托工业园正式奠基开工。

10 月 19 日　全区规模最大的铝轮毂项目——包头富诚铝业有限公司年产 240 万只铝轮毂项目正式投产。

10 月 28 日　亿利集团能源化工循环经济产业基地项目在达拉特旗正式投产。

12 月 11 日　中国航天科技集团公司内蒙古托克托航天生物产业基地一期工程竣工投产仪式在托电工业园区进行。

2008 年

3 月 19—22 日　国务院西部开发办原主任曹玉书赴包头市、鄂尔多斯市就统筹城乡发展和东西部互动进行调研。

4 月 2 日　自治区环境保护局与中国网通（集团）有限公司在北京举行"内蒙古自治区重点污染源自动监控项目"合作签字仪式。

4 月 24 日　铁道部与我区共同推进铁路建设会谈纪要签字仪式在呼和浩特举行。

5 月 31 日　中国神华能源股份有限公司、鄂尔多斯政府就开发利用整装优质煤田在内蒙古新城宾馆签订战略合作框架协议。

6 月 5 日　乌海市君正能源化工有限责任公司年产 40 万吨 pvc 烧碱项目正式开工。

6 月 19 日　全球奶粉样板加工厂——伊利集团金山新工业园奶粉加工厂在呼和浩特土默特左旗竣工投产。

8 月 28 日　内蒙古矿用车工业园建设项目在包头市奠基。

8 月 30 日　呼伦贝尔 360 万千瓦煤电基地项目开工。

9 月 26—27 日　国家发展改革委副主任、能源局局长张国宝在赤峰市考察我区风电产业发展情况。

10 月 18 日　自治区高速公路又一出口巴彦浩特至银川内蒙古段开工建设。

11 月 14 日　内蒙古双利矿业有限公司年产 120 万吨球团项目奠基仪式在巴彦淖尔市乌拉特后旗青山工业园举行。

12 月 10 日　省道 104 线呼和浩特至武川段一级公路开工建设。

2009 年

4 月 2 日　由自治区农牧厅、气象局、内蒙古移动公司共同发起的"千乡万村"助农惠农信息服务工程正式启动。

4 月 16 日　维斯塔斯风力系统（中国）有限公司呼和浩特工厂开业暨

V60—850 千瓦型风机下线仪式在呼和浩特金山开发区举行。

4 月 18 日　总投资 20 亿元的巴彦淖尔市现代农畜产品（B 型）保税物流园区在临河区开工建设。

由四川化工控投（集团）有限责任公司投资 33 亿元建设的年产 60 万吨甲醇项目在巴彦淖尔经济技术开发区开工建设。

4 月 25 日　国家高速公路网通辽至双辽、金宝屯至查日苏两条高速公路同时开工建设。

由沈阳铁路局、营口港务集团有限公司和通辽市政府联合建设的通辽集装箱内陆港项目开工建设。

5 月 26 日　中国石油呼和浩特石化公司 500 万吨/年炼油扩能改造项目奠基。

8 月 28—29 日　中共中央政治局常委、国务院总理温家宝在我区检查抗旱减灾工作。

8 月 30 日　大唐国际克什克腾煤制天然气以及输气管线工程项目在克什克腾煤电化基地开工建设。

9 月 25 日　自治区主席巴特尔在北京梅地亚国庆新闻中心就西部大开发成就与重庆、广西、陕西等省市区的负责同志一同接受中外记者采访。

9 月 28 日　由中煤能源集团公司投资建设的鄂尔多斯装备制造工业园举行开工奠基仪式。

10 月 16 日　在成都举行的第十届西部博览会中国西部 12 省区市及新疆生产建设兵团投资说明会暨经济合作项目签约仪式上，我区签约 4 个重大投资合作项目，投资额 13 亿元，项目涉及能源、农业、基础设施、服务业等领域。

10 月 26 日　荣成至乌海高速公路鄂尔多斯段全线建成通车。

2010 年

3 月 22 日　"中国·鄂尔多斯市低碳谷"奠基仪式在鄂尔多斯市康巴什新区举行。

4月26日 国家西部大开发和自治区"十一五"水利发展规划重点建设项目——黄河海勃湾水利枢纽工程在乌海市正式开工建设。

5月6日 华北区域内蒙古电力多边交易市场在呼和浩特正式启动运行。

5月18日 国道110线兴和至呼和浩特段一级公路改扩建工程开工仪式在乌兰察布市集宁区举行。

6月18日 乌海如意俊安战略装车基地和呼铁君正、呼铁众利综合物流园奠基仪式在乌海举行。

6月26日 国家蒙中医重点建设项目——乌海市蒙中医院新院落成开业。

7月30日 福日能（包头）高新科技有限公司8寸晶圆项目开工奠基仪式在包头稀土高新区举行。

8月16日 由国家发展改革委牵头、42个国家部委和单位联合组成的调研组抵达我区，就制定出台促进内蒙古经济社会发展若干意见进行实地调研。

8月21日 大广（大庆—广州）高速赤峰至承德段在河北省承德市隆化县开工。

10月20日 京藏高速公路呼和浩特至包头段改扩建工程、呼和浩特至杀虎口（蒙晋界）高速公路工程开工。

11月29日 锡林郭勒盟张家口高速公路宝昌至三号地段公路、集宁至尚义（河北）应急通道公路通车。

12月23日 自治区西部大开发工作会议在呼和浩特召开。

12月24日 内蒙古自治区人民政府办公厅下发了《关于调整自治区实施西部大开发战略领导小组组成人员的通知》（内政办字〔2010〕260号），自治区主席巴特尔任组长。

2011 年

2月28日 自治区人民政府举行呼张客运专线、呼准鄂快速铁路建设动员大会暨呼和浩特东站正式启用仪式。

3月14日　绿色清洁能源联合投资企业组建暨在蒙投资企业项目合作签字仪式在北京举行。

3月28日　自治区人民政府和河北省人民政府在石家庄签署内蒙古临港产业园和港口码头建设合作协议。

4月11日　2011年内蒙古·香港经贸合作周隆重开幕。

4月26日　黄河内蒙古段十大孔兑治理工程开工仪式在鄂尔多斯杭锦旗举行。

4月27日　G7京新（北京—新疆乌鲁木齐）高速公路韩家营至呼和浩特段工程正式开工建设。

4月28日　张家口至集宁铁路开通仪式在乌兰察布市集宁南站举行。

6月26日　呼和浩特炼油能力扩建配套石油管道工程开工。

6月26日　国务院下发了《关于进一步促进内蒙古经济社会又好又快发展的若干意见》（国发〔2011〕21号）。

7月27日　兴安盟新湖煤业化工有限公司1100万吨褐煤低温热解循环经济项目开工建设。

10月17日　内蒙古新长江矿业投资集团兴建的年产4.2万吨高纯精铝项目在鄂尔多斯市达拉特经济开发区正式投产。

10月28日　华通兴和铁路线开通暨乌兰察布综合物流产业园奠基仪式在兴和县举行。

10月30日　中国兵器一机集团高端装备制造园暨北奔重汽5万台总装、10万台车架和车辆减震材料项目开工奠基。

11月1日　赛维LDK一期3万吨高纯硅项目在土默特左旗开工奠基。

11月21日　长春—阜新高速公路内蒙古段、通辽—双辽高速公路内蒙古段、赤峰—朝阳高速公路内蒙古段全线通车。

12月14日　自治区人民政府、农业部关于共同推进内蒙古现代农牧业发展合作备忘录签字仪式在北京举行。

自治区人民政府与铁道部贯彻落实国务院"国发〔2011〕21号"文件

会谈纪要签字仪式在北京举行。

12 月 18 日　神华准格尔矿区矿产资源综合利用示范基地揭牌暨神华准格尔矿区煤炭伴生资源循环经济产业项目一期年产 100 万吨氧化铝示范厂开工奠基仪式在准格尔旗大路工业园区举行。

2012 年

3 月 7 日　自治区人民政府与文化部在北京签署了内蒙古文化建设合作协议。

3 月 9 日　贫困儿童住院大病救治项目启动仪式在内蒙古自治区人民医院举行。

4 月 1 日　国家发改委、财政部、国家林业局下发了《关于同意内蒙古乌兰察布市等 13 个市和重庆巫山县等 74 个县开展生态文明示范工程试点的批复》，我区的乌兰察布、兴安盟、伊金霍洛旗、林西县、新巴尔虎右旗、多伦县被列为试点市县。

4 月 10 日　2012 年内蒙古·香港经贸合作活动周开幕。蒙港两地签署了 14 个重点项目协议，总投资金额达 112.6 亿美元。

7 月 21—22 日　全国政协副主席陈奎元先后在呼伦贝尔和满洲里市，就经济社会发展和城市建设进行调研。

7 月 25 日　国家发改委印发了《广西东兴、云南瑞丽、内蒙古满洲里重点开发开放试验区建设实施方案》。

8 月 6 日　全国首个通勤航空试点项目——阿拉善通勤航空试点项目正式开工建设。

9 月 26 日　第十三届中国西部国际博览会投资说明会暨经济合作项目签约仪式在成都举行。作为本届西博会的轮值主席省区，自治区党委副书记、自治区主席巴特尔主持了会议。

10 月 8 日　国务院批复了《呼包银榆经济区发展规划（2012—2020年)》。

10 月 11 日　乌海华油天然气焦炉煤气节能减排综合利用项目投产。

10 月 19 日 神华集团投资内蒙古铁路首批项目——大准至集通铁路联络线、阿荣旗至莫旗铁路、海拉尔至黑山头铁路项目启动仪式在乌兰察布举行。

10 月 20 日 音德尔至江桥一级公路,省道 203 线阿尔山至杜拉尔一级公路和阿尔山口岸二级公路全线建成通车。

10 月 26 日 呼准鄂铁路黄河特大桥工程奠基仪式在鄂尔多斯市准格尔旗举行。

10 月 31 日 自治区交通运输厅与中国建设银行内蒙古分行就省道 308 线小河西至上都段等 5 个公路建设项目签订 55 亿元贷款合约。

11 月 22 日 2012 年京蒙区域合作及对口帮扶工作座谈会在北京召开。

12 月 25 日 2012 中国·满洲里国家重点开放试验区投资合作论坛在满洲里召开。

2013 年

4 月 17 日 呼包银榆经济区首届市长联席会议在呼和浩特市召开。

5 月 13—14 日 中共中央政治局常委、国务院副总理张高丽深入包头市、鄂尔多斯市调研了解经济运行、结构调整、环境保护等方面情况。

6 月 28 日 自治区发展改革委与宗申产业集团在呼和浩特签署通用航空产业发展合作框架协议。

7 月 11 日 自治区人民政府与北京市人民政府就进一步加强京蒙区域合作事宜在京座谈。

7 月 24 日 鄂尔多斯煤制天然气工业园暨 120 亿立方米煤制天然气项目在准格尔旗大路新区开工奠基。

8 月 2 日 中共中央政治局委员、国务院副总理汪洋深入鄂尔多斯市东胜区、杭锦旗和库布其沙漠腹地,就城乡一体化发展、生态环境保护建设和防沙治沙工作进行调研。

8 月 13 日 自治区人民政府与中国铁路总公司在北京召开座谈会,双方就进一步加大内蒙古铁路建设投资力度、加快推进重大铁路项目建设、支持自治区地方铁路建设等达成广泛共识。

8 月 16 日　由呼和浩特市人民政府、中国信息安全测评中心、工信部国际经济技术合作中心及自治区云计算产业领导小组办公室主办的 2013 首届中国（呼和浩特）国际云计算博览会在内蒙古国际会展中心开幕。

8 月 18 日　自治区人民政府与天津市人民政府深化经济与社会发展合作座谈会暨签字仪式在呼和浩特举行。

12 月 18 日　国家发展改革委批复了"内蒙古满洲里重点开发开放试验区建设总体规划"。

2014 年

1 月 26—28 日　中共中央总书记、国家主席、中央军委主席习近平深入我区兴安盟、锡林郭勒盟、呼和浩特市视察工作。

2 月 15—18 日　全国政协副主席、国家民委主任王正伟率国家民委调研组在我区调研民族工作。

2 月 26 日　自治区政府办公厅印发了"《内蒙古满洲里重点开发开放试验区建设总体规划》重点工作分工方案的通知"（内政办字〔2014〕38号）。

6 月 4 日　自治区人民政府与中国进出口银行签署战略合作协议。

6 月 5 日　国务院批复同意设立内蒙古二连浩特重点开发开放试验区（国函〔2014〕74 号）。

自治区人民政府办公厅下发了《关于印发自治区推进"丝绸之路经济带"建设重点工作分工方案的通知》。

6 月 23—24 日　呼包银榆经济区第二届市长联席会暨经济区首届经济技术合作洽谈会在银川召开。

6 月 24—27 日　中共中央政治局委员、中央书记处书记、中宣部部长刘奇葆在呼伦贝尔、呼和浩特、包头等地考察调研。

6 月 27 日　国家发展改革委下发了《内蒙古二连浩特重点开发开放试验区建设实施方案的通知》（发改西部〔2014〕1469 号）。

7 月 16 日　自治区政府办公厅下发了《关于成立自治区推进"丝绸之路经济带"建设工作领导小组的通知》（内政办字〔2014〕171 号）。

7 月 25 日　自治区党委、自治区政府下发了《关于推进新型城镇化的意见》。

8 月 1 日　自治区推进重点开发开放试验区建设工作领导小组会议暨二连浩特重点开发开放试验区建设座谈会在二连浩特市召开。

8 月 2 日　国家发展改革委等 5 部委印发了《新一轮退耕还林还草总体方案》。

8 月 2—4 日　中共中央政治局委员、国务院副总理刘延东在锡林郭勒盟调研。

8 月 12 日　自治区人民政府印发了《自治区深化与蒙古国全面合作规划纲要》（内政发〔2014〕95 号）。

8 月 20 日　国家发展改革委发布了《西部地区鼓励类产业目录》。

10 月 23 日　第十五届中国西部国际博览会在四川省成都市召开，我区本次共有涉及光伏发电、生物质能源、农畜产品生产加工等领域的 12 个签约项目，涉及项目总投资 276.9 亿元，其中 4 个项目在会上进行了集中签约。

10 月 24 日　国家发展改革委、林业局下发了《关于在西部地区开展生态文明示范工程试点的通知》（发改西部〔2014〕2406 号），确定我区额尔古纳、科尔沁左翼后旗为第二批全国生态文明示范工程试点地区。

后　记

这是一部由亲历者撰写的内蒙古西部大开发史料专辑。

2013 年 5 月，全国政协文史和学习委员会按照全国暨地方政协文史工作研讨会研究确定的《本届政协文史资料选题协作规划》，决定于 2015 年，在西部大开发战略实施 15 周年之际，征编出版回忆西部大开发史料专题图书。该项工作由四川省政协文史资料和学习委员会牵头召集，内蒙古、广西、重庆、四川、贵州、云南、西藏、陕西、甘肃、青海、宁夏、新疆 12 省、区、市政协文史委员会共同征编。同年 12 月，为统一思想，全面部署，加快推进这项工作，全国政协组织召开了回忆西部大开发史料征编工作会议，会上讨论并确定了《回忆西部大开发史料征编工作方案》。2014 年 7 月，全国政协在北京召开专题工作会议，加大史料征集力度。同年 11 月，再次在广西召开西部十二省区市政协《回忆西部大开发》史料征集汇稿会议。至此，内蒙古政协回忆西部大开发史料征集工作拉开了序幕。经过半年努力，2015 年 5 月，内蒙古政协文史资料委员会按照全国政协会议精神和工作方案，向四川省政协文史资料和学习委员会报送了《亲历西部大开发·内蒙古卷》电子版稿件，书稿共分五个部分，分别为"综述"、"战略决策"、"人物特写"、"成果荟萃"、"扶贫开发"，共收集稿件 70 余篇，文字近 40 万字，征集图片百余张。

在内蒙古政协文史资料委员会的主持下，《亲历西部大开发·内蒙古卷》曾四易其稿。分管副主席郑福田在百忙之中对文稿进行审定并提出建设性修改意见。2015 年 6 月，西部十二省（区、市）政协文史丛书定稿会议在四川省成都市召开。会上，经编审批阅，我区文稿合格率达到98%，优秀稿率达53%。

在《亲历西部大开发·内蒙古卷》史料征集过程中，我们成立了由任亚平主席任编委会主任，郑福田副主席和曾经担任自治区发展改革委员会主任的梁铁城副主席担任副主任的编辑委员会。在自治区政协党组和郑福田副主席直接领导下，以大协作的方式，充分调动自治区有关部门、盟市政协、政协委员和离退休老同志的积极性，同时动员自治区多位省级领导亲自撰稿。任亚平主席曾长期担任自治区党委常委、秘书长和自治区常务副主席、自治区党委副书记，参与和推动了内蒙古列入西部大开发战略实施范围的全过程，他以自己的亲闻、亲见的经历撰写了回忆文章；自治区西开办原主任雷·额尔德尼、自治区政府原副主席郝益东、自治区政协原主席陈光林、自治区政协原副主席格日勒图、夏日、许柏年、乃登、韩振祥、傅守正、包俊臣、云峰等老领导，自治区各部门诸位参与西部大开发的老厅局长和政协委员、社会人士都积极参与稿件的撰写和史料的提供，他们以自己的亲历、亲为，为西部大开发留存了一大批珍贵的史料。全国政协民族和宗教委员会原主任田聪明、国务院西开办原副主任王志宝同志也积极支持西部大开发史料的征集工作，为我们撰写优秀的原创作品提供了支持，从而大大提升了该书的史料价值。全国政协文史和学习委员会，以及四川省政协文史资料和学习委员会的同志和评审专家，在本书的编审过程中给予了热情的指导和积极的支持。在本书即将付梓之时，特别向所有为本书做出贡献和为之努力的同志们表示诚挚的谢意！

由于时间和水平有限，不免有疏漏之处，恳请读者提出宝贵意见。

本卷编委会

2016年3月

责任编辑:杨美艳　雷坤宁
封面设计:肖　辉

图书在版编目(CIP)数据

亲历西部大开发·内蒙古卷/全国政协文史和学习委员会 编. —北京：
　人民出版社,2016.8
　ISBN 978－7－01－016619－3

Ⅰ.①亲…　Ⅱ.①全…　Ⅲ.①西部经济-区域开发-成就-内蒙古
　Ⅳ.①F127

中国版本图书馆 CIP 数据核字(2016)第 198111 号

亲历西部大开发·内蒙古卷
QINLI XIBU DAKAIFA NEIMENGGUJUAN

全国政协文史和学习委员会　编

人民出版社 出版发行
(100706　北京市东城区隆福寺街99号)

北京新华印刷有限公司印刷　新华书店经销

2016 年 8 月第 1 版　2016 年 8 月北京第 1 次印刷
开本:710 毫米×1000 毫米 1/16　印张:31.75　插页:3
字数:486 千字

ISBN 978－7－01－016619－3　定价:106.00 元

邮购地址 100706　北京市东城区隆福寺街 99 号
人民东方图书销售中心　电话 (010)65250042　65289539